本书由2013年度国家社会科学基金项目"新农村建设视野下新型农民教育及培训的现状调查与改革对策"资助出版(编号:13BGL077)

新型农民教育培训的现状调查与理论思考

刘剑虹 等著

中国社会科学出版社

图书在版编目（CIP）数据

新型农民教育培训的现状调查与理论思考 / 刘剑虹等著 . —北京：中国社会科学出版社，2018.3

ISBN 978-7-5203-1863-1

Ⅰ.①新… Ⅱ.①刘… Ⅲ.①农民教育—教育培训—研究—中国 Ⅳ.①G725

中国版本图书馆 CIP 数据核字（2018）第 000218 号

出 版 人	赵剑英
责任编辑	田 文
特约编辑	钱法文
责任校对	张爱华
责任印制	王 超

出　　版	中国社会科学出版社
社　　址	北京鼓楼西大街甲 158 号
邮　　编	100720
网　　址	http://www.csspw.cn
发 行 部	010-84083685
门 市 部	010-84029450
经　　销	新华书店及其他书店
印　　刷	北京君升印刷有限公司
装　　订	廊坊市广阳区广增装订厂
版　　次	2018 年 3 月第 1 版
印　　次	2018 年 3 月第 1 次印刷
开　　本	710×1000　1/16
印　　张	24.5
插　　页	2
字　　数	389 千字
定　　价	99.00 元

凡购买中国社会科学出版社图书，如有质量问题请与本社营销中心联系调换
电话：010-84083683
版权所有　侵权必究

序

中国拥有几千年的农业文明，曾依靠农业成为世界上最富庶的国家，亦以乡村为根基形成法制、礼俗、信仰等中国文化。然而近代以来，中华民族历经了帝国主义侵略、国共内战等诸多磨难和政治革命、经济改革、社会转型等一系列社会变迁，特别是 21 世纪以来快速发展的城镇化，使中国乡土社会发生了革命性的变化。梁漱溟曾言"中国近百年史，也可以说是一部乡村破坏史"。改革开放以来，国家逐步走上快速工业化、快速城镇化的发展道路，整个中国城乡社会发展呈现出地区间和区域内失衡态势。在国家新型城镇化背景下，当前人口流动的总体趋势是地区间由中西部向东部沿海发达地区流动，区域内由乡村流向城镇，尤其是向中心城市、省会城市。在这种基本流动态势下，衍生出两类农民群体：年龄偏大、劳动能力偏弱的中老年群体和年富力强、劳动能力很好的青壮年群体。这两类群体的素质水平对农村和城镇建设发展意义重大。

《新型农民教育培训的现状调查与理论思考》一书正是在这种背景下产生的研究成果。该书以农民教育和农民培训为研究主题，课题组采用实地访谈和问卷调查的方法，选取全国 15 个省（自治区）市，调查了含政府部门人员、培训机构人员、农村农民在内的近 1 万个对象。调研发现，大多数政府部门重视农民教育培训工作，出台了明确的支持政策和规范制度，建立了管理机构和培训机构网络，配套了农民教育培训的相关补助政策。各地积极开展农民教育培训活动，涌现出一些农民因"教育培训"而致富的好案例。同时也发现了农民积极性不高、培训活动组织困难、培训效果较差等方面的问题。通过研究进一步增加了对培训需求把握、农民培训价值等方面的认识。

总体来看，本书具有以下特点：

第一，站位高。农民素质提升事关农业发展、农村建设、乡村文明、农村政治等发展质量，农民素质提高有助于农村各领域工作的顺利开展。不仅如此，大规模流动进入城市的农村人口素质当然也直接影响着城市的发展。他们分散在建筑行业、服务行业、低端生产制造业等领域；一项工程的质量、一个餐馆的卫生、一条街道的整洁、一家单位的安保等都与每个工作在城市的人密切相关。农民素质的提升是城乡人们的共同期盼，是城乡人们的共同公共福利。所以，城镇和农村是命运共同体、责任共同体和利益共同体。

第二，内容全。全书以三大视角成书，覆盖了农民教育与培训的主要问题领域。一是从历史的视角，以近代时期和改革开放作为两个主要时间节点，对我国农民教育培训的发展过程进行了很好的历史梳理。二是从比较的视角，选择了美国和意大利两个国家，将国内外的农民教育培训状况进行了介绍，并具体分析国外的培训模式对我国的启示。三是兼顾了多类主体。书中对农民教育的政策主体——政府部门、对培训实施主体——培训机构、对教育培训对象主体——农民等都进行了专门的研究。分析研究了体制机制、培训实施、培训参与度和培训效果等主要问题。

第三，方法多。全书针对不同问题分别采用文献研究、历史研究、政策分析、问卷调查、案例研究等多种方法，对农民教育培训的相关问题进行了深入研究，得出了比较科学的研究结论。尤其是对农村实用人才、农村手艺人、农村加工业农民、农村转移劳动力、农村文盲人口等几类典型特殊人群的研究，非常具有农民教育的领域特殊性，很好地体现了研究的针对性和特色。

第四，视角新。全书撰写过程中体现出政策科学视角、教育科学视角、经济学视角、社会学视角。法国教育家卢梭曾说过："正是在远离首都的地方才能看出一个民族的特性和没有混杂一点外国色彩的地地道道的样子，正如在最大的半径的尖端才能最准确地量出一个弧形的面积一样，我们在边远的省份才最能看出一个政府的好坏。"农民教育培训直接关涉农民生产生活、就业技能优化，还关涉到国家基层政权建设、社会阶层优化、政府管理伦理等重要方面。这些新颖的学术视角有助于我们观察到问题的多元现象与内在本质。

  我非常高兴作为首批读者阅读这本著作，应作者之邀为本书作序，我真诚地向广大读者推荐此书，同时也期盼有更多的学者加入对这一重大问题的研究。

邬志辉

东北师范大学中国农村教育发展研究院

2017 年 6 月 28 日

目 录

绪 论

第一章 新型农民概念的界定与新型农民教育……………………（3）
  第一节 农民概念的演变及其三大功能……………………………（4）
  第二节 新形势下的农村变革及新型农民概念的提出……………（7）
  第三节 新型农民概念的界定对新型农民教育的意义……………（13）

历史篇

第二章 我国近代以来农民教育的变迁及其当代启示……………（21）
  第一节 关于农民与农民教育的历史认知…………………………（21）
  第二节 中国近代农民教育的历史发展……………………………（23）
  第三节 中国近代农民教育的当代启示……………………………（34）

第三章 改革开放以来我国的农民教育与培训……………………（38）
  第一节 我国社会主义新农村建设的历程回顾……………………（38）
  第二节 改革开放后我国的农民教育与培训状况…………………（41）
  第三节 改革开放以来农民教育与培训的经验与启示……………（53）

第四章 国外农民教育培训的经验与启示…………………………（57）
  第一节 农民教育培训的重要性……………………………………（57）
  第二节 美国农民教育培训…………………………………………（60）
  第三节 意大利农民教育培训………………………………………（70）

第四节　欧美农业教育与培训的启示 ………………………… (77)

政策机制篇

第五章　我国农民教育培训状况的整体调查与思考 ………… (83)
　　第一节　引言 ………………………………………………… (83)
　　第二节　调研对象与方法 …………………………………… (88)
　　第三节　调研结果与分析 …………………………………… (90)
　　第四节　问题讨论与对策建议 ……………………………… (100)

第六章　我国农民教育培训参与度调查与思考 ……………… (105)
　　第一节　研究背景 …………………………………………… (105)
　　第二节　农民参加教育培训现状与心态调查的
　　　　　　实证分析 …………………………………………… (108)
　　第三节　改进农民教育培训的对策建议 …………………… (120)

第七章　我国新型农民教育培训管理体制研究 ……………… (124)
　　第一节　引言 ………………………………………………… (124)
　　第二节　新型农民教育培训政府管理体制的
　　　　　　现状和矛盾 ………………………………………… (128)
　　第三节　新型农民教育培训政府管理的意义与价值导向 … (134)
　　第四节　协调治理下农民教育培训政府管理体制改革的
　　　　　　提升路径 …………………………………………… (137)

第八章　我国农民教育培训机构参与现状调查与思考 ……… (142)
　　第一节　引言 ………………………………………………… (142)
　　第二节　现状调研 …………………………………………… (142)
　　第三节　存在问题 …………………………………………… (153)
　　第四节　对策与建议 ………………………………………… (157)

第九章　中等职业学校参与农民培训的调查与思考 ………… (163)
　　第一节　中等职业学校参与农民培训的办学优势 ………… (163)

第二节　中等职业学校开展农民培训工作的调查 …………（165）
　　第三节　中等职业学校农民培训工作的评价 ………………（183）
　　第四节　推进中等职业学校农民培训工作的建议 …………（190）

第十章　新型农民的特质、成长机制及对策探索 ……………（197）
　　第一节　引言 …………………………………………………（197）
　　第二节　新型农民及其成长特质分析 ………………………（198）
　　第三节　模型构建及假设提出 ………………………………（201）
　　第四节　研究方法和数据分析 ………………………………（203）
　　第五节　假设检验及结果分析 ………………………………（205）
　　第六节　研究结论与对策建议 ………………………………（208）

专题调研篇

第十一章　农村实用人才训后跟踪服务的问题及建议 ………（215）
　　第一节　农村实用人才概念、特征与类型 …………………（215）
　　第二节　加强农村实用人才训后跟踪服务工作的意义 ……（219）
　　第三节　农村实用人才训后跟踪服务的浙江调查 …………（222）
　　第四节　加强农村实用人才训后跟踪服务工作的建议 ……（234）

第十二章　农村手艺人的身份变迁与危机破解的教育对策 …（245）
　　第一节　身份变迁 ……………………………………………（246）
　　第二节　农村手艺人面临的危机和其教育培训中存在的
　　　　　　具体问题 ……………………………………………（249）
　　第三节　坚守与革新，在变迁中构建农村手艺人新的
　　　　　　发展机制 ……………………………………………（256）
　　结语 ……………………………………………………………（258）

第十三章　农村加工业农民经营管理培训的调查与思考 ……（260）
　　第一节　相关概念界定 ………………………………………（260）
　　第二节　农村加工业农民经营管理培训的现状 ……………（262）
　　第三节　加工业农民经营管理培训中存在的问题 …………（269）

第四节　加工业农民经营管理培训的对策与建议 …………… (272)

第十四章　农村劳动力转移培训中的矛盾与对策分析 ………… (277)
　　第一节　农村劳动力转移培训的认识和思考 ………………… (277)
　　第二节　农村劳动力转移培训的主要特点 …………………… (280)
　　第三节　农村劳动力转移培训中的矛盾和问题 ……………… (283)
　　第四节　农村劳动力转移培训的对策分析 …………………… (287)

第十五章　农村文盲人口教育培训问题及对策研究 …………… (292)
　　第一节　中国农村文盲人口现状分析 ………………………… (294)
　　第二节　当前农村扫盲教育工作现状及问题分析 …………… (298)
　　第三节　新时期推进农村扫盲教育的相关对策 ……………… (305)

第十六章　农民生态文明知识与行为的现状调查与对策思考 … (311)
　　第一节　引言 …………………………………………………… (311)
　　第二节　研究思路与方法 ……………………………………… (314)
　　第三节　调研结果与分析 ……………………………………… (317)
　　第四节　提升农民生态文明素质的对策思考 ………………… (326)

第十七章　农民生态文明教育培训的现状调查与对策思考 …… (333)
　　第一节　引言 …………………………………………………… (333)
　　第二节　研究方法与抽样对象 ………………………………… (337)
　　第三节　调研结果与分析 ……………………………………… (339)
　　第四节　问题讨论与对策建议 ………………………………… (354)

参考文献 …………………………………………………………… (362)

后　记 ……………………………………………………………… (380)

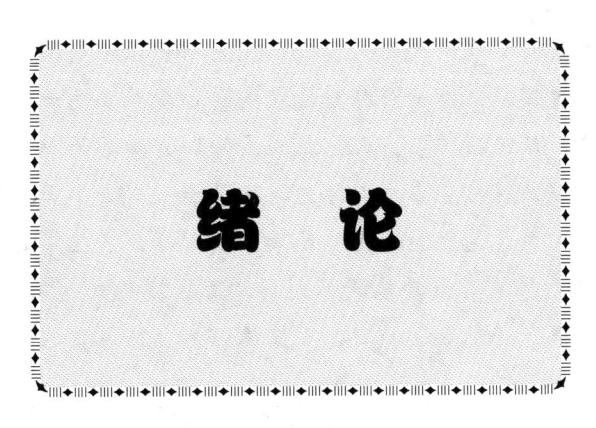

绪 论

对农民开展新型农民教育是提升农民素质、培养新型农民、推进新农村建设的重要途径，谁是新时期的农民则是新型农民教育得以有效推进的理论前提。从东西方农民概念及其内涵和外延的历史演变来看，这一概念有着鲜明的时代背景和实际的社会功能。当今中国经济社会的深刻变革要求农民概念的重新界定和明确。新时期，产业指向成为新型农民最为突出的特征，身份功能明显削弱，而区域指向功能则有所拓展。对新时期农民概念进行重新界定，不仅使新型农民教育的对象和主体得以明确，而且对新型农民教育的目标、内容及方法产生了全面影响。

第一章

新型农民概念的界定与新型农民教育

2004年至今，中共中央一号文件连续十三年涉农，显示出党和国家解决"三农"问题的强烈愿望和坚定决心。

2005年中共十六届五中全会做出"建设社会主义新农村"的战略决策以后，新农村建设成为新时期解决"三农"问题的重大社会实践系统。2006年，中共中央首次明确社会主义新农村建设是"我国现代化进程的重大历史任务"，是全面建设小康社会"最艰巨最繁重的任务"，将新农村建设地位提升到了实现国家现代化和全面建设小康社会的高度。为了在新时期推进这一重大历史进程，2007年中共中央一号文件《关于积极发展现代农业扎实推进社会主义新农村建设的若干意见》，提出"培养新型农民，造就建设现代农业的人才队伍"，进一步明确了社会主义新农村建设中人是关键因素，进而确定了新农村建设依靠新型农民的工作路径，而新型农民培养主要依靠教育，从而把新型农民教育提到了日程之上。党的十七大报告更进一步指出了新型农民的素质特征，强调要"培养有文化、懂技术、会经营的新型农民，发挥亿万农民建设新农村的主体作用"。党的十七届三中全会通过的《关于推进农村改革发展若干重大问题的决定》，提出"发展农村教育，促进教育公平，提高农民科学文化素质，培育有文化、懂技术、会经营的新型农民"，正式提出了培养新型农民的基本途径在教育。党的十七届四中全会通过的《关于加强和改进新形势下党的建设若干重大问题的决定》，提出"把发展现代农业、培养新型农民、带领群体致富、维护农村稳定贯穿农村基层党组织活动始终，发挥党组织在建设社会主义新农村中的领导核心作用"。

在党中央的强力推动和全面部署下，新型农民培养得到了大力推进，但综观有关政策文件及研究成果,虽然于新型农民教育及培训屡有涉及且讨论范围广泛,但对"谁为新型农民"这一重大问题始终没有做出明确的界定,理论上的模糊给新农村建设的推进带来了一系列困难。学界大量的研究证明,"三农"问题的关键是农民问题;农民问题的根本解决在于提高农民文化素质,实现农民个体及其组织的现代化,农民教育是达致上述目标的主要途径。实际调查也表明,农民受教育程度直接影响农民职业分化的水平,不仅与农民经济收入水平高度相关,而且对转变农民观念、提升民主意识均有重要意义[①]。笔者认为,新型农民概念的界定,既是解决新农村建设的"主体是谁"这一重大理论问题的前提,又在推进新型农民培养方面具有现实意义,对其进行探讨非常必要而且迫切。但须引起我们注意的是,作为一个社会群体指称的农民概念,在新时期农村社会发生深刻变革时,其内涵和外延必然发生新的变化,需要重新加以界定,它既是新农村建设的理论基础之一,也是新型农民教育得以推进的重要前提。

第一节 农民概念的演变及其三大功能

农业是人类历史上最古老和最基本的职业,农民是人类的本初属性和底色。但作为一个群体概念,农民是人类生产活动和社会组织水平发展到一定阶段,农业成为人类生产活动的一个组成部分而不是绝对主体地位的产物。因而,它是一个动态概念,在人类社会不同的发展演变阶段和东西方不同区域,其内涵和外延在不断地演变发展,呈现出不同的特征,在实际社会管理中也发挥着不同的功能。

一 中国传统农民概念

中国传统农民概念形成于奴隶社会。原始社会无阶级划分,加之农业人口占绝大多数,并无"农民"这一概念。奴隶社会开始形成奴隶主和奴隶两个主要阶级,此外还有少量自耕农、手工业者及商人。农民当

---

① 刘洪仁:《我国农民分化问题研究》,博士学位论文,山东农业大学,2006年,第83—85页。

时主要是指从事农业生产、地位低下的奴隶及有一定自由、主要从事耕作的自耕农。上述历史事实可从文字的演变得到一定程度的佐证。"农"和"民"最早出现在甲骨文、金文中即说明了此点。"農"字从曲从辰，"曲"即"部曲"，指奴隶社会兵民合一制度下的在乡军人，"辰"字借指农具，也有"早起劳作"之义，联合起来指和平时期从事农业劳动的军人，也就是农民。由于当时农业主要指种植业，因而《说文解字》直接将"农"释义为"耕"，《汉书·食货志》也释为"辟土植谷曰农"。"民"字从尸从氏，"尸"意为"身体不动弹"，引申为"不迁徙"；"氏"意为"国族""族"，联合起来表示"本地常住人口""土著"，因而《广雅》谓"土著者曰民，外来者曰氓"。《说文解字》又释为"民，众萌也"，指没有文化教养的人，进一步突出文化特征和社会地位。"农民"一词最早出现在《礼记·月令》，内有"农民毋有所使"一句。按照此前释意，此两字的组合即指除君、官之外的从事农业生产的社会群体或阶层。《谷梁传·成公元年》进一步将"民"分为士、农、工、商四类，"农民"居四民之二。自秦后，中国进入漫长的封建社会，奴隶分化为佃户、租户，与自由民构成农民的主体，居住于乡间，与通都大邑的人口形成二元结构。这一基本内涵、结构特征直至清前期未有大的改变。近代以后直至国民政府迁台，由于工业经济落后，农民依然是中国人口的主体，期间虽有流动，但并未从根本上改变这一现状，因而中国传统农民的概念及其基本内涵并未发生重大变化。

二 西方农民概念演变

与中国传统农民概念的演变大致相同，欧洲农民概念的出现也是在奴隶社会，但由于欧洲文明长期处于奴隶社会，因而农民概念的内涵与古代中国有着明显的差异。由于封建领主制是欧洲这一时期的社会结构常态，除各地的封建主城堡外，与中国相类似的通都大邑并不多见，因而有学者认为，欧洲古代文明本质上是"植根于有居住在家里的农民耕作的土地上的农民文明，单是农民的人数几乎占据全部人口；至于统治者、教士、军人、事业家、城镇手工业者，就他们生活的主要部分而言，也都是农村的人"。因而在西方观念里，阶级概念上的农民群体并不存在，它主要表现为一种经济概念，意指一个从事农业生产活动的社会群体,即所谓的农耕者①。就当时欧洲阶级状况而言,由于重商传统的存在,统治者、商人、宗教僧侣成为特权阶级,依附于庄园领主的农民的地位非常低下,较之于古代中国农民为四民第二的地位显然有重大区别。同样,从词源学上也可以看出此点。在欧洲,英文 peasants 是农民阶层的指称。该词源自拉丁文,本意为"异教徒、未开化者、堕落者",是早期欧洲社会对卑贱者的贬称,本与农业无涉。之所以成为"农民"的概念,是因为它反映了当时农民低下的地位。对于欧洲农民的实际经济地位,《大不列颠百科全书》认为,"peasant 与其他农业生产者不同之点就在于要受外部权势的支配",即位于农业生产链的下游和经济社会结构的下层。俄国农奴时代,从事农业生产者也处于社会底层,因而其农民概念的基本内涵与欧洲其他地区有着相同之处。随着西方社会率先走上资本主义和工业化道路,传统农民逐渐演变为农业者,peasants 出现了替代词 farmer。E. R. 沃尔夫对两者的区别进行了区分:"农民的主要追求在于维持生计,并在一个社会关系的狭隘等级系列中维持其社会身份","农业者则充分地进入市场,使自己的土地与劳动从属于开放的竞争,利用一切可能的选择以使报酬极大化,并倾向于在更小的风险基础进行可获更大利润的生产"。概言之,peasants 的最大特征是自给自足的经济生活方式;farmer 则是市场经济的参与者,是西方工业社会中的现代农民。

三　农民概念的三大功能

考察上述中外农民概念的形成和演变过程,我们可以看出,尽管不同历史时期不同区域的农民概念及其内涵存在着异同,但就功能而言,实际起着三大作用:身份识别;职业特征;区域指向。其一是身份识别。表现在中文概念中,就是强调涉"农"的"民",即指除君、官之外从事农业耕作的社会成员,它与其他社会成员构成君、官的对立面,地位虽然低下但高于手工业者和商人。西方的 peasants 反映了当时农民处于社会底层卑贱者行列的现状,与其实际的经济地位相关。其二是职业特征。表现在中文概念中,就是强调"民"中的涉"农"群体,即从事农耕的

---

① 王亚平:《浅析中世纪西欧社会中的三个等级》,《世界历史》2006 年第 4 期,第 60—68 页。

群体，职业特征强烈。英文中的 peasants 则是强调地位低下，词源本义的涉农色彩并不明显，表现出了职业特征的弱化。其三是区域指向。中文中的"农民"和"农村"密不可分，"农民"在"农村"中可谓常识，与统治阶级居住的城邑形成对立。西方的 peasants 则不尽然，由于西方大部分是封建领地制，城堡、庄园和领地成为一体，因而没有严格的区域划分，其区域指向功能并不明显。上述三大功能不仅反映了当时农民的政治和经济现状，也直接导致农民在文化教育事业上低下的地位，在具体的社会管理中也起到地位区分和职业分类的作用。

第二节 新形势下的农村变革及新型农民概念的提出

一 传统农民概念的变革需求

作为一个群体概念，政治体制变革、经济结构和人口结构的变化必然导致农民概念的内涵和外延发生变化。我国近代以来资本主义工商业的发展，已经构成对传统农业经济的第一次冲击，农村人口开始出现分化。1949 年以后，我国社会主义政权的建立使农民的社会地位发生根本改变，随着社会主义工业化进程的加快，农村一部分人口转化为工业人口，农村人口结构发生了明显变化。改革开放后，农村人口流动和分化加剧，农村经济结构和社会组织形式也有了深度调整。随着我国城乡一体化的统筹推进，城乡二元化格局最终将得到消除，现代化大工业条件下农业产业链也必将得到大幅延伸，"谁为农民"成为争论的话题。

（一）农村人口流动和分化是导致传统农民概念变化的自然因素

新中国成立初期，为稳定社会局势国家采取限制农村人口流动的政策，农村人口虽然有一定的流动，但对整体结构而言只能谓之微调。自 1984 年中共中央一号文件松绑，农村人口流动大潮开始启动。改革开放至今农村人口流动数量变化情况如图 1—1 所示。

改革开放后流动人口数量图显示，自 1984 年开始，我国农村流动人口年均增额达 300 多万。2011 年中国社会科学院发布人口调查报告，我国城镇人口已经超过农村人口。农村人口的流动不仅代表着绝对人口的减少，而且导致现有农村人口的分化，传统农民概念的身份识别已无法反映这一复杂现实。同时,农村人口流动也是双向的,尽管逆向流动规模并不大,但重新进入农民群体的新质因素在一定程度上也许更能体现未来农民的面貌,成为不可忽视的群体。

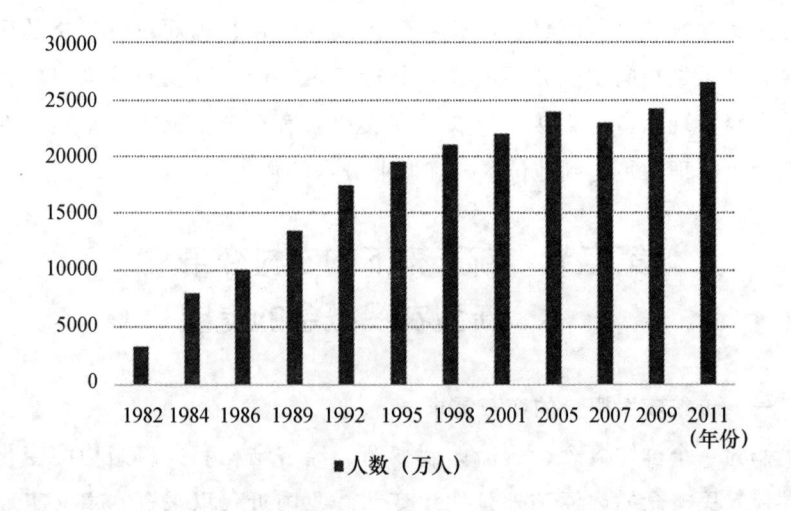

图1—1 改革开放后流动人口数量图①

(二)城乡二元壁垒逐渐消除是导致传统农民概念变化的社会因素

城乡二元壁垒逐渐消除是导致传统农民概念变化的社会因素。城乡二元结构之所以产生和存在,正如李克强总理所说:"在发展中国家由传统农业经济向现代工业经济过渡的历史进程中,由于社会组织和产业发展的现实需要,对城市和农村采取分而化之的管理方式成为一种必然措施,因而出现了农村相对落后的生产和生活方式与城市不断进步的现代生产、生活方式之间的不对称的组织形式和社会存在形式。"② 随着工业的飞速发展和国家综合实力的提高,当前已经到了"工业反哺农业""促进农业发展"的新阶段,党的十八届三中全会公报即明确指出今后要

---

① 此图根据杨聪敏《改革开放以后农民工流动规模考察》(《探索》2009年第4期)及国家统计局有关数据绘制。

② 李克强:《破解城乡二元结构难题,走新型城镇化道路》,2015年9月25日(http://www.chinanews.com/gn/2012/09-25/4211183.shtml)。

"健全体制机制,形成以工促农、以城带乡、工农互惠、城乡一体的新工业城乡关系"。在国家政策的引导下,随着户籍制度、土地制度及财政制度等改革的推进,破除二元结构壁垒,促进工农业协调发展,城乡一体化的现代经济结构已初见端倪,这一历史进程弱化了传统农民概念的身份识别功能特别是区域指向功能,改变了传统农民概念的基本内涵。

(三) 农业产业链的延伸是导致传统农民概念变化的产业因素

农业产业链的延伸是导致传统农民概念变化的产业因素。按照经济学的划分,整个社会产业链分为第一、第二和第三产业,但自划分之初,这三个产业便存在着重叠之处。在农业现代化过程中,农业产业链进一步延伸,已经有部分生产环节涵盖了原有的第二产业部分领域,原有的仅限于种植业的狭义农业概念和包括农林牧副渔在内的广义农业概念逐渐延伸为与农林牧副渔相关的农业产业链概念,它包括农业生产资料供应、农产品生产、加工、储运、销售及最终消费者之间的物流、信息流与资金流的串联与整合,独立的农业产业链成为现代产业结构的重要组成部分,已经大大超出原有的农业生产的概念范畴。与之相对应,从事上述产业活动人员的身份归属就已经超出原有农民概念的界定,许多原来的农民成为当前产业工人的一部分,而一部分从事涉农产业活动的其他群体,则成为农村地区的新人,因而农业产业链的延伸成为新型农民概念提出的产业因素。

二 关于农民概念的讨论及界定

正是上述因素的先后出现,农民概念自 1949 年后成为学界讨论的对象,新型农民概念也早在 20 世纪 50 年代已经提出。但也不容置疑,直至改革开放初期,农村、农民问题依然处于被相对忽视的状态。20 世纪 80 年代后期,关于农民概念的讨论才为学界所聚焦。

(一) 学界关于农民概念的讨论

当前,我国关于农民概念的界定大致有两类:一类是各类词典中,呈现出比较固定的内容。《现代汉语词典》认为,"农民"是指在农村从事农业生产的劳动者;《辞海》把"农民"界定为直接从事农业生产的劳动者;《经济学大辞典·农业经济卷》认为"农民"是指个人或集体占有或部分占有生产资料、从事农业劳动为主的人。以上概念虽然涉及三大功能，但主要强调农民的职业归属。另一类是学界的研究成果，呈现出动态更新的态势。从20世纪90年代以前出现的13种农民概念来看，主要是从身份识别、区域归属、职业指向三方面来界定。其中涉及身份识别功能的概念有3种；涉及区域归属的概念有3种；涉及职业指向的概念有9种[1]。可见，新形势下学界的讨论中，传统农民概念中的身份识别及区域归属功能已经弱化，而职业指向功能更加突出。

20世纪90年代以后，农村人口流动规模扩大和分化加剧，农民概念有了新的提法，特别是2006年中央一号文件中出现"新型农民"的提法，更引起学界的广泛关注。2008年，中国社科院陆学艺研究员提出以职业分类为基础，以组织资源、经济资源和文化资源的占有情况为标准将中国社会划分为十大阶层，其中农民工隶属于产业工人阶层，通常所称谓的农民隶属于农业劳动者阶层[2]，对当时农村人口分化予以回应。同年，张春莲在对新型农民理论研究进行综述的基础上，认为已有的研究大多从农民素质来定义新型农民，作者从经济学角度来定义新型农民，提出"新型农民是指以追求利益最大化为动机且以从事现代农业生产、农业经营或农业服务等为主的具有企业家精神的农民"[3]。首次以农业产业链的延伸为依据进行了概念界定。同年，高建民认为农民是具有农业户口、在农村生产生活、与土地有着天然联系的社会劳动者，并把农民分为农业生产者、农民企业家、在乡农民工、进城农民工、农村基层管理者、农村服务业者和农村手工业者[4]，强调农民职业属性的同时注重区域性。

学界的讨论成果被政府所采纳，2012年中央一号文件提出"新型职业农民"一词，职业指向成为这一概念的最主要特征。有学者对"新型职业农民"进行了解读：认为新型职业农民首先是农民，必须使用（或

---

[1] 林后春：《当代中国农民阶级阶层分化研究综述》，《社会主义研究》1991年第1期，第59—64页。

[2] 侯广斌、王晓成、周琥：《新农村体育建设背景下农民农村概念的界定及农民群体划分的探讨》，《湖南学院学报》2008年第5期，第108—111页。

[3] 张春莲：《新型农民理论的国内文献综述》，《安徽农业科学》2008年第29期，第12991—12993页。

[4] 高建民：《中国农民概念及其分层研究》，《河北大学学报》（哲学社会科学版）2008年第4期，化46—49页。

长期使用）一定数量的生产性耕地，大部分时间从事农业劳动，经济收入主要来源于农业生产和农业经营，长期居住在农村社区。除此之外还必须符合三个条件，即市场主体，具有高度的稳定性，把务农作为终身职业，具有高度的社会责任感和现代观念。①

（二）新型农民概念的提出及其内涵

以上农民概念多是实然概念，是改革开放之后农村演变的阶段性特征，但已经反映出新型农民概念的形迹。随着时代的发展，新型农民概念应如何界定？我们首先要看一下当前和未来一段时间社会需要农民概念发挥什么样的功能。农民概念的身份识别功能是国民平等性的一大障碍，它实际上充当了造成城乡人口"二元结构"的理念支撑，是当今和今后社会发展应该摒弃的概念。区域指向的农民概念虽然有利于人口管理，但容易造成城乡意识上的对立，而且不能准确反映未来农村区域以产业区分布的趋势，可以适当予以明确。职业特征则在新形势下功能更为突出，但必将发展到产业归属的高度，因为随着涉农群体的增多、产业链的延伸，新型农民除继续担当农业生产者与农产品提供者的分工外，也开始进入农业产品的深加工领域、工业品生产领域、商品流通及服务业等，参与更多的社会分工。因而，新型农民的概念应当是一种基于农业产业链的概念，同时为促进新农村建设需要，概念的界定在突出产业特征的同时区域功能也可以予以保留，但其表述要适当调整。基于以上理由，新型农民的概念可以界定为：长期生活或居住在以小城镇为中心的农村区域，从事与现代农业产业链相关的生产、经营和服务活动的社会劳动者。这一概念包括三个基本指向。一是区域指向，着眼于农村既有人员及外来长期居住人口在当前及未来共聚于以小城镇为中心的农村区域的现实，以便于实现综合性的社会管理；二是产业指向，即与农业产业链相关的生产、经营和服务活动均包括在内，反映了当前农民概念外延的现实和未来产业发展的趋势；三是服务指向，即服务于新农村的各项建设，包括政治、经济、社会和文化建设等。

关于未来的新型农民应该是一个什么样的群体？回答这个问题非

---

① 邱家荣、王云峰：《新型职业农民的概念与内涵》，《云南农业》2013年第1期，第18页。

常迫切和必要，因为这与新型农民教育密切相关，又与新农村建设的推进密切相关。实际上早在20世纪末，党的十五届三中全会通过的《中共中央关于农业和农村工作若干重大问题的决定》中首次使用"新型农民"一词，指出建设有中国特色社会主义新农村的文化目标是"坚持全面推进农村社会主义精神文明建设，培养有理想、有道德、有文化、有纪律的新型农民"。显然，这是从农民的精神面貌和思想发展而言，内容较窄。21世纪初，中央一号文件《中共中央、国务院关于积极发展现代农业扎实推进社会主义新农村建设的若干意见》中指出："建设现代农业，最终要靠有文化、懂技术、会经营的新型农民。"[①] 首次从精神文明、物质文明和市场文明三个维度对新型农民的内涵进行了明确。因此，"新型农民"的内涵是随着社会主义新农村建设的不断探索而进入人们的视野，并且其时代特征和基本内涵也在不断地得到丰富与发展。结合新型农民概念中的服务指向，新型农民的内涵除"有文化、懂技术"外，还要"能创业、会管理"和"守法纪、讲文明"。新型农民只有具备上述素质，才是真正意义上的新型农民，才能有效地服务于我国的社会主义新农村建设，成为建设新农村的主体。

"有文化、懂技术"是衡量是否是新型农民的一个基础性条件或素质。与"面朝黄土背朝天"的传统农民相比，在知识经济的社会中作为新型农民必须具有一定的文化知识、掌握一定的农业技术并达到一定的学历水平。其中，文化知识除了能读、写、算等基础的语文知识和基础的数学知识外，还应包括能把握最新资讯的电脑操作知识、了解大自然变化的自然常识和保护自我的法律常识等，当然也涉及政治、历史、经济等人文科学文化知识。而农业技术不是指传统的农业社会中简单的"耕、播、种、收"等农业技能，而是指与现代农业和农民增收息息相关的一些实用技术，如作物的栽培技术、农机的使用技术，或农村工业的生产技术等。"能创业、会管理"是市场经济条件下成为新型农民的一个本质要求。在社会主义市场经济体制下，我

---

① 中共中央、国务院：《关于积极发展现代农业扎实推进社会主义新农村建设的若干意见》，2015年1月29日（http://opc.people.com.cn/GB/64093/5341796.html）。

国的农业生产正从"包产到户"向"种粮大户"转型,从"粗放型生产"向"集约型生产"转变,同时农村的产业结构也正在逐步得到调整和优化。作为新型农民,除了"有文化、懂技术"外还必须具有一定的能适应市场经济发展规律的创新创业能力和经营管理能力。"能创业、会管理"要求现代农民具有干大事的进取精神和较强的市场意识,能根据市场的变化规律和自身的能力优势从事现代农业或在农村创立自己的产业,如商业、工业、服务业、运输业等,并能使用所获取的市场信息、先进的经营理念和科学的管理方法来安排与组织生产、经营和管理活动。"守法纪、讲文明"是新型农民在社会主义和谐社会的构建中的职责所在。随着构建社会主义和谐社会的战略目标和"生产发展、生活宽裕、乡风文明、村容整洁、管理民主"二十字方针的提出,作为新型农民还必须在社会主义建设中守法纪、讲文明。"守法纪"要求能注重诚信、遵纪守法;"讲文明"要求能邻里团结、互帮互助、反对迷信、崇尚科学。

第三节　新型农民概念的界定对新型农民教育的意义

教育学理论认为:从宏观角度看,教育活动由教育主体、教育目标、教育内容、教育手段、教育环境、教育途径六个要素组成;从微观角度看,教育活动包括教育者、受教育者、教育内容和教育手段四个要素。无论从宏观角度还是微观角度,教育对象的确定都是教育活动得以进行的前提,因而新型农民概念的界定,对开展新型农民教育有着重大的理论意义和实践意义。

一　它解决了新型农民教育"主体和对象是谁",即范围问题

改革开放以后,农村人口的分化包括外部分化和内部分化。外部分化主要表现为部分农民成为城镇居民,部分农民虽身份未变但已主要从事非农产业。前者脱离了农民群体;后者则是"兼业型"农民。内部分化主要是农民内部的阶层变化。陆学艺把20世纪七八十年代的农民划分为基于职业的八大社会阶层,即农业劳动者、农民工、雇工阶层、农民

知识分子、个体劳动者和个体工商户、私营企业主、乡镇企业管理者、农村管理者等[1]。20世纪90年代陆学艺根据新的变化又将农民划分为十大阶层，即农村干部、集体企业管理者、私营企业主、个体劳动者、智力型职业者、乡镇企业职工、农业劳动者、雇工、外聘工人和无职业者等10个农民阶层[2]。21世纪初，有学者对山东地区进行实际调查，根据职业不同把农民分为果农、粮农、养殖户、乡镇企业主、个体商贩、外出务工者、乡村干部等。从当前的现实和未来发展趋势看，还应包括从事规模农业经营者、农产品加工人员以及居住在农村不从事农业生产的居民，均是新型农民教育的对象和主体。当然，这些农村人口都是新型农民教育培养的对象，但并非要求每个农村人口都必须全部具备新型农民的所有特征，只能根据不同的群体开展不同的教育。

二　它确定了新型农民教育"培养什么样的人"，即目标问题

2006年1月1日，中共中央、国务院《关于推进社会主义新农村建设的若干意见》正式提出"新型农民"概念，指出"新型农民"应是"有文化、懂技术、会经营"的农民，原则上规定了新型农民的基本内涵，也成为新型农民教育的原则性目标。学界对此展开了研究。2009年，学者蒋旋新认为新型农民的素质内涵主要包括文化素质、科技素质、经营管理素质、思想道德素质、身心素质[3]。也有学者认为新型农民的内涵除文化知识、劳动技能、市场意识之外，还取决于自身的健康程度，因而新型农民的内涵应包括较高的思想道德素质、较深的科技文化知识、较强的民主法制意识、较强的市场意识、强健的身心素质[4]。学者郭君平等人提出了都市型现代农民的概念，认为其具有知识技能型、创业型、

---

[1] 陆学艺：《"三农论"——当代中国农业、农村、农民研究》，社会科学文献出版社2002年版，第393页。

[2] 陆学艺、张厚义、张其仔：《转型时期农民阶层的分化——对大寨、刘庄、华西等13个村庄的实证研究》，《中国社会科学》1992年第4期，第137—151页。

[3] 蒋旋新：《新农民素质内涵与结构特征研究》，《继续教育研究》2009年第12期，第46—48页。

[4] 吴艳军、赵艳萍、张秋月：《对新型农民内涵的探讨》，《合作经济与科技》2010年第9期，第118—119页。

学习型、市场型、爱农型及文明法制型等诸多优质特征[①]。还有学者认为新型职业农民应具备三个条件：一是市场主体；二是具有高度的稳定性，把务农或涉农产业作为终身职业；三是具有高度的社会责任感和现代观念[②]。综合来看，新型农民教育应该培养三类人成为新型农民：一是新型职业农民；二是新农村建设服务人员；三是新农村居民。此三类人均应有较高的思想道德素质、较强的民主法制意识、强健的身心素质，前两类人除此之外还要具有较深的科技文化知识、较强的市场意识以及宽广的国际视野，以应对市场经济和国际化潮流。当然，在具体的实施中，上述三类人有时会出现部分重合，其教育形式和内容也要有相应调整。

三 它明确了新型农民教育"教什么"，即内容问题

内容与目标密切相关，也与不同群体的实际情况和具体需要相关。从上述讨论中，我们可以看到，较高的思想道德素质、较深的科技文化知识、较强的民主法制意识、较强的市场意识、强健的身心素质，还要具有世界视野，以应对国际化潮流，都是对未来新型农民的要求。如以教育术语来讲，大致包括思想政治教育、科学技术教育、民主法制教育、市场经济教育、体育卫生教育等。新型农民教育不同于学校教育之处，在于知识需求的非系统性，其本质是一种补充式的成人社会教育，不同区域不同群体乃至不同个体，其素质结构并非一致，因而必须因地制宜、因群制宜、因人制宜。就不同群体而言，对新型职业农民不仅要进行农业科技教育，还要包括农业的本质、农业发展理念、农业文化与农业管理等方面的教育[③]。对于新农村服务群体而言，主要是进行学历教育，使他们掌握系统的专业知识，加强政策理论学习，强化市场经济知识，强化法律法规教育[④]。对于新农村居民而言，主要是进行公民道德教育、民

---

① 郭君平、任钰、何忠伟：《都市型现代农民的内涵与特征分析》，《北京农业》2010年第10期，第1—5页。
② 邱家荣、王云峰：《新型职业农民的概念与内涵》，《云南农业》2013年第1期，第18页。
③ 朱启臻、闻静超：《新新型职业农民及其培育》，《农业工程》2012年第3期，第1—4页。
④ 王雪、张思萍：《新农村建设中农村基层干部能力建设》，《经营管理者》2009年第22期，第332页。

主法制教育、生态文明教育，提升居民的道德风貌、民主法制意识和生态意识。就不同区域来看，东部地区要着重进行现代农业教育、市场经济教育、国际视野教育等；中西部地区要着重于农村政策宣传、实用技术培训及农业技术教育等。

四 它有利于解决新型农民教育"如何教"，即途径问题

1949年以后，我国农民教育形成以政府为主导的农广校系统，建成了较为完善的农业广播电视教育系统，开展了"绿色证书"等形式的职业培训，还有以农业学校为主导的学校教育等。

当前，知识传播途径及手段的发展日新月异，利用当前学校教育的既有经验，要综合采用面授、函授、上门服务三种形式。前者包括各类集中培训和分类培训、农业文化活动、农业竞赛、农业展览会等形式；中者包括通过广播电视、高速网络进行远程教育和培训；后者包括上门辅导、田间指导等。当前，要在前期工作的基础上进一步搭建和完善新型农民教育平台。从学历教育的层次来看，应涵盖初等农业教育、中等农业教育、高职农业教育和高等农业教育，其学历有中专、专科、本科和研究生。从非学历教育的内容来看，要扩大资格证书教育的范围，强化农业技术推广教育，继续推进农民继续教育。当前，我国农民教育的层次缺乏阶梯性并存在软化性，非学历教育的内容缺乏时代性和有效性，因而要提升非学历教育内容的针对性，特别是为初中或高中毕业后想继续深造或接受农业技术培训的学生构筑通道、搭建平台。此外，还要进一步扩大新型农民教育的视界和范围，将基础教育纳入其中，因为它承担着培养未来新一代新型农民的重任。要深化这一战略，要求政府和教育部门在完善农村义务教育经费保障机制、改善农村办学条件、提高农村教师待遇等基础上，进一步强化城乡教师的流动机制、提升农村教师的从教素质、积极推进农村义务教育的课程改革，着力提升农村基础教育的质量，深化城乡基础统筹与发展，并注重农村基础教育与新型农民培养的衔接。

综上所述，由于经济社会的发展变化，农村人口结构受到了全方位的冲击，其内部和外部分化加剧，加上国家政策的变化和调整，使原有的农民概念已经不再能够反映农村的发展变化和人口结构特征，重新界定农民概念显得很有必要。当前,在身份识别淡化、区域指向弱化的情况下,新型农民概念应着重强调其经济产业指向,即强调新型农民的产业特征,兼顾区域功能,这样才能更为清晰地划定新型农民的范围。这一概念的界定和范围的划定,明确了新型农民教育的对象和教育目标,同时也对新型农民教育的教育内容、教育方法产生了全面影响。

历史篇

本篇内容概述

　　本篇主要是通过近现代及当代的农民教育历史变迁的梳理，深入分析各个阶段农民教育的内涵、特点，全面总结历史经验。认为推动农民教育，要将其放置于社会文化发展的大背景下，要深入认识农村这一基层组织的相对稳定性以及其文化教育推进的持续性要求，坚持思想的先导作用，强化文化教育；要从现代社会的发展需求，拓展农民教育的内容和范围，树立大农民教育观；针对全国范围内存在的区域差异性，坚持以实验区的形式加以推进；要学习近代经验，以严谨的科学研究为基础，推进农民教育科学发展；要充分发挥农民的自主性，成立以农民为主体的农民教育组织，开展相关教育活动。

第二章

我国近代以来农民教育的变迁及其当代启示

第一节 关于农民与农民教育的历史认知

毛泽东曾说，中国最严重的问题是农民。这句话是就中华人民共和国成立后面临的建设形势而言，但未尝不是对中国历史的精辟总结。无论是农业文明时期的中国，还是向工业社会及信息社会过渡的中国，农民都是这个国家举足轻重的部分。他们的辛勤劳动和生产水平的提升不仅提供着人们赖以生存的物质基础，也是国家长治久安的基本保障。作为国家建设的主体，农民的精神状态和能力素质一定程度上影响和决定着国家的发展速度和发达水平。

一 古代关于农民与农民教育的认知

在农业文明时期，农民不仅在社会生产中居主体地位，其数量也在人口构成中居主体地位。对于以农民为主体的民众的重要性，战国时期孟子就提出了"民为贵，君为轻"的思想和主张。孟子的思想中，"民"的概念较为宽泛，主要包括士、农、工、商四大群体，士是统治阶级的组成部分，后三者为被统治者，农民居首，这是首次在思想史上赋予农民以重要位置。历代王朝兴替的历史经验表明，民心向背是改朝换代的直接动力和重要原因，这里的"民心"其主体主要是农民阶级。也就是说，谁能赢得农民的支持，谁就能取得统治权。相反，谁重赋重税压榨剥削农民，就会引发农民的反抗。历代王朝的崩溃往往先是引起农民的抗争，才出现了改朝换代的可能，农民阶级在社会构成中的基础地位和重要作用由此可见一斑，唐太宗作为统治者据此提出了"水能载舟，亦能覆舟"的历史古训。但在封建统治者眼中，农民虽然是重要力量，但也仅仅是可利用的工具，一旦他们凭借农民的力量取得统治权后，又不约而同地采用"愚民"政策和高压手段来维护其统治，因而农民阶级始终未能取得与其历史作用相匹配的地位。在中世纪的西方，农民阶层的地位也相差不多，始终位于社会的底层。农业文明时期的农民群体，无论是思想精神层面还是物质财富层面一直处于被压制和被剥削的状态，"愚民"成为农民群体的主要表征符号。

二　近代关于农民与农民教育的认知

西方工业革命的兴起，导致城市化进程加快，率先促进了西方农民的大规模转型和分流，农民在社会中的作用开始有了新的变化。其转型和分流大致有两个方向：一是通过接受工业技能训练成为近代产业工人；一是为适应农业近代化进程的发展，要求成为具有现代农业知识和农业器具操控技能，甚至具有一定的市场经济意识的新型农民。现实的需要促进了西方近代农民的诞生，而这一诞生过程是以农民教育的进行为依托的，以农民群体为主体的近代转型也成为西方国家富强的秘方。西方社会的这一变革，其作用渐被国人认知并加以引介和宣传。维新时期梁启超在考察西方社会之后，即得出了"才智之民多则国强，才智之士少则国弱"的结论[①]，成为近代中国借鉴西方推进农民教育的理论先导。民国成立后，共和政治体制确立，农民这一群体的主体地位及其在社会变革中的作用被重新加以认识，其利益诉求得到一定程度的重视。资产阶级逐渐认识到欲使中国近代化，离不开人口占主体的农民阶级的近代化，而推进农民近代化进而发挥农民的伟大力量，必须提高其基本素质，首先要对其进行教育。唯有如此，才能彻底改变农民的思想意识和劳动素养，进而提升整个民族的精神品质和知识水平，为社会变革积蓄力量和奠定基础。但在这一历史过程中，由于资产阶级的历史局限性，外患内

---

① 中国史学会主编：《中国近代史资料丛刊·戊戌变法》（第二册），上海人民出版社1957年版，第148页。

忧的复杂环境，虽然许多教育家进行了艰辛努力，农民教育始终未能正式提上政府议程，即使在乡村教育潮流高涨时期，也主要是民间力量主导推动的。尽管如此，在近代教育革新的大潮中，农民教育还是取得了一定的成效。

直到中华人民共和国成立，农民问题才上升为国家政策。农民教育，初期主要是扫盲教育，并得以迅速推进，为建设社会主义新农村这一伟大工程提供了良好的前提和基础。但不可否认，当前农民教育和培训还存在许多问题。加上农村这一文化社会基层组织，历经数百年有其稳定和连续的一面，因而重新审视近代以来的农民教育发展，深入分析和总结历史经验，对于推进新时期的农民教育和培训工作，具有一定的借鉴作用。

第二节 中国近代农民教育的历史发展

一 清末农民教育思想的酝酿：1870—1900

鸦片战争过后数十年，一批先进的中国人开始反思中国落败的原因并提出挽救国家危亡的出路。早期改良派代表人物王韬（1859），发出了"今日我国之急务，其先在治民"的呼喊[1]，指出了以农民为主体的民众教育的重要性。同一时期，改良派另一代表人物郑观应，在其所著《西学》一书中对西方教育体系进行了描述，除正规学校教育外，西方教育体系还包括"新闻报馆、书籍馆"等社会教育形式[2]。著名政论家冯桂芬在同一时期提出"君民不隔"的主张，认为唯有君民相通、上下一心才能实现国家的富强，显然这一主张是以提高广大民众智识和国家意识为基础的[3]。上述思想从国家需要、现实途径和实施目标等方面，对"民之教育"进行了论证，成为近代农民教育思想的最初萌芽。甲午战争后维新思潮渐起，代表人物梁启超在全面考察西方和日本的富强之道后，认为"开中国之新世界，莫亟于教育"，以"开民智为第一义"，并提出"新民"概念。梁氏在设计的新式学校教育体系中，主张在中等教育中开

---

[1] 王韬：《弢园尺牍》，中华书局1959年版，第132页。
[2] 陈学恂主编：《中国近代教育文选》，人民教育出版社2001年版。
[3] 冯桂芬：《校邠庐抗议》，台湾文海出版社1971年版，第71页。

设农、林等学科,这是中国近代教育史上首次将涉农教育纳入近代教育体系①。著名思想家严复主张教育对象扩充到全体社会成员,明确教育内容"以智德力三者为之根本"②。

从主张"治民",到提出"新民",再到对教育形式、教育内容等的讨论,近代农民教育思想得以萌芽,为此后政府层面建立制度及付诸实践奠定了基础。

二 清末民初农民教育制度的建立

农民教育制度的建立,主要在清末和民初两个时段完成。其中清末包括维新变法时期和清末新政时期,民初主要完成于1919年之前。

最初从制度上对农民教育进行设计是在维新变法时期。光绪皇帝下诏将原有遍布城乡的书院、祠庙、义学、社学等改造为兼习中西学的学堂;鼓励私人开办学堂,设立农务、茶务、蚕桑等速成学堂。鼓励广泛开设农会,刊印农报,购买农具,订立光大学艺、农业程序,编译外国农学书籍,采用中西各法切实开垦③。这是借鉴西方自主设计我国农民教育的良好开局,但百日维新历时甚短,上述举措并未真正付诸实施。1901年,清政府开始实行新政,正式将各地书院、私塾改造成大、中、小学堂,与普通学堂并行的还有专业教育,包括师范学堂及各类实业学堂。1906年晚清学部成立,将各类农学堂归入实业教育司管理;将通俗教育、教育博物馆等归属普通教育司师范科掌管;博物馆、图书馆等社会文化教育机构归入专门教育司庶务科管理,相关教育场所主要有宣讲所及各类简易学堂④。地方教育行政机关的社会教育职能也有明确规定,各省所设学务公所及各县劝学所,均承担推进所辖区域的社会教育的职能。这是中央政府层面首次介入农民教育。政府的行为得到了社会的呼应,各界也纷纷参与其中。他们不仅建言立说,如1907年孟昭常著《论公民学堂》,倡导公民教育;陆尔奎(1909)发表《论普及教育宜先注重

---

① 舒新城:《中国近代教育史资料》(上),人民教育出版社1961年版,第937页。
② 王栻编:《严复集》,中华书局1986年版,第514页。
③ 龚书铎编:《中国通史参考资料近代部分》(下),中华书局1985年版,第30—42页。
④ 朱有瓛等编:《中国近代教育史资料汇编·教育行政机构及教育团体》,上海教育出版社2007年版,第17页。

宣讲》，论述宣讲的作用；周家纯（1909）的《说夜学校》，认为"夜学者，最良之社会教育方法"等。上述主张已经涉及在农村推进农民教育的形式、方法和内容等问题。与维新时期相比，农民教育并未单列，而是置于通俗教育的框架中。效仿日本推行通俗教育的思路，将近代农民教育独立自主发展的萌芽扼杀了。虽然如此，但农民教育得到了一定的发展。对于社会教育这一开民智的事业，清政府极为矛盾，"一方面为事势所逼，不得不推行教育；另一方面又恐民智开了，于他们自己权位有妨碍"。[①] 但在行政和民间力量的共同推动之下，清末的社会教育得到一定程度的推进，除在城市开展的是面向平民之外，其在广大的农村区域主要是针对广大农民，主要形式是开展宣讲活动。学部也于1906年《奏定劝学所章程》中，规定各地方一律设立宣讲所；村镇地方，按集市日期，派员宣讲；宣讲事务归地方劝学所总理；其包括国民教育、修身、历史、地理、格致等浅近事理，但不得涉及政治。除宣讲外，还举办各种简易学堂，主要包括简易识字学塾、简易学堂和半日学堂等。主要专收年长失学及贫寒子弟无力就学者，"以辅小学教育之不及"。据1911年学部统计，当时已有16个省设立，约有29000所以上[②]。半日学堂专收失学儿童及贫寒子弟，以识字为主，并"略识道理"和"易习官音"。据1907年、1908年和1909年三年的统计，全国共有半日学堂2317所，学生66580人[③]。这一时期的通俗教育，其内容除圣谕广训外，兼及国民教育、科学常识、白话新闻等，较之古代社会教化增加了新式教育内容，但因惧怕革命而杜绝政治讲演，仍然剥夺妇女听讲权利，依然有着浓重的封建色彩，而且理论上虽包括农民在内，但无论是从内容上还是从具体教育设施上，都未能使广大农民得到有效教育。

民国成立，近代农民教育面临新的起点。革命派领袖、中华民国首任大总统孙中山从扩大革命力量的角度认识到近代中国的一个重要问题

[①] 高践四：《民众教育》，商务印书馆1933年版，第32页。
[②] 李建兴：《中国社会教育发展史》，台北三民书局1986年版，第139页。
[③] 朱有瓛主编：《中国近代学制史料》第二辑上，华东师范大学出版社1992年版，第368—369页。

是农民问题。他认为,近代中国之所以落后,一个重要原因是包括广大农民在内的全国民众"一盘散沙",而西方发达的原因之一是"国民的主动性",因而孙中山认为"根本救国,端在唤醒民众",并认为要"从社会民生方面作切实功夫"①。这就明确了民国后农民教育的政治意义及其推进方法,也是民国成立后推进农民教育的政治前提。首任教育总长蔡元培极力主张推进社会教育,实际上仍然承袭了清末通俗教育的思路,农民教育被置于社会教育大框架内,未能实现独立发展。第一,教育部设立社会教育司,这一重大创举使"社会教育引起全国人之重视"②。省级方面大多隶属民政司,也有个别单独设教育司。旋因军民分治,各省均设教育司,司内分置四科或三科,社会教育设有专科。1914 年 6 月取消教育司,仅于巡按使公署政务厅之下设教育科,教育行政与普通行政混合。1917 年 9 月各省统一设置教育厅。1917—1926 年,各省均实行教育厅制度,社会教育行政由教育厅第二科或第三科掌管。县级教育行政在民初设置较为混乱,既有县公署,也有劝学所,其中公署设第三科专教育行政事宜,1916 年公布的劝学所规程施行条件中,规定第十二项即为社会教育之设施事项。可见劝学所为县社会教育行政的负责机关。1923 年,教育部正式公布县教育规程等,令劝学所改为县教育局,但各局未设置社会教育行政机构。第二,经过较长时间的延宕,方形成一整套社会教育制度。1914 年汤化龙出任教育总长,才开始对社会教育事业进行全面筹划。12 月教育部拟订《整理教育方案草案》,将社会教育按其程度分为两类:一类为"学艺的社会教育",包括美术馆、美术展览会、改良文艺音乐演剧等和博物馆、图书馆、动植物园等;一类为"通俗的社会教育",包括通俗教育机关如露天学校、公众实习所等,通俗讲演机关如巡回讲演团,以及各类阅读场所如通俗阅报社、通俗图书馆、巡行文库③。其中通俗教育主要面向以农民为主体的普通民众。通俗教育主要

---

① 张启承、郭志坤主编:《孙中山社会化科学思想研究》,安徽人民出版社 1985 年版,第 172—175 页。

② 朱有瓛等编:《中国近代教育史资料汇编·教育行政机构及教育团体》,上海教育出版社 2007 年版,第 369 页。

③ 陈学恂主编:《中国近代教育史教学参考资料》(中册),人民教育出版社 2000 年版,第 207—208 页。

面向当时的城市贫民和乡村的农民,事实上通俗教育也是这一时期教育部着力推进的内容,主要表现在相关法令规程的制定上。如《通俗教育演讲所规程》(1915年10月18日)、《通俗图书馆规程》(1915年10月18日)、《图书馆规程》(1915年10月18日)、《通俗教育讲演规则》(1915年10月23日)、《通俗演讲传习所办法》(1916年4月15日)等,规定了各类社会教育设施的设立和运作规范。1919年,教育部制订《全国教育计划书》,其中对社会教育进行了更为详细的规划[①]。此后由于北京政府实在无力顾及社会教育,相关教育制度建设已无形中止,中央教育行政也逐渐丧失了社会教育主导权。

在具体实施中,民初与清末不同之处在于:一是各类通俗教育研究会相继成立,成为推进通俗教育的重要力量,不仅官设,还有民立,形成了官民合力推进社会教育的重要力量。二是内容和方法上有了新的发展,内容上以国家观念、公民道德、谋生与卫生为主,建设报馆、图书馆、补习学校等设施以资进行[②]。方法上有"一为借语言艺术及娱乐事物以传布者,二为借印刷出版物以传布者"。[③] 三是对通俗有了明确的界定之后,以戏曲、小说、宣讲为主要内容的通俗教育得到了较高地推进。推行较好的地区主要在东部沿海城市及内陆的一些中心城市,广大农村虽有但较为零星,有关报刊关于中西部和广大农村地区的报告刊载较少即说明了这一问题。究其原因,与当时目标不明、经费和人员的缺乏有直接的关系。

三 20世纪二三十年代的农民教育高潮

对广大农村的切实关注,最早的思想渊薮要从1915年新文化运动发端谈起。这一时期,资产阶级和无产阶级开始壮大,第一次世界大战期间的劳工教育使平民教育开始兴起,新文化运动树立起"民主""科学"的大旗,"平民政治""平民文学"口号出现,为原有的以官方推进的通俗教育注入了新的内容。这个时期先进的知识分子,对中国近代化进行

---

① 舒新城编:《中国近代教育史资料》(上),人民教育出版社1961年版,第265页。
② 杨才林:《民国社会教育研究》,社会科学文献出版社2011年版。
③ 高践四:《三十五来中国之民众教育》,《教育与民众》1933b年第4卷第3期。

全面反省，认识到学习西方不仅仅指在技术、制度方面，更应学习西方的思想精神，并从思想深处反省"国民性"。1917年马克思主义的传入，使早期的马克思主义者开始用马克思主义思想来指导分析中国的教育问题，"争取劳动人民的受教育权利"。西方思想教育家来华讲学，他们倡导"实用主义教育""个性解放""平民教育"等。但知识分子的呼吁并不意味着政府层面的转变。因而至1919年前，虽有清末通俗教育和民国初年社会教育的相继推进，但百万个乡村仍处于被忽略的境地[①]。直至五四运动爆发，平民教育思潮泛起，先进的知识分子才逐渐把视角转向广大的乡村，农民教育发展至新阶段。最早进行转向的是革命先驱李大钊。1919年2月，李大钊发表《青年与农村》一文，呼吁青年和知识阶级去开发农村，"把现代的新文明，从根底输入到社会里面"，用教育去解除农民的痛苦和愚暗[②]。国家主义者余家菊发表《乡村教育运动的涵义和方向》，认为乡村教育兼有救济社会危机和改造教育两大意义。近代职业教育黄炎培、教育部教育次长袁希涛等也极力呼吁推进乡村教育，梁漱溟、晏阳初、陶行知等一批归国留学生也加入了这一讨论并提出了自己的乡村教育理论，如陶行知的生活教育理论、梁漱溟"伦理本位，职业分途"的乡村改造理论等。陶行知提出了"平民教育下乡"的主张，认为"乡村教育是立国之大本"；"办的好，能叫农民上天堂；办的不好，能叫农民下地狱"[③]。晏阳初认为，"农村是中国85%以上人民的着落地，要想普及中国平民教育，应当到农村去"[④]。梁漱溟（1994）更从文化的高度说，"中国社会以乡村为基础、并以乡村为主体的"。"我们一点一滴的教育，就是一点一滴的建设；一点一滴的建设，无非是一点一滴的教育；只有从一点一滴的教育着手，才可以一点一滴的建设。"[⑤]

思想上的高潮促成了农民教育实践的大发展，主要表现为：其一是平民教育组织的纷次建立，成为农民教育的主导力量。著名的有北京大学平民演讲团、青年会平民教育科、中华平民教育促进会等，发起人多

---

① 古楳：《乡村教育》，商务印书馆1939年版，第60页。
② 李大钊：《李大钊选集》，人民出版社1959年版，第146—149页。
③ 董宝良主编：《陶行知教育论著选》，人民教育出版社2011年版，第197页。
④ 宋恩荣：《晏阳初全集》（第二卷），湖南教育出版社1989年版，第245—246页。
⑤ 中国文化书院编：《梁漱溟全集》，山东人民出版社1992年版，第435页。

系政教界名流。其二是对乡村现状进行了深入研究，使乡村教育有了科学的基础。其三是深入乡村开展实验。包括河北定县乡村改进试验区；江苏省昆山县徐公桥乡村改进区；南京晓庄试验乡村师范学校；乡村建设试验等。这些乡村教育实验，都是面向农村、面向农民，是近代教育史上真正的农民教育。近代乡村教育思潮和运动的基本特征：深刻的忧患意识，忠贞的爱国热忱，崇高的使命感和事业心，执着的探索精神；基本经验：乡村教育是农村整体改造的关键，大教育观的提出与实施，中国教育的重点和难点在农村，义务教育、成人（业余）教育与职业技术教育并举，因地制宜，教劳结合；基本教训：缺少农民群体的积极拥护和参与，缺少大批落地生根的乡村教育家和实干家，缺乏政治力量"一以贯之"的支持。

四 20世纪30年代后的分化

1927年之后，近代农民教育出现了两个不同的方向，其教育目标、教育内容及方法也有着明显的差异。

（一）中国共产党领导下的工农教育

中国共产党自诞生之日起，就将农民作为自己的同盟军加以对待，极为重视农民教育。1922年《中国共产党第二次全国代表大会宣言》，即提出要"改良教育制度，实行教育普及"[1]。同年5月的中国社会主义青年团第一次全国代表大会通过的《关于教育运动的决议案》，在社会教育中规定，"对于青年农人亦应特别注意。又应使年长失学的青年受普通教育"。明确规定其教育方法主要是学校、讲演会，要刊印通俗的日报、月报、小册子。还非常强调通过统一国语和推行注音字母来推进农民教育[2]。一些省市也通过了相关的工农教育纲领，如湖南省第一次农民代表大会通过《农民教育决议案》，这是农民第一次决定自己的教育事业。它规定"下级农协应竭力注意开办农民学校，分为日班、夜班。日班教农民子弟；夜班教成年农民"。二是"省农民协会，应设法出版农村白话报、农村画报各一种。区乡农协均应附设阅报处，并于乡村要道，张贴

---

[1] 李桂林主编：《中国现代教育史教学参考资料》，人民教育出版社1987年版，第3页。
[2] 高奇主编：《中国现代教育史》，北京师范大学出版社1985年版，第63页。

壁报"。可见当时的农民已经有了相应的机构、较为丰富的教育形式和途径。当时在全国层面设有农民代表大会和各级农民协会，到1926年时，仅湖南省由农民协会创办的农民夜校就达6700余所。彭湃领导的海陆丰地区农民夜校也达10所。其教育对象包括农民和农民子弟①。1927年之后，由于政治斗争的需要，中国共产党领导下的工农教育出现了一些新的变化。1930年9月苏区政府制定的文化工作总计划中，认为"社会教育"应当是"普遍而深入的提高群众阶级觉悟、政治水平、文化程度"。②1933年8月12日，川陕省第二次全省工农兵代表大会提出教育任务是"广泛的发展苏区的文化教育，工作的重心应当是社会教育，各处都办工余学校、俱乐部、识字班、读报班加紧识字运动，使苏区工农大家能识字"③。1933年10月20日毛泽东在中央文化教育建设大会上认为社会教育"要提到顶上去"④，包括干部教育和农民教育。其二是建立独立的农民教育体系，依靠农民自身进行教育。成立农会或农协等组织机构⑤，俱乐部是农民教育的主要组织形式，学习方式包括学校、讲演会、刊印通俗日报、月报、小册子等⑥，当时的学习内容，主要强调识字教育和政治教育。1934年4月又重新颁布《教育行政纲要》，要求社会教育局和艺术局协同管理社会教育，社会教育方面尤须依靠群体办的俱乐部、工农剧社、苏维埃剧团、工农通讯协会、赤色体育会……尤其是消灭文盲协会。当时的学校主要有：夜学校和星期学校，主要是消灭文盲，学习的期限依学生原有的文化程度来决定，设立主要区域，以每村一校为原则；短期的职业学校，主要是提高青年和成年群众的一般生活的知识和技术。短期的政治学校，主要是提高青年和成年群众的政治水平。还有培养农业管理人员的职业学校，及劳动学校和儿童实习学校⑦。还组织群众式的社会教育，如扫除文盲运动，具体内容及方式方法非常灵活。

---

① 李桂林主编：《中国现代教育史》，吉林教育出版社1991年版。
② 江西赣南师专教育教研室编：《中央苏区教育资料选编》，内部资料，1980年。
③ 西南师范学院教育系教育史教研室编：《川陕省革命根据地文化教育资料选编》，1980年。
④ 江西省教育学会编：《江西苏区教育资料选编》，江西教育出版社1960年版。
⑤ 李桂林主编：《中国近代教育史资料汇编·普通教育》，上海教育出版社2007年版。
⑥ 高奇主编：《中国现代教育史》，北京师范大学出版社1985年版。
⑦ 江西省教育学会编：《江西苏区教育资料选编》，江西教育出版社1960年版。

这是苏区教育区别于以往的社会教育的最大不同之处。

(二) 南京国民政府时期的"民众教育"

1927—1928年,南京国民政府承继原有的社会教育行政制度,于中央教育行政部门设立社会教育处,统辖全国社会教育行政事宜,包括公民教育等七大项。省及单列市教育行政机构,大致分三科,第三科为社会教育科,下设图书博物、民众教育、文化艺术、公共娱乐四股。县级教育行政机构下设社会教育课或社会教育股,未设教育局者则于县政府教育科内设一股,或设专人办理社会教育行政[①]。除此之外,教育部还设有与社会教育有关的委员会,如美术教育委员会、实习教育推行委员会、音乐教育委员会、电化教育委员会、国语教育推行委员会、国民体育委员会等,负责辅助设计及推行各项有关社教事业。地方也循中央之例,设有各类委员会。至于社会教育的名称,南京国民政府承孙中山"唤起民众"主张而名为"民众教育",其实质是"党化教育"。

在具体内容上,使人民认识国际情况,了解民族意义,具备近代农村生活之常识,家庭经济改善之技术,公民自治必备之资格,保护公共事业及森林园地之习惯,养老、恤贫、防灾、互助之美德,又在第七条中规定"各级学校及社会教育,应一体注重发展国民之体育……发展体育之目的,固在增进民族之体力。尤须以锻炼强健之精神,养成规律之习惯为主要任务"[②]。1931年,《三民主义教育实施原则》提出目标:提高民众知识,使具备农村生活的常识;增进民众职业知能,以改善家庭经济,并增加社会生产力;训练民众熟悉四权,养成三民主义下的公民;注重国民体育及公共娱乐,以养成其健全的身心;培养社会教育的干部人才,以发展社会教育事业。抗战爆发后,又对社会教育目标有了调整:"增进全民之智识、道德及健康,以提高国家文化水准,使全体民众具备公民常识及民族意识,明了本国现状与世界大势,成为新时代所需要之良好公民,俾新兴事业易于推行,国家政策易于实现。"将教育范围定为

[①] 教育部教育年鉴编纂委员会编:《第二次中国教育年鉴·第九编社会教育》,商务印书馆1948年版,第1088页。

[②] 宋恩荣、章咸编:《中华民国教育法规选编》,江苏教育出版社1990年版。

"训练民众熟习四权,能实行自治,并陶冶其忠孝、仁爱、信义、和平之国民道德,增进其应用职业技能,以培养其改善家庭经济,增加社会生产能力,同时并注重国民体育及公共娱乐,以养成其健全之身心,实行新成活之条件①,将其提高到'成活之条件'的高度,应对民族存亡之危机"。

行政机构上,也建立了相应地从中央到地方的机构,中央设有社会教育处,有平民教育事项、博物馆及其他教育博览会事项,关于其他社会教育事项。又在教育部中设社会教育司,沿袭民初编制,较之更为健全和完备,职责也显得较具体明确。省市也建立了相应社会教育行政机构。对于社会教育经费,南京国民政府进行了努力,1928年5月,确定"社会教育经费在整个教育经费中,暂定应占百分之十至二十"②。但各省市除湖南、西康两省和天津、汉口两市达到上限,达到百分之十的仅有福建省和南京市。在这一时期,各类社会教育设施大量出现,大致有两类。一类是偏于知的:农民教育类的有党义宣传,民众教育人才之培养,民众学校,农民实习学校,民众教育馆,小说流通社,巡回文库,博物馆,各种展览会,通俗讲演所,巡回讲演,民众阅报所,阅报处,报纸揭贴牌,时间简报,识字运动,民众问字及代笔处,家事讲习会,家庭副业学习所,破除迷信运动。一类是偏于情及德的:公园,评书及鼓词场,新剧团,民众茶园,美术馆,贫儿教养院,感化学校,感化讲演,公共体育场,体育会,童子军,卫生运动等。

在一系列制度完善的前提下,民众教育各项事业取得了一定成绩。其中目标及方针得以确定,教育经费得到增加,教育从业人员正规化,出现了第一所社教人才学校——江苏省立教育学院,教育设施得以扩充,原有的设施进一步划分为单一设施和综合设施两类:单一设施有图书馆、体育场、民众学校、阅报处等;综合设施有民众教育馆、农民教育馆、民众教育实验区、乡村改进会等,设立社会教育实验区。据1935年统计,全国"计有一百九十三处,最著者为定县实验区、邹平实验区、无锡黄

---

① 宋恩荣、章咸编:《中华民国教育法规选编》,江苏教育出版社1990年版。
② 蒋建白:《中国社会教育行政》,商务印书馆1937年版。

巷实验区、北夏实验区等"①。大的教育会社也开始成立，以"研究社会教育学术，促进社会教育事业"为宗旨，在理论建设、教材编写、教育方法及教具设计等均有创造。

　　1937—1945年，为支持长期抗战，争取最后胜利，非动员全民不可，国民党中央及各省市政府配合"抗战建国"的国策，特别注意社会教育的推行。1939年1月，教育部在重庆召集社会教育讨论会，议决《确定中国社会教育制度系统案》，此案对社会教育制度系统进行了详细规划，包括设计机关、事业机关、训练机关及级别的建设，市县有关社会教育机关的建设，人员的训练，经费的筹措等②。与农民有关的重要事项有：失学民众实习教育、国语教育、民众读物、改进社会教育馆等。其目标主要是唤起民众的民族意识，激发抗战情绪，提高抗战知能，争取战争胜利。主要方式有组织团队，巡回施教。这一时期最大的一个措施就是督促学校办理社会教育，建立国民教育制度。1942年4月，教育部举行社会教育工作检讨会议，通过《社会教育法》，较之前的社会教育制度系统更进一步。此法规定了社会教育的目的、对象、行政机构、设施场所、经费、施教人员的培养、施教内容、视导等内容③。从清末社会教育制度的若有若无，到民初以通俗教育为中心的制度建设，到社会教育事业以法的形式上升到国家意志，标志着社会教育制度建设的一个高峰。但令人遗憾的是，直至1949年，未见该草案由立法院通过并公布实施。

　　中国共产党领导的农民教育和国民政府的社会教育，其理念、定位、内容及途径均有根本不同之处，因而取得的实效明显不同。其一是是否注重农民权利教育，因为政权属于工人、农民、红军士兵及一切劳苦民众，因而以共产主义精神对农民进行教育是其重要内容。其二是确立教育与劳动联系起来，与阶级斗争联系起来的原则方针。其主要途径是办理各类农民教育机构，如农民夜校、农民识字班、读报班等。同时，在农民教育行政上也与国民政府有所不同，工农革命根据地的教育分两科。

---

① 教育部教育年鉴编纂委员会编：《第二次中国教育年鉴·第二编教育行政》，商务印书馆1948年版。
② 顾岳中：《民众教育》，商务印书馆1948年版。
③ 钟灵秀：《社会教育行政》，国立编译馆1947年版。

普通教育科管理成年实习教育、青年教育（如夜校、识字运动等）及儿童教育（如列宁学校）等；社会教育科管理俱乐部工作、地方报纸、书报阅览所、革命博物馆及巡回讲演等。可见其教育重点是放置在成人教育上面，其重点在消灭文盲。从最终的成效来看，国民政府方面是全面完备而成效不彰，中共领导的农民教育则是朴实而成效明显。

第三节　中国近代农民教育的当代启示

我国当前正在进行建设社会主义新农村的伟大实践，培养高素质农民是关键，主要途径是农民教育和培训。纵观近代农民教育的历史变迁，其间涌现出的诸多理论和实践经验，可为当今的农民教育和培训提供借鉴。

一　要高度重视思想的先导作用

就人类历史发展进程而言，思想往往是行为的先导，无论个人和群体概莫如此。近代农民教育的发展，整体走向上呈现出思想—制度—实践的逻辑。尽管在时间上过于延宕，但这一逻辑走向依然清晰可见。今天，我们在推进社会主义新农村建设这一伟大工程时，开展卓有成效的农民教育是前提，虽然其历史情境与近代农民教育完全不同，但根据近代农民教育发展的逻辑方向，我们首先要从思想上形成对农民教育的整体认识，充分理解农民教育的基本概念、内涵及其重要性。另外，借鉴西方农民教育思想也是重要内容。农业近代化之路已经在西方得到有效解决，纵然全面或盲目引入有橘逾淮则为枳的危险，但引入西方农民教育思想和相关制度，结合中国农村发展实际，推进当代农民教育依然是较好的现实选择。

二　要以大农民教育观指导农民教育

与传统农民教育过于注重皇权宣教培养顺民和传授简单的生活和生产技能相比，在近代西方教育思想的影响下，中国近代农民教育的内涵和外延有了较大变化。主要表现为两个方面：其一，20世纪二三十年代的乡村教育便是一个全方位的以道德教育为主的内容体系，由单纯的识字教育发展为文字教育、生计教育、卫生教育、公民教育;其二,实行学校教育和社会教育相结合的"大教育",即同乡村自治紧密结合,同农副业生产紧密结合,同移风易俗紧密结合,同反帝爱国革命运动紧密结合。当前,社会主义新农村建设是一个融合政治、经济和文化等方面的系统工程,农民教育和培训本身也是一个兼具个体需求和社会需要的综合工程,不仅要与政治民主建设、生态文明工程等密切结合,还要与新型农民的综合素质要求相结合,上述思想还要在教育内容及教育途径的安排上有具体的体现。

三 要以严谨的科学研究为基础

近代农民教育的推进,主要特征有以下三点:一是对农村现状进行深入的分析和思考。如梁漱溟(1994)认为清末以来的"新式教育"是模仿西洋的教育,可称为"都市的教育"或"人才教育",实行的结果,"就是一批一批地将农村人家子弟诱之驱之于都市而不返",故"新式教育于乡村曾无所开益,而转促其枯落破坏"。晏阳初则通过考察将乡村多数民众的"四大病象"归结为愚贫弱私[①]。1920年,中华职业教育社成立农业教育研究会,对农村生产、生活进行调查活动,开辟《教育与职业》杂志"农村教育专号"。认为农民的苦难是"贫第一,病次之,至于教育乃是有饭吃以后之事,先富之,后教之"[②]。二是积极学习西方的农民教育理论和经验。西欧的"新教育运动";美国的"进步教育运动";法国的人文主义思想,尤其是丹麦的庶民高等学校尤为乡村教育家所推崇和倡导。三是创立适合国情的新农民教育理论。如陶行知的"生活即教育""社会即学校""教学做合一"的"生活教育理论";王拱璧"铲除封建主义,提高农民文化,发展农村教育,开拓农村经济文化新面貌"的新村建设理论。当前,农民教育与培训的现状如何,要进行科学和客观的调查和评价,结合国内外先进的农民教育理论和实践经验,才能科学合理地加以推进。

[①] 宋恩荣:《晏阳初全集》(第二卷),湖南教育出版社1989年版。
[②] 田正平、李笑贤编:《黄炎培教育论著选》,人民教育出版社1993年版。

四　以实验区的形式加以推进是较为稳妥的路径

由于中国幅员辽阔，加之近代国贫民弱，地区差异极为悬殊，分区实验推进成为必然的选择，也是这一时期农民教育的重要特征。其一，树立实验区思想，如王拱璧就指出"实验农教，应选择具有农村经济、农村社会典型的真正农村去做。否则，就不能真正解决农教问题"①。其二，建立符合实际的教育体制。如王拱璧实行的"农教合一"的新教育体制，在"青年公学"设立农民补习部和职业高等补习部。前者主要是扫盲；后者是培养农村初级小学的教师、校长及新村干部②。其三，采取灵活的形式和针对性极强的措施推进实验建设。黄炎培提出"富教兼施"指导思想和"富政教合一"方针，他主导的中华职业教育社乡村改进实验特别重视改进农业生产技术，挖掘和推广家庭工艺，把发展农村经济放在首位。选择典型地点去做，不仅在当时动荡不安、经济落后的历史环境中是必然之举，即使在当今形势下也是一种有效策略。

五　要依靠农民和成立农民教育组织

农民是农民教育与培训的主体，唯有树立依靠农民的思想，充分激发农民推动自身教育的积极性和主动性，才是根本之举。而事实上，无论是在近代还是当代，农民均处于相对被动局面，农民的积极性和主动性不足是影响农民教育成效的最主要因素，亟须引起重视和重点解决。近代历史上，国家教育行政囿于政治局势和财务不振而软弱无力，农民教育与培训往往由民间力量为主导，主要依靠各类平民教育团体和职业教育团体，如中华教育改进社、中华平民教育促进总会、中华职业教育社等。新时期，虽然国家教育行政居于主导地位，但依靠农民和成立各类农民教育组织，依然是普及农民教育与培训，提高农民教育与培训实效的不容忽视的途径。当前，农民教育的自身组织仍然有待健全，也是真正提高农民教育实效的主要切入点之一。

当然，近代农民教育的推进也存在着许多的问题，如理论准备尚不

---

① 宋恩荣：《晏阳初全集》（第二卷），湖南教育出版社1989年版。
② 窦克武编：《王拱璧文集》，河南大学出版社2014年版。

充分，即使有理论也多存在陈义过高而脱离现实的问题；缺乏有效的激励措施，未能得到广大农民的积极响应和参与而成效不彰；缺乏大批从事乡村教育的人员，许多教育政策流于形式，教育设施未能充分利用；政治上的不稳定及经济上的不发达是制约和延宕农民教育发展的根源。有鉴于此，我们更要珍惜当前良好的稳定局势，抓住机遇大力推进农民教育事业，培育大量的新时代的新型农民，再造社会主义新农村，实现中华民族伟大的复兴梦。

第 三 章

改革开放以来我国的农民教育与培训

第一节　我国社会主义新农村建设的历程回顾

我国对社会主义新农村建设的探索始于20世纪50年代的中期，至现在大致经历了三个重要阶段，回顾社会主义新农村建设的探索历程，特别是改革开放后的探索，有助于我们更深刻地把握对当前社会主义新农村建设这个背景的认识，从而有助于我们剖析新型农民的基本内涵及培养和造就与社会主义新农村建设相匹配的新型职业农民。

一　社会主义新农村建设的提出及初步探索

1956年6月，第一届全国人民代表大会第三次会议召开并通过了《高级农业生产合作社示范章程》。在这次会议上，作为主席团成员的邓颖超在讲话中指出，该章程是"建设社会主义新农村的法规"①。这是新中国成立以后首次涉及"社会主义新农村"这一概念。

1960年4月，第二届全国人民代表大会第二次会议通过的《为提前实现全国农业发展纲要而奋斗》的决议中又明确指出："中共中央制定的1956年到1967年全国农业发展纲要，是高速度地发展我国社会主义农业生产和建设社会主义新农村的伟大纲领。"②

1964年1月，中共中央、国务院印发的指导知识青年上山下乡的纲

---

① 古土：《中国共产党建设社会主义新农村的探索历程》，《中国党政干部论坛》2006年第4期，第30—33页。

② 中共中央、国务院：《为提前实现全国农业发展纲要而奋斗》，2015年10月25日（http://www.npc.gov.cn/wxzl/gongbao/2000-12/24/content_5328412.htm）。

领性文件《关于动员和组织城市知识青年参加农村社会主义建设的决定（草案）》开篇就提出，"为了进一步贯彻执行毛泽东同志提出的以农业为基础以工业为主导的发展国民经济的总方针，进一步加强农业战线，建设现代化的农业，建设社会主义的新农村，中共中央、国务院认为，在今后一个相当长的时期内，有必要动员和组织大批的城市知识青年下乡参加农业生产"[①]。

在"为了早日实现国家富强，优先发展国家工业"这一特定的历史时期，我国虽然首次提到了"社会主义新农村"这一概念，并在"水利是农业的命脉"这一思想指导下修建了以"红旗渠"为代表的许多水利工程；涌现了以陈永贵为代表的一些"社会主义新农民"和以大寨为代表的一批"社会主义新农村"，但这一时期的"社会主义新农村"建设并没有解放与发展生产力，并且其目的是要求农业支持工业、农村支持城市，结果导致了城乡差距越来越大。

二　改革开放后社会主义新农村建设的新探索

1978年，党的十一届三中全会做出了实行改革开放的历史性决策。1981年11月，当时的国务院总理在第五届全国人民代表大会第四次会议上所做的政府工作报告《当前的经济形势和今后经济建设的方针》中，指出"从1979年起，我们就开始调整农村政策，保障生产队的自主权。在近三年的时间内，我国农村广泛实行了多种形式的生产责任制，这是社会主义农业在我国具体情况下新的管理形式和分配形式"。1982年1月中共中央批转《全国农村工作会议纪要》，"家庭联产承包责任制"正式被确立，并在1983年1月的中央一号文件《当前农村经济政策的若干问题》中进行了理论上的阐述。这为社会主义新农村建设打开了新路子、掀开了新篇章。

从1982年开始，中共中央连续五年（1982—1986）发布了关于以"农业、农村和农民"为主题的"一号文件"，以促进农村改革和社会主义新农村的建设。

[①] 中共中央、国务院：《关于动员和组织城市知识青年参加农村社会主义建设的两个文件》，2015年10月25日（http://news.xinhuanet.com/ziliao/2005-02/01/content_2535346.htm）。

1996年10月，党的十四届六中全会提出："要以提高农民素质、奔小康和建设社会主义新农村为目标，开展创建文明村镇活动。"[①]

1998年10月，党的十五届三中全会通过的《中共中央关于农业和农村工作若干重大问题的决定》强调："以家庭承包经营为基础、统分结合的经营制度必须长期坚持"，并从经济、政治和文化三个维度提出了建设有中国特色社会主义新农村的奋斗目标。

改革开放后的20年，社会主义新农村建设以"家庭联产承包责任制"的确立为转折点，通过废除"一大二公"的人民公社制度，实行家庭联产承包责任制，突破计划经济模式，初步构筑了适应发展社会主义市场经济要求的农村新经济体制框架，新农村建设取得了巨大成就，涌现了以吴仁宝为代表的一大批新农民和以华西村为典型的一大批新农村。但从全国范围来讲，还是没能从根本上解决"三农"问题，其症结主要在于"工农关系"没有得到根本性的调整、"城乡发展"没有得到根本性的统筹，导致农村难以获得城市工业文明的反哺与带动。

三 新世纪社会主义新农村建设的深入探索

进入21世纪，面对城乡发展水平和城乡居民收入水平的差距不断拉大的现实问题，我国社会主义农村建设的探索继续深入。

2003年10月，党的十六届三中全会提出"统筹城乡发展、统筹区域发展、统筹经济社会发展、统筹人与自然和谐发展、统筹国内发展"五个统筹，并把"统筹城乡发展"放在"五个统筹"的首要位置。

2005年10月，党的十六届五中全会明确提出"建设社会主义新农村"的时代命题。全会通过的《中共中央关于制定国民经济和社会发展第十一个五年规划的建议》指出："建设社会主义新农村是我国现代化进程中的重大历史任务。要按照生产发展、生活宽裕、乡风文明、村容整洁、管理民主的要求，扎实稳步推进新农村建设。"并提出"积极推进城乡统筹发展、推进现代农业建设、全面深化农村改革、大力发展农村公

[①] 中共中央文献研究室编：《十四大以来重要文献选编》（下册），人民出版社1999年版，第2062—2063页。

共事业、千方百计增加农民收入"五方面的任务。

2008年10月,党的十七届三中全会审议通过的《中共中央关于推进农村改革发展若干重大问题的决定》,要求把建设社会主义新农村、全面建设小康社会作为战略任务,把走中国特色农业现代化道路作为基本方向,把加快形成城乡经济社会一体化新格局作为根本要求,并提出"工业反哺农业、城市支持农村和多予少取放活"的方针。

从2004年开始,中共中央又连续12年(2004—2015)发布了以"农业、农村、农民"为主题的"一号文件",分别以"促进农民增收、提高农业综合生产能力、推进社会主义新农村建设、发展现代农业、加强农业基础建设、促进农业稳定发展农民持续增收、加大统筹城乡发展力度、加快水利改革发展、推进农业科技创新、增强农村发展活力、加快推进农业现代化和加大改革创新力度加快农业现代化建设"为主题,强调了"三农"问题在中国的社会主义现代化时期"重中之重"的地位,形成了新世纪加强"三农"工作的基本思路和政策体系,构建了以工促农、以城带乡的制度框架,掀开了建设社会主义新农村的崭新篇章。

在21世纪,我国总体上已进入"以工促农、以城带乡"的发展阶段,进入加快改造传统农业、走中国特色农业现代化道路的关键时刻,进入着力破除城乡二元结构、形成城乡经济社会发展一体化新格局的重要时期。但是,由于各种原因,我国的农业基础还比较薄弱,农业仍是"四化同步"的短腿;城乡经济还有差距,农村仍是全面建成小康社会的短板。而农民群体的人力资源优势还未能有效地转化为人力资本优势,农民的素质仍是制约新农村建设的瓶颈。为此,要实现2020年社会主义新农村的建设目标,在社会经济发展步入新常态下需要我们在提升农民素质上狠下功夫,以此促进农村的全面发展。

第二节 改革开放后我国的农民教育与培训状况

为更充分地了解和把握改革开放以来我国农民教育与培训的状况,著者对相关文献进行了系统梳理。结果表明:随着农村人口分化和转移加剧,开展农民教育培训势在必行,相关的政策体系也逐步形成。农民教育培训的对象应该覆盖所有具备劳动能力的农民,不同的培训对象适合不同的培训模式。当前农民参与培训的积极性较为高涨。培训师资的水平是决定农民培训效果的最关键因素。农民文化知识培训、农民综合素质提升培训、农民技能技术培训、农民生产经营管理培训和农民劳动力转移就业培训是当前农民培训的主要内容。农民教育与培训在农民素质提升和农村经济发展中发挥了非常重要的作用。

一 培训政策及演变

改革开放以后,随着经济的发展和产业结构的调整,产业工人需求量迅速增大,急需农村青壮年人口的补充,先后形成三次大的农村劳动力转移。为了让转移的劳动力技能得到提升和让留守的农村劳动力提高农业生产水平,相应的培训政策陆续出台。

(一) 早期对于农民教育培训的推进

1993年颁布的《中华人民共和国农业法》,明确规定要提高农业劳动者的文化技术素质,其实施主体有农业技术推广机构、农业科研单位和有关学校,强调要充实加强农业科技、教育和农业技术推广队伍,并鼓励农民自行举办各种科技组织,开展自我教育。随即出台《中华人民共和国农业技术推广法》,正式拉开了农民科技教育与培训的序幕。该法要求建立农业技术推广体系,明确乡、民族乡、镇以上各级国家农业技术推广机构担负农业技术专业培训的职责,要求专业科技人员应当具有中等以上有关专业学历,教育部门应当在农村开展有关农业技术推广的职业技术教育和农业技术培训。可见,这一时期的农民教育培训主要是农业技术专业培训,推进主体是乡镇一级政府,具体落实部门是教育部门。

(二) 21世纪之初农民教育培训的推进

至20世纪末,我国农业经过近20年的推进,取得了显著成绩,主要表现为农产品特别是粮食总量由短缺向基本平衡而略有富余,国家趁此抓紧推进农业结构调整,加上工业发展对于农村人口的需求,农村人口分化加速,农村教育培训除原有的农业科技推广和农业技术培训之外,劳动力转移培训也提上日程。2000年1月,中共中央、国务院发布《关于做好2000年农业和农村工作的意见》,明确表示要逐步建立不断提高农民科学文化素质的农业教育培训体系,要在农村开展党的基本路线和农村政策教育、社会主义和集体主义精神教育、移风易俗教育、民主法制教育、科学文化教育。2002年，国家对《农业法》进行修订，明确农业科技推广和农业教育培训由县级以上政府统筹进行，鼓励农民、农业生产经营组织、企事业单位等依法举办农业科技、教育事业。开始实施农业职业教育，开展农业实用技术培训、农民绿色证书培训和其他就业培训，以提高农民的文化技术素质。较之于前期的农民教育培训的有关规定，此次开展表现出专业化的特征。2003年，教育部做出《关于进一步加强农村教育工作的决定》，明确农村学校承担着面向广大农民传播先进文化和科学技术，提高农民劳动技能和创业能力的重要任务，确立了基础教育、职业教育和成人教育的"三教统筹"，其中成人教育即以农民培训为重点，以促进农业增效、农民增收为目标。其主要内容是开展农村实用技术培训，继续开展农业技术推广工作。2006年，中共中央、国务院发布《关于推进社会主义新农村建设的若干意见》，要求大规模开展农村劳动力技能培训，培养造就有文化、懂技术、会经营的新型农民，扩大农村劳动力转移培训阳光工程实施规模，加快建立政府扶助、面向市场、多元办学的培训机制。劳动力转移和新型农民培养双管齐下的推进格局开始形成。2008年，中共中央、国务院又发布《关于推进农村改革发展若干重大问题决定》，要求健全县域职业教育培训网络，加强农民技能培训，广泛培养农村实用人才。

（三）农民教育政策的新进展

进入21世纪第一个十年后，国家开始对农村工作进行整体性地战略规划。2012年，国务院发布《全国现代农业发展规划（2011—2015）》，将农业农村人才队伍建设作为重要内容，要求以实施现代农业人才支撑计划为抓手，大力培养农业科研领军人才、农业技术推广骨干人才、农村实用人才带头人和农村生产型、经营型、技能服务型人才。围绕农业生产服务、农村社会管理和涉农企业用工等需求，加大农村劳动力培训阳光工程实施力度。大力发展农业职业教育，加快技能型人才培养，培育一批种养业能手、农机作业能手、科技带头人等新型农民。2014年，国务院发布《关于加快发展现代职业教育的决定》，要求推进农民继续教育工程，加强涉农专业、课程和教材建设，创新农学结合模式。至此，农民教育培训已被纳入现代职业教育体系之中。

二 培训对象与模式

了解教育培训对象是农民教育培训首先需要解决的问题，不同的对象具有不同的教育培训需求并应适应不同的培训模式。很多学者对新农村建设背景下需要参与教育培训的农民进行了研究，并提出了适应不同培训对象的多种培训模式。

（一）培训对象

韩军利（2011）以宝鸡市为例将农民教育培训的对象大致分为四种类型，即失地农民、外出农民、返乡农民工和种植农民。赵正洲（2005）等人在他们的研究中认为农民教育培训主要针对以下三大类农民：一是农民技术员、科技示范户、专业大户；二是农村新增劳动力，即初高中毕业回乡的青年农民；三是农村干部及各类经营管理人员。

而有些学者根据所开展的培训项目来划分培训对象。这些培训项目主要是由政府引导下展开的，包括绿色证书培训工程、跨世纪青年农民科技培训工程、农村劳动力转移培训阳光工程、新型农民科技培训工程、农业实用技术推广与培训五大类，每一个项目往往针对某一类农民群体，但是也有相互交叉的现象。

当前我国农村大量的男性劳动力到城市务工，妇女是农村劳动力的骨干，有调查证实，当前我国农村劳动力的60%都是女性，因此，女性农民教育培训的重要性不言而喻。杨云媛（2010）呼吁政府和学术界加强对妇女培训的重视力度，提出要对妇女开展科技致富专项培训活动。柳永春（2011）对潍坊市女性农民这一培训对象进行了专题研究。马瑜、夏慧芸（2013）专门介绍了对农村女能手的教育培训，展现了女性农民在农村经济发展中的特殊重要性。邹俐俐、付少平（2010）在田野调研中发现，受教育水平低、时间不充裕和观念上的落后是阻碍农村妇女参与农民教育培训的三大主要因素。

笔者认为，农民教育培训的对象应该覆盖所有有劳动力的农民，范围应从青年至中老年各个年龄段的，不同性别、多种类型的群体。

（二）培训模式

农民教育培训在不断调整和发展的过程中逐渐形成了适合不同对象的多种培训模式。近几年，许多学者开始将目光投注于农民教育培训模式的研究上，有学者根据组织和管理主体的不同将培训模式划分为以政府为主体的农民培训、以涉农企业为主体的农民培训、以社团为主体的农民培训、以农业院校为主体的农民培训及民间师徒培训等[1]。马力（2010a）以淮安市为例，将农民培训模式划分为依托培养模式、现场示范培训模式、专家+协会+农户的产学研互动模式、网络培训模式、园区推动模式五种基本模式[2]。李枞颖（2013）将培训模式分成典范培育型、现场传授型、项目带动型、精英培育型和媒体传播型五种类型[3]。

魏朋（2011）对已往学者所研究的培训方式分类进行了验证调查，他发现一些培训模式其实是类似的，比如典范培育型实际上也就是政府带头下的一种培训，现场示范培训与民间师徒培训相似，都是请专家进行理论传授和实战操作。因此他从宏观和微观两个方面按照不同的分类标准，详细地阐述了我国现有的农民培训模式及其特点，并且指出培训模式存在的一些问题和不足。[4] 杨锦绣等人（2013）发现，课堂讲解与田间指导相结合的方式更有利于农民获取和理解新知识，有利于培训知识向就业能力有效转化[5]。

鉴此，笔者认为农民教育培训应针对不同的对象采用不同的培训模式，但理论和实践相结合是农民最期望，也是最有效的培训方式。

二 培训需求与动机

农民的需求和动机是农民参加教育培训的内在动力，如果农民对参加教育培训的需求不旺盛，动机不强烈，那么对农民的教育培训效果就要差很多。所以，在开展对农民的教育培训之前，首先要准确了解农民参加培训的需求和动机。很多学者通过实证方法对农民参加培训的需求

---

[1] 李晓翠：《重庆市农民培训现状、问题与对策研究》，硕士学位论文，重庆大学，2009年，第31页。

[2] 马力：《淮安市农民培训现状及发展对策研究》，硕士学位论文，南京农业大学，2010年。

[3] 李枞颖：《内江市新型农民培训模式创新研究》，硕士学位论文，四川农业大学，2013年。

[4] 魏朋：《农民培训模式研究》，硕士学位论文，河北科技师范学院，2011年。

[5] 杨锦绣等：《公共资助农民培训供需及均衡机制选择——基于四川省成都市的调研》，《农业经济问题》2013年第1期，第72—76页。

和动机进行了研究,包括定量的方法(以问卷为主)和定性的方法(以访谈为主)。石火培(2009)通过调查,发现57%的农民表达了较强烈的参训意愿。对组织培训的相关机构的问卷调查也表明,农民普遍对参加培训具有较高的积极性。[①]

(一)提升自身素质

目前大量农村劳动力到城市务工,劳动力的基本素质在很大程度上决定了其在城市能找到什么样的职业机会。张娟(2007)认为,一方面是因为城市的用人单位对进城务工的农民素质提出了越来越高的要求,引致了农民对培训的需求;另一方面是现实推动农民的培训需求。有文化、有技术、素质高的农民在城市得到了就业机会、找到了报酬高又体面的工作,从而在城市站住了脚。[②]

(二)适应农业生产现代化

近年来随着新农村建设的推进,特别是现代农业、有机农业、绿色农业和农产品产业化的发展,农民越来越感受到自身的知识和技能的不足。他们急切需要通过接受培训以适应日益变化的形势,特别希望能学到一技之长提升增收致富的能力和途径[③]。刘萧(2011)对农民培训动机做了调查,结果发现47.7%的农民是农业生产现代化的需要;29.7%的农民是外出打工的需要。

(三)其他因素

农民培训需求和动机的影响因素是多样的。有学者通过大规模的调查发现,之前是否接受过培训、家庭劳动力人数、家庭土地经营规模、农民对培训信息的需求、对培训地点时间的选择与农民参与培训的意愿成正相关;年龄、培训费用承担比例与农民参与培训的意愿成负相关[④]。佟相阳和陈旭峰(2014)则认为最能解释农民教育培训意愿差异的是社

---

① 石火培:《新型农民培训模式的实证研究》,硕士学位论文,扬州大学,2009年。
② 张娟:《农民培训制度的政策选择——基于江苏的实证分析》,《安徽农业科学》2007年第33期。
③ 胡艳辉等:《河北省新型农民培训模式研究》,《安徽农业科学》2011年第10期,第6280—6297页。
④ 柳菲等:《四川省农民培训意愿及影响因素分析》,《四川农业大学学报》2010年第1期,第105—109页。

会资本层面的市民化水平变量,其次是文化资本层面的市民化水平变量,解释能力最弱的是经济资本层面的市民化水平变量。另外价格因素、农民收入、政府制度都在影响着农民培训的动机。

研究表明,当前农民参与培训的积极性较为高涨,对参与培训的需求是较为旺盛的,但培训动机受多种因素影响。

三 培训师资与时间

培训师资的水平是决定农民培训效果最关键的因素,熟悉并热爱农村和农业,既懂理论又懂实践的培训师更能够提高培训的效果。此外,培训时间对于增强培训效果也很重要。

(一) 培训师资

培训师资主要来源职教中心教师、高校教授、农科院所专家、企业技术员、种植养殖能手、乡镇企业家等[①]。不同的培训师资具有不同的培训风格,高校教师和农科院所专家的理论水平高,但是他们能够抽出的时间很短;农村的种养能手最接"地气",但是一些能手出于担心他人竞争的考虑往往不将最核心的技术全盘托出。朱永新(2006)提到当前农村教师也可以在农民培训中发挥作用,但是他发现目前农村教师大多以代课教师为主,且大多为在城镇教师招聘中失利的那部分,他们参加培训农民的积极性不是很高。

(二) 培训时间

培训时间并不是固定的。李晓翠(2009)按培训时间的长短分为三类:长期学历制培训、中长期中高级技工培训和短期职业技能培训。长期需要3—5年时间;中长期在3个月到1年之间;短期则是在7天到3个月。目前各地培训时间以2周以内的短期培训为主,其次是3个月以内的培训。另外有些培训时间更短,往往在半天或是一天以内结束,这种培训往往只是一个形式工程,很难起到作用。马力(2010b)研究发现,培训时间过短会影响培训的效果。例如一些部门组织的农业科技培训时间较短,讲课时间大多为半天,农民当场接受并掌握的培训

[①] 赵连平等:《关于教育系统农民培训情况的调研报告》,《中国成人教育》2011年第7期,第98—101页。

内容有限。一些针对进城务工者进行的非农培训也主要以短期培训为主，农民很难在短时间内真正学到系统的劳动技能，所以他们依旧难以实现较高层次就业，也不能获得较高收入，同时也加剧了低层次产业领域就业的竞争。

四 培训内容

农民教育培训的内容要考虑农民的不同需求和中老年农民存在的"短板"，以及社会主义新农村建设和农业现代化对农民提出的新要求。

（一）农民文化知识培训

1. 扫盲教育

新中国成立以来，农科教相结合是发展社会主义农村经济的新生事物，在全国各地已显示了它强大的生命力。由此，扫盲教育便成为中华人民共和国成立以来到20世纪末农民教育培训的重头戏。对于少数民族地区，扫盲仍为当前农民教育及培训的主要内容[1]。袁新涛（2010）提出要想切实有效地继续扫除文盲，需要普及小学教育，并在进行扫盲识字的过程中要尽可能与学习生产、生活常识结合进行。

2. 基础文化知识教育

文化教育是开展农民教育的重要基础。社会精英分子向农民提供基础文化知识的教育和培训，是我国近代史中的一个突出特点。近代以来，中国的农民长期处于封建压迫之下目不识丁、落后愚昧，中国共产党通过对农民进行教育动员从而"将他们组织起来"，这是我国革命取得胜利的一个重要经验[2]。进入21世纪，义务教育的实施大大降低了全国的文盲率，但是在整个社会大背景下，农民文化程度仍不容乐观，而这必定会影响农村现代化的进程。尤其在农村，基础教育仍十分薄弱，这极大地制约了农民群众文化素质的提高[3]。晏阳初农民教育思想中非常重要的

---

[1] 马锦卫等：《农科教相结合是民族地区农民教育的好形式——峨边县农民教育情况调查》，《西南民族学院学报》（哲学社会科学版）1993年第4期，第1—4页。

[2] 运迪：《中国共产党民主革命时期农民教育思想述论》，《理论观察》2010年第4期，第68—71页。

[3] 程敏：《社会主义新农村建设与农民教育》，《湘潮》（下半月）2010年第11期，第94页。

一条原则就是以文化教育医愚,培养知识力以开启民智[①]。

(二)农民综合素质提升培训

1. 道德法制教育

在建设社会主义新农村的背景下,要求我们必须加强农民的道德教育、法制教育等。贾文科(1999)认为道德教育主要开展三项教育:文化知识教育、现代文明教育、政策法规教育。王秀素(1996)指出,农民中一些违法犯罪现象的发生与农村中存在大量法盲关系很大。所以我们要像扫除文盲那样去扫除法盲。要通过法制教育使广大农民学法、懂法、用法,从而达到社会安定、人民安居乐业的目的。李晓翠(2009)深刻地指出,道德法制教育有利于农村基层干部和农民在普遍掌握技术的同时,能够自觉遵守法律和政策规定,成为一个适应社会需要,符合社会道德规范的良好公民。徐保根、鲍海君(2010)则认为有必要针对失地农民这一特殊群体开展职业道德与诚信方面的教育培训,以引导他们度过失地之后的适应期。

2. 科技文化教育

科技文化教育是目前农民教育中的重头戏,也是农民素质教育的重要内容。农民要想致富奔小康,必须拥有一定的科技与文化知识,因此必须重视农民的科技文化培训[②]。在经济发达地区,针对农民开展的科学技术知识的培训特别受农民欢迎。比如,江苏省致富工程培训在帮助农民掌握现代信息技术、提高农民素质和致富能力中发挥了重要作用[③]。

(三)农民技能技术培训

农民技能培训包括许多方面,结合各地的实际情况不同,所培训的技能也会不同,但主要分为两类,农业实用技术和农机化培训。

1. 农业实用技术

其培训对象以从事农业种植业生产、畜牧和渔业生产等农民为主,而培训内容以农业生产及管理技术为重点,这种培训和普通农民生活联

[①] 李红辉:《晏阳初的农民教育思想及其实验》,《科学社会主义》2010年第2期,第111—113页。

[②] 贾文科:《小议农民教育中的素质教育》,《农村成人教育》1999年第3期,第28页。

[③] 马力:《淮安市农民培训现状及发展对策研究》,硕士学位论文,南京农业大学,2010年。

系最为密切，其中包括青年农民科技培训工程和绿色证书工程[①]。韦云凤等学者（2006）认为以培训农业生产技术为主的青年农民科技培训工程和绿色证书工程大多与农民所从事的农作物耕种有关，主要目的是为了改变传统农民的种植方式，提倡科学种植，让农民能够在小投入中获得大收入，同时培养农民生态保护意识，为长远利益做打算。

农业实用技术有两个特性。一是地区性，不同的地区因为实际情况不同，技术培训有相同的地方也有不同的地方。例如，重庆是针对本地主导产业情况开展了畜牧养殖技术的培训[②]。宝鸡市结合本地农民实际对农村富余劳动力实施大规模实用种植养殖技术技能培训，使农民学到实用技术与致富技能[③]。二是实用性，实用技术培训一般和农民的生活尤其是农业生活是紧密联系的。例如，各地紧紧围绕春季农业生产，重点开展农业实用技术培训，通过专业人员的辐射使农民对农作物种植有了更加全面的了解。农民掌握了这些知识能够提高农产量，改善自己的生活[④]。

2. 农机化培训

培训对象以从事农业生产的农民，包括种养大户、农机大户、农民专业合作社成员和村级农技员等。其中，种养大户和农机大户等新型农业经营主体的培训内容以农业科技知识，农机化实用技术等为重点[⑤]。朱子荣（2011）介绍了农机化培训主要以新兴机械技术的推广和群众性科技信息的传播为主。肖灵芝（2004）则认为农机技术培训是农机新技术得以推广普及的重要先导，对技术的培训必须结合对市场知识的培训，农民培训必须掌握市场的动向才能取得更大的实效。

---

① 倪斌：《推陈出新——大学依托型农业推广中的农民教育调查报告》，《山东文学》2009年第1期，第61—63页。

② 李晓翠：《重庆市农民培训现状、问题与对策研究》，硕士学位论文，重庆大学，2009年，第31页。

③ 韩军利：《宝鸡市农民教育培训模式及运行机制》，《西北农林大学》2011年第9期，第226—227页。

④ 周世其：《扎实开展新型农民培训 促进农业农村经济发展——我省大力实施新型农民培训民生工程》，《江淮》2010年第8期，第40—41页。

⑤ 邵岩：《论农机推广在新型农民培训中的意义与作用》，《农业与技术》2013年第8期，第26页。

(四) 农民生产经营管理培训

在新农村建设的大背景下，新型农民不仅仅要会种地而且还要会经营与管理，但是由于长期受计划经济和封建传统等诸多因素的影响，我国农民的市场意识淡薄，缺乏经营观念和科学的管理方法，所以必须加强对农民生产经营管理方面的培训[①]。陆老虎等学者（2002）发现，提高以节本增效为目的的生产经营技术对一些农业大户来说是至关重要的，而且对建设新农村也有着重要的意义。程海波（2007）认为，让农民增强市场经济意识，根据市场导向决定自身劳力、资金、资源的投向，对于农民增收具有特别重要的意义。

(五) 农民劳动力转移就业培训

1. 就业技能培训

"阳光工程"是 2004 年开始由政府公共财政支持，主要在粮食主产区、劳动力主要输出地区、贫困地区和革命老区开展的农村劳动力转移到非农领域就业前的职业技能培训示范项目，全称"农村劳动力转移培训阳光工程"。姜雅丽（2006）进行的跟踪研究发现，该工程对于劳动力转移发挥了重要作用。张帆（2006）认为今后可以与东部沿海地区的企业进行合作，通过建立"就业导向"的课程体系吸引更多的农村青年参加就业技能培训。

2. 创业技能培训

农民创业不仅可以实现自己就业，还可以带动更多的人就业。但是很多农民的创业意识和管理经验不足，所以创业技能培训就显得非常重要。张帆（2006）认为，农民创业技能培训应该以农民专业合作社领头人、涉农企业创办人等为主，培训内容主要应包括创业理念、创业技巧、经营管理和相关专业技术等。很多地区针对返乡农民工开展了创业培训。周世其（2010）指出，在对农民的创业技能培训中，应以案例教学和实践培训为主，不能空洞说教。

综上所述，农民文化知识培训、农民综合素质提升培训、农民技能技术培训、农民生产经营管理培训和农民劳动力转移就业培训是当前农

[①] 王峥等：《加快现代农民培训 服务农村经济发展》，《农业科技管理》2006 年第 6 期，第 83—85 页。

民培训的主要内容。

五 培训效果与作用

准确把握培训的效果与作用不仅可以修正当前培训中存在的不足，而且可使今后的培训更加有针对性。为此，很多学者围绕农民教育培训的效果与作用进行了深入的研究。

（一）致富能力和实践技能明显提高

张景林（2005）认为可以从四方面来判断农民培训的效果：农户家庭农业纯收入、农户应用技术能力、农民组织化程度以及培训项目总体效果。吴易雄等人（2008）研究后认为培训使农民的致富能力明显提高。一是农民的科学种养水平不断提高；二是农民的务工技能得到提升；三是科技成果的推广转化应用明显加快；四是农民收入持续增长的后劲明显增强。杨云媛（2010）认为培训大大地提高了广大农民群众的文化素质和生产实践技能，一大批农民从业、就业和创业能力得到了明显提高，为进一步打造有文化、懂技术、善经营、会管理的庞大的新型农民队伍奠定了良好的基础。

（二）培训师生的整体素质获得提升

培训的教师之间开展广泛的技术交流，使得他们吸收了新的知识技术，更加增强了为农村服务的本领[1]。通过培训，农技人员找到了实现自我的空间，明确了服务的方向，他们利用课余的时间精深专研、努力学习，科研水平得到了普遍的提升。同时，学员把学到的知识运用于农村的实践生产中，成为留得住、用得上的农业人才，成为农业和农村经济发展中新一代的主力军。

（三）农民专业合作经济组织发展迅速

研究发现，在对农民进行教育培训的过程中，各地紧紧围绕"维护农民权益，促进农民增收"的主题，坚持引导农民向组织化、市场化、信息化、现代化方向发展，积极兴办各类农民专业合作经济组织，使农民专业合作经济组织从无到有、从小到大，全面涵盖了主要特色支柱产业。这些组织正成为一种新的力量，正在成为农业产业化新的载体，推

---

[1] 尹淑莲等：《关于办好农村职业教育的思考》，《职教论坛》2005年第6期，第8—9页。

动着农村经济的发展①。农民专业合作组织的发展对农民来说是一个良好的学习交流平台,农民在交流中学到了知识,增长了经验。

(四)促进了农村经济的多元化发展

通过研究发现,农民培训优化了农业产业结构,稳定了粮食生产,提升了果业综合竞争力,发展了畜牧业,提高了农业产业化经营水平并加快了农村富余劳动力转移。孟宪生等人(2011)运用平均处理效应估计方法考察了就业培训对农民工收入水平的影响,发现就业培训有助于提高农民工的收入水平,且就业培训的回报率大约为20%。

综上所述,我国农民教育培训在农民素质的提升和农村经济的发展中发挥了非常重要的作用,效果是明显的。

第三节 改革开放以来农民教育与培训的经验与启示

改革开放以来,我国的农民教育与培训既取得了显著成绩,同时也暴露出许多问题。深入总结其历史经验,能为当代农民教育与培训的推进提供现实借鉴。

一 中央和地方的重视是顺利开展农民教育与培训的重要前提

自2004年以来,中共中央"一号文件"连续涉农,对农村发展做出由点到面的全面战略部署,成为高度重视"三农"问题的强烈信号,并明确指出"农民是新农村建设的主力军",营造了农民教育与培训的良好氛围。

在此利好推动下,不同时期,中央和地方先后对农村区域成人教育做出不同的指示。如1964年提出,要在一个相当长的时期,动员和组织大批的城市知识青年下乡参加农业生产。这一指示精神直接催生了"上山下乡"运动,使农村地区首次受到较为普遍的文化洗礼,使这一时期农村文盲急剧减少,而且影响深远。改革开放后,政府连续发力,农民

---

① 赵美凤:《山西省右玉县农民培训模式研究》,硕士学位论文,西北农林科技大学,2005年,第20页。

教育与培训的内涵和方向逐渐明确，形成了包括道德教育、法制教育、文化教育、农业技能培训等内容，以"有文化、懂技术、会经营"的"新型农民"为培养目标的政策体系。正是在政府的引导下，我国形成了独具特色的农民教育和培训工程体系。教育部和妇联专门对农村妇女教育与培训进行了部署。各级省市政府相继出台了各类具体举措，为农民教育与培训提供了保障，形成了推进农民教育与培训的工作体系，激发了农民参与教育与培训的内在需求。在实际的实施上，以县为农民教育与培训的基层统筹单位，以乡镇成校为支撑，建立了较为严密的农民教育与培训机制。

二 针对不同对象采用不同的培训项目和模式是取得成效的关键

从已有的研究成果来看，各级政府针对不同群体，推出了包括绿色证书培训工程、跨世纪青年农民科技培训工程、农村劳动力转移培训阳光工程、新型农民科技培训工程、农业实用技术推广与培训等培训项目。上述培训项目在设计之初均是针对某一类农民群体，在农村劳动力转移和农业现代人才的培养中发挥了重要作用。

在具体的推进过程中，出现了丰富多样的培训模式，而且针对不同的主体。如针对农村区域从事农业生产的人群，主要是以农业经营和生产技术为主，采取的模式包括依托培养模式、现场示范培训模式、专家+协会+农会的产学研互动模式、网络培训模式、园区推动模式、田间指导模式等。对分流的农民，如外出农民、返乡农民和种植农民，重要是以技术培训等内容为主的模式，如典范培育、现场传授、精英培育等模式。针对进入农村地区进行大规模农业生产的企业主以及留守妇女，则以企业家培养和女能手培训为主要形式。上述思路和举措，使农民教育与培训针对性较强，取得了显著成效，这也是以往农民教育和培训的主要经验之一。

三 要精心设计农民教育与培训的连续体

农民的学习与其他群体的学习一样，是一个不断积累和提升的过程，"一曝十寒"的做法往往是劳民伤财而成效不彰。这就要求我们精心设计农民教育与培训的连续体，在内容上保证整体性和连贯性，在时间安排上能兼顾各方实际，做到隔而不断、持续进行。对于每次培训时间，要保证一定的时间限度，不可过短，也不宜太长，可有序地安排不同时长的培训间隔进行，但首先要以保证培训内容的有效完成为重要考量。

实际上，农民教育与培训的连续性受到许多因素的干扰，特别是在农村地区。据调查，西部地区某些农村高达89.3%的农民尚未参加教育培训，何谈连续性！一般参加教育培训的农民，都是参加的短期培训班。但这种培训班大多不能有规律地开展，许多地方都是临时开设，然后长时间停寂。这也与对农民实际学习需求了解不够深入所导致，当然也受制于现有农民教育培训的人力和经费短缺的现状。从农民对教育培训的期望来看，保证工作的连续性，首先要与农业生产规律相适应，尽量安排在农闲时节或晚上，甚至见缝插针在下雨天进行，冬闲时节是进行农民教育培训的好时期；其次要建立合理的师资结构，特别是要依靠农村地区的能人、能手、土专家，再结合较高层次的师资进行不同内容的培训，形成一个能持续不断的推进体系，营造润物无声的教育氛围。

四　要合理配置农民教育与培训的师资

就教育学理论而言，在教育实践活动中，受教育者多处于被引导地位，其参与的主体性也只有在有效的引导之下才能得到真正的发挥，而受教育者主体性发挥的程度，取决于教育者的引导水平。没有好的师资，很难有较为理想的教育效果。

在农民教育与培训中，师资至关重要，但恰恰是在师资建设方面，却步履艰难。总体来看，农民教育与培训的师资大多系兼职，专任教师占比极小，师资总量规模不大。从统计结果来看，师资的主要来源是职教中心教师、高校教授、农科院专家、企业技术员、种植养殖能手以及乡镇企业家。从实际的师资配备和使用过程中，我们可以看到，不同的培训师资其知识水平、教育能力、参与热情并不相同，优劣互现，因而在实际的农民教育与培训中，他们的作用并不相同，这就需要在实际操作过程中要注意其结构的搭配。这在实践中就造成了数量存在不足，实际的搭配不够合理。因而今后要注意师资队伍建设，而且还要进行合理配置和充分利用。

五 要适时拓展农民教育与培训的内容

从改革开放后的发展历程来看,随着农村建设的大力推进,农民自身知识和技术的需求也日新月异,其教育内容也在与时俱进。这就要求我们在新时期推进农民教育与培训时,要与当前中央关于新农村建设的要求相一致,根据新农村建设进程的实际需求,对教育培训内容进行及时更新。

当前来看,按照"五位一体"的建设思路,农民教育与培训内容应涵盖经济、政治、社会、文化和生态五个方面,主要包括扫盲教育、基础文化知识教育、政治民主意识、道德法制教育、科技文化教育及生态文明教育等。但从实际情况来看,仅只有劳动力转移再就业培训或实用技能培训,可能较受农民的欢迎,其他内容要么没有开设,要么不被农民所接受。这种现状既与农民对新农村建设认识不够所致,也与农民教育培训宣传工作没做到位、没能把教育培训内容与农民生产生活密切结合起来有关。因而我们要以"五位一体"的建设思路,对农民教育培训的内容进行全面扩充,但要采取适当的措施和步骤来实现:首先要以农民实际的迫切需求为切入点,将实用技能培训、劳动力转移培训做深做精,让农民进一步认识到教育培训的重要性,增强教育培训的吸引力;其次是要逐步提高农民对培训的认识程度,增强他们参与的积极性和自觉性,适当扩充教育内容;最后要把教育培训内容的设置与农民生产生活实际相结合,以生动有趣的形式进行内容的呈现,如漫画、小说、戏剧等,让农民教育培训变得生动活泼,加上直接的指导和操作,使广大农民易于接受。

第 四 章

国外农民教育培训的经验与启示

基于中国农民的生产和生活现实，国人对欧美国家农业和农民的想象往往是这样的一个画面：一个粗糙的男人穿着满是灰尘的衣服驾驶着一台拖拉机。但是这种形象已经过时而且不准确了。在过去的20年里，欧美国家的农民掌握了新的技术使他们生产出更多的粮食，养活更多的人。随着农民教育培训的增加，他们生产出更加安全、实惠的食品。

美国农业产业支持2300万个美国就业机会，农业成为全国最大的雇主。在经济增长中，美国的农民产生了340亿美元的贸易顺差，这比其他任何产业都要多。在欧盟，意大利有机农业的耕种面积最大，主要出口欧洲。意大利是有机食品加工的净出口国，向其他欧盟国家、美国、日本出口其加工的有机食品近9亿欧元。欧美国家在农业上取得的成就与其农民教育培训有着密切的关系，它们的一些做法会给我们一定启示。

第一节 农民教育培训的重要性

历史发展证明，农民接受的教育培训越多，越能促进农业生产力的提高，从而使农业发展水平得到提高。而农业发展水平决定了国家世界经济的地位。欧美国家通过推动和加强农民教育培训，巩固其在世界经济的地位。随着农业多功能性质的确认，提高农民技能成为欧美国家农民教育培训的主要宗旨。无论历史还是现在，农民教育培训一直在国家战略中居于重要的地位。

一 农民接受教育培训可以促进农业生产力的提高

早在19世纪50—60年代,卷入世界市场的大多是农业占主导地位的国家。19世纪末20世纪初,所有主要的欧洲国家,都加强了农业教育。美国与希腊、德国、意大利、法国、英国等国家通过比较粮食年产量,推动农业教育。

尽管自20世纪30年代以来,农业劳动力缩减了75%,谷物种植面积减少了10%,但是美国农业生产力从1960—1992年几乎翻倍,农业生产比第二次世界大战时增长了7倍,而与非农业商业区相比,其劳动力仅增长了2.6倍。农业生产力增长的背后是农民越来越受到好的教育。他们平均受教育的年限从第二次世界大战时的8年增加到20世纪90年代时的13年。[1]

同时,来自美国农业部的延伸服务,已经扩展并为农民提供非常有用的教育。此外,那些受到更多教育的农民还从农业研究上获得先进技术的优势,受益于市场和农业信贷机构的不断改进和发展,投资购买能够节省劳动力的机械,农业的未来更加依赖于教育和研究。

二 农业发展的水平决定了国家世界经济地位

在第二次工业革命的推动下,资本主义经济在19世纪末20世纪初取得了迅猛发展。世界工业生产在1850—1870年的20年间只增长了一倍多;而在1870—1900年的30年间却增加了近两倍;20世纪初的13年又增长了59%。农业机械和化肥的普遍使用,使农业的生产效率有了极大的提高,使农业人口大幅度减少,城市人口迅猛增加。

20世纪初,英、美、德等国实现了农业现代化。美国西部、加拿大、阿根廷、澳大利亚等地涌现出许多机械化的大农场,成为世界的重要商品粮基地。世界粮食产量成倍增长。在这个时期,世界资本主义经济处于高速发展中,但各国经济发展极不平衡,由此引起它们在世界经济地位的急剧变化。美、德超过英、法跃居世界的第一、二位,英国则降至

---

[1] Hines & Andy, "Ever-smarter Farmer Keep Food Abundant", *The Futurist*, 1997 (6), p. 18.

第三位，法国仅排第四位。俄国和日本的地位虽有显著提高，但它们在世界工业总产值中所占的比重仍然很少。英国的贸易垄断地位被打破，世界贸易形成了多中心的格局。

19世纪末20世纪初，所有主要的欧洲国家，都加强了农业教育。意大利和希腊，在某一时间，土地生产力很强。与300年前的条件比，德国、法国和英国的土地变化非常大，越来越富有成效。这些经济利益来自农业学校的功劳。英格兰的耕地面积是纽约州的四分之一，但同其他国家相比，它在农业投入上的花费更少，但它用于农业技术教育上的经费每年在40万美元以上。同样，德国和法国也在农业教育方面做了很多工作。农业发展的水平决定了国家在世界经济中的地位，农业教育影响着先进国家生产力的文明状态。[①]

三 农业多功能性质的确认旨在提高农民的技能

根据欧盟委员会的报告，在未来几年内世界对粮食的需求将在全球急剧上升。随着亚洲和拉丁美洲经济发展的不断增长，WFO估计预测，到2050年世界对粮食需求的同比增长为70%。这种增长需求导致供应量同步增长，尤其是来自欧盟，它是国际市场上的重要参与者，涵盖约18%世界粮食出口。[②]

在欧盟，农村被认为是非常重要的区域。而农村经济比城市的更加脆弱，它们直接关系到环境保护和一些可持续的做法。一些农村地区通过新技术发展，运输系统的进步，旅游的增加，以及广泛存在的中小企业与城市构成了固定系统，农村地区开始渐进升值。

农村的演变和发展分三个步骤来实现，即农村阶段、工业化阶段和后工业化阶段。在这个过程中，农村的作用和农业的功能都与原来产生了背离。1970年以前，欧洲政策唯一涉及农村地区的是农业。在20世纪70年代和80年代的工业阶段中，在农村地区建立了工业区，农业变得更

[①] Hanin, Y. L. & Stambulova, N. B., "Metaphoric Description of Performance States: An Application of the IZOF Model", *Sport Psychologist*, 2002, 16 (2), pp. 396–415.

[②] A. R. Gurrieri et al. "Entrepreneurship Networks in Italy", *SpringerBriefs in Business*, 2014, pp. 20–21.

加机械化和工业化,但政策仍然是片段的和具体的。20世纪90年代,后工业阶段展开,农村地区农业已经成为多功能性质,与各种经济活动相关联,政策也变为区域发展性质的了。

常规农业,先前确定为种植业、畜牧业和林业养殖,现在被转换成许多相关活动,这些活动与农业部门关系密切。农民活动变得多样化,显示了农业多功能性。太阳能、农林业、可再生能源的生产也成为农业的一部分,这些变化都鼓舞着农业的改造。事实上,对农业的多功能性质的确认旨在提高农民的技能,欧洲经济在新模式中继续发挥关键作用,发展模式从旧模式的单纯经济增长转向福利鼓励、社会包容和可持续性等。

第二节　美国农民教育培训

在美国,农业取得了很大的成就。他们不仅仅种植饲料作物,还提供人们衣服、燃料和食物,其重要地位得到政府和人民的认可,受到很高的评价,即"美国农民种植的不仅仅是农作物,美国的农民种植美国。"

与他们的重要地位相对应的是,美国对农民教育培训的工作做得相当到位。学校、赠地学院、试验站、农业部等,它们构成了被认可的针对农村问题教育培训的系统,承担着农民教育培训的责任。农民教育培训的内容涉及广泛,尤其是针对时代发展变化对农民新要求所做的针对性教育培训,使美国农民教育培训始终走在世界的前列。

一　美国农业的现状

根据地形、气候和土壤的不同,美国形成了主产小麦、棉花、玉米和大豆的种植区,并为美国提供了相当可观的就业机会。

美国堪萨斯州是美国最大的小麦生产区,北达科他州以非常接近的产量排在第二。堪萨斯州每年生产足够烘焙的小麦,大约可生产360亿条面包,可供世界上大约70亿人口吃两个星期。爱荷华州,是美国最著名的小麦育种基地之一,来自诺尔曼博洛格这个小农场的小麦育种可以满足半个世界的供给,归因于其对小麦遗传构想的终身兴趣。美国的农民在6300万英亩（一英亩大约6.07亩）的土地上生产了近24亿蒲式耳（每蒲式耳大约35.42升）的小麦。

98%的棉花长在美国南部的14个州，其中得克萨斯州生产的棉花比其他州都多。它是这些州的主要经济作物。棉花是一种独特的作物，它含食物和纤维。棉花籽可以作为奶牛场食物的补充，也可以加工成油，棉花纤维可以使用的范围从重工业到精细织物。美国棉花工业提供了大约20万个工作，每年的产品和服务大约250亿美元。美国的棉花工业生产出世界20%的棉花，占世界40%的纤维。

在美国中部大约有9000万英亩的土地种植玉米，8%用于出口其他国家。美国生产大约世界40%的玉米。美国有7500万英亩的土地种植大豆，爱荷华州、伊利诺伊州、明尼苏达州、印第安纳州、内布拉斯加州5个州是主要产区。在世界上生产大豆的国家中，美国的产量占32%；其次是巴西占28%；再次是阿根廷占21%；中国排第四位，仅占7%。

美国的农业为农民提供了2400万个工作机会。美国农业产业支持2300万个就业机会，成为全国最大的雇主。美国的农民也在以340亿美元的贸易顺差增长经济，这比其他任何产业都要多。①

二 参与农民教育培训的机构

在美国，政府认为农村问题是国家的问题，未来的农民必须在工作上受到培训，他们需要更好的知识、更好的教育、更好的组织、增加社会化，以及需要一种精神力量。对农民的培训必须通过政府和社会。对农民的培训是为了永久的社会福利，是发展农民自身，即人的发展，而不是对农民的救援和保护。19世纪60年代起，学校（高中）、社区学院、大学和高校、实验站、青年组织，以及一些机构部门越来越多地投入到农业和农村生活，参与农民教育培训。

（一）学校（高中）加入农业课程对男孩、女孩进行教育

1907年罗斯福宣布：我非常确信，绝大多数农民的男孩和女孩应该通过农业高中、农业普通学校教授一些实用的基础农业，因此，当他们

---

① Monsanto Compan, "American's Farmers", 2015, http://www.act-now.eu/.

长大了他们应该成为农民和农妇。教育的目的不是让他们离开农场。应该有一个组织的力量来恢复和提高农村区域的最高社会条件。①

　　罗斯福鼓励宪法提供联邦资助，在中等农业学校指导家庭经济。1909年，罗斯福的"农村生活使命"宣称，可以通过三种途径来实现：第一种是在公共学校学习农业；第二种是通过特殊农业学校学习；第三种是由农业大学实施的拓展教学，即通过资料、面对面谈话和演示等方式学习。

　　农业学校运动在许多州展开，很大程度上是通过慈善的方式。早在19世纪，就建立了一些农业和工业学校。1900年，阿拉巴马州、明尼苏达州、内布拉斯加州，也已经建立了公共农业学校。在10年内，这样做的州已经超过14个。在南方，最早的农业学校是针对黑人的，而针对白人的最优教育依然是传统的自由艺术课程。在阿拉巴马州，除了资助非裔美国人的塔斯克基学院，已经从1889开始建立了只针对白人的农业学校。1908年，这些学校的课程主要是文学而不是农业培训，直到1912年，这些白人农业学校才开设家庭经济课程。1917年《史密斯—休斯法案》和1946年资助高中教授种植的《乔治—巴顿法案》。基于1946年法案，弗吉尼亚伍德劳恩高中成为美国第一个提供农业教育课程的公立高中。1963年《职业教育法案》资助其他农业领域的培训。1975年《残疾儿童教育法案》规定，残疾儿童允许报名农业类教育。1994年《从学校到工作机会法案》要求教师交给学生的任务和学科应该能够帮助学生为毕业做准备。这个法律的主要部分是教授农业真实生活的应用，因为农业领域需要就业者。

　　主要有三种类型的教育形式："课堂教学""受监督的农业体验""积极参加未来农民组织"。"课堂教学"是通过动手学习和体验来教授学生具体课程概念。学生在课程中学习的信息主要是为了了解和掌握在实际农业环境中应用和解决问题的技能；"受监督的农业体验"，要求学生必须运用他们在课堂教学中掌握的知识到现实生活中。并提供几个主题可供学生选择，如在农场环境、探索环境、企业、农业企业，或研究项目等。学生可以选择这些主题领域中的任何一个任务，并在整个课程期间

---

① L. H. Bailey, "The Training of Farmers", *New York the Century CO*, 1909, pp. 19–26.

进行研究试验。教师参与整个过程并引导学生。这给学生提供了将课堂中学习到的信息用于他们感兴趣的农业主题的机会;"积极参加未来农民组织"是一个国家组织,所有的高中层次的农业班级都要求加入。农业老师是这个特定组织的领导,全年举行学生活动和计划。旨在教育学生日常生活和农业环境中的领导力技巧,鼓励学生个人成长、增强自信、怡情养性、健康的生活方式等,并给予学生参与到农业经济中的机会。

(二)赠地学院对农民教育培训

为了克服经费等物质条件的困难,1862年美国国会通过了《莫雷尔法案》(亦称《赠地法案》),规定各州凡有国会议员一名,拨联邦土地3万英亩,用这些土地的收益维持、资助至少一所学院,而这些学院主要开设有关农业和机械技艺方面的专业,培养工农业急需人才。1890年又颁布第二次《赠地法案》,以促进农业教学和机械工艺,继续向各州赠地学院提供资助,到19世纪末,赠地学院发展到69所。赠地学院和大学的首要目标是帮助黑人农村居民摆脱无知和贫穷,分别位于16个以农业为主的南部和边境州地区,从特拉华州拉伸至东得克萨斯州西南,主要服务农村农民。1887年的《哈奇法案》,建立了农业研究机构,但黑人农民无法访问其中的信息。1914年《史密斯—利弗法案》授权成立的外部系统,将农业、家政和相关科目实用信息传播给农村居民。1890年的学校,巩固了三大功能,即教学、科研、推广。每年招收约9万名来自不同种族和社会经济背景的学生。通过鼓励和培养这些学生,使他们成为全美最有用的、富有成效的,并负有责任意识的农民。从1890年开始,赠地学院教育培养了很大一部分农业劳动力。1890年学校利用农场会议、短期课程,教授农民如何改善他们的饮食习惯、卫生习惯和生活条件等。到了21世纪,1890年学校培养的毕业生遍布全国和世界各地。

1972—1987年,阿拉巴马州农业机械大学为城乡居民提供延伸服务,提出农村发展的新举措,根据农业和自然资源,制订经济和社会资源开发计划,举办青年发展俱乐部。该项目投入1050万美元。此外,大学共有167个小母牛国际示范项目;25个养兔项目,这些项目都是为了提高农村和城市居民的生活质量。此外,大学还帮助农民提高农业生产和提高农民生活,在实践中,采用的高价值农作物替代品种,包括香菇,养绵羊和山羊,以及商业蔬菜和苜蓿。大学支持田纳西州的蔬菜合作项目,种植了155英亩蔬菜,五年内收入了500万美元。奥尔康州立大学利用联邦、州、地方的资源,建立示范农场展示间以满足农村居民的需求。该养殖场包括5英亩什锦蔬菜;5英亩的水果和坚果果园;半英亩的鲶鱼池塘。该农场教给农民适当的作物生产技术,使用和保护土壤和水的鲶鱼生产,以及生产替代物,如热辣椒、水果和蔬菜等。还教农民如何提高夏季和冬季放牧、农产品市场营销、经济作物和杂草控制。使用研究信息和技术援助,农民从大学学习猪的管理和生产、肉牛养殖和营养、小牛的生产,以及牛肉和山羊生产。[①]

这些技术学校给了农业发展以强有力的推动。由于这些学校的存在,1895—1900年,威斯康星州奶牛数量增加25%。明尼苏达州增加了7200头奶牛,而国家从事畜牧业的总人数,在同一年的数量明显减少。奶制品业务的大增主要是受大学农业系设立的乳制品学校的影响。而农民在奶制品业务的增加并不仅仅是受益于乳制品指导,最大的受益来自产品价值的增加,而不是数量的增加。比起旧的生产方式,奶油售价更高。自从明尼苏达州成立乳制品学校以来,有70%的黄油做成了奶油。[②]

(三)农业实验站对农民教育培训

美国的农业学院是根据1862年,以及之后的土地出让法案建立的。法案规定,每个州或地区有一个学院提高工业阶级职业生活的自由和实践教育,教授农业和机械艺术。这些学院在1887年联邦及随后的法案建立的一系列实验站而得到加强,实验站配备实验室和实验农场。

农业科学家开发出更好的农业方法,解决地方农民的特殊问题,提供新技术。研究成果刊登在学术期刊上,美国乳业科学协会提供乳品农场和加工工业研究和教育奖学金。实验站针对农民斗争了几个世纪的问题进行调查和实验。如果不是密歇根实验站,美国西海岸的果园没有改进的喷涂方法,它几乎不可能这么具有生产力。实验站的化学实验室第一次开始了甜菜糖产业的分析。意味着大学与甜菜制糖企业共患难。林业问题目前在林业学校和实验站中得到解决。实际工作在遵循实验的基

---

① James W. Smith, "Contributions of 1890 Schools to Rural Development", *Agricultures and Human Values*, 1992, pp. 51 – 52.

② L. H. Bailey, "The Training of Farmers", *New York the Century CO*, 1909, pp. 19 – 26.

础上，其方法经实验被证明之后才能大规模操作。在实验站研究中获得的科学技术知识，向所有关心这些信息的农民免费开放。农民协会的平台发布了很多实用的知识。这个机构每年要举行674次会议，平均每次参会人数10万人。其他州也通过相似的渠道传播技术知识。1914年建立合作推广系统，它与联邦、州和县政府之间是一种伙伴关系。这种服务将赠地学院和美国农业部收集的信息分发给农民、家庭和年轻人。在绝大多数县有县推广机构，培训和提供大约300万的志愿者领导。这些机构和志愿者通过会议、讲习班、通信、广播、电视和访问等形式执行推广项目。

（四）农业部对农民教育培训

1862年5月15日，亚伯拉罕·林肯总统签署立法，建立美国农业部。两年半后，在他给国会的最后信息中，林肯呼吁美国农业部做"人民的部门"。通过在粮食、农业、经济发展、科学、自然资源保护和其他问题的工作，美国农业部影响了世代美国人的生活。

在很多州建立的官方农业部门代表着几种类型的组织。这些部门或机构代表州对农业事务的政治权利，或为联邦农业的未来做广告，或他们做某些教育工作，如拥有机构或给牛奶工人指导。

美国农业部在农业事务中代表联邦的利益，是政府合作执行部门。它的很多工作是教育，因此，它可以让一个机构来培训农民，提供食物、农业、自然资源、农村发展、营养和相关基于公共政策的最好的、科学的、有效的管理等方面的指引。通过创新提供经济机会，通过保护国家的自然资源，恢复森林、改善流域和保持私人耕种土地的健康，旨在帮助美国农村发展，促进农业生产，更好地滋养美国人的同时，也帮助整个世界。美国农业部由29个机构和办事处组成，有近10万名员工在国内和国外的4500多个地点为美国人民服务。

华盛顿农业部是一个伟大的技术学校。有世界上农业领域的最好专家。他们与其他相关领域的科学工作者亲密接触。农业专家提供乳制品、畜牧业，水果文化和其他不可能用钱来计算的其他方面。它所做的教育与研究包括农业研究、农业统计和经济研究。

在大多数发达国家，农业生产力的进步，提供了丰富的食品和纤维。它研究计划的主要目标是量化生产率的提高，调查公共和私营部门在提高农业知识存量和开发新技术方向和效率。农业统计是教育与研究的一部分，通过从"经济研究服务""国外农业服务""国家农业统计服务"等搜集、分析和统计数据。

"经济研究服务"是美国农业部经济信息和研究的主要来源。它通过制订研究计划，以便使公共和私人对涉及食品、农业、自然资源以及农村发展等问题做出经济和政策决定。其"植物数据库"是世界上使用最广泛的在线教育植物信息系统。通过它可以了解个人所在州的植物、濒危植物、有毒植物，或湿地植物。选择本地植物修复工作或支持野生动物，或查看4万多张可供教育用途的图片。"扩展灾害教育网络网站"，可以让来自美国和各个学科的教育工作者能够使用和共享资源，以减少灾害的影响。"教师/家长的教育材料"，可以帮助教师、家长和学生对农业、健康、营养和科学材料的收集。还可以通过提交申请，注册身份申请和资格申请等从国家农业图书馆申请材料。这些资源都可以为农民教育培训提供支持。

三 农民教育培训的主要内容

（一）针对新农民教育培训

美国土地管理项目组认为，存在越多具有种植谷物和饲养家畜管理实践经验的农民，越能改变食物和农业体系，就越能增加多样化的谷物和牲畜来振兴地方食品体系，也就会有越多从事农业的农民参与到地方民主中来。为了让更多的农民种植土地，土地管理项目组通过"农业初学"培训项目将刚刚步入农业的农民集合在一起形成一个农民社区。

这个农民社区建立于1998年的明尼苏达州，是以农业初学者为主导的社区，致力于可持续农业教育培训。学生依靠农民种植网，深化了课堂关系，土地管理项目组利用农业初学培训帮助他们克服从农场规划到农场经营的转变。截至2011年，已经有622名刚刚步入农业的人，跟随有经验的农民和社区领导，通过10个月农业战略计划课程学习了第一手经验。通过对农业初学毕业生的调查：74%的人在从事养殖业；79%的人管理超过5英亩的土地；29%的人种植蔬菜；15%的人养牛；11%的人生产乳制品；11%的人从事中耕作物；5%的人养羊；5%的人养猪。97%的人运用可持续农业的做法；82%的人已经提高了他们运用可持续农业的做法；60%的市场以他们生产的产品为主导；65%的人计划在2011年扩大他们的生产。这是基于2011年对300个参加农业初学培训项目的毕业生进行的调查。通过多年提供农业初学课程，土地管理项目组已经见证了许多经过农业初学培训项目的学生在经验水平上的变化。[1]

土地管理项目已经在明尼苏达州、威斯康星州、爱荷华州对新农民进行了广泛和深入的培训，开展农业需要的更多课程。同时，在农民种植网增加了农民导师的数量，微调了农业技术和知识的自我评估工具，并开发了学习工具指导课外持续教育，开展了新工作坊致力于新农民在前三年到五年的高级主题培训。

农民初学培训项目是一个以农民为主导、以社区为基础的模式，依靠农民的领导来提供培训和支持其他的农民。这项工作有一个由9个农民组成的指导委员会，帮助评估这些学习工具和对农业初学者提供新战略建议。这个委员会每年冬天都会同农民见面两次和通电话。通过这种方式，为新农民走向成功铺平道路并吸引更多的新农民从业。

农业初学培训项目像种子一样在国家其他地区深深扎根。土地管理项目组作为农业初学培训项目的领导者，与12个组织为14个州提供与管理10个农业初学培训项目服务。通过这种方式，农业初学培训项目作为一个全国运动为新型农民改变美国的食物和农业体系铺平了道路。

（二）对农民进行获取农业信息的培训

联邦政府应该提供给公众什么样的信息？这些信息是通过政府手段还是私营手段传送到公众那里？如果传输成本由公众承担，是传给大型用户还是收费信息用户？农业生产者是否了解公共和私营部门的经济压力和信息政策的变化？对这些信息的获得，影响农民的生计。在美国，自由的教育制度信仰学术自由、信息交流和言论自由，其宪法第一修正案保障公民可以自由处理政府信息。[2]

在美国，农民家庭一直在努力缩小与邻近城市收入水平之间的差距。

---

[1] Amy Bacigalup & Parker Forsell, "Farmers Growing Farmers: Reaching Beyond the Classroom to Help Beginning Farmers", *Small Farm Digest*, 2012（15）: pp. 80 – 82.

[2] James F. Evans, "Issues in Equitable Access to Agricultural Information", *Agriculture and Human Values*, 1992, pp. 81 – 85.

通过向农村地区提供重要的基础设施，如电话、电力服务、修筑从农场到市场之间的道路，以及提供一些特殊的政府资助等服务，如农业部和各种教育合作推广服务提供的农村邮件传递；中学、大学提供的农业教育项目等对农村的这种需求作出了回应。

农民培训除了在中学提供课程外，合作推广处、国家和州层面还提供出版物、其他教材及举办讲习班和研讨会。但更多的是利用新的信息技术，以计算机为基础提供电子信息教育。一般这些教材信息和教育方法是给农民量身定制的，目的是为了提供更多的教育。但在偏远地区农民，其通信服务不健全，在获得访问这些信息时相对具有劣势。事实也证明，农民所受的教育越少，他能够获得的关于农业的信息越少。

在美国，随着电信业的发展，很多商业传媒和其他私营部门将基于经济发展趋势的农业信息传达给农民。农业营销、农场供应商、零售商、金融机构等正在使用更直接的，以市场为导向的电话营销和数据库营销方式，更经济、高效地达到将信息传递到潜在买家。更多的私人顾问为农民提供农作物侦察和营销建议、税务咨询和遗产规划咨询等方面的专业知识。在这样的形势下，农民需要花费更多的时间，查阅详细资料以便作出耕作的决定。

农业组织通过更多的会议，提供更加公开的材料为农民提高信息传播速度，以用户付费为基础，更多的农业组织提供他们会员附加服务。新的通信技术，如卫星和基于计算机的信息系统，以超速的信息流量为农民提供农业信息。但由于信息的有效寿命很短，过时很快。因此，农业信息化对农民了解农场设备、肥料、病虫害防治信息尤为重要，一些营销人员和相关媒体倡议提供金融信贷、捐赠等进行农业信息化建设，以便使农民获取更多的农业信息。

（三）对农民提供精细农业教育

精细农业也称为精准农业、精确农业，是以信息技术、生物技术、工程技术等一系列高新技术为基础的面向大田作物生产的精细农作技术，已成为发达国家 21 世纪现代农业的重要生产形式。精细农业，根据田间变异来确定最合适的管理决策，目标是在降低消耗、保护环境的前提下，获得最佳的收成。精细农业本身是一种可持续发展的理念，是一种管理方式。其核心技术是地理信息技术、全球卫星定位技术以及遥感技术和计算机自动控制技术。

这一技术最早是 20 世纪 80 年代末由美国、加拿大的一些农业科研部门提出的，得益于海湾战争后 GPS 技术的民用化。1993 年，精细农业技术首先在美国明尼苏达州的两个农场进行试验，结果当年用 GPS 指导施肥的作物产量比传统平衡施肥的作物产量提高 30% 左右，而且减少了化肥施用总量，经济效益大大提高。此后，精准农业开始在发达国家兴起。[①]

20 世纪 90 年代，为了应对农民对精细农业迅速增长的兴趣，美国大学和其他机构都开发了无数的教育方案。举行为期多天的会议和研讨会，为与会者提供必要的时间学习精细农业技术、分析方法，以及管理策略等。华盛顿州立大学西部精细农业会议，阿西尼博因社区学院精细农业会议，内布拉斯加—林肯大学模拟环境特定的管理研讨会体现这些类型的教育方案。西部精细农业会议使用传统的形式，主要形式是观众听取报告。阿西尼博因社区学院精细农业会议提供报告和"动手操作"的培训会议，与会者真实地使用了精细农业的工具或开发了特定的管理计划。[②]

由华盛顿州立大学发起的"西部精细农业会议"，第一年在华盛顿帕斯科成功举办。第二年在爱达荷州博伊西举行了会议，2000 年的大会又回到了帕斯科召开。该大会组委会计划在华盛顿州每年都召开。参会的人员主要是那些积极从事精细农业的人，涵盖种植者、种植顾问、研究员和决策者。会议参加者学习如何使用精细农业工具（全球定位系统、地理信息系统和传感器），根据这些工作的信息改善农场管理。

组织者使会议议程尽可能多地吸引各种类型的农业从业者参与。大量的精细农业技术不限于特定作物，所有作物都需要操作技术和解释精细农业数据。为了让与会者选择他们感兴趣的话题，会议委员会举行了并行的议会。为了吸引更广泛的听众，他们设计了三个领域的培训方案：技术教育；特定场合的决策；特定谷物研究和经验。技术教育让人们了

[①] 李云才、刘卫平、陈许华：《中国农村现代化研究》，湖南人民出版社 2004 年版。

[②] Tim Fiez, "Providing Precision Farming Education Through Conferences and Workshops", *Precision Agriculture*, 2002 (3): pp. 353 – 358.

解现在有哪些技术，这些技术的作用是什么，如何正确运用。特地场合的决策给观众提供工具和技术来解释数据，获取谷物生产信息。种植和农业企业经验研究结果展示精细农业的效力和不足。

考虑到精细农业包括的主题范围从工程到经济，精细农业经验和方法在世界范围内也不同。因此，会议发言人来自很多不同的背景和地方，包括工程师、土壤学家、种子学家、农（艺）学家、经济学家、计算机学家。他们是大学教师、公司代表、农业顾问和生产商。会议主要是为那些不了解精细农业的人和那些已经使用一些精细农业形式的人，会议组织者开发技术教育的两个并行的会议。一个提供对全球位置系统、地理信息系统、土壤取样格子、产量监控和其他中级水平的收集、分析和建模数据的概述。1998年，西部精细农业会议举行并行会议展示15个不同的主题。根据入门级、中级、高级技术信息的难易程度，与会者可以选择其中的8个主题参加。会议是在爱达荷州南部召开，这个区域主要是灌溉和多样化农业。会议结束后增加了1.5小时的案例学习，这是回应1997年参会者要求提供更多系统信息的需求。在2000年，西部精准农业会议组织者再次改变了培训形式，除了1.45小时的并行会议展示中耕作物、多年生作物和旱地作物专门的信息外，出席会议的观众还听取了一系列涵盖了土壤数据的收集和分析、特定地点的水管理、产量监控、推进技术、制度建设和经济分析演示。

不同于西部精细农业会议，阿西尼博因精细农业会议提供"动手操作"的研讨会作为会议的一部分。大会每年吸引来自布兰登、马尼托巴的200人参加。在1999年会议上，人们可以从8个主题选择2个参加讲习班，内容主要有"远程传感镜像翻译""引导系统""产量监控田间试验""使用黑白照片开发土壤管理区"、服务生产者的"差分GPS高程测绘和GIS绘图"。

第三节　意大利农民教育培训

在欧洲，农民教育的价值不仅在理论上被理解成为提高竞争力和持续经济增长的决定力量，在现实中亦把人力资本作为企业和地域效率的战略工具。农民教育是根据"里斯本战略"以及"欧洲2020"需求更大的竞争力和更多的工作机会的要求，旨在发展和巩固人的潜能。

一 意大利农民教育培训的背景

(一) 创新是欧盟农业的主题

"创新"在欧盟农业政治框架中具有重要意义。它可以提高由自由市场竞争而衍生人口增加和自然资源稀缺带来的全球挑战。创新,被认为是一种战略因素能够振兴农业和相关部门。创新还关系到农业新市场、新栽培技术和唯一认证等。欧洲的目标旨在提高农业商业的竞争力,增加与人类健康有影响的食物供给和可再生能源。因此,欧盟的举措是集中在农业部门采用新技术和循环创新。

20世纪后半期,全球农业大大增加,这种增长的好处对所有国家都重要。事实上,50年(1950—2000)来,农作物每公顷的产量增加了近150%,而农业劳动力仅用75%。这一增长主要是科技研究进步的结果,它将新的科学知识转换成农业应用知识。这样,在农业部门,知识成为一种关键投入。此外,欧盟委员会正试图减少研究成果和农民采用新实践、新技术之间的创新过程的障碍。建立一个创新的系统,加强不同体系和不同机构背景的人之间的合作网络。

(二) 意大利农业现状

意大利农业非常不同,尽管它只雇用了2%的人口,却设法成为了全世界瞩目的某种特定食品的最重要出口国。农业部门是在国家工业经济背景下启动,尽管如此,它是一个具有巨大潜力的重要业务部门。意大利农业土地在意大利可以分为四种形式:大田作物、树木作物、牧业、林业。生产许多至今很受欢迎的食品:橄榄油在意大利最干旱的一些土地上生产出来;许多种受欢迎的奶酪,包括巴马干酪和奶酪。伦巴第大区是开发土地多功能性利用的一个例子,该地形变化从高山、围绕的湖泊,到肥沃的上波河流域。伦巴第大区是由米兰和其他小城市占主导,虽然工业占主导地位,但农业收获颇丰。仅这个地区牲畜和庄稼就产生了72亿欧元的收益,占意大利整个乳制品和水稻约42%。该地区的经济发展,鼓励外商投资,并通过欧盟农业发展计划,得到意大利当局资助。[①]

---

① Bridgewest, "An Overview of the Italian Farming Sector", Company Formation Italy, 2014, http://www.americasfarmers.com/.

意大利农业已经发生了改变。事实上，在20世纪60年代，意大利农业部门的结构特点还是二元论，以小农场代替资本主义农场。在20世纪80年代农业商业的出现动摇了二元结构，虽然这些现代农业企业还小，但是旨在获得创新技术发展成大企业。这与市民日益渴望更好的生活质量有关，农业部门向创新和实施生态农业转变。同时，意大利农业出现了规模小、多功能的形式特点，可以生产各种各样的商品和提供各种各样服务的方向。意大利农业企图通过多样化生产过程和活动来应对农场收入的恶化。在经济和社会发展过程中，意大利农业还试图克服生产专业化、标准化的约束，基于产品市场细分、服务的供给和公共物品的生产改进新的生产模式。

意大利农业食品行业在国家居第二大的位置。据意大利国家统计研究所数据，共有近390万人从事农业生产，其中68%是来自同一个家庭。因此，意大利的农业是基于一个熟人的模式。如今意大利生产约30%食品的需求，而其余靠进口。意大利地理位置决定了它需要进口较大部分的农业产品，尤其是杂粮，但它是加工和腌制产品的重要出口国。根据意大利国家统计研究所一次全国人口普查，有160万个农场，拥有超过120万员工（甚至包括那些捕鱼业）、500亿销售总产值和300亿的出口产值。在2012年第一季度有近万农场建立起来，约30%由年龄在30岁以下的青年农民领导经营。

在意大利，土地是被限制的私有财产。即使他们的土地一直未使用或误用了一段时间，土地所有者也不愿意卖。这种情况既损害农业也损害了国家。虽然意大利农业具有相当大的经济和社会相关性，但它仍然是脆弱的，被居于两极的工业和商业压迫。2013年，意大利政府将5500英亩的土地投放到市场，包括一揽子刺激政策激励企业家在农业领域经营企业。而且许诺在未来5年将建立5万个新公司，增加10万—15万个就业岗位。

（三）意大利农民特征

尽管其他行业在2013年经历了刺骨的经济衰退，但意大利农业部门却增长了0.6%。越来越多的意大利年轻人回归土地进行农业生产。这个曾经是他们这一代几乎放弃的一个部门。据意大利农业部、食品和林业部数据，在2013年建立了11485个新农业企业，比2012年增加了2.6%。

大约17%人是30岁以下年轻人。意大利国家统计局的一份报告称，2012年超过80万的意大利企业与农业部门有关，雇用了大约84.9万人。而意大利人口大约6000万。①

意大利农业人口结构，虽然现在年轻农民正在增加。但与欧洲其他国家相比，代际更替依然是意大利农业部门的主要问题。意大利当局认为有必要在农业方面促进青年力量的增长。年龄在40岁的农民被认为是"年轻"，而那些55岁以上的农民，被认为"老"了，据欧盟统计局和意大利国家统计局数据，在欧盟内部，意大利是拥有年轻农民数目最低的国家之一：2010年，35岁以下的人仅有5%，相比之下，其他欧盟成员国在10%以上。几乎有一半的青年农民超过35岁，而25岁以下的农民，意大利占比不到1%。然而55岁以上农民更是显著地接近60%。特别是年龄较大的农民比例，超过65岁的人，占总数的近38%。在2010年，35岁青年和55岁以上的农民之间的数字比值是0.08。这意味着，每10人中就有一个人超过55岁。这也意味着，在未来的10—15年，相当比例年纪大的农民将停止工作。在家庭劳动力中，只有16%是年龄小于40岁左右的，而近30%的人年龄在40—54岁之间。②

"老龄化"是意大利农民的一个特征。老龄化导致该部门未来有许多问题，即使是那些最易接受的变化。但值得欣慰的是，有一些是40岁左右的企业家开办的农场，在经济领域研究的支持下，他们深思熟虑地选择养殖业，不仅仅是为了继承家族企业。

二　意大利农民教育培训情况

（一）年轻农民具有较高的教育水平

意大利农场中的年轻人具有较高的教育水平。这些年轻人主要从事有机农业和旅游农业。他们拥有的农场面积超过平均水平的54%。年轻的意大利农民主要是男性，占72%。许多年轻管理者具有很高的人力资

---

① Alberto Mucci, "Young Italians Finding Prospects on the Farm", *Business & Economy*, http://www.companyincorporationitaly.com/blog/2014/10/an-overview-of-the-italian-farming-secto.

② A. R. Gurrieri et al., "Entrepreneurship Networks in Italy: The Role of Agriculture and Services", *SpringerBriefs in Business*, 2014, pp. 34 – 37.

本：他们中的10%以上具有大专以上教育文凭；几乎47%的人有中专文凭；同时，几乎所有的年轻人都拥有从事农业的资格。特别是"新"农民的数据，根据2007—2013年规划显示，农场管理人员的教育水平是小学的占39%；其次是中学的占32%。那些拥有高中文凭的为17.8%，有6%左右的是大学水平。

在有机农场中，农场管理人员的教育水平较高：大约17%的是小学教育；大约29%为初中毕业；近17%是高中和超过32%是大学毕业生。更加详细的数据分析显示教育的层次越高，经济表现就越好。

即使是在农业，人力资本对农场的进步和农业整个行业整体福利增长而言是一种战略要素。但至少在公共教育系统，因为他们的年龄问题，广大农民被排除在普通学校系统之外。知识可以帮助社会互动和形成有效的伙伴关系。

（二）农民教育培训机构

意大利能力和技术培训联盟（ACT）下的意大利有机农业协会（Association Italiana Agricoltura Blologlgica，AIAB），是1988年官方在都灵建立的一个非营利组织。它由农民、实践家、专家、研究者、消费者组成，由位于罗马的一个联邦办公室集合18个地区组织起来的。AIAB向生产者和消费者倡导有机农业，把它作为一种农村发展模式，支持有机产品的生产和消费服务，并集合地方管理。协会代表和保护地方、国家、国际范围的协会成员，通过直接同Biocert这个国家重要的有机农业和科学技术非营利组织的职业教育提供商的联系，有机农业协会也是一个最大的农业教育培训提供机构之一。

20世纪90年代，协会增加了与政府部门和研究机构的合作，代表意大利有机农民和消费者的利益。

协会是专业的农业、有机品牌与商标，以及有关职业教育培训需要的技术和能力的评估和认证机构。每两个月出版一次杂志，大概有16000名读者，每周发一次通信，大概15000名接收者，还有一个每天浏览量超过4000人次的实时更新的网站，同时还组织讲习所和研讨会。2007年，协会与其他主体，建立了意大利有机农业研究基金会。合作组织了几个国家和国际有机食品产品竞赛。如红酒、橄榄油、奶酪、香肠和蜂蜜等。协会根据特殊的标准为意大利有机农业创造了"Garanzia AIAB"商标，还有一个农业网络叫"Bioagriturismi AIAB"。①

全国种植业联合会是意大利最大的农民协会组织，在全国有 18 个大区分会、98 个省级分会、765 个地区办公室、9812 个基层组织、有 56.8 万名会员（农户、农场主或农业企业）。其宗旨是通过促进农业的综合开发，达到农村经济社会协调发展的目标。向会员推广农业新技术是其主要的业务之一。通过其基层组织与各级政府部门、研究机构及其他相关组织保持紧密的联系，及时向农民提供法律法规、先进技术等方面的信息，并通过购买先进适用技术等手段促进农业新技术的推广。同时，还通过其下属的 AGER 和 INIPA 两个公司，进行咨询与培训方面的活动。②

AGER 公司成立于 1986 年，主要从事农业、食品、环境及地方发展方面的研究与咨询。主要职能：促进、协调、组织农业方面的社会经济、统计、技术研究活动；通过培训、技术推广及试验等方式促进农业研究成果的转化；为农业企业提供研究开发和创新方面的服务。该机构还促进农户及农业企业与政府部门之间的联系，以更好地在政策层面为农业服务。

INIPA 公司成立于 1952 年，是全国种植业联合会下属的农业和食品行业的研究和培训的非营利机构。主要职能是在农业领域提供下述服务：管理培训、继续教育、高级培训及师资培训；劳动力市场指导服务；企业管理服务、新企业创业服务；农业新工艺及农具的研究与实验、农业企业的管理创新、企业组织、市场、产品质量、生物技术、电子商务等方面的研究与实验；跨部门网络系统的研究；人力资源培训政策的分析和规划；中小企业网络建设培训。该机构的服务重点放在农业中小企业及微型企业，包括广大农户和农场主，以及推广信息技术在农业领域的应用，建设"电子乡村"也是该机构近年的一项重点工作。

意大利第一大农民协会组织是农业家联合会，它也是意大利最古老的农业组织，拥有 19 个大区分会、98 个省分会，及众多的基层组织。农

---

① Bridgewest, "An Overview of the Italian Farming Sector", Company Formation Italy, 2014, http://www.americasfarmers.com/.

② 孙成永、卓力格图、姚良军：《意大利农业创新体系和科技推广情况》，《全球科技经济瞭望》2006 年第 9 期，第 18—23 页。

业家联合会对其会员提供的服务主要有：法律咨询、技术培训和技术服务、农业企业管理培训、人员管理培训及财务培训等。农业家联合会下属的研究培训中心，其主要业务是为农业领域提供人员培训、职业认证、专业进修；农业技术开发、工艺革新，农业新技术的推广等。在各大区设有分支机构，并与农林政策部、劳动部、各大区政府以及其他组织保持紧密联系，有时也结合其社会服务如农民救济等，为农民寻找先进适用技术，帮助农民摆脱困境。

（三）农民参与教育培训的现状（"有机农业培训"案例）

在意大利，参加农民教育培训的人越来越多，在以前参加教育的学生可能一个班级有20人，近几年一个班级则超过了100人。这主要是基于三个方面的原因：一是由于经济危机；二是农业部门潜在的发展机会；三是年轻一代人对农业态度的转变。Coldiretti所做的一项调查表明，意大利农民协会指出，54%的年龄在35岁以下的年轻人宁愿管理一个农业旅游企业也不愿意在跨国企业或银行做雇员。意大利有机农业正在稳步的增长。2013年有130万公顷土地种植有机作物，约占10%的农业区。有超过5.2万个认证的运营商（生产商、中间商和进口商），意大利有机系统的质量是国际公认的。

培训课程将包括从生产到加工的有机供应链，并将介绍市场营销方面。描述一些案例研究和访问有机生产的网站。课程内容包括：介绍、有机农业的研究需求、有机农业：蔬菜、意大利有机农业的市场趋势、认证和营销、参观米兰世博会2015、有机葡萄园和葡萄酒、有机畜牧业、地中海最好的有机食品，还可以实地考察。课程授课语言是英语。培训时间为期5天。费用为1600欧元，其中包括学费（包括所有培训材料及使用地点的培训设施及相关服务）、实地考察交通费、参观米兰世博会2015门票、午餐和晚宴的费用等。

有一名来自大学的教授做科学顾问，同时聘请7名讲师，5名客座讲师。参与的人员可以是"水果和蔬菜行业的农民和经营者""谷物行业的农民和经营者""有机行业终端产品的生产者""政府官员""研究人员和学生"。

网站还提供其他的培训课程，如"食品安全""粮食可持续发展""管理""创新畜牧学""创新农业"等。

第四节　欧美农业教育与培训的启示

　　随着时代的发展，人口的增长，土地资源的稀少，从事农业的农民人口老龄化等问题，使农业发展面临很多挑战。但随着科技的发展，农业发展理念的更新，又为农业发展提供了更多的便利条件和可能性。在这样复杂的情境下，农业发展对从事农业的农民提出了更高的要求。为了应对这些挑战，欧美国家把加强对农民教育培训上升到一种国家战略。采用了与时俱进的教育培训方式和内容；应对老龄化，为了增加新农民的数量，开展对新农民教育培训；适应有机农业、精细农业的时代要求，对农民教育培训目的转向可持续农业；利用互联网技术建立交流学习平台，为农民教育培训提供了便利的条件。这些做法值得我们思考和借鉴。

一　农民教育培训方式和内容与时俱进

　　随着时代的发展，针对农民教育培训，人们更加关注"农民教育的实践是什么样子？""它服务的目的是什么？""谁将受益于它？"等这些实质性的问题。对新农民成人高等教育通常被理解为在高校、社区、推广办事处、农业场所、家庭和家庭活动，及其他非正规教育网站。现在，新农民培训项目开发已经从指定为一切直接教学活动，如讲习班、短期课程、研讨会、协商会、传统教育课堂，到以专业的体验式实习和学徒、非正式的指导和同伴网络，甚至利用互联网网站和社交媒体的自我导向学习、体验式学习。

　　采用与传统的传授知识方法不同的教育形式，这些方法主要是让参与者以农民为导向的培训、实地培训，通过动手和体验学习方法，通过学徒项目、目标评估课程和讲习班等。这些方法在内容提供模式与其他举措在深度和广度上都不同，整合课堂和农场学习，甚至是自主研讨和在线课程。这是因为，互联网已经为新农民打开了教育传递方式新的可能性。许多在线课程和资源对于那些对农业实践感兴趣的人来说，成为可行的选择方法。这些在线教育机会提供了很多益处，学习者方便时可以在任何地方进入，也为那些难以到现场培训的农民提供了可行性网络。

　　教育培训的内容包括土地使用权、融资、市场营销的问题、商业规划、生态管理、健康、社会参与和社会正义。很多方面都超过了传统农业观点和做法，已经不局限于土地保护和土地征用、商机和直销、有机农业、整体农场规划、农场工人的权利和个人目标评价等。大部分集中在5个核心领域：生产实践、市场营销、财务计划和资源、协助、业务计划及管理、土地征用与转让。在每个核心区域内的主题从有机生产实践到小型农场管理，探索性培训项目相当普遍。

二 重视老龄化问题对新农民进行培训

农业人口老龄化是个世界性难题，欧美国家也不例外。过去几十年，它们面临着一个压倒一切的问题，那就是加入到农业的人口数量在稳步下降，再加上退出农业的农民数量在上升。2009年，美国劳动局统计报告指出了农民和牧场主的就业下降。预计2008—2018年，将下降8%。年龄变化，无疑是美国农民的老龄化最明显的问题。根据2007年农业普查，主要农民的平均年龄为57岁，这令美国决策者很是不安，尤其是35岁以下的农民人数的下降。换句话说，2009年的报告说，2007年，有超过63%的55岁以上的农民长期从事农业；相比之下，有32%的农民是刚开始农业操作，只有5%的农民是在35岁以下。同样的数字统计也来自欧盟统计局和意大利国家统计局，在欧盟内部，意大利是拥有年轻农民数目最低的国家之一：2010年，35岁以下的人仅有5%；相比之下，不同的欧盟成员国在10%以上。

老龄化在欧美得到了相当的重视。为此，美国农业部提出了"培训新农民和牧场主的计划"。这个项目在美国迅速增长，用新的教育形式和模式为对农业感兴趣的人提供支持，创造新机遇。2009年秋，美国农业部通过"新农民和牧场主发展计划"提出大约1900万美元的资金支持，作为项目奖励金。如此大笔数目的补助金也意味着政府为了满足农民关键性需求提供培训、教育、拓展和技术性支持，并发展切实可行的社区粮食系统，满足国家未来一代的需求。[①]

---

① Kim L. Niewolny & Patrick T. Lillard, "Expanding the Boundaries of Beginning Farmer Training and Program Development: A Review of Contemporary Initiatives to Cultivate a New Generation of American Farmers", *New Leaf Association*, 2010, pp. 65–66.

新农民教育项目的历史可以追溯到早期政策改进法案。自1862年和1890年《赠地法案》，以及1914年《史密斯—利弗法案》，针对农业培训和教育。1992年的《农业信贷提高法案》；1998年建立的新农民和牧场主咨询委员会；2002年，制定了《农业安全和农村投资法案》，但对"新农民和牧场主发展计划"并没有实施；2006年制定了"小农场、新农民、牧场主"调控政策；直到2008年制定的《粮食、保存和能量法案》，规定为新农民提供强制的投资。可以说，农业部对农业可持续发展的研究、教育计划，以及私人基金会的支持，以及赠地大学的参与和合作拓展等从财政上增加了新农民和牧场主的培训机会和服务。

三 农民教育培训目的是为了发展可持续农业

鉴于世界人口不断增加、化学农药对环境造成的污染日益严重、全面机械化对资源消耗加剧、水源质量下降、水土流失严重等问题和生态退化问题。为了寻求对策，在"可持续发展"思想指导下，提出了可持续农业这种新型的农业生产模式。可持续农业的概念，最早是由世界银行于1981年提出来的，到20世纪80年代中期才逐渐被公认。

20世纪80年代初，美国等发达国家科学家集中讨论农业可持续发展的定义、范畴、研究的特点以及实施途径，发表了大批论文和专著。农业可持续作为一种新的农业思潮在全球迅速传播，受到世界各国的关注并付诸实践。

越来越多的新农民协会认为，对农民教育培训可以让可持续农业振兴建立新的机遇，帮助新农民成为有机农民。鼓励农民增加对可持续农业的了解和涉及。加利福尼亚大学"生态园艺学徒制"和密歇根州立大学"有机农民培训项目"提供"动手操作"，培训有机农业作为一种可持续农业的形式。同时，在可持续农业教育培训中，提出了摒弃传统的"产品使用"教育，提出了"问题解决"教育，希望打破受教育者对教育者的依赖、从属关系，让农民发现用于农场经营的所有方面的分析和决策方法，成为田地专家[①]。

---

① John Pontius, "Education for a Sustainable Agriculture", *American Journal of Alternative Agriculture*, 1990 (5): p. 143.

四 建立在线交流平台为农民教育培训提供便利手段

美国农业部、美国国家农业图书馆，与美国农场主联合会一起宣布启用 Start2farm.gov 平台（一个为新农民和牧场主提供帮助的全新在线平台）。据了解，该平台包含了培训、融资、技术援助以及其他服务方面的支持，尤其是针对那些早期农民和牧场主，还提供了成功案例的研究。

Start2farm.gov 是由国家食品与农业研究协会（NIFA）为"新农民和牧场主发展计划"投资的平台，该平台用于发展教育、培训、拓展、指导项目等，来加强美国新农民和牧场主可持续农业发展。2009 财年就已经投资该计划。按照 2008 年《农业法案》的有关规定，2012 财年批准通过 7500 万美元的预算。"新农民和牧场主发展计划"的第一年，有 5000 名新农民和牧场主得到了三年的培训津贴。在线交流平台，让早期农民和牧场主可以使用到所提供的教育课程和材料及规划的培训。该交流平台 Start2farm.gov，允许潜在的早期农民可以寻找到能帮助他们培训、融资、技术援助以及网络支持的项目和资源。

Start2farm.gov 还提供美国农业部特别针对新农民的其他项目信息。Start2farm.gov 在美国农场主联合会的帮助下日趋成熟。

政策机制篇

本篇内容概述

本篇主要通过全国农村大范围抽样，调查了15个省份100多个乡村10000余农民的教育培训情况，分别对农民教育培训现状、农民教育培训参与度、农民教育培训机构参与现状、中等职业学校参与情况等进行了调查，从政府管理、培训机构和农民参与等层面分析了当前农民教育培训存在的主要问题，从政策机制的角度提出了相应的对策和建议。

第 五 章

我国农民教育培训状况的整体调查与思考
——基于全国农村百村万民的调研报告

第一节 引言

随着建设社会主义新农村的逐步实施，加强农村教育培训，全面提高农民素质，培育新型农民，已经成为新农村建设的战略问题。农民教育培训是增加农民收入的基础工程，是实现农民增收、农业增效、科教兴农战略实施的重要手段，是建设新农村的关键，关系到农村社会能否繁荣稳定和可持续性发展。具体而言，积极开展农民教育培训是农民个体继续社会化的重要途径，是当前促进农村富余劳动力合理、有序的流动的重要举措，是建构稳定、和谐的社会分层结构的重要保障[1]。

自新中国成立以来，我国就非常重视农民教育培训工作。新中国成立之初，主要是以扫盲为主，当时我国农村文盲率高达95%以上，扫除农村文盲成为新中国农村社会主义文化建设中急待解决的首要问题。改革开放以后，随着社会主义市场经济体制的确立，农村社会和农村经济得到了较快发展，国家对农民培养不仅注重文化知识的教育，还注重劳动技能和经营思想的培养，即注重培养"有文化、懂技术、讲文明、会经营、守法纪"的新型农民。我国农民的教育培训从"基础教育时代"

---

[1] 丁燕红：《论当前积极开展农民教育培训的意义》，《文教资料》2009年3月号上旬刊，第101—103页。

向"继续教育时代"过渡。

1990年,农业部开始开展农民技术资格证书即绿色证书,1993年在全国范围内把"绿色证书"的组织工作作为一项工程来实施推行;1994年国务院办公厅向全国各地转发了农业部关于实施"绿色证书工程"意见的通知,绿色证书在全国推广开来。

2003年10月,农业部发布了《2003—2010年全国新型农民科技培训规划》即提出"绿色证书工程""跨世纪青年农民科技培训工程""新型农民创业培植工程""农村富余劳动力转移就业培训工程"和"农业远程培训工程"。规定农民工培训工作将列入各级政府年度工作考核内容,实行目标管理。2004年,党中央、国务院发布《中共中央、国务院关于促进农民增加收入若干政策的意见》(中发〔2004〕1号)对农村劳动力转移培训工作提出了明确要求。为贯彻落实党中央、国务院的要求和部署,由农业部、财政部、劳动和社会保障部、教育部、科技部、建设部共同组织实施农村劳动力转移培训阳光工程,简称为"阳光工程"。"阳光工程"重点支持劳动力主要输出地区、贫困地区和革命老区,重点支持定单、定点、定向培训,既做跨地区流动的定向培训,也为当地乡镇企业、农业产业化龙头企业、农产品加工企业和农村小城镇建设开展培训。针对经劳动力转移后的乡镇企业农民工技术不高的现状,农业部又启动了"蓝色证书工程",对转移到乡镇企业的农民工进行职业技能培训,经培训合格者由乡镇企业行政管理部门颁发"蓝色证书"。同年,针对企业熟练技术人才的缺失,国家劳动和社会保障部、财政部研究决定实施"金蓝领"培训项目,此后(2007年)农业部印发《农业高技能人才培养"金蓝领"计划试点工作方案》,把原本培养熟练技术工人的"金蓝领"计划拓展到培养高技能农业人才,并指定了第一批试点省份。

2005年,为帮助贫困地区青壮年农民解决在就业、创业中遇到的实际困难,最终实现发展生产、增加收入,促进贫困地区的经济发展,国家扶贫办提出"雨露计划"构想。同年,温暖工程"百县百万农民培训计划"启动,其实温暖工程在1995年就已经启动,是由中华职业教育社实施的以职教扶贫为主要内容的温暖工程公益项目,运用社会捐资形式,采取项目制模式,面向一百个欠发达县份,资助一百万农民接受培训并实现转移。2006年，国家扶贫办提出的"雨露计划"在全国全面启动，其总体目标是在"十一五"期间，通过职业技能培训，帮助500万左右经过培训的青壮年贫困农民和20万左右贫困地区复员士兵成功转移就业；通过创业培训，使15万名左右扶贫开发工作重点村的干部及致富骨干真正成为贫困地区社会主义新农村建设的带头人；通过农业实用技术培训，使每个贫困农户至少有一名劳动力掌握1—2门有一定科技含量的农业生产技术。

此外，国家教委部署实施了面向农民的"燎原计划"，《国家中长期教育改革和发展规划纲要（2010—2020年）》还明确提出：要"加快发展面向农村的职业教育""强化职业教育资源的统筹协调和综合利用"。

2007年，《中共中央 国务院关于积极发展现代农业扎实推进社会主义新农村建设的若干意见》首次正式提出培养"有文化、懂技术、会经营"的新型农民。2007年10月，新型农民的培养问题写进党的十七大报告。这是国家层面的重点阐述，新型农民等概念的提出是当前新农村建设理论和实践领域的重大创新。

综观近几年的中央一号文件，无不重视农民教育培训，强调要以提高科技素质、职业技能、经营能力为核心，大规模开展农村实用人才培训，大力培育新型职业农民，尤其要培训一大批有文化、懂技术、会经营的年轻人从事农业，并把农业生产作为终身职业。根据文件精神（结合2013年农业部办公厅关于新型职业农民培育试点工作的指导意见），当前农民教育培训主要包括以下几个方面：（1）农民实用（适用）技能与农业先进技术培训（含高等院校、科研院所开展农技服务）；（2）生产经营型、专业技能型和社会服务型等新型职业农民培训（前者如种养大户、家庭农场主等培训；中者如农业工人、农业雇员培训；后者如农村信息员、农机服务人员、统防统治植保员、村级动物防疫员）；（3）农村发展带头人和基层干部的教育培训（如农民专业合作社负责人、村干部等培训）；（4）农村实用人才、农村创业人才和农业科技领军人才培训（前者如生产能手、能工巧匠等培训；中者如农家乐经营业主、家庭工业创办人等培训；后者如各类领军人才的学历教育、创业培训等）；（5）农业转移就业人口培训与市民化教育；（6）农民道德法制与综合文明素质教育培训；（7）农民下一代基础教育与农业后继者（如中高等农职院校毕业生、专业大户或家庭农场主等的农二代）职业教育培训；（8）涉农高校、涉农专业建设与涉农人才培养。

与党和国家高度重视农民教育培训相呼应，学界对农民教育培训研究给予了高度关注。研究认为，培育新农民，是建设新农村之本，对建设新农村具有重要意义[①②③]。M. Gurgand（2003）通过考察中国台湾地区天气变化与农业发展的数据，探讨了农民教育对增强农民适应天气变化的能力；K. Niewolny（2006）从社会历史视角系统分析了第二次世界大战以来美国新农民教育的形成和发展，认为新农民教育对于新型农业的可持续发展具有重要作用。不少研究者分别从不同方面阐述了新农村建设视野下农民教育的内容[④⑤]；并探讨了在新农村建设背景下有效开展农民教育和培训的实践、体系和途径[⑥⑦]。此外，有的研究者还探讨了新农村的生态建设与教育问题[⑧]等。

但由于历史原因、农民教育培训方式方法和管理问题，以及农民观念问题，我国农民接受过职业培训的仅占20%，与西方发达国家70%以上的比例相比，明显偏低。受教育年限短、接受农业技术培训少，成为我国农民整体素质低的重要根源[⑨]。许多研究指出，我国农民教育培训主

---

① 姜彦秋：《对农民实施教育是建设社会主义新农村之本》，《理论建设》2007年第5期，第12—16页。

② 文锦、傅小雷：《加强对农民教育培训是转型期新农村建设的基础工作》，《企业家天地》（理论版）2008年第1期，第22—23页。

③ 王春伟、刘啸：《新型农民教育在我国新农村建设中的意义》，《继续教育研究》2011年第1期，第54—56页。

④ 邬开荷、邬媛：《农民教育与社会主义新农村建设》，《山东社会科学》2008年第3期，第156—157页。

⑤ 李昱姝：《新农村建设背景下的新型农民教育》，《河南农业》2009年第10期上，第4—5页。

⑥ 邹婷：《新农村视阈下新型农民教育的途径》，《当代教育理论与实践》2010年第1期，第60—63页。

⑦ 邓振芳：《新农村建设环境下新型农民教育论析》，《成人教育》2012年第6期，第66—67页。

⑧ 任先国：《新农村背景下农民生态道德教育实施研究》，《农业考古》2011年第6期，第315—317页。

⑨ 张亮、赵邦宏：《中国农民教育培训研究评述与趋势》，《中国农学通报》2012年第28期，203—207页。

要存在以下问题：（1）主管部门多头管理，缺乏统一规划现象较为普遍。例如，北京市农村培训体系主要由农委负责，但实际工作中存在着培训主体不明晰等问题，各个区既有农委主管，也有由科委或科协负责，还有农业局和成教局负责；陕西省涉及农民培训的部门就更多了，农业、科技、教育、劳动、财政、妇联、共青团等部门虽然都为农民培训做了大量工作，但多头管理造成的统筹协调不够，职责不清现象也日益严重；湖南省农民培训工作由地方政府、各行政部门、各系统及各企业团体或个人分别组织实施，机构繁多、体系复杂，也造成了管理体制混乱，职能范围重叠，管理体制缺乏协调。（2）培训资源分散，整合利用不足。例如，北京市有高、中等农业职业教育基地两个，为北京农业学院、北京农业职业学院；农村实用技术培训基地1个，即北京农村实用技术培训中心。此外，各区、乡镇农村职业高中60所、全市农民技术学校246所，培训资源丰富，但缺乏统一计划，资源难以得到有效利用。（3）培训供需脱节，影响培训效果。目前我国农民培训内容和层次并不能满足农民对培训的需求，例如，根据重庆市的调查情况，各培训机构都基本围绕农业（包括种植、养殖）技术、推广而开展，对第二、三产业领域内相关职业技术的培训则相对少得多。各种途径对农民进行的农民科技培训和技术推广，其过程主要侧重于提供前期的技术指导、项目投入等环节，而后期技术保障、产品销售以及项目管理经营等农民明显具有劣势的环节，却明显缺乏跟踪培训或指导。此外，我国农民教育培训存在的问题还有：农民教育培训参与率低、主动性不强；培训类型与内容、形式单一；培训时间短，且缺乏连续性；培训考核制度不完善、培训效果不佳[1][2]。

  随着我国经济社会的发展，以及工业化、城镇化的快速推进，对"新型农民"的要求日益提高。如何全面提高农民的综合素质、使农民成为新时期合格的"新型农民"，不仅是党和政府非常关注的重大问题，也

---

[1] 张丽丽、赵邦宏：《新农村建设中农民教育培训分析——基于河北省调查的实证》，《职教论坛》2007年12月上，第40—42页。

[2] 赵卫华：《新农村建设中的农民终身教育问题及对策》，《理论导刊》2008年第12期，第70—72页。

是现代农民自身非常关心的迫切问题。随着大量农村劳动力持续向外转移,农民"非农化"以及"农村务农劳动力老龄化、妇女化"现象十分明显,农民素质更成了当前新农村建设的紧迫问题。此外,在我国农民中接受过职业培训的仅占20%,与西方发达国家70%以上的比例明显偏低,受教育年限短、接受农业技术培训少,成为我国农民整体素质低的重要根源[①]。

为此,不少学者探讨了加强和改进农民教育培训的对策。例如,刘顺华等(2013)认为,一方面要强化政府主导功能,加大农民教育培训工作的推动力;另一方面要改进农民教育培训形式,提高农民教育培训工作的针对性。宋孝忠(2010)则提出,要构建一种能够推动农民和相关培训机构积极参与的动力机制,有效促进新型农民教育培训活动的顺利开展,包括促进新型农民教育培训的导向机制、激励机制和倒逼机制;进而形成良好的新型农民教育培训舆论环境和完备的法律政策环境,从而有助于社会主义新农村建设,促使农村和谐社会真正得以实现。

综上,本研究在全国范围内深入农村,通过抽样调查百村万民的教育培训状况,对于当前在新农村建设背景下全面、深入了解我国农民的教育培训问题,并探寻相应对策,为国家制定解决农民教育培训问题的相关政策,促进农民教育培训健康发展,真正造就"有文化、懂技术、会经营、讲文明、守法纪"的新型农民,具有重要的参考价值和现实意义。

第二节　调研对象与方法

一　问卷调研

(一)调研对象

采用方便抽样法,研究者率经过培训的80余名大学生志愿者于2014年6—7月在全国15个省100多个村对农民进行问卷调查,发出问卷12000份,收回问卷11000份,回收率91.7%;其中有效问卷9624份,问卷有效率87.5%。各地区调查对象的分布情况详见表5—1。

---

① 张亮、赵邦宏:《中国农民教育培训研究评述与趋势》,《中国农学通报》2012年第28期,第203—207页。

表 5—1　　　　　　　　各地区调查对象分布表

地区		人数	百分比（%）
华东地区	黑龙江省	1065	11.1
	浙江省	3469	36.0
	上海市	237	2.5
	江苏省	51	0.5
	福建省	2103	21.9
华中地区	河南省	460	4.8
	安徽省	278	2.9
	湖南省	177	1.8
	湖北省	57	0.6
西部地区	四川省	87	0.9
	贵州省	51	0.5
	陕西省	85	0.9
	甘肃省	576	6.0
北部地区	河北省	361	3.8
	内蒙古自治区	567	5.9
合计		9624	100.0

（二）调研工具

自编《农民教育培训状况调查问卷》。根据有关农民教育培训的相关文献，先初步设计访谈提纲，对农民进行开放式与半结构化访谈；通过对访谈资料的整理和分析，结合蹲点观察结果及查阅相关文献，初步确定农民教育培训调查问卷的维度和具体项目；最后，通过再次访谈和试测，选取较典型的项目，编制成问卷的问题，完成问卷编制。

问卷的第一部分是人口统计变量；问卷正文围绕农民教育培训的基本问题共设计了 48 个问题。问卷内容涉及农民是否参与教育培训、是否了解教育培训的意义、受训的需要与动机、受训的材料与内容、培训师资与评价、培训场所与条件、培训方法与方式、培训经费与来源、培训效果与作用、培训考核与评价、培训感受与体会，以及对培训的认知看法和进一步期盼等相关问题。除个别题目需要根据被试的回答填写相关内容外，其他各题均按被试回答每个项目的频次及百分比进行统计；并运用 SPSS 19.0 作相关统计分析。

二 蹲点调研与访谈

结合问卷调查内容，对个别村庄和部分农民进行蹲点调研和访谈调查，通过观察记录与访谈调查，进一步深入了解了当前农村的民生问题和农民培训问题。随机访谈对象的确定比较简单，只要在村里的农民即可；跟踪访谈的对象则要考虑其配合性、代表性和稳定性。

每次观察与访谈后都会及时记录并整理资料。观察与访谈的形式使用眼看和耳听相结合，记录一般采取笔记与录音相结合的方式，录音资料一般于当天整理成文字资料。

第三节 调研结果与分析

一 调查样本的基本情况

在本研究的调查样本中，调查对象的性别比例、职业类型、年龄构成和学历分布等情况，分别见表5—2、表5—3、图5—1和图5—2。

表5—2　　　　　　　　调查对象的性别比例

变量名称		人数	百分比（%）	合计 人数	百分比（%）	备注 缺失（人数）
性别	男	5424	56.4	9622	100	2
	女	4198	43.6			

表5—3　　　　　　　调查对象的职业类型（工种）

工种	种地	种植养殖	农业加工	经商	服务业	手艺	承包大户	村干部	公职人员	外出打工	其他	合计	缺失
人数	3107	807	332	913	629	567	65	204	471	1357	1114	9566	58
百分比（%）	32.5	8.4	3.5	9.5	6.6	5.9	0.7	2.1	4.9	14.2	11.6	100.0	

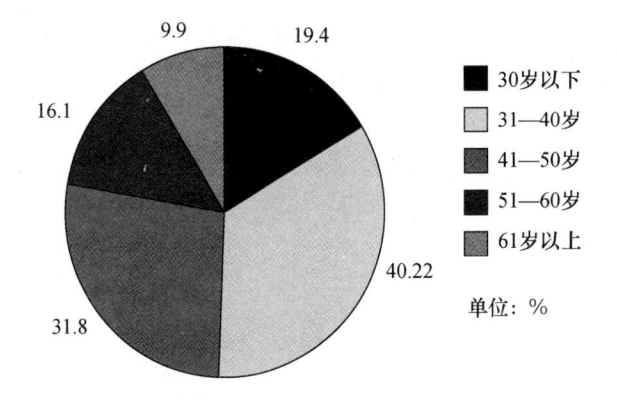

图 5—1 调查对象的年龄构成

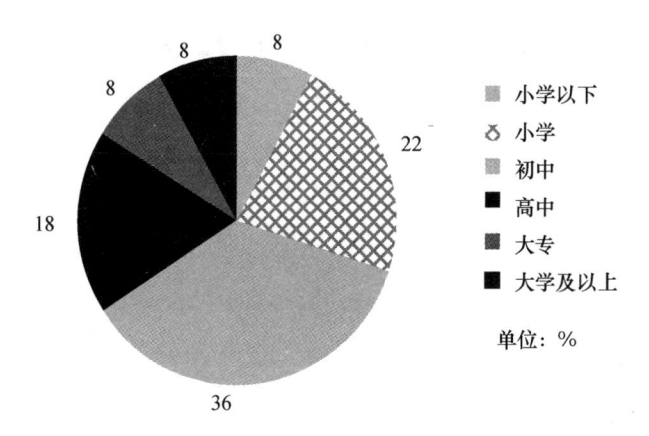

图 5—2 调查对象的学历分布

二 农民没有参加教育培训的状况

调查显示：当前 89.3% 的农民尚未参加教育培训，尤其是在西部，这一比例更高，大部分地区尚未开展农民教育培训活动；进一步调查显示：大约有一半的农民并不知道政府哪个部门主管或负责农民教育培训；另外，有 87.6% 的农民没有听说过农民教育培训，或者虽然听说过但并不了解农民教育培训；89.4% 的农民不知道或不确定如何参加农民教育培训。此外，有 21.7% 的农民不了解开展农民教育培训对推进农业现代化或建设"美丽乡村"有什么重要意义；大部分农民之所以没有参加农民教育培训，是因为不了解农民教育培训，或觉得没什么用、没有时间参与。

三 农民参加教育培训的状况

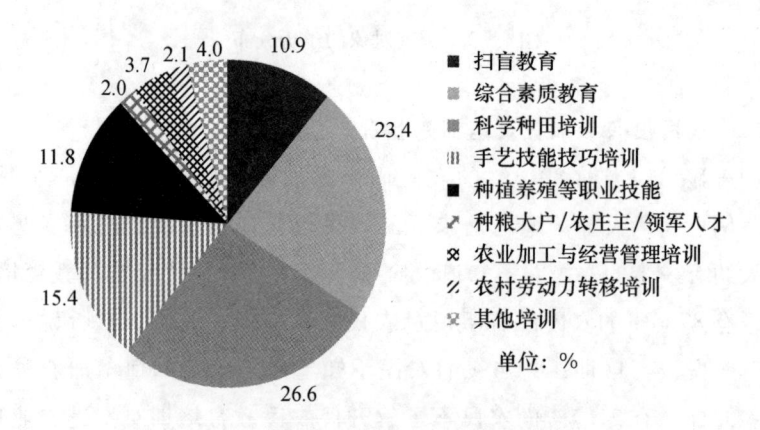

(一) 当前农民参加教育培训的主要类型

根据对已参加教育培训的农民的调查结果显示,他们当前参加的主要教育培训是科学种田培训(26.6%)和综合素质培训(23.4%);其次是手艺技能技巧培训(15.4%)和种植养殖等职业技能培训(11.8%),详见图5—3。这与当前农民从事的职业类型基本一致。

(二) 农民参与培训的需求与动机

大多数农民(86.2%)都有自愿参加教育培训的需求和动机:其中一半以上的农民觉得参加教育培训对自己有帮助;约有1/5的农民对教育培训感兴趣;另有一小部分农民是由于政府鼓励与支持、村里有要求,或看到别人参加跟着参加的。详见图5—4。

就农民参加教育培训的目的而言,大多数农民参加教育培训是为了提高技能(44.8%)和学习知识(38.7%);另有小部分农民是为了招工、获得补贴,或获得证书或学历。详见图5—5。

(三) 农民教育培训的材料与内容

大多数农民参加的教育培训都有教材(69.7%),这些教材或者由培训机构自编自印,或者是政府部门组织编印,或者是出版社正式出版的。

图5—3 当前农民参加教育培训的主要类型

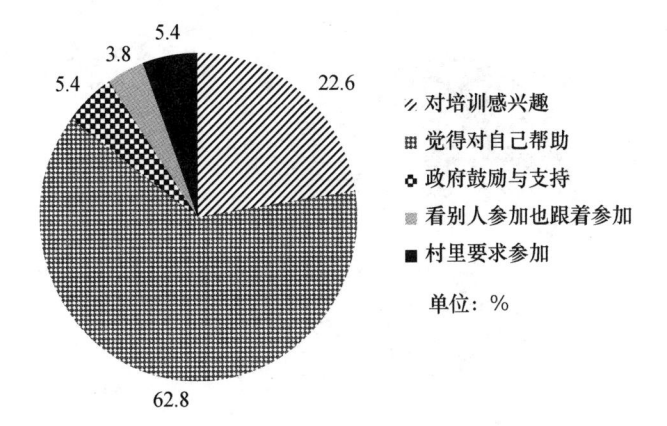

第五章 我国农民教育培训状况的整体调查与思考 / 93

图 5—4 当前农民参加教育培训的主要动机

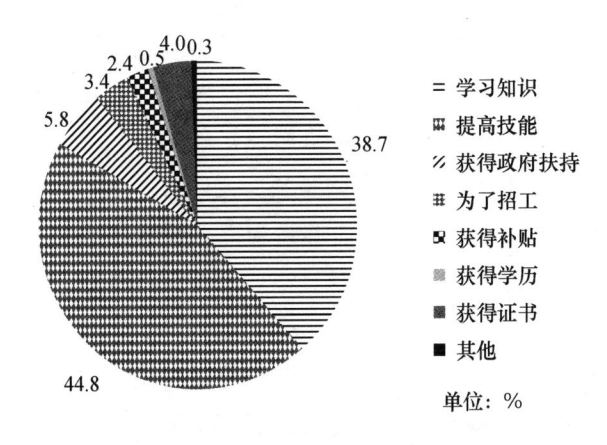

（对培训感兴趣 22.6；觉得对自己帮助 62.8；政府鼓励与支持 5.4；看别人参加也跟着参加 3.8；村里要求参加 5.4）

单位：%

图 5—5 当前农民参加教育培训的主要目的

（学习知识 38.7；提高技能 44.8；获得政府扶持 5.8；为了招工 3.4；获得补贴 2.4；获得学历 0.5；获得证书 4.0；其他 0.3）

单位：%

培训内容涉及各个方面，以专门技能或专门知识为内容的培训班分别占 26.8% 和 16.2%，详见图 5—6。不过，只有 64% 的受训农民能听懂培训内容；其中完全能理解和大部分能理解培训内容的农民分别占 15.9% 和 48.2%；还有将近 2/5 的受训农民不太能听懂培训内容。另外，只有 57.6% 的受训农民认为培训内容符合他们的预期要求（其中很符合和比较符合的分别占 14.3% 和 43.3%）；还有将近一半的受训农民认为培训内容不太符合他们的预期要求。

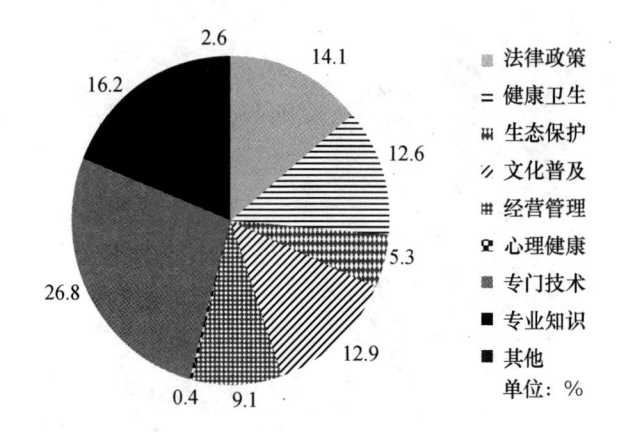

图 5—6　农民参加教育培训的主要内容

（四）教育培训的师资与评价

在教育培训的师资中，大约有 3/5 的授课老师是通过正规途径招聘的老师，包括高校毕业分配、招聘录用或工作调动；另有将近 1/5 的老师是临时借用的；还有 1/10 的老师是顶岗代课的。

大约有 3/5 的受训农民觉得能够接受老师的授课方式与方法；不能接受或感到无所谓的受训农民占 37.1%。只有 51.8% 的受训农民认为授课老师是认真负责的；另外 48.2% 的受训农民认为授课老师不负责或对授课老师的态度感到无所谓。只有一半的受训农民对授课老师的教学水平或效果感到满意；另外一半的受训农民则感到无所谓，甚至感到不满意。

（五）教育培训的场所与条件

58.5% 的受训农民是在村里接受培训；也有 31.6% 的农民是去培训机构（单位）参加培训；只有一小部分农民（5.4%）是实地培训。58.0% 的培训机构设在乡镇；另有 19.6% 的培训机构设在城区；还有 20.4% 的培训机构设在郊区。其中政府部门下属的培训机构占 56.1%；民间培训机构占 19.0%；专业协会的培训机构占 16.5%；此外还有一部分培训机构是大专院校或龙头企业的。

大多数培训机构的教学楼舍和教室条件一般，只有 32.4% 的受训农民认为培训机构的条件是好的。在培训机构的教学条件和授课手段方面，有 2/5 的受训农民认为老师授课只有黑板和粉笔；约 1/3 的受训农民反映有电视、多媒体、投影仪和电脑授课；另有 29.1% 的受训农民反映有教学用具授课，如实物、挂图、标本等。详见图 5—7。

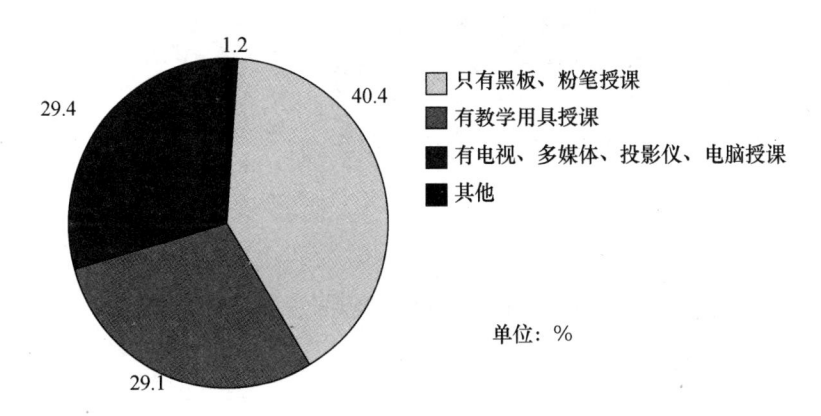

图 5—7　当前农民教育培训的教学条件和授课手段

（六）参加教育培训的方法与方式

多数农民（63.7%）都是参加不脱产培训；也有 18.4% 的农民参加了脱产培训；还有 10.4% 的农民参加了师徒指导培训。在参加脱产培训的农民中，其脱产时间一般是半年以内（59.9%）；也有 33.5% 的农民的脱产培训时间达半年至一年；脱产一年以上的很少，只占 6.7%。

农民参加的教育培训一般是课堂集中授课，占 65.2%；也有现场实地指导的，占 23.5%，详见图 5—8。每次培训的时间一般是 2—3 天，占 36.2%；或 1 天以内，占 32.0%，详见表 5—3。

表 5—3　　　　　　　农民参加教育培训的每期时长

	人数	百分比（%）
1 天以内	292	32.0
2—3 天	330	36.2
4—7 天	166	18.2
8 天以上	124	13.6
合计	912	100.0

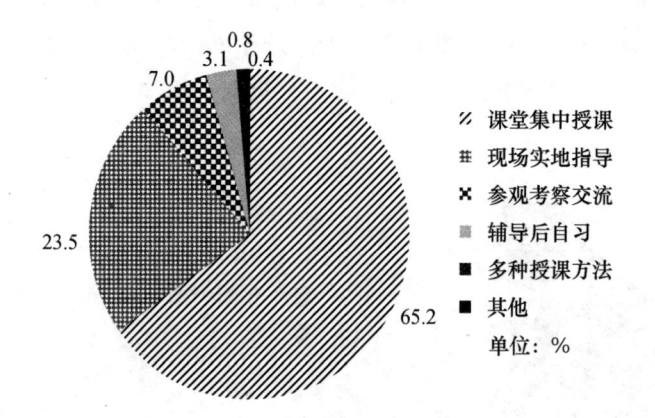

图 5—8 农民参考教育培训的授课方式

（七）参加教育培训的经费与来源

农民参加培训一般是免费的，占 76.0%；需要交费的农民培训只占 24.0%。如需交费，一般是 100 元以下（48.2%），详见表 5—4。培训费用的来源途径各不相同，大约一半的农民是靠自己的家庭收入；另有 45% 的农民可得到政府补贴或村里补贴。

表 5—4　　　　　　　农民参加教育培训的费用

	人数	百分比（%）
100 元以下	342	48.2
101—200 元	191	26.9
201—300 元	64	9.0
301—400 元	39	5.5
400 元以上	74	10.4
合计	710	100.0

（八）参加教育培训的效果与作用

对农民而言，参加教育培训的主要作用或效果主要表现在科学种田上（30.5%），其次是科技致富（23.2%）和拿了证书（21.7%）。详见图 5—9。

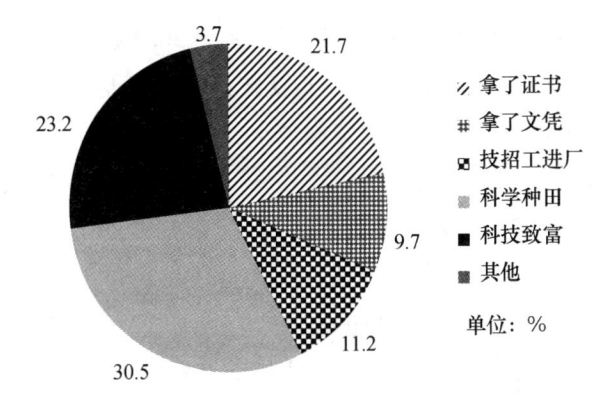

第五章 我国农民教育培训状况的整体调查与思考 / 97

图 5—9 农民参加教育培训的主要作用或效果

此外,通过参加教育培训,36.1% 的农民认为提高了个人技能;27.7% 的农民认为提升了个人的整体素质;还有 24.4% 的农民认为丰富了个人的知识;另有 10.0% 的农民认为丰富了自身的经验。总体而言,64.8% 的农民认为参加教育培训基本达到或完全达到了预期效果。

(九)教育培训的考核与评价

调查显示:农民在参加教育培训结束时要接受终期考核,以书面考试(38.9%)和技能考核(37.1%)形式较多;也有综合考核(8.0%)和上机考核(6.4%);还有面试(4.5%)或不考核、直接发证书(5.2%)等形式。详见图 5—10。

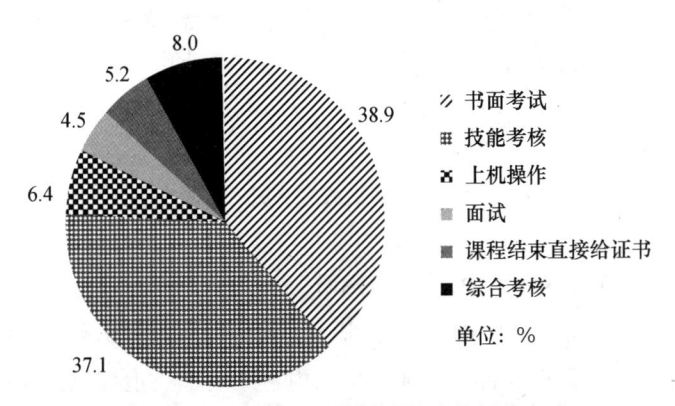

图 5—10 农民参加教育培训的考核评价方式

对于教育培训考核与评价的判定标准：46.3%的农民反映是考试通过率；23.0%的农民反映是考证通过率；另有20.5%的农民反映是实训通过率；也有极少部分农民（5.5%）反映是转移就业率。大约2/3的受训农民对这种考核评价方式表示赞同或很赞同；另有39.2%的受训农民对此表示无所谓或不赞同。

（十）参加教育培训的感受与体会

参加教育培训后，大多数受训农民认为还是有帮助的：30.8%的受训农民认为其可取之处是"把知识和生产有机结合"；23.1%的受训农民认为是"为农民提供求学的场所"；另有23.6%的受训农民认为是"有利于推进新农村建设和农业现代化"；还有18.4%的受训农民认为这是"农民致富的一条途径"。

另外，在受训农民看来，当前农民教育培训也存在一定问题：51.7%的受训农民认为主要是时间短、没效果；21.3%的受训农民认为是交通不便。详见图5—11。至于以后是否还会参加农民教育培训，农民的心态详见图5—12。

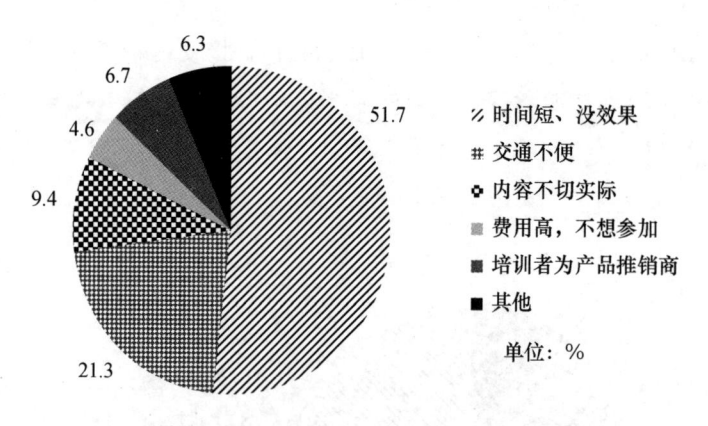

图5—11 当前农民教育培训的主要问题

四 农民对教育培训的愿望与期盼

一般而言，只有47.5%的农民愿意或希望继续参加教育培训，大部分农民积极性不太高。希望参加的培训内容或培训类型详见图5—13。

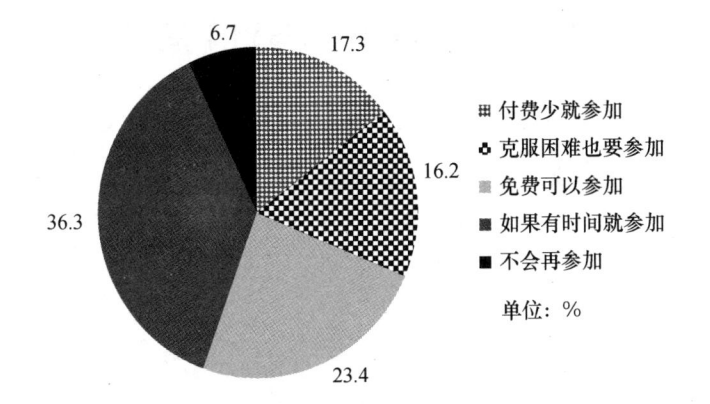

图 5—12　农民以后是否参加教育培训的主要心态

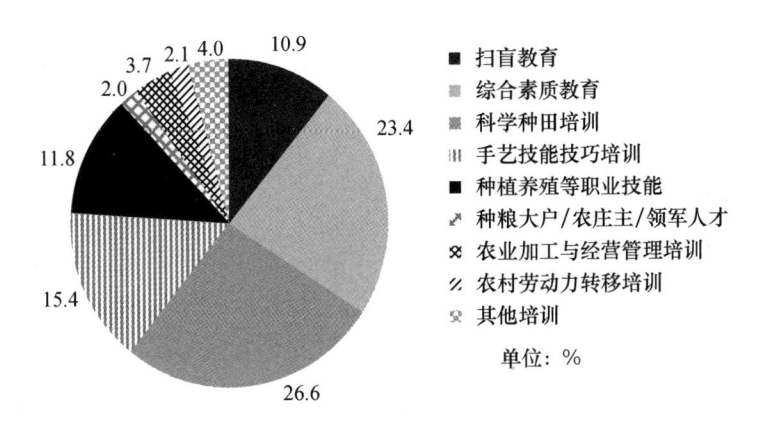

图 5—13　农民希望参加的教育培训类型或内容

如果参加教育培训，大多数农民希望培训安排在农闲时节或晚上，也有不少农民希望安排在下雨天或冬天。关于培训地点，大多数农民希望安排在村里或离家较近的地方。

当然，农民由于从事的职业工种不同，对教育培训有不同的期盼，例如，种粮大户希望安排科学种田培训，帮助他们解决实际问题；外出打工的农民希望能够帮助他们多学一门技艺，进行综合培训；而经商的农民则希望对他们的经营管理进行培训。

第四节　问题讨论与对策建议

在当前新农村建设进程中,党和政府非常重视农民教育培训,但在有些地区,基层并未将农民教育培训工作落到实处,其重要意义并未被广大农民所理解,高达89.3%的农民没有参加过教育培训,西部地区这一比例更高;大多数农民不了解,也不知道如何参加教育培训;在已接受教育培训的农民中,因培训类型与农民从事的职业工种基本一致,大多数受训农民对培训感兴趣或觉得对自己有帮助,参加培训主要是为了提高技能或学习知识。另外,当前农民教育培训也存在一定问题,需要不断改进和完善。

一　农民对教育培训不了解、参加培训的积极性不高,需要加强宣传和鼓励

不了解农民培训(87.6%)、不知道怎么参加培训(89.4%)、参与教育培训的积极性不高(受访农民希望或愿意参加教育培训的人数不到一半),是本次调研中农民反映较多的问题。在不同地区,农民参加培训的积极性差异很大。西部地区的农村环境相对封闭,农民生产和生活方式相对落后,依然是传统的"几亩地一头牛",日出而作,日落而息;对教育培训没什么兴趣,也就失去了参加培训的积极性。此外,培训地点的选择和培训时间的安排,也是影响农民参加教育培训积极性的重要原因。

此外,乡镇干部对农民教育培训不够重视,也是影响农民参加教育培训的重要原因。例如,调研人员曾咨询了镇政府的农业主任陶科长,他说由于资金有限和精力有限,只对一些承包大户和合作社的领军人物以及村干部进行了培训,培训的内容有渔业养殖高产技术、蘑菇高产技术、各类蔬菜种植、水稻生产技术、病虫害防治等。普通农民种田数量很少,而且虫害都有通知,每个农科站都有人员在那,村民可以去咨询。大规模对他们进行的培训必要性不强。而且,合作社的领军人参加了培训,可以带动合作社的农民和周边的农民一起分享经验知识。没有必要每个农民都去参加。

特此建议：(1)政府相关部门要发挥主导作用，加大对农民教育培训的宣传力度，发挥县、乡、村三级宣传部门对农民教育培训工作的宣传作用，使广大农民既充分认识到参加教育培训、全面提高农村劳动力的素质，是当前新农村建设面临的一项十分迫切而又重要的任务；又是了解和熟悉如何参加教育培训的渠道和途径。(2)合理确定和选择培训的地点和时间：一般以方便农民为原则，培训场所可设在村里，如需聚集在乡镇集中培训，在补贴中除了交通费以外，还要考虑住宿；培训时间一般要放在农闲时节或雨天，以免耽误农民干农活。总之，尽全力为受训学员提供一个良好的培训环境。此外，要采取适当的激励措施，鼓励农民积极参加教育培训。

二 培训内容不符合农民预期要求，农民难以听懂培训内容，需要合理的分类安排培训内容和受训对象，同时改进教学方法

调查显示：虽然培训内容涉及了许多方面，但对参加培训的农民而言，2/5以上的受训农民认为不符合他们的预期要求；将近2/5的受训农民表示听不太懂培训内容、对培训老师的授课方式方法感到不能接受或无所谓；51%的受训农民认为培训时间短、没效果。访谈发现：农民对教育培训的预期要求及效果与培训的性质和内容有关。如果是劳动力转移再就业培训或实用技能培训，更多的农民觉得符合他们的预期要求；而对于其他培训内容，则没什么效果。此外，调查发现，65%的受训农民反映教育培训是课堂集中授课；40%的受训农民反映授课时只运用黑板、粉笔等传统教学方式。可见，教育培训的条件手段和方式方法也会影响农民对授课内容的理解和接受。

特此建议：(1)要加强农民需求调研，开班类型与培训内容要尽可能与农民需求相一致，根据农民职业类型和需求实际，分类设班安排培训内容，每期培训都有其明确的目的性、计划性和针对性，从而激发农民内在的学习需求，提高农民参加培训的自觉性，进而提高农民培训的效果。(2)聘请专业性的老师给学员上课，必要时可与企业或职业学校相互合作，确保培训的专业性，提高培训的有效性。(3)老师要不断改进教学方式和方法，在课堂集中授课中，内容呈现要生动直观，语言表达要通俗易懂，便于农民学员接受和理解培训内容；在实训授课中，要理论联

系实际,因地制宜,引导农民学用结合,既满足农民的实际需求,又解决农民的实际问题。

三 培训对象趋于老龄化,参加培训的动机不纯、课堂行为不规范,需要加强课堂秩序管理

虽然参加培训的大多数农民具有自觉接受培训的目的和动机,但观察和访谈发现,也有不少农民参加培训漫无目的,参加培训只是为了得到物质奖励,往往忽视参加培训的目的性。事实上,为了吸引农民前来参加培训,在每期培训班上,培训机构确实会给农民发一些小礼物,并提供免费用餐。因此,不排除一些农民由于物质利益的驱使来参加培训,极少部分农民甚至排两次队或多次排队,以便重复获取礼品。

另据了解,农村的青壮年由于外出打工很少留在家里务农,因而不可能参加培训。前来参加培训的农民年龄大多在 45 岁以上,由于年龄较大、文化程度不高,接受新知识、新技能的愿望不是很强,在培训课堂上组织纪律性差,有的学员抽烟,或相互聊天,或频繁进出教室,甚至还能看到带着孩子来上课的妇女,不能认真听讲,严重影响听课质量和培训效果。这些不良课堂行为是农民日常生活中所表现的,和他们的生活经历有关,和他们个人所接受的教育和自身素质更是密不可分。

因此,要采取积极的有效措施,加强培训课堂秩序管理。一方面,在充分尊重农民的基础上,制定课堂管理纪律和课堂行为规范,并按要求执行;另一方面,要针对中老年人的身心特点和文化程度低等实际,讲课内容贴近农民生活和职业,讲课语言符合农民的表达方式和表述习惯,教学方式要尽可能生动有趣,从而引起农民听讲的兴趣,提高农民参加培训的效率。此外,应采取积极的措施,吸引年轻的外出务工农民、劳动力以及人才的回流。对于种田大户,应视为潜在的培训对象,要设法使他们成为培训的主要群体。

四 主管部门对农民培训缺乏切合实际的考核评价体系,需要严格过程监管和重视效果评价

调查显示,在培训结束时,一般会有考试或考核,包括书面考试和技能考核。对教育培训的评定标准往往是考试通过率或考证通过率,而

缺乏过程监管和效果评价。在访谈中了解到，主管部门往往要求参加培训的农民留下联系方式，以便在培训班结束后通过电话方式对学员进行抽查考核，但由于一般不是在培训结束时立即抽查，而是在培训班结束若干时间后抽查，那时受训农民的联系方式可能已有变动，因而很难达到预期效果；加上有些没有手机的农民当时用邻居或者亲属的电话号码充数，在电话抽查时，这些代留联系方式的邻居或亲属往往不了解培训细节，说不出所以然，因而达不到电话抽查的目的。每当出现这种情况时，抽查部门往往将责任推给培训机构，怀疑培训的真实性，这显然会影响培训机构的积极性，进而影响培训效果。

特此建议：农民教育培训部门要改进评价体系和考核方式，严格过程监管、重视培训效果。例如，在培训班进行时派部门相关人员到培训现场进行过程监督和考察，并制定一套较为完整的监督管理机制和保障措施：第一，抓准培训班定位，将培训的政策与国家的方针相结合；第二，明确培训班目标，采取的培训措施要切合实际，与农民产业发展规划相结合；第三，课堂讲授与实地指导相结合，与当地企业加强联系，增强培训的实效性；第四，建立健全过程和效果的监督机制，确保考核评价的真实性；第五，加强培训后的跟踪服务，增强培训效果。

五 新型职业农民和农村实用人才短缺，需要加快构建新型职业农民教育培训体系

当前，许多农村地区都面临新型职业农民和农村实用人才短缺的困境。要培养新型职业农民和农村实用人才，教育培训资源特别是优质资源明显不足，存在教育培训体系不健全、社会资源分散等问题；教育培训机制不完善，缺乏有效激励和约束，规范化、标准化、制度化建设滞后，存在"低水平简单重复"的问题；教育培训条件不配套，存在培训缺场所、教学缺设施、下乡缺工具、实习缺基地、教师责任不到位等问题，迫切要求加强农民教育培训体系建设。

因此，要进一步落实中央和农业部有关文件精神，坚持"政府主导、行业管理、产业导向、需求牵引"原则，加快构建以农业广播电视学校、农民科技教育培训中心等农民教育培训专门机构为主体；以农业科研院所、农业院校和农技推广服务机构以及其他社会力量为补充；以农业园

区、农业企业和农民专业合作社为基地，满足新型职业农民多层次、多形式、广覆盖、经常性、制度化教育培训需求的新型职业农民教育培训体系。

要办好农民学校，确保农校有专门场所，有人员编制，有专门师资，有专项经费，将农民培训作为一项常态化的日常工作，而不是像现在这样运动化的工作任务。同时，农校要进村，农校要进农庄，农校要进养殖场，农校要进果园、进茶园、进菜园……

要办好涉农高等院校和高校涉农专业，确保涉农高校和高校涉农专业面向农村、面向农业、面向农民办学，培养服务"三农"的专业技术人才，培养奔赴农村的新型职业农民，将农民看作一种职业，而不是一种身份。

要办好涉农科普推广中心，确保中心有专门场所，有人员编制，有专门人员，有专项经费，将推广农业科普工作作为一项常态化的日常工作，而不是一时性的工作任务。确保农业科普知识、农业基本技术、农业实用技能等在农村里家喻户晓，在农民中广泛流传。

此外，采取优惠政策，扶持年轻农民的农业创业活动，在资金、技术、政策等方面，予以大力帮助。在不同地区，教育培训要具有针对性：沿海发达地区可以着重发展高等农业职业技术教育；在工业城市和民工集中区域，应大力发展中等农业职业技术教育，培养实用型人才；而在偏远地区，则应以培养科学种田和养殖业人才为主。

第 六 章

我国农民教育培训参与度调查与思考
——基于浙江、福建、河南、甘肃、黑龙江
五省农村地区调查的实证分析

第一节 研究背景

只有广大农村实现中国梦，我国才能全面实现中国梦。这是全党和全国人民的夙愿与共同追求。为此，自2004年起，中共中央、国务院连续12年发布的"一号文件"，都聚焦"三农"问题。由于农民问题是"三农"问题的根本，因而历年中央一号文件无不重视农民教育培训、提高农民素质、培养新型农民；尤其强调要以提高科技素质、职业技能、经营能力为核心，大规模开展农村实用人才培训，大力培育新型职业农民，培训一大批有文化、懂技术、会经营的年轻人从事农业，并把农业生产作为终身职业。2014年中央一号文件指出，要"加大对新型职业农民和新型农业经营主体领办人的教育培训力度"，同时强调要深入推进农村精神文明建设，倡导移风易俗，培训良好道德，提高农民综合素质。2015年中央一号文件继续强调："积极发展农业职业教育，大力培养新型职业农民。"

根据中央号召，农业部发布了《2003—2010年全国新型农民科技培训规划》，提出了"绿色证书工程""跨世纪青年农民科技培训工程""新型农民创业培植工程""农村富余劳动力转移就业培训工程"和"农业远程培训工程"。2012年农业部又正式发布了《全国农民教育培训"十二五"发展规划》，确定了"十二五"期间要实施的"五大工程"，有力地发挥了"政策推动"的作用，使农民教育培训工作得到了国家相关部委和地方政府更多的关注和支持。国家相关部委先后启动和实施了以农村劳动力转移培训为主的"阳光工程"，以农民工技术培训为主的"蓝色证书工程"、以青壮年农民培训为主的"雨露计划"、依靠科学技术促进农村经济发展的"星火计划"，以及农村实用人才创业培训工程等，大大发挥了政府部门对农民教育培训的推动作用[1]。在农民培训体系上，基本形成了科教体系涵盖和社会力量参与的格局。全国各省市结合各地实际纷纷出台了自己的农民培训政策，并以多形式、多途径组织开展了多种内容的农民教育培训。

浙江省大力实施"千万农村劳动力素质培训工程"，自2004年以来，全省各地认真贯彻落实省委、省政府《关于实施"千万农村劳动力素质培训工程"的通知》（浙委办发〔2004〕21号）精神，以"培训农民、转移农民、致富农民"为目标，以农业专业技能培训、农民转移就业技能培训和务工农民岗位技能培训及预备劳动力培训为主要内容，以被征地农民、转产渔民、下山移民、农村富余劳动力、企业务工农民和专业农户为重点对象，培训各类农村劳动力1000多万人，取得了显著成效。同时，浙江省的农业职业教育已形成中等农业学校和高等职业院校相衔接的教育格局，推行学历教育与职业技能鉴定相结合的教育方式[2]。

福建省早在2001年福建省委省政府印发的《福建省乡镇工作纲要（试行）》就已明确提出"发展农广校、农函大等各类职业教育，加强对农民实用科技培训，提高农村劳动力素质"。2006年，福建省委省政府又印发了《海峡西岸社会主义新农村建设五年规划纲要》，对农村人才队伍建设作出了相应的安排和部署。通过各种重要政策和有力措施，福建省组织开展了各类农民教育培训工程，如"绿色证书工程""阳光工程""跨世纪青年农民科技培训工程""新型农民科技培训工程""农民创业培训工程""一村一名大学生村官培训工程""核心农户培训工程"等[3]。

---

[1] 吴小颖：《福建省农民培训研究》，博士学位论文，福建农林大学，2010年。
[2] 王成福、徐晓菲：《关于浙江省新型农民教育培训工作的探析》，《成人教育》2013年第6期，第44—46页。
[3] 吴小颖：《福建省农民培训研究》，博士学位论文，福建农林大学，2010年。

河南省是我国唯一人口过亿的农业大省，农村人口约占70%，农民受教育程度低，其农民教育培训工作主要有"绿色证书工程""跨世纪青年农民科技培训工程""农业科技入户示范工程""农村劳动力转移培训阳光工程""雨露计划"等；自2004—2012年，全省有近300万农民和贫困群众参加了"阳光工程""雨露计划"职业技能培训，获得了就业、创业的"金拐杖"[1]。为了进一步推动农民教育培训工作，河南省制定了《河南省2008年国家级新型农民科技培训工程项目实施方案》《河南省农村实用人才队伍建设和农业科技人才发展中长期规划（2011—2020年）》《河南省2014年新型职业农民培育工程实施方案》等[2]；2014年河南省投入1.16亿元补助资金，在全省培育6万名左右的新型职业农民[3]。但另外，也存在农民参加教育培训的积极性不高、思想认识不到位、培训方式单一死板、统筹管理力度不足等问题。

黑龙江省同样是农业大省，农民比例高，对农民教育工作也非常重视。全省已形成了县办农民中等专业学校（初等技术学校）、乡办农民技术学校和村办农民文化学校的农民教育培训三级网络，农民技术培训和扫盲教育得到了长足发展，为该省"科技兴农"战略方针的实施做出了积极贡献[4]。另外，韩德亮（2014）通过对黑龙江省2013年农村固定观察点年终调查数据的分析，发现该省在农村教育工作中也存在不少问题，如义务教育工作仍未达标、农民文化素质停滞不前、职业技能培训发展缓慢等。其原因主要是农村基础教育工作弱化、农村职业教育培训落后、城乡教育资源分配不均等。

此外，甘肃等省也都就农民教育培训分别制定了各自的政策，并采取了相应的举措，在农民教育培训工作方面取得了一定成效[5][6]。例如，

---

[1] 党文民：《河南省阳光工程、雨露计划共培训农民近300万人》，《河南日报》2012年4月5日第1版。

[2] 周静：《河南省新型农民培训存在的问题及建议》，《河南农业科学》2013年第8期，第205—208页。

[3] 张培奇：《河南今年将培育6万名新型职业农民》，《农民日报》2014年9月15日第1版。

[4] 王少滨：《黑龙江农民教育十年》，《成人教育》1991年第6期，第13页。

[5] 王朝霞：《甘肃农民教育培训条例将实施》，《甘肃日报》2011年5月8日第1版。

[6] 牛胜强：《经济欠发达地区农民教育培训现状及战略选择——兼议甘肃农民教育培训中存在的问题》，《中国人力资源开发》2011年第5期，第69—71页。

2011年4月甘肃省颁布了《甘肃省农民教育培训条例》，标志着该省农民教育培训迈向法制化、专业化和职业化的轨道。

综观已往农民教育培训工作和相关研究，一般侧重教育培训工作的培训实践和现状调查、问题分析和管理举措，很少关注培训主体，即农民对教育培训的认识和心态；也缺乏对不同地区农民教育培训的比较分析。因此，迫切需要开展实证调研，对不同地区的农民培训进行比较分析，并了解农民参加教育培训的观念和心态，从而不断改进教育培训工作，提高农民参加教育培训的主动性和积极性，进而提高农民教育培训的成效。

第二节 农民参加教育培训现状与心态调查的实证分析

根据湖州师范学院在全国有关省份的生源分布，组织了30名大学生志愿者利用暑期回乡之机，采用方便抽样法，分别在我国浙江省、甘肃省、福建省、黑龙江省，以及河南省的30余个村对当地农民参加教育培训的现状和心态进行了问卷调查，发出问卷8647份，收回问卷7696份，回收率89%。其中有效问卷7673份，问卷有效率99.7%。调查对象的省份分布详见表6—1，调查对象的基本构成详见表6—2。

表6—1　　　　　　　　调查对象的省份分布

	浙江省	甘肃省	福建省	黑龙江省	河南省	合计
人数	3469	576	2103	1065	460	7673
百分比（%）	45.2	7.5	27.4	13.9	6.0	100

表6—2　　　　　　　　调查对象的基本构成

变量名称		人数	百分比（%）	合计 人数	合计 百分比（%）	备注 缺失
性别	男	4384	57.1	7672	100	1
	女	3288	42.9			

续表

变量名称		人数	百分比（%）	合计 人数	合计 百分比（%）	备注 缺失
年龄	30岁以下	1518	19.8	7668	100	5
	31—40岁	1793	23.4			
	41—50岁	2427	31.7			
	51—60岁	1210	15.8			
	60岁以上	720	9.4			

自编《农民参加教育培训的现状与心态调查问卷》。根据有关农民教育培训的相关文献，先初步设计访谈提纲，对农民及其教育培训机构进行开放式与半结构化访谈；通过对访谈资料的整理和分析，结合蹲点观察的经验及查阅相关文献初步确定了"农民参加教育培训的现状与心态"问卷的维度和具体项目；最后，通过再次访谈和试测，选取较典型的项目，完成问卷编制。问卷的第一部分是人口统计变量，问卷正文共设计了18个问题，分为5个维度。第一维度，农民参加教育培训的现状，设计了1—3题；第二维度，农民没有参加教育培训的原因，设计了4—7题；第三维度，农民对教育培训的认识，设计了8—11题；第四维度，农民对教育培训的评价，设计了12—15题；第五维度，农民对教育培训的态度与希望，设计了16—18题。除个别题目需要根据被试的回答填写相关内容外，其他各题均按被试回答每个项目的频次及百分比进行统计和分析。

此外，结合问卷调查内容，对个别村庄和部分农民进行了蹲点调研和访谈调查，通过观察记录与访谈调查，进一步深入了解了当前农民对教育培训的现状与心态。每次观察与访谈后都会及时记录并整理资料。观察与访谈的形式使用眼看和耳听相结合，记录一般采取笔记与录音相结合的方式，录音资料一般于当天整理成文字资料。

主要调查结果如下：

一 农民参加教育培训的状况不容乐观

(一) 绝大多数农民尚未参加教育培训,农业省份参加比例相对高些

根据抽样调查结果,各地农民参加教育培训的情况详见表6—3。结果表明:绝大多数农民(89.8%)尚未参加教育培训;只有1/10左右的农民参加了教育培训。

进一步比较分析发现:不同地区农民参加教育培训的情况存在显著差异,农业大省(河南、黑龙江)农民参加教育培训的比例高于其他省份(浙江、福建、甘肃),卡方检验结果为:$X^2 = 54.886$,$df = 4$,$p = 0.000$。浙江、福建和甘肃三省没有参加教育培训的农民都在90%以上。

表6—3　　　　　各地区农民是否参加教育培训的情况

	浙江省		甘肃省		福建省		黑龙江省		河南省		总体	
	是	否	是	否	是	否	是	否	是	否	是	否
人数	342	3127	39	503	171	1932	156	897	72	388	780	6847
百分比(%)	9.9	90.1	7.2	92.8	8.1	91.9	14.8	85.2	15.7	84.3	10.2	89.8
缺失	0	34	0	12	—	46	—	—	—	—	—	—

(二) 已开展的农民教育培训内容多样,彰显地区特色

从已开展的农民教育培训内容来看,主要是综合素质教育(25.4%)和科学种田培训(24.9%);其次是手艺技能技巧培训(14.6%)、种植养殖等职业技能培训(12.1%)和扫盲教育(11.9%);再次是农业加工与经营管理培训(4.1%)、种粮大户或领军人才培训(2.2%)、农村劳动力转移培训(0.9%),以及其他培训(3.8%)。

分别统计不同地区开展的农民教育培训内容,详见图6—1。进一步对不同地区开展的农民教育培训内容做比较分析发现:不同地区开展的农民教育培训内容存在显著差异,地区特色明显。卡方检验结果为:$X^2 = 154.034$,$df = 32$,$p = 0.000$。亦即,农业大省(河南、黑龙江)和西部省份(甘肃)开展最多的农民教育培训主要是"科学种田",所占比例分别为48.0%(黑龙江)、44.4%(河南)和38.5%(甘肃);而东南地区(浙江、福建)开展最多的则是"综合素质教育",所占比例分别为

28.6%（浙江）和23.0%（福建）。

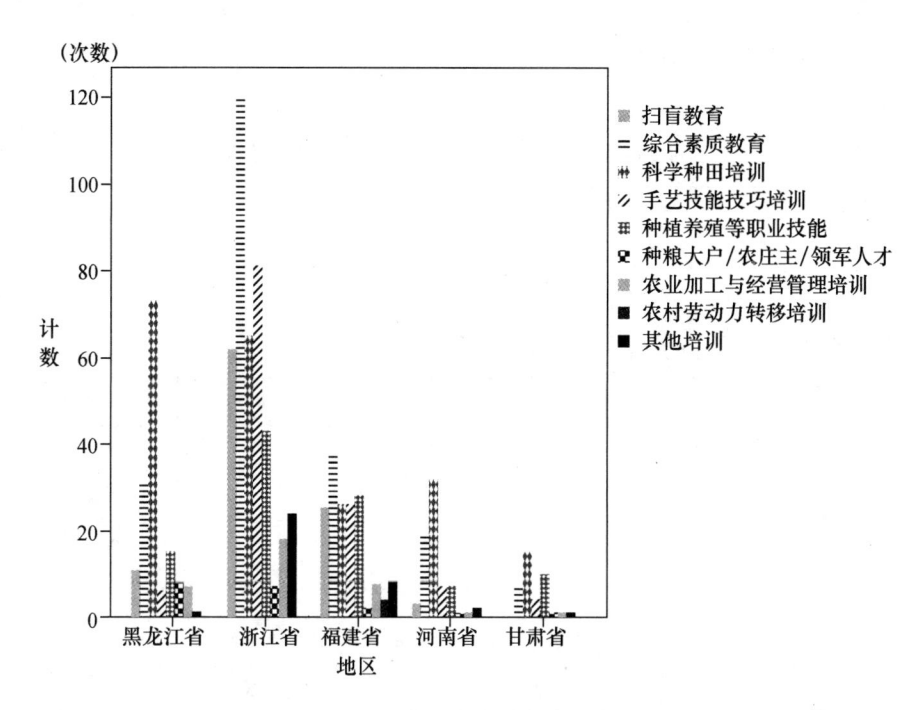

图6—1 不同地区开展的农民教育培训内容

二 农民没有参加教育培训的主要原因和影响因素

（一）不了解教育培训或不知道怎么参加培训，是农民没有参加教育培训的主要原因

对于没有参加教育培训的农民，调查发现，他们之所以没有参加，最主要的原因是"不知道有农民教育培训"（43.5%）；其次是"没有时间参加，要干活"（25.2%）和"不了解农民教育培训有什么作用"（19.3%）；也有极少数农民没有参加培训是由于"去培训地点交通不方便"（5.8%）和其他原因（6.2%）。

进一步分析农民是否知道怎么参加农民教育培训的情况，结果发现，竟有75%的农民不知道怎么参加教育培训，知道怎么参加培训的农民只占11.4%；另有13.6%的农民不确定。进一步统计不同地区农民是否知道怎么参加农民教育培训的情况，详见表6—4。通过对不同地区的比较分析，结果表明：不同地区农民是否知道怎么参加农民教育培训的情况彼此差异显著，$X^2=69.561$，$df=8$，$p=0.000$；甘肃省有高达 86.1% 的农民不知道怎么参加教育培训——远远高于其他省份的比例，这是农民没有参加教育培训的主要原因。

表 6—4　　不同地区农民是否知道怎么参加教育培训的情况

地区		是否知道			合计
		知道	不知道	不确定	
黑龙江省	人数	60	369	57	486
	百分比（%）	12.3	75.9	11.7	100.0
浙江省	人数	404	2396	473	3273
	百分比（%）	12.3	73.2	14.5	100.0
福建省	人数	206	1512	251	1969
	百分比（%）	10.5	76.8	12.7	100.0
河南省	人数	43	262	87	392
	百分比（%）	11.0	66.8	22.2	100.0
甘肃省	人数	39	403	26	468
	百分比（%）	8.3	86.1	5.6	100.0
合计	人数	752	4942	894	6588
	百分比（%）	11.4	75.0	13.6	100.0

（二）教育培训时间短，是影响农民参加教育培训效果的重要因素

在受训农民看来，农民教育培训的主要问题是"时间短、没效果"，有 52.9% 的农民持这种观点，远远高于反映其他问题的农民比例，如 20% 的受训农民反映是"交通不便"；也有 10.5% 的受训农民反映是"培训内容不切实际"；此外，还有少数受训农民（16.5%）反映在农民教育培训中存在其他问题。

进一步比较分析发现，不同地区农民反映教育培训存在的主要问题彼此差异很大，详见表 6—5。卡方检验结果为：$X^2=74.038$，$df=22$，$p=0.000$。从表 6—5 可以看出：不同地区农民反映培训时间短和没效果的问题差异更大。黑龙江、河南和甘肃等欠发达地区三个省份反映培训

时间短和没效果的问题尤为突出：分别占63.6%、68.6%和58.1%；这三个省安排的农民教育培训时间在一天以内的分别占59.3%、58.6%和48.4%。相反，在东南沿海地区的浙江和福建二省，农民教育培训时间一般安排2—3天，分别占44.6%和43.0%；这两个省安排培训时间在一天以内的分别只占12.8%和34.9%。

表6—5　　　　不同地区农民反映农民培训存在的主要问题

地区		教育培训存在的问题					
		时间短没效果	交通不便	内容不切合实际	费用高不想参加	培训者为产品推销商	其他
黑龙江省	人数	98	34	4	10	2	6
	百分比(%)	63.6	22.1	2.6	6.5	1.3	3.9
浙江省	人数	175	64	44	21	15	25
	百分比(%)	50.9	18.6	12.8	6.1	4.4	7.3
福建省	人数	68	39	29	7	12	15
	百分比(%)	40.0	22.9	17.1	4.1	7.1	8.8
河南省	人数	48	14	3	2	3	0
	百分比(%)	68.6	20.0	4.3	2.9	4.3	0.0
甘肃省	人数	18	3	1	0	7	2
	百分比(%)	58.1	9.7	3.2	0.0	22.6	6.5
合计	人数	407	154	81	40	39	48
	百分比(%)	52.9	20.0	10.5	5.2	5.1	6.2

此外，年龄也是影响农民参加教育培训的因素，各年龄段没有参加农民教育培训的比例存在显著差异：60岁以下各年龄段没有参加教育培训的农民比例都比较高（均高于89%）；显著高于60岁以上的农民没有

参加教育培训的比例（85%）。其中没有参加教育培训比例最高的年龄段是 30 岁以下的农民，占 92%。

三 多数农民认同教育培训的重要性，但不一定知晓教育培训的开展情况

（一）农民基本认同"教育培训有助于提升农民素质"

对于"教育培训是否有助于提升农民素质"的问题，有一半被调查的农民（50.1%）持肯定态度，认为"是有帮助的"；还有 37.6% 的农民认为"有点帮助"；另外，也有少部分农民认为"没有帮助"（4.5%）或表示不知道（7.8%）。

（二）农民基本认同"教育培训能推进农业现代化和建设美丽乡村"

对于"教育培训是否能推进农业现代化和建设美丽乡村"的问题，大多数被调查的农民（78.3%）都持肯定态度，但也有少部分农民（6.4%）持否定态度，或表示不知道（15.2%）。

（三）农民不太知晓教育培训的情况，西部农民不知晓的问题更加突出

对于"您听说过农民教育培训的事吗"这一问题，只有 13.3% 的农民表示"听说过，也了解"；而一半以上的农民（53.1%）则表示"虽然听说过，但不了解"；还有 33.6% 的农民甚至"没有听说过"。

进一步比较分析各地区农民是否听说过农民教育培训的情况，详见表 6—6。结果发现：不同地区差异显著，$X^2 = 115.22$，df = 8，p = 0.000。具体而言，甘肃省农民不知晓的问题最为突出，竟有 42.9% 的农民没有听说过农民教育培训的事；黑龙江省的工作做得最好，但也有 20.6% 的农民没有听说过。

此外，农民也不太知晓教育培训的主管部门。调查发现，有 42.5% 的农民不知道政府哪个部门管教育培训。进一步比较分析发现，甘肃省这一问题更突出，高达 67.3% 的农民不知道政府哪个部门管教育培训；黑龙江省的工作做得较好一些，但也有 13.3% 的农民不知道。

表 6—6　　　　不同地区农民是否听说过农民教育培训的情况

地区		是否听说过的情况			合计
		听过，也了解	听说过，但不了解	没听说过	
黑龙江省	人数	104	282	100	486
	百分比（%）	21.4	58.0	20.6	100.0
浙江省	人数	479	1783	1011	3273
	百分比（%）	14.6	54.5	30.9	100.0
福建省	人数	206	1004	759	1969
	百分比（%）	10.5	51.0	38.5	100.0
河南省	人数	47	203	142	392
	百分比（%）	12.0	51.8	36.2	100.0
甘肃省	人数	39	229	201	469
	百分比（%）	8.3	48.8	42.9	100.0
合计	人数	875	3501	2213	6589
	百分比（%）	13.3	53.1	33.6	100.0

四　受训农民对教育培训的评价褒贬不一，地区差异明显

（一）约有一半的受训农民评价授课教师的态度是认真的，黑龙江和甘肃二省的农民评价较高些

从参加了教育培训的农民来看，有 53.2% 的农民认为培训教师的态度是认真的；但也有 44.9% 的农民认为培训教师的态度一般；认为培训教师态度不认真的农民很少，只有 1.9%。

分别统计不同地区农民对培训教师态度的评价情况，详见表 6—7。比较分析发现，不同地区农民的评价差异显著，$X^2 = 29.317$，$df = 8$，$p = 0.000$。具体而言，在黑龙江和甘肃二省，受训农民对培训教师的态度评价较高，分别有 63.3% 和 62.5% 的农民认为培训教师的态度是认真的；但在河南省，却只有 34.3% 的受训农民认为培训教师的态度是认真的，65.7% 的受训农民都认为培训教师的态度一般。

表 6—7　　不同地区农民对培训教师的态度是否认真的评价

地区		教师态度是否认真			合计
		是的	一般	不是的	
黑龙江省	人数	100	58	0	158
	百分比（%）	63.3	36.7	0.0	100.0
浙江省	人数	185	148	8	341
	百分比（%）	54.3	43.4	2.3	100.0
福建省	人数	82	85	5	172
	百分比（%）	47.7	49.4	2.9	100.0
河南省	人数	24	46	0	70
	百分比（%）	34.3	65.7	0.0	100.0
甘肃省	人数	20	10	2	32
	百分比（%）	62.5	31.3	6.3	100.0
合计	人数	411	347	15	773
	百分比（%）	53.2	44.9	1.9	100.0

（二）约有一半的受训农民对授课教师的教学水平或效果感到满意，黑龙江省农民的满意度较高

就农民教育培训教师的教学水平或授课效果而言，有 52.1% 的农民感到满意；但也有 43.5% 的农民认为培训教师的教学水平或授课效果一般；还有少数受训农民（4.4%）对教师的教学水平或效果感到不满意。

分别统计不同地区农民对培训教师教学水平的满意情况，详见表 6—8。比较分析发现，不同地区农民的满意情况差异显著，$X^2 = 18.154$，$df = 8$，$p = 0.000$。具体而言，在黑龙江省，受训农民对培训教师教学水平或授课效果的满意度相对较高，达 62.7%；相反，在河南省，却只有 40.0% 的受训农民对培训教师的教学水平或授课效果感到满意。地区差异非常显著。

表 6—8　　不同地区农民对教育培训教师教学水平的满意情况

地区		对培训教师教学水平的满意度			合计
		满意	一般	不满意	
黑龙江省	人数	99	58	1	158
	百分比（%）	62.7	36.7	0.6	100.0
浙江省	人数	178	143	20	341
	百分比（%）	52.2	41.9	5.9	100.0
福建省	人数	83	83	8	174
	百分比（%）	47.7	47.7	4.6	100.0
河南省	人数	28	39	3	70
	百分比（%）	40.0	55.7	4.3	100.0
甘肃省	人数	15	14	2	31
	百分比（%）	48.4	45.2	6.5	100.0
合计	人数	403	337	34	774
	百分比（%）	52.1	43.5	4.4	100.0

五　农民参加教育培训的愿望性不高、期盼性不强，地区差异明显

（一）农民参加教育培训的愿望性不高，甘肃农民的参加愿望最低

为了了解农民参加教育培训的主观愿望，在问卷中设计了"你希望或愿意参加农民教育培训吗？"结果发现，有45.3%的农民回答"是的"；但同时有32%的农民表示"无所谓"；还有22.8%的农民甚至表示"不想参加"。

从地区情况来看，不同地区农民参加教育培训的主观愿望存在显著差异，卡方检验结果为：$X^2 = 1092.84$，$df = 8$，$p = 0.000$。具体而言，黑龙江的农民表示"愿意或希望参加教育培训"的比例最高，达82.1%，远远高于其他省份；而在甘肃省，表示"不想参加"的农民比例最高，占51.9%；河南和浙江二省则表示"无所谓"的农民最多，分别占43%和40.1%。详见表6—9。

表 6—9　　农民将来是否希望参加教育培训

省份		农民将来是否希望参加教育培训			合计
		是的	无所谓	不想参加	
黑龙江省	人数	858	172	15	1045
	百分比（%）	82.1	16.5	1.4	100.0
浙江省	人数	1166	1364	875	3405
	百分比（%）	34.2	40.1	25.7	100.0
福建省	人数	953	619	509	2081
	百分比（%）	45.8	29.7	24.5	100.0
河南省	人数	206	196	54	456
	百分比（%）	45.2	43.0	11.8	100.0
甘肃省	人数	195	34	247	476
	百分比（%）	41.0	7.1	51.9	100.0
合计	人数	3378	2385	1700	7463
	百分比（%）	45.3	32.0	22.8	100.0

当进一步询问农民"今后会参加教育培训吗"，结果表明：35.1%的农民表示"如果有时间就参加"；41.8%的农民则表示"如果免费或付费少就参加"；另外，也有15.5%的农民表示"克服困难也要参加"；明确表示不会再参加的农民很少，只有7.3%。各省农民参加的态度基本类似。

（二）农民希望参加的教育培训内容具有多样性，且受地区影响很大

对于"你最希望参加哪一种培训"的问题，调查结果发现：约有1/3的农民（31.5%）表示希望参加"综合素质培训"；也有约1/5的农民（20.5%）表示希望参加"科学种田培训"；再就是希望参加"种植养殖等职业技能"（15.3%）和"手艺技能技巧培训"（14.3%），或"农业加工与金融管理培训"（5.6%）、"扫盲培训"（5.5%），以及其他培训（如承包大户、农村劳动力转移培训等）。

进一步比较分析发现，不同地区的农民希望培训的内容彼此差异非常明显，卡方检验结果为：$X^2 = 627.69$，$df = 32$，$p = 0.000$。具体而言，在东南沿海的浙江和福建，农民最希望培训的内容是"综合素质培训"，分别占38.4%和26.0%；而在农业大省黑龙江和河南，农民最希望培训的内容则

是"科学种田培训",分别占36.2%和40.7%;在西部的甘肃省,农民最希望培训的内容则是"种植养殖等职业技能培训",占26.3%。详见表6—10。

表6—10　　　　不同地区农民所期盼的教育培训内容

	黑龙江省		浙江省		福建省		河南省		甘肃省		合计	
	人数	百分比(%)	人数	百分比(%)	人数	百分比(%)	人数	百分比(%)	人数	百分比(%)	人数	百分比(%)
扫盲教育	36	3.5	197	7.8	73	4.2	16	3.7	6	2.5	328	5.5
综合素质培训	295	28.4	970	38.4	453	26.0	103	24.0	58	24.6	1879	31.5
科学种田培训	376	36.2	326	12.9	304	17.5	175	40.7	40	16.9	1221	20.5
手艺技能技巧培训	99	9.5	354	14.0	320	18.4	34	7.9	47	19.9	854	14.3
种植养殖等职业技能	132	12.7	356	14.1	298	17.1	67	15.6	62	26.3	915	15.3
承包大户/农庄主/领军人才培训	13	1.3	75	3.0	72	4.1	2	0.5	4	1.7	166	2.8
农业加工与经营管理培训	39	3.8	109	4.3	150	8.6	20	4.7	17	7.2	335	5.6
农村劳动力转移培训	42	4.0	54	2.1	55	3.2	6	1.4	2	0.8	159	2.7
其他	8	0.8	83	3.3	14	0.8	7	1.6	0	0	112	1.9
合计	1040	100.0	2524	100.0	1739	100.0	430	100.0	236	100.0	5969	100.0
缺失	25		945		364		30		340		1704	

第三节　改进农民教育培训的对策建议

一　政府要发挥主导作用，加大对农民教育培训的宣传力度

加强农民教育培训、努力开发农村劳动者的智力、全面提高农村劳动力的素质，是新农村建设面临的一项十分迫切而重要的任务。但本调查发现，许多农民并不了解教育培训，也不知道怎么参加教育培训。虽然这里有些农民不主动关心培训、缺乏提高自身素质的愿望等个人因素，但主要还是政府和社会宣传不力的原因。因此，政府要发挥主导作用，加大对农民教育培训的宣传力度，尤其是县、乡、村等各级宣传部门要通过各种渠道，包括充分利用手机群发短信平台、广播电视等，加强对农民教育培训的宣传，使农村广大群众充分知晓农民教育培训的时间和地点、形式和内容、参加渠道和激励措施等；同时动员全社会力量积极支持和参与农民教育培训工作，使广大农民积极参加教育培训成为自觉的选择和行动，从而不断提高自身素质、提升参与社会竞争的能力。此外，发挥政府的主导作用，还表现在充分整合和利用各方力量和资源上，以丰富多样的教育培训形式和内容，满足不同文化程度、不同觉悟层次、不同职业意愿的农民对教育培训的需求。

二　讲究农民教育培训的实用实效性，提高农民对教育培训的满意度

本次调查发现，受训农民参加教育培训的主要原因是"觉得对自己有帮助"（67.3%），其次是"对培训感兴趣"（20.8%）；他们参加教育培训的目的主要是为了学习知识（38.5%）和提高技能（47.2%）。访谈结果还表明：不同类型的农民对教育培训有不同的期待，种粮大户一般希望安排科学种田培训；而外出打工的农民则希望安排技能技巧或工艺手艺培训，以便让自己多一门技艺；经商的农民则希望安排有关经营管理的培训。因此，开展农民教育培训，要根据农民需求或驱动因素[①]设计培训内容，讲究培训的实用实效性，贴近农民的实际需求，以提高农民

---

① 李秀美、程显军：《农民参与教育培训的驱动因素分析》，《中国成人教育》2011年第19期，第190—192页。

对教育培训的满意度。亦即，要强调实用为先、技能为主、实效为重、让农民满意为原则，把提高农民的综合素质与提高农民的生产技能有机衔接，坚持做到"四个结合"，即农民培训与农业技术推广相结合、与当地主导产业发展相结合、与岗位实践技能相结合、与就业创业相结合。

此外，对农民的访谈结果表明：大部分农民希望教育培训在农闲、空闲，或者晚上等时间进行，而且希望安排在离家较近的地方，如乡镇、村委会等地方。因此，为了提高农民对教育培训的满意度，还应充分考虑农民教育培训的时间适宜性和地点就近性。

三 优化农民教育培训的师资，提高农民教育培训的效果

本次调查发现，只有大约一半的受训农民认为授课教师的态度是认真的，也只有大约一半的受训农民对授课教师的教学水平和效果感到满意。因此，要优化农民教育培训的师资，加强农民教育培训师资队伍建设[①]，这是提高农民教育培训质量和品牌的关键。要建立由省、市科研院所和大专院校及中职学校，以及农业技术推广部门、农民专业技术协会具有丰富教学经验、实践经验、深受广大农民喜爱的培训教师团队，使农民教育培训工作拥有一批较为稳定的专、兼职教师队伍资源。农民培训教师，既要能够讲解新农村建设的方针政策和农业新品种、新技术、新技能、新信息等，又要能够讲解和传授文化知识、新观念、新风尚以及健康生活、生态环境、经营管理、民主法制等方面的知识，以满足农民的多样化需求，提高农民教育培训的效果。此外，农民培训教师也要加强自身道德修养和专业学习，要进修伦理学、教育学、心理学、教学法等课程，通过后方可颁发农民教育培训教师资格证书，取得任教资格后才能从事农民教育培训的任教工作。

四 针对不同地区各类农民实际，因地制宜、因人而异开展农民教育培训

不同地区的经济和文化不一样，农民教育培训的形式和内容也因此

---

① 张大鹏：《新时期农民教育培训师资队伍建设研究》，《农民科技培训》2012 年第 6 期，第 6—7 页。

各有所侧重。本次调查发现，东南沿海地区（浙江、福建）由于经济较发达，文明程度较高，因而农民教育培训内容开展较多的是"综合素质教育"；而在内陆地区（河南、黑龙江和甘肃），由于经济相对落后，农业经济占主导地位，因而开展较多的农民教育培训主要是"科学种田"；说明不同地区的农民教育培训工作基本上考虑了各地区的实际情况，基本上符合当地农民对教育培训内容的期望。因此，要进一步研究地区差异特点，探讨因地制宜开展农民教育培训的对策措施和保障机制，包括根据各地的经济、文化、生态、风俗、地理、历史等特点，开发具有地方特色的培训教材。同时，由于各地区农民构成成分的多元性和农民对培训需求的多样性，因而农民教育培训还应充分考虑农民的成分特点和需求特点。例如，在黑龙江和甘肃的农民构成中，根据本次调查，都是种地的农民占多数（分别为61.6%和54.2%），其次是外出打工的农民，分别占10.9%和13.2%；因而除了突出"科学种田"的培训内容之外，还应加强各类"职业技能技巧"的培训内容，以满足外出打工农民的特殊需求。同理，在浙江，外出打工的农民和在家种地的农民几乎占同样的比例，分别为16.3%和16.6%，其次是经商的农民较多，占12.8%。因此，农民教育培训要同样突出"科学种田"和各类"职业技能技巧"的培训内容，并要加强"经营管理"的培训内容，以满足经商农民的特殊需求。

此外，在考虑地区差异的同时，还要注意分类培训，实现新型农民培训全覆盖。无论哪个地区，都要针对村干部、农村科技人员、农村经济带头人、农村普通劳动者和流动性农民等不同类型农民的不同特点和不同需求开展相应的教育培训。分层次、分类型地将广大农民培育成有文化、懂技术、会经营、讲文明、守法纪的新型农民。

五 认真反省农民教育培训的不足和问题，不断改进和完善农民教育培训工作

各地区还应认真反省以往开展农民教育培训的不足，找出存在问题，不断改进和完善农民教育培训工作。例如，本次调查发现，在甘肃，没有听说过"农民教育培训"的农民达42.9%；不知道"哪个政府部门主管农民教育培训"的农民达67.3%；"没有参加农民教育培训"的农民

比例高达 92.8%；表示"不想参加农民教育培训"的农民比例也最高(51.9%)。因此，认真反省造成这种状况的原因，并加强农民教育培训的宣传工作在甘肃省最为迫切。如何让农民教育培训工作家喻户晓，如何使农民教育培训工作深入人心，进而提高农民参加教育培训的积极性和主动性，是甘肃省农民教育主管部门和相关培训机构最为急迫的任务。另外，在本次调查中，河南省只有 34.3% 的受训农民认为培训教师的态度是认真的；只有 40.0% 的受训农民对培训教师的教学水平和培训效果感到满意。因此，如何加强农民教育培训的师资队伍建设，如何提高农民教育培训教师的教学水平和责任心，在河南省显得最为迫切。在调查当前从事农民教育培训的师资构成、师资道德、师资水平、师资待遇等基础上，妥善考虑和安排农民教育培训的教师。此外，根据本次调查结果，黑龙江、河南和甘肃三省还应解决"培训时间短"的问题，深入调查"培训时间短"的原因，根据培训内容要求和受训农民实际，适当延长教育培训时间，并从培训经费和师资数量上加以保障，以切实提高农民教育培训的效果。

第七章

我国新型农民教育培训管理体制研究
——以江西省 W 县、浙江省 A 县和 X 县为例

第一节 引言

农民教育培训历来受世界各国重视,发达国家的农民教育培训已有近300年的历程,各国业已建立起独具本国特色的培训管理模式。其中,以日本、韩国为代表的东亚模式,主要是指适应于人均耕地面积低于世界平均水平,很难形成较大的土地规模经营的农业生产特点,以政府为主导,以国家立法为保障,以不同层次和类型的培训主体对农民进行多层次、多方向、多目标的教育培训的农民培训模式。以英、法、德为代表的西欧模式,主要指体现以家庭农场为主要农业经营单位进行农业生产的特点,以政府、学校、科研单位、农业培训网四者有机结合,通过普通教育、职业教育、成人教育等多种形式对农民进行教育培训的农民培训模式。以美国、加拿大为代表的北美模式较为典型,主要是指适应以机械化耕作和规模经营为主要特点的农业生产,通过构建完善的、以农学院为主导的农业科教体系,实现农业教育、农业科研和农技推广三者的有机结合,从而提高农民整体素质的农民培训模式。"二战"以来,日本大力支持农民培训,先后颁布了《社会教育法》《青年学级振兴法》;1969年,联邦德国通过《职业教育法》形成了"双元制"的农民学历教育体制,欧洲各国政府也都设立专门机构组织管理农民教育培训工作;而美国政府在《莫雷尔法案》之后逐步强化农民教育培训,设立了农业合作推广局,并在各州设立推广服务中心,乃至各县(郡)也有相应实施农民教育培训的推广顾问委员。这些都极大地推动了国家教育事业的

进步，为国家建设培育新型农民，在促进国民经济发展的同时也促进了农民素质的提高。

新中国成立以来，我国农民教育培训取得了巨大发展，逐步从注重扫盲教育发展到注重培训"有文化、懂技术、会经营"的新型农民。呈现出从以"知识技术"传播为主过渡到追求以人为本、促进农民全面发展的培训价值诉求。各类农民教育培训项目逐步丰富，培训规模逐步扩大，越来越多的农民受益。政府通过一系列政策及农民教育培训项目工程的推动，强化了政府在农民教育培训中的作用，使我国农民教育培训在起步较晚的情况下，实现了快速发展。1989年，农业部开始开展农民技术资格证书即"绿色证书工程"，并于1993年在全国范围内推行"绿色证书工程"。1994年国务院办公厅向全国各地转发了农业部关于实施"绿色证书工程"意见的通知，"绿色证书"在全国推广开来。为了提高农村富余劳动力就业技能，提高农民工素质，2001年10月，农业部颁发《2003—2010年全国新型农民科技培训规划》提出"绿色证书工程""跨世纪青年农民科技培训工程""新型农民创业培植工程""农村富余劳动力转移就业培训工程""农业远程培训工程"五大涉及农民教育培训的国家工程，并规定将农民工培训列入各级政府年度工作考核内容，实行目标管理。2004年，农业部、财政部、劳动和社会保障部、教育部、科技部、建设部共同组织实施了"农村劳动力转移培训阳光工程"，促进了农村富余劳动力向非农产业和城镇转移，在提升农村劳动力从业的岗位层次方面发挥了作用。同年，农业部又启动了针对农村劳动力转移后乡镇企业农民技术不高现状的"蓝色证书工程"。2005年，为帮助贫困地区青壮年农民解决在就业、创业中遇到的实际困难，最终实现发展生产、增加收入，促进贫困地区的经济发展，国家扶贫办提出"雨露计划"构想。2006年10月，"雨露计划"在全国全面启动。"雨露计划"的总体目标是在"十一五"期间，通过职业技能培训，帮助500万左右经过培训的青壮年贫困农民和20万左右贫困地区复员士兵成功转移就业；通过创业培训，使15万名左右扶贫开发工作重点村的干部及致富骨干真正成为贫困地区社会主义新农村建设的带头人；通过农业实用技术培训，使每个贫困农户至少有一名劳动力掌握1—2门有一定科技含量的农业生产技术。2007年10月，培养"有文化、懂技术、会经营"的新型农民被写进党的十七大报告。2012—2014年，每年的中央一号文件无不重视农民教育培训，强调要以提高科技素质、职业技能、经营能力为核心，大规模开展农村实用人才培训，大力培育新型职业农民，尤其要培训一大批有文化、懂技术、会经营的年轻人从事农业，并把农业生产作为终身职业。

2010年，随着我国城镇化的提速，大量农民进入城市务工成为农民工，国务院办公厅发布《进一步做好农民工培训工作的指导意见》，农民工作为农民的特殊群体其培训工作也逐渐受到重视。各级地方政府针对本地农业特点，围绕发展现代农业的总体要求，及时出台加强农民培训的相关政策，强化相关政策配套措施和支撑体系。在完成中央对农民教育培训要求的同时，逐步强化适合区域实际需求的农民教育培训，逐步开始出现多元化培训模式的端倪。除政府推动之外，市场联动成为新时期农民教育培训体制的一大亮点。北京市先后启动"北京市实用人才1521培训计划""农村科技服务港"等一系列农民培训项目，并结合开展形式多样的科普活动、各类科技示范和产业化示范活动，为本地区农民转移、转型或转岗培训提供平台支撑。辽宁省以点带面，全面推进，"建立了政府主导、多元运作、整体规划、统筹推进、进村培训、现场指导、跟踪服务"的运行机制，高等农业院校非学历技术培训、企业培训、科技示范户指导、"一村一品"工程、专业培训班等多种培训模式并存。目前我国各地农民培训体系都已初步建立，也获得了一些成效，特别是中央有关部门为主导的农民培训活动迅速推进，政府上下联动推动农民培训的格局初步形成。

我国的农民教育培训活动取得了巨大的成绩。各地通过依托"市级推广机构——县级推广机构——乡镇推广机构——村级农技推广协调员"技术推广途径，坚持与"绿色证书"制度相结合，坚持与农业部、财政部、团中央的"跨世纪青年农民科技培训工程"相结合，在推进农村科技推广服务过程中，针对农业技术举办学习班，聘请有关专家、教授进行培训，最大限度地向广大农户渗透相关农业知识，使其能够消化、吸收和运用该知识，从而促使公益性农业科技推广服务组织在农民培训中发挥重要作用，形成喇叭形农民培训渠道，培养了大批有文化、懂技术、会经营的新型农民。农业科技推广服务体系已成为我国开展农民培训的重要载体和途径。此外，公益性农业科技推广服务组织在农民教育培训中也发挥了一定作用，实现了我国农业科技推广服务体系与农民培训体系的有效对接及双向互动。农民教育培训在取得成绩的同时，也还存在诸多问题，如组织机构不健全、培训内容供需脱节，各个培训机构各自为政。一方面乡镇不愿费时费力费资去组织；另一方面农民不愿意接受培训，主动参加培训的甚少。此外，公益组织与农村公民社会发展的滞后，也使得农民教育培训中第三方力量仅仅是一种微小的补充。

可以看出，政府的强力推动，是我国农民教育培训发展的原动力。当前我国经济社会的发展，以及工业化、城镇化快速推进，对"新型农民"的要求日益提高。如何全面提高农民的综合素质、使农民成为新时期合格的"新型农民"，不仅是党和政府非常关注的重大问题，也是现代农民自身非常关心的迫切问题。随着大量农村劳动力持续向外转移，农民"非农化"以及"农村务农劳动力老龄化、妇女化"现象十分明显，农民素质更成了当前新农村建设的紧迫问题，对新型农民培训的政府管理体制的研究探讨就显得尤为重要。

课题组赴江西省W县和浙江省A、X县进行了实地调查，分别对W县分管农民教育与培训工作的县扶贫办、县农业局和县人力资源社会保障局有关负责人，以及W县的教育培训机构负责人及其部分受训农民进行了访谈调查；对A县主管农民教育与培训工作的县农办、县农业局、县教育局和县人力资源社会保障局有关负责人，以及A县的教育培训机构负责人及其部分受训农民进行了访谈调查；对X县农办、农业局、教育局、人力资源社会保障局有关负责人进行了访谈。了解目前我国农民教育培训及农民教育培训政府管理体制的状况，引入协调治理价值观念，探索促进新型农民培训体制改革发展的思路。

"知屋漏者在宇下，知政失者在草野。"本章将以三个县为例，通过案例解剖的方式了解三个县农民培训政府管理的具体状况，包括取得的成绩、存在的问题、制约农民培训的瓶颈因素，从中发现我国农民培训政府管理所存在的共性问题，进而提出优化农民培训的对策建议。案例研究的关键在于通过个案来了解整体，所以，必须知道案例的代表性。根据费孝通的观点，每一个案例都可以代表一种"类型"，通过分析各个"类型"就可以窥视事务的整体面貌，费孝通先生的学术实践也正是遵循着通过对不同的类型研究来认识中国总体社会的方法。[①]

从表7—1可知，位于江西省的W县的农民人均纯收入远远低于全国平均水平，可视为我国经济中等发达程度地区的代表。另外，江西省是我国劳务输出大省，W县可反映我国中部劳务输出大省的农民教育情况。位于浙江省的A县和X县的农民人均收入均高于全国平均水平。其中A县的农民人均纯收入是我国农民平均收入的两倍左右，可视为我国经济发达地区的代表。所以，本章所调查的三县可以在一定程度上反映我国农民培训教育的现状。

本章采用了"素描"的写作手法，对收集到的第一手资料进行了最低限度的加工，这样可以让读者真实地了解当前我国农民培训的现状。

表7—1　　　　三县2014年基本经济状况及与全国的比较

区域	人口数量（人）	农业人口数量（人）	农业人口占总人口比重（%）	农民人均纯收入（元）	我国农民人均纯收入（元）
W县	306000	253500	82.8	5389.02	10489
A县	463800	325600	70.2	21562	
X县	508658	457309	89.9	14398	

第二节　新型农民教育培训政府管理体制的现状和矛盾

农民教育培训是农村教育的重要组成部分，在整个农村地区的普通教育、职业教育、成人教育中更倾向于后二者，因此，受宏观领域职教条块分割管理体制的影响非常深刻，农民教育培训的管理依然存在政出多门、错位严重、条块分割、经费分散、难以有效统筹等问题。要真正实现20世纪80年代国家农村教育"三教统筹"的战略目标，农民教育培训管理体制改革便成为重要的一环。

管理体制是指管理系统的结构和组成方式，即采用怎样的组织形式以及如何将这些组织形式结合成一个合理的有机系统，并以怎样的手段、

[①] 费孝通：《江村经济——中国农民的生活》，商务印书馆2001年版，第319页。

方式方法来实现管理的目的和完成管理的任务。农民教育培训政府管理体制则涉及组成农民教育培训系统的各类部门的管理范围、职责分配及利益关系,各类管理部门的机构设置为其核心,各个管理部门之间的协调配合也直接影响到农民教育培训的效能。要发挥管理体制对农民教育培训的促进作用,又涉及体制的运行,在这一层面上还需要分析政府管理的运行机制。农民教育培训的管理运行机制则是政府管理体制的延伸及动态表现。在农民教育培训的政府管理实践中,影响管理实施的各因素之间的结构、功能及相互关系,以及这些因素产生影响、发挥功能的作用过程和作用原理、运行方式则构成了当前农民教育培训的运行机制。在实地考察中部经济落后的 W 县和东部沿海省份经济较发达的 A 县以及较落后的 X 县的过程中,对农民教育培训制度安排的分析,遵循动静结合的原则,既从政府管理的静态结构层次、体制构架方面发现问题,又从动态的机制运行层面深入挖掘,探索我国农民教育培训管理体制改革的深层矛盾。

一 农民教育培训部门结构失衡

农民教育培训的管理主体依托于其实施主体,各实施主体的结构反映了不同部门在管理体制中的地位与权责。我国农民教育培训部门结构的失衡尤为明显。突出表现在实施机构的官方性质过于浓厚,来自社会团体的力量较为薄弱,而社会力量参与的不足使得农民教育培训的产品供给严重不足。在农民教育培训的资源分配中,依托政府部门的培训主体能够比较容易拿到培训项目指标,相反民营学校或社会团体在农民教育培训中承担任务的范围无形中被挤占,导致农民教育培训民间力量很难涉足。根据调研情况统计,W、A、X 三县主要以政府部门主办或者归属政府部门的培训机构承担农民教育培训的任务。这些实施主体众多,而民营学校或团体较少。从承担农民教育培训任务机构的性质来看,社会力量较为弱小。如 A 县,属于政府部门的培训机构众多,而获得资质的民营学校数量相对较少。2013 年 A 县农办确定具备培训资质承担农民教育培训任务的民营机构仅有 9 所,获得县人社局认定资质的有 7 所。

此外,通过对农民走访发现,目前农村地区青年人外出打工较为普遍,呈现"老人农业"现象,而政府推动的农民教育培训在很大程度上没能适应当前城镇化发展的需求。在访谈中，X 县某村支书曾表示："管理培训的主要部门是农业局，农业局每年会下发一些项目，这些项目无论是内容上，还是师资安排上都是由农业局统一安排，村里只负责组织村民，提供场地。最大的困难就是在人员组织上，农民参与培训的积极性不高。如果县里能够组织一些发展观光农业方面的培训，增加农民收入，效果会更好。"当前，农民教育培训中，重复培训、低水平培训、专业设置面较窄等问题，造成培训与需求脱节，培训内容多是"大路货"，无法满足农民个性化的需求；上课内容"炒冷饭"，培训机构的专业设置、师资条件与农民生产需求不相吻合导致农民参与培训的积极性不高。培训无法适应新型农民教育培训的需求，没有发挥农民在教育培训中的主体地位。导致这个现象的重要原因在于培训部门结构失衡，属于政府部门的培训机构没有足够大的积极性去开拓农民培训市场。如果能让市场机制在农民培训中发挥更大的作用，采取市场化运作的农民培训机构必然想方设法满足农民的培训需求，因为只有满足了农民的培训需求，这些培训机构才能够生存并发展。此外，缺乏足够的民办培训机构，公办培训机构也就失去了强有力的竞争者，他们的效率就难以提高。

二　农民教育培训政府体制错位

我国农民教育培训政府行政体制镶嵌于我国"条块结构"的行政系统之中，从中央到地方，政府内部农业、扶贫、劳动、科技、教育等多个部门都在承担农民教育培训的工作。诸如"阳光工程""雨露工程""绿色证书工程"、新型农民科技培训等名目繁多的培训工程散落在不同部门之中，使整个农民教育培训行政系统表现为多条串联、条块分割的状态。这种以纵向层级制和横向职能制相结合为基础的"条块结构"，导致基层地方农民教育培训多头管理，难以有效统筹协调，也出现了重复培训、资源浪费等弊端。

以 W 县为例，全县农民教育培训没有设立统一的领导机构，而是分别由县农业局、县扶贫办和县人社局负责，3 个主管部门都承担了一部分有关农民教育与培训的组织管理工作，但各有侧重和分工，所占份额各不相同。农业局负责"阳光工程"培训计划，主要是针对普通农民，其目的是普及农业基本技术，提高农民自身素质和在企业、农业基地和农业合作社中的地位。扶贫办负责"雨露工程"培训计划,主要是针对贫困人口,亦即,专门针对贫困农民进行教育培训,这些大多是 16 个重点村的农民和一些非重点村的符合条件的农民。其目的是通过培训,使其有一技之长,提高生存技能。虽然贫困户口是少部分人,但政府不会忘记他们,他们会受到雨露的滋润,让更多需要教育和培训的农民得到帮助。人社局则负责"金蓝领"培训计划,其培训对象主要是农村劳动力,主要培训任务是农村劳动力转移,其目的是通过这种培训逐步提高农民的专项素质,增长农民相关理论知识,提升农民的某项专门技术,从而促进农民转移就业。

A 县对全县农民教育培训也没有设立统一的领导机构,而是分别由县农办、县农业局、县教育局和县人社局负责,4 个主管部门都承担一部分有关农民教育与培训的组织与管理职能。

县农办成立了"十万农民素质培训工程"办公室,主要负责培训指标的下达和培训项目的管理。该办负责的培训项目主要有:领军人才培训、转移劳动力就业技能培训、农业专业技能培训、两创实用人才培训,以及农民综合素质培训。县农办本身没有下设培训机构,所有培训任务要下达给参与培训的培训机构。对培训机构进行鉴定后,符合要求的给予培训指标,不符合要求的取消培训资格。县农业局下设农业技术监督管理站,即农技站,主要负责两大培训项目:(1)依托"十万农民素质培训工程"和农机服务平台,开展拖拉机驾驶员培训;(2)农民科技教育培训。农业局下面有其专门的涉农培训机构,即浙江农业广播电视学校湖州中心学校安吉分校(农广校)和安吉县农业科技教育培训中心。

县教育局下设职业教育中心和成人文化技术学校(简称成校)负责农民教育培训,主要有两大任务:一是在三年内完成农村扫盲计划(三年即 2013 年、2014 年、2015 年),目前该县的文盲人口 26459 人,占全县人口的 5.67%,其中劳动力文盲 5067 人。三年内要将这个比例降到 2% 以下;二是完成农民培训任务,包括劳动力转移就业培训、农村实用技能培训、学历培训和证书培训。县人社局主要负责农民再就业培训、创业培训、职业技能鉴定以及高技能人才培训。该局下设职业技能鉴定中心,主要负责对参与上述培训项目的培训机构进行监督、管理和颁发证书。其中,职业技能培训包括:维修电工、餐厅服务员、焊工、起重工、砌筑工、养老护理员、营业员、制图员、计算机操作员、机修钳工、中式烹调师、收银员、劳动保障协理员、商务策划师、叉车司机、锅炉操作工、育婴员、缝纫枪钉等。

县人社局根据市人社局下达的指标，以农村劳动力为主要培训对象，对再就业农民进行职业技能培训，达到每4个工人中必须有1个高级技工的目标。而创业培训的培训对象是以大学生为主进行培训。X县以县农办为统一的领导机构，县农业局、县教育局、县人社局共同组成一个领导小组配合县农办开展工作，但农民教育培训工作仍然依托各部门或其所属的机构开展实施。

W、A、X三县农民教育培训政府部门分工统计

W县	A县	X县
农业局："阳光工程" 扶贫办："雨露工程" 人社局："金蓝领工程"	县农办：领军人才培训、转移就业技能培训、农村"两创"实用人才培训、农业专业技能培训、农民综合素质培训 农业局：十万农民素质培训工程、农民科技教育培训 教育局：劳动力转移培训、农民实用技能培训、学历教育培训 人社局：农民再就业培训、农民创业培训、职业技能鉴定、高技能人才培训	县农办：转移就业技能培训、农业专业技能培训、农村"两创"实用人才培训 农业局：学历教育培训、乡土人才培训、指导科技示范户、农民远程视频培训、知识更新培训或职称培训、"阳光工程"培训 教育局：预备劳动力培训、双证制培训、扫盲教育培训、实用人才培训 人社局：职业技能鉴定

此外，以条为主的培训管理框架，使得培训项目自上而下指定完成，就产生了上下层级政府之间的"压力型"行政运行模式。以条为主的管理体制下，上级政府将任务分解下派给下级政府主管部门，下级政府在这种压力之下，很难发挥优势，结合本地区农民教育培训的实际来开展，在一定程度上出现重复培训，培训内容"炒冷饭"，无法满足市场与农民素质提升的实际需求相契合的状况，市场这只"看不见的手"便难以发挥资源配置的优势。各个部门各自为政，更为严重的是培训实效的问题。

由于层层组织都是为了完成指标，难免应付了事，甚至弄虚作假。例如，W县全县有20万左右的农民劳动力，其中10万左右都出去打工了，剩下的部分大多属于老弱病残人士，然而真正要培训的对象却是那些出去打工的青壮年人，即使如此也要完成培训指标任务，导致培训工作无法产生好的效果。培训学校同时要应付上面几个管理部门，正如X县一位培训学校校长所言：上面几条线，下面几盘棋。

三 农民教育培训动态调控滞后

各个时期的培训任务不同，农民教育培训管理实践也不是静态不变的。管理体制需要延伸至其运行，体制运行顺畅才能发挥体制的作用。所以需要用发展的眼光看待农民教育培训，根据当下影响管理实践的因素及其运行发挥管理体制的调控作用，建立引导农民教育培训管理决策与人、财、物各因素的基本准则与相应制度，才能引导农民教育培训适应时代发展的需求。目前，我国农民教育培训已经不再处于新中国成立后扫盲教育的初级水平上，农民对教育培训的需求也呈现出多元性、发展性、实用性多种特征并存的状态。这就相应地要求更高的投入，保障办学，以满足更高层次的农民教育培训需求。

农民教育培训经费除了依靠国家下放的各类培训项目专项经费之外，主要依靠县级财政投入。县级财政较为紧张，能够用于农民培训的资金更加紧张，资金的短缺造成培训工作难以开展，许多培训无法落实到实处，只能点到为止。各类项目经费的使用又散落在不同政府部门，便出现培训经费来源的多元性与经费使用的分散性等突出问题。W县，上级下拨的农民培训经费要分为三块，分别拨至农业局、扶贫办和人社局，会存在经费分配不均的问题，且每一块经费对于政府主管部门本身来说都是不够的，他们期望办得更好，可是由于财政紧张，很多工作不能很好地展开，导致不能达到更好的培训效果。由于3个政府部门都要组织和管理农民教育培训工作，一次培训工作就要花费大量的人力、物力和财力，3个政府部门所进行的培训内容和方式其实都大同小异。经费来源不稳定的矛盾突出，在培训机构本身表现得更加明显。以W县职业教育中心为例。虽然政府会有一定的资金补助，而且通常情况下2/3的资金会用于培训，而1/3的资金则用于添置多媒体设备等，但是依然存在资金不足的现象。例如，没有足够的资金去请教师；如果培训时涉及实训的相关内容，就会更加出现费用不够的现象。再如，有一些开课村庄地处偏僻，交通不便，教师赶往培训班的时间很早，很辛苦，由于经费问题，对教师在这方面的补贴较少，甚至没有，使得一些优秀教师望而却步。

在动态运行中，管理的适切性严重不足。管理实践没有根据实际情况组织实施，导致培训一成不变，流于形式，脱离实际，集中表现在指标下达脱离农民培训的实际需求，指向项目任务的完成。政府只考虑自身要完成的培训指标数量，全然不顾培训的实际时机。在 A 县，白茶采摘 3 月就开始，且工期很短，而县农办或县农业局 4 月才下达培训计划，培训机构接到培训指标任务去组织采摘技术培训时，已过采摘期，农民自然就没有参与培训的积极性。

第三节 新型农民教育培训政府管理的意义与价值导向

农民教育培训是整个农村地区"三教统筹"中较为薄弱的一环，而农民教育培训的发展又是促进农村地区文化和教育事业发展的重要方面。切实解决"三农"问题、提高农业生产力、发展农村经济、增加农民收入、改善农民生活，不仅需要加大农村投入，更应从农业、农村、农民自身实际出发，增强农民自身能力、提高农民素养。政府加强农民教育培训力度，培育新型农民，需要切合我国农民教育培训发展时间不长的现实特性，关键还在于认识农民教育培训的重要意义并明确农民教育培训的价值导向，这是构建新型农民教育培训政府管理体制的出发点。

一 认识我国农民教育培训的重要意义

当前阶段，大力发展农民教育培训具有重要的意义。作为典型的农业国家，加强我国农民教育培训对社会发展、农民自身素质提高起着重要作用。从社会发展上看，加强农民教育培训是解决农业、农民、农村问题的重要途径；也是建设社会主义新农村，推进全面小康社会的必经之路；更是促进社会公平正义，构建协调可持续发展和谐社会的客观要求；并且是提高全民族素质，加快现代化进程的必然选择。从农民自身角度上看，加强农民教育培训是提高农民素质，实现自身发展的内在需求；也是提高农民社会地位的基础。农民教育培训对于农村教育事业的发展具有特殊意义。

1. 我国农民教育培训具有补偿性

长期以来，农村地区教育滞后，农民文化水平远低于城镇居民，农民教育"欠账"较多，与城市市民教育极不平衡。当前，农民义务教育的发展水平远远低于城市义务教育的发展水平。农民家庭子女的高等教育入学率低于城市家庭子女高等教育入学率，农民家庭子女所能够考入重点大学的比例也远远低于城市家庭子女考入重点大学的比例。

发展农民教育培训是社会现代化进程要求的一种补偿，是保障农民受教育权利的重要举措。加大其投入力度，不仅是对农村地区实物投入的补偿，更是一种智力上的补偿。

2. 农民教育培训具有公益性

农民教育培训是一项基础性社会事业，那么农民教育培训就具备了社会公共产品的属性。作为一种社会公共产品，防止公共产品供给上的"公共牧地"现象，就需要坚持政府的责任主体地位，承担起规划、管理、组织、实施、评价的任务，力图实现农民教育培训的"普惠性"。对农民教育培训进行补偿，加大农民教育培训的投入，极大地减轻农民负担，也充分体现出农民教育培训的公益性。

我国农民教育培训过程中，农民教育培训经历了一个完全由政府提供到政府主导多方参与的供给模式转变。但是农民教育的公益性并没有因此削减，甚至说更加强烈。在教育产品供给上，农民教育培训还是作为公共产品由政府主导产品供给；从农民参与上来看，农民教育培训基本采取免费的形式；在农民教育培训的收益上，更加显现出促进社会事业发展的基础性。因此，农民教育与培训依然是一项艰巨的公益性事业。

3. 农民教育培训具有社会全局性

农民教育培训事业对于促进社会繁荣稳定具有特殊意义，致力于发展农民教育培训，对于促进城乡统筹，促进我国工业化、城镇化发展起着后发的重要作用。发展农民教育事业是一项系统的社会工程，需要在政府的主导之下建立社会化的教育体系，并广泛集聚社会力量参与农民教育培训发展。在经费筹集上，便需要举全社会的力量加大其投入，并吸收市场理念，谁投入谁受益，做好利益平衡与分配，并在这个过程中坚持公益性，防止过于市场化。在农民教育培训具体实施中，做好各部门、主体、各环节的协调工作，切实保障农民教育培训的权益，实现农民教育培训服务于社会发展的全局目标。

二 协调治理的价值导向及其特征

从词义上看，"协调"是指事物间关系的结果，是一种静态的状态，与"和谐"一词接近，从过程上看，是指实现事物间"和谐"状态的行动及过程，可以理解为使得事物不断发展的过程。行政协调"指行政管理过程中的协调，是行政主体为了达到一定的行政目标而引导行政组织、部门、人员间建立良好协作与配合关系，实现共同目标的行为"，强调政府内部的协调。治理注重政府力量和市场、社会力量的互相弥补，坚持公平又强调效益。协调治理强调治理主体多元性、过程互动性以及部门协调性，不同于政府自身内部狭义的行政协调。

农民教育培训政府管理层面协调治理的外延更加宽泛，既包括政府自身府际间的协调状态，还包括政府同各参与主体间的协调与联动。治理是一种现代政府管理的新向度，农民教育培训中的协调治理是政府管理运行的一种新型价值导向，不同于以往单一的、以行政性决策为主导价值的政府管理模式。由我国农民教育培训的现实特性可以看出，农民教育培训是一项复杂的社会系统工程，需要政府、社会组织、公司企业、农民合作组织、群众团体等各部门主体的共同参与，从多方面筹集经费，实现办学主体多元化，又需要各个部门、各类主体、各个环节之间的协调，这与治理理念不谋而合。

农民教育培训中坚持协调治理的价值导向，强调参与主体的多元性，协调行为的互动性，以实现农民教育培训事业的整体协调为目标。协调治理的价值导向就具备以下三大特征：

一是整体性。在农村地区教育中，政府发展各类教育事业，实现农村地区"三教统筹"，注重的是农村地区各类教育的整体合力，不应偏向于一方。协调治理追求农民教育培训参与主体之间协调的同时，也强调农民教育培训在农村教育体系中的协调。

二是有效性。农民教育培训政府管理层面的协调治理既强调参与主体结构的协调，又强调政府管理运行方式的协调，以实现农民教育培训的有效治理。协调治理的动态过程是不断改善，适应农民教育培训现实的过程。就需要各个主体在农民教育培训中相互配合，形成合力，促进农村教育事业进步。

三是发展性。不管是实现农民教育培训参与主体协调，还是农民教育培训在农村教育中实现功能协调，最终是为了促进农村教育的发展。协调治理理念是在公共管理出现不足，人类探索新型管理模式后而出现的新型模式，但是对于任何一种模式，如果不能促进人类社会进步，理论本身便会被淘汰。农民教育培训政府管理模式中的协调治理不仅是一种理论进步，也强调在实践中，理论自身的发展。只有这样才能真正起到促进农民教育培训管理实践的发展。

第四节 协调治理下农民教育培训政府管理体制改革的提升路径

发挥政府管理体制对新型农民教育培训的促进作用，需要运用现代治理理念改进政府管理体制及运行。治理强调公共产品供给主体的多元化，运行过程的协调性，注重公共服务的过程性，以发展的观念促进政府公共服务供给，是一种全新的通过公私部门合作、非营利组织、营利公司等广泛参与提供公共服务的治理模式。我国农民教育培训长期处于政府强势之下，政府意志长期主导农民教育培训发展，政府、市场、学校、社会自组织之间并非平等的合作关系。市场、社会自组织的发育并不健全，在新型农民教育培训协调治理中，各方力量不均衡，依然需要政府发挥权威领导的角色，探索协调治理的有效运行方式。协调治理的理念为我国农民教育培训政府管理改革提供了全新的理论参考，也切合了我国当前构建和谐社会的战略思想。基于当前新型农民教育培训管理体制存在的矛盾问题，运用现代治理理论改进制度的过程中，特别需要加强各方之间的协调。协调治理新型农民教育培训的区域不均衡，协调治理农村各类教育，实现农村地区"三教统筹"，协调治理政府自身各部门、政府与社会部门之间的分割对立；协调治理供给与需求的偏差，实现目标规划与功能定位符合农民实际。

一 构建政府协调为主，多方参与的多元治理结构

农民教育培训的公共产品属性，应当发挥政府在宏观协调治理结构中的主导作用，克服市场失灵所产生"公共牧地"的悲剧。同时，政府为农民教育培训市场的良好运作创造条件，扶植各类私营学校参与农民教育培训。在当前农民教育培训多元参与主体尚未形成的背景下，政府作为主管部门应当实现管办分离，加强考核与激励，盘活现有公办培训机构的活力，提高公办培训部门的办学质量。第三部门的崛起伴随公民社会的发展而兴起，我国公民社会的发展程度还不成熟，因此，非营利部门参与农民教育培训亦是游离于农民教育培训的边缘地带，无法成为培训供给中有力的一极。这就需要政府扶植社会团体、公益团体的力量参与农民教育培训。非营利组织在农民教育培训中作为新生力量，对整个农民教育体制的健全起着举足轻重的作用，从国外发达国家第三方力量参与农民教育培训的现实中，我们也可以看出，非营利组织在农民教育培训中发挥的作用，既可以克服市场失灵的弊端，也可以作为政府培训不足的有益补充。在治理理念下完善我国农民教育培训管理体制，必须改变非营利部门参与农民教育培训边缘地带的现实状况，壮大第三方力量参与其中，实现非营利组织在农民教育培训管理中真正有力的作用。而事实上，早在1917年黄炎培创立中华职业教育社，群众团体的力量在我国职业教育中已经发挥了一定作用。1995年，中华职业教育社实施的以职教扶贫为主要内容的温暖工程公益项目活动就已启动，运用社会捐资形式，面向100个欠发达县份，资助100万农民接受培训并实现就业转移。根据2013年新华社公布的数据显示，温暖工程18年来累计帮助了320万人实现就业。可见，在农民教育培训主体结构中，社会力量的参与不仅是一种时代的需求，更是完善农民教育培训的重要力量。政府理应吸引社会团体参与农民教育培训，鼓励引导社会团体的健康快速发展。

二 消除部门分割、多头管理，实现政府行政系统有效协调

造成农民教育培训效率不高的重要原因是条块分割与多头管理的行政运行体制。目前，农民教育培训行政系统处于"条块结构"之中。从

纵向职能上看，中央、省、市、县各级政府在农民教育培训举办、管理、服务等方面职能交错，政府体系"条块分割"，要实现不同政府主体在农民教育培训中的协调关系具备相当大的困难。便造成主管部门多头管理，缺乏统一规划现象非常普遍，如北京市农村培训体系主要由农委负责，但实际工作中存在着培训主体不明晰等问题，各个区既有农委主管，也有由科委或科协负责，还有农业局和成教局负责；重庆市则农业、科技、教育、劳动、财政等部门各自为政，政府统筹力度不够，缺乏协调配合；辽宁省涉及农民培训工作的省农委、劳动厅、高等院校等单位，没有统一管理和规划；陕西省涉及农民培训的部门就更多了，农业、科技、教育、劳动、财政、妇联、共青团等部门虽然都为农民培训做了大量工作，但多头管理造成的统筹协调不够，职责不清现象也日益严重；湖南省农民培训工作由地方政府、各行政部门、各系统及各企业团体或个人分别组织实施，机构繁多、体系复杂，也造成了管理体制混乱，职能范围重叠，管理体制缺乏协调。同时，职责同构的纵向政府职责配置表现明显。所谓"职责同构"，是指在政府间关系中，不同层级的政府在纵向间职能、职责和机构设置上的高度统一一致。这就使得各级政府均涉足农民教育培训的项目工程，一方面，很容易出现上级政府越级干涉下级政府培训，使得真正组织管理农民教育培训的基层政府无法结合地方实际开展培训；另一方面，上级政府将培训任务分解摊派给下级政府，下级政府追求任务完成，造成压力型的运行模式。在横向结构上，各行政部门为实现培训政绩，"争抢"各项权力，导致重复管理、分工不明，加剧了政府自身矛盾。因此，实现农民教育培训体制的活力与效率就需要继续加强政府体制改革，以结构优化中心，达到农民教育培训权力张力有序，同时构建统一的农民教育培训管理组织。

纵向结构上，理顺农民教育培训管理体制，实现政府职能转变，是构建有效协调机制的核心。首先做到深化体制改革，准确定位各级政府职能。在农民教育培训管理中，坚持以地方政府管理为主的同时，发挥中央、省及政府合力，促进农民教育培训发展。中央与省级政府权限侧重于对区域内农民教育培训的领导和宏观管理权，通过规划和立法、投资与拨款、评估和监督等手段，发挥其调控的职能。地方政府的职责权限侧重于具体协调和服务层面。通过加大地方政府投入、出台政策支持、鼓励各种创新体制等方式构建服务型的农民教育培训体系，服务于整个地区农民教育的发展。其次做到政府职能转变与机构改革同步，打破职责同构，实现责权合理配置。同时，加强地方政府机构改革，打破职责同构。创建统一的农民教育培训管理组织将分散在政府条块结构中的各种农民教育培训职能统筹整合起来，总体上发挥地方农民教育培训统筹管理的职责。

三　结合地方实际，拓宽资金渠道，改变基层运行模式过分依赖项目

地方政府在农民教育培训中过分注重自上而下的各类"工程""项目"，没有充分结合当地实际开展农民教育培训，是造成重复培训、培训内容"炒冷饭"的深层次原因。提供农民培训内容和层次都不能满足农民对培训的需求。根据重庆市的调查情况来看，各培训机构都基本围绕农业（包括种植、养殖）技术、推广而开展，对第二、第三产业领域内相关职业技术的培训则相对要少得多。各种途径对农民进行的农民科技培训和技术推广，其过程主要侧重于提供前期的技术指导、项目投入等环节，而后期技术保障、产品销售以及项目管理经营等农民明显具有劣势环节上却明显不足。此外根据河北省调查显示，仅有4.08%的被调查者认为农民培训很多；69.36%的被调查者认为当地科技宣传较少、很不够；有26.56%的被调查者认为当地的科技宣传数量还可以的，农民所需的科技供给总量仍然不足，不能满足农民的需求。地方上普遍盛行的依托上级农民教育培训项目运行模式的过分盛行源于对培训资金的依赖。如A县人社局负责的培训类型主要有：农民再就业培训、农民创业培训、职业技能鉴定，以及高技能人才培训。培训规模巨大，但其培训资金来源还是以省财政及县财政转移就业培训资金为主，无法满足资金需求。

近年来，中央政府财政支农力度加大，各类农民培训学校条件有了较大改善，但经费投入的不足仍是制约农民教育培训发展的主要障碍。要打破地方过分依赖项目资金来源的状况，结合地方实际开展农民教育培训，除了进一步加强中央与省级政府的专项投入之外，地方可以根据实际建立专项基金用于农民教育培训，伴以市场化筹资为辅的方式建立农民教育培训资金保障机制。2008年耕地保护补偿、农业现代化以及农民培训一并写进了2008年10月发布的《中共中央关于推进农村改革发展若干重大问题决定》中。四川成都也在全国首创耕地保护基金对农民耕地保护进行补偿，广东佛山等地此后也开展了类似的实践，从两地的实践来看，其资金来源与使用范围并不相同，成都主要来源于新增建设用地有偿使用费和土地出让金，目前主要用于缴纳农民的养老保险补贴；而佛山主要来源于财政预算和土地出让金，资金使用范围涵盖农村医疗、养老保险、农业基础设施建设与公共管理服务等。通过耕地保护基金对农民进行补偿在我国仍处于探索阶段，可以将农民培训明确纳入耕地保护基金的使用范围。例如，2003年，浙江衢州市从土地出让金中拿出一定比例专项用于农民培训。2011年财政部与教育部联合下发的《关于从土地出让收益中计提教育资金的有关事项的通知》规定，从2011年，省级财政部门从土地出让收益中计提10%的教育资金重点用于农村基础教育，而资金的使用范围并未明确提及农民教育培训。可见，农民教育培训经费来源的制度化建设仍需加强。

除了资金来源不稳定以外，因部门利益与界限难以打破、管理机构与实施主体不分导致的资金使用监管难、使用效率低也是制约我国农民教育培训发展的重要因素。从我国的实际情况出发，实现农民培训的管办分离有助于提高培训资金的使用效率，培训实施应交由教育相关主体，而地方政府和农业主管部门可以作为资金的管理与使用者，向教育实施主体"购买"教育培训产品，并监督资金的使用情况。澳大利亚众多的技术与继续教育（TAFE）学院也归政府拥有，政府向学院拨款是采用商业化方式进行，即政府作为教育培训商品的"购买者"出现，这样不仅可以破除资金使用的监管难题，也因为学院之间存在竞争关系，有助于激活培训实施主体的活力与提高资金使用效率。

第 八 章

我国农民教育培训机构参与现状调查与思考
——以浙江省 A 县为例

第一节 引言

当前我国经济社会的发展，以及工业化、城镇化快速推进，对"新型农民"的要求日益提高。如何全面提高农民的综合素质、使农民成为新时期合格的"新型农民"，不仅是党和政府非常关注的重大问题，也是现代农民自身非常关心的迫切问题。随着大量农村劳动力持续向外转移，农民"非农化"以及"农村务农劳动力老龄化、妇女化"现象十分明显，农民素质更成了当前新农村建设的紧迫问题。

农民培训的实际效果在很大程度上依赖于培训实施机构的运行状况，即使关于农民培训的政府管理体制十分顺畅，如果农民培训机构的实际运行不符合当前农民教育培训的真实状况，农民培训的实际效果也会大打折扣。为了了解当前我国农民教育培训实施机构的真实运行情况，本课题组在浙江省 A 县的调查中，对农民培训实施机构的运行进行了细致的调查。此外，在浙江省 X 县和江西 W 县的田野调查中，我们也了解了当地农民培训的实际效果。

第二节 现状调研

一 A 县从事农民教育培训的主要机构与分布

A 县有很多参与农民教育培训的机构，上有 H 市农民学院 A 县分院

(即 A 县电大，归属县教育局，与职教中心虽是两块牌子，但实是同一班人马），浙江省农业电视广播学校 A 县分校（即农广校，归属县农业局），以及农民教育培训有关主管部门的下属单位，如县农业局下设的农业技术监督管理站（即农技站）、县人社局下设的职业技能鉴定中心、就业训练中心以及县教育局管辖的职教中心；下有分布在各乡镇的成人文化技术学校（即成校，归属教育局）以及分布在有关企业的民营培训学校。

A 县的成校由 5 个中心成校组成，部分中心成校除本身成校外，还下辖其他成校：（1）递铺中心成校；（2）梅溪中心成校，同时下辖溪龙成校和昆铜乡成校；（3）孝丰中心成校，同时下辖章村成校、报福成校、皈山成校、杭垓成校；（4）天荒坪中心成校，同时下辖山川成校、上墅成校；（5）天子湖中心成校，同时下辖鄣吴成校。

A 县参与农民教育培训的民营培训机构从主管农民教育培训的部门接受培训指标，在实施培训过程中接受农民教育培训主管部门的监督。2013 年被县农办确定为具有培训资格，并承担农民教育培训任务的民营培训机构有：（1）A 县绿园职业技能培训有限公司；（2）A 县上郎建民转椅职业技能培训学校；（3）A 县科达职业技能培训学校；（4）A 新艺职业技能培训学校；（5）A 县时代阳光职业技能培训学校；（6）A 县中南百草园职业技能培训有限公司；（7）A 县飞亚电脑技术服务中心；（8）A 县希望转椅职业培训学校；（9）A 县宏运拖拉机驾驶培训有限公司。

被县人社局确定为具有培训资格，并承担农民教育培训任务的民营培训机构名单如下：（1）A 县职教绿园职业技能培训中心；（2）A 县科达职业技能培训学校；（3）A 县上郎建民转椅职业技能培训学校；（4）A 县时代阳光职业培训中心；（5）明明羊毛衫针织培训班；（6）炜业锅炉培训中心；（7）A 县中南百草园职业技能培训有限公司。

无论是成校，还是民营培训机构，都能同时从县农办、县人力社局、县农业局或县教育局接受农民培训任务。

二 农民教育培训机构的场所与条件

（一）成校的培训场所与条件

成校既有所在乡镇拨付的经费（2013 年乡镇拨付经费共 57.3 万元）；又有劳动局拨付的双证制培训补助和预备劳动力培训补助经费、县农办拨付的十万农民素质培训工作补助经费，以及合作学校分成的高等教育学历教育经费和其他渠道的经费。除乡镇拨付的经费外，后几项经费合计2010年为207.66万元；2011年为225.66万元；2012年上升到263.06万元。

A县成校共有59个编内教师，主要承担组织管理工作，个别老师也承担一些课程，更多的师资则从其他地方或机构聘请，如农业局的专家、医院专家、各方面的技术专家等。这些教师主要集中分布在5个区域性成校，占了47个，其中：递铺区域性成校和孝丰区域性成校各有14个，天荒坪区域性成校和梅溪区域性成校各有7个，高禹区域性成校有5个。他们大多承担学校的管理工作或文化课教学，真正农民教育培训的教学工作则要临时聘请。

案例1：天子湖区域性成校

天子湖区域性中心文化技术学校前身为高禹成校，辐射两个乡镇，分别为鄣吴镇和天子湖镇，辖26个村，6.8万人口，其中劳动力人口两万多。学校单门独院，占地10亩，建筑面积2000平方米，教学设施齐全，便民服务大厅、培训室、多媒体教室、图书阅览室、计算机房、健身房等一应俱全，并建立了12个校企合作实训基地。

天子湖成校没有专门的农民培训师资，但有9位专职人员，包括3名管理人员和6名文化课老师，分别负责有关培训的各项管理工作和文化课的授课任务。因此，在培训过程中，一般都是临时请外来教师、企业工程师和技术人员，或农业局相关部门的技术专家等。

在经费方面，学历教育是收费的，而所有的农民培训项目都不向农民收费。参加培训的农民可以得到补助，不同培训项目有不同的经费标准，例如：创业人才培训为200元/人，实用技术培训为150元/人。这些经费来源主要来自于县农办补助，另外还有成校本身以及镇政府财政支持。按规定，培训经费是在一期培训结束之后才能拿到，因此，在培训之前，培训机构必须自身有一定的资金准备。

案例2：梅溪区域性中心成校

该成校具有独立法人资格。除本部外，下辖溪龙乡成校、昆铜乡成校。现有专职人员7人，其中昆铜乡1人；溪龙乡2人；本部4人。各乡成校校长由中心成校两位副校长分别兼任。2008年因在农民培训工作中业绩突出,被市教育局确认为"湖州市新农村农民培训示范基地";2009年被评为省级新型农民培训先进单位;学校校长2008年、2010年被县委县政府评为劳动力转移先进个人;在2012年4月召开的全县农村工作会议上,被评为2011年度农民培训先进集体。

(二) 农广校的培训场所与条件

农广校即浙江省农业电视广播学校 A 县分校,归属于农业局。县农业局局长兼任农业电视广播学校 A 县分校校长。分管副局长和农基站长都担任副校长,农机站副站长担任教导主任。校长和副校长的工作较为繁忙,担任教导主任的副站长为这项培训工作的实际负责人。农广校没有固定的师资,培训的师资来源主要是临时聘请农业局中层干部或科室人员、高级工程师、职教中心老师,或其他途径聘请的老师。这些聘请的老师并不是固定的,而是根据开班情况临时聘请,部分老师要讲授1—3门课程。

农广校的办公地点设在农业局的农机站里,目前由于拆迁,学校只有两间教室,一大一小,小的教室有视频会议室。黑板和讲台也一应具有,多媒体设备也是具备的。实际上培训地点不固定,往往到各乡村定点宣传,培训班设在乡镇或村里。

(三) 电大(职教中心,H 市农民学院 A 县分院)的培训场所与条件

电大作为 A 县职教中心的远程学院,与职教中心是同一班子,只是挂了不同的牌子,因此,同职教中心一样由教育局主管,校长由教育局任命。

电大是在2009年顺应 H 市的新农村建设以及 A 县的美丽乡村建设而成立的,在2012年10月又正式挂牌"H 市农民学院 A 县分院"。该校设有专门的校区、培训地点和实践基地,"H 市农民学院 A 县分院农民大学生教学实践基地"的牌子挂在天荒坪天池茶场的门口,可见电大对于实践基地建设的重视,但是并非所有的培训都放在电大,还有些课程放在天子湖成校开展。

A 县职业教育中心学校是首批国家级重点职业学校。学校占地面积260亩,建筑面积6万平方米,拥有完备的综合实验楼和齐全的专业实训设施设备。学校系国家星火学校、全国英语等级考点和教学培训站、浙江大学先进制造业实训基地、省旅游学会理事学校、省特色专业理事学

校、省现代服务业人才培训示范基地。

学校现有教师200余名，中、高级职称教师占50%以上，拥有高级以上职业技能证书的专业教师95名，其中技师、高级技师34名，并拥有车工、数控、电焊、旅游、电工、计算机等专业20余名职业资格考评员、8个安全培训资质师。

此外，职教中心还下设"A县绿园职业技能培训有限公司"。

（四）就业训练中心的培训场所与条件

就业训练中心隶属于人社局，该中心是一所公立的培训机构，负责人是由人社局任命，整个机构只有两个人，一个是主任另一个就是科长，两人各司其职，共同管理。办公室就在人社局的下面。据了解，就业训练中心的硬件设施比较落后，只有两个大教室和一个机房，教室里虽然有多媒体设备，但是具体设施比较差，平时上课也都是在基地完成，很少在教室里培训。没有专门的师资，开班上课一般是外聘老师。

（五）A县中南百草园职业技能培训学校的培训场所与条件

学校对基础设施建设较为重视，拥有3栋楼，分别为宿舍楼，办公楼和教学楼等。此外，设有多个会议室，面积大，配有专门的现代信息技术设备。该校有5名专职管理人员，包括校长、财务、办公室、招生等管理人员，其中一位受过专业培训，也可以担任授课任务。除此之外，培训机构还会聘请专业的高级工程师前来讲课。他们会针对不同地区的农民和不同村的情况，传授知识与经验，如安全采摘、如何增产等。

三 农民教育培训机构的培训模式与成效

（一）成校的培训模式与成效

A县共有5个中心成校，这些成校的运作模式稍有不同。下面分别以天子湖成校和梅溪成校为例，来看成校进行农民培训的具体模式。

1. 天子湖成校的培训模式

该成校主要承担两项任务：一是针对企业招工和培训，为企业招商引资提供一条龙服务，招工、培训、就业；二是农民教育培训。以县农办"百万农民素质农民"为依托，其农民教育培训又分为两大培训内容：一是农民劳动力素质培训和实用技术培训；二是外来民工就业的技术考证培训以及当地农民劳动力转移培训。农民培训人数按县农办给定的指标，每年400—500人，包括本地农民和外地农民，是整个 A 县成校中农民培训数量最多的。

具体的培训内容又分为学历教育与非学历教育，其中学历教育指的是成人高中双证制培训，针对的是当地户口的初中毕业生，而非学历培训又包括三大类，根据天子湖本身的地理位置，制定了与当地环境相符合的培训内容。第一大类为创业人才培训，主要针对的是农村学历层次较高的年轻人，培训时间为5天，一般一期培训200人左右；第二大类为实用技术培训，针对的是村里的种植大户，这一类培训依据各个村的不同情况，安排不同的培训内容，例如作为示范性推广项目的香榧种植或是水产养殖，培训时间一般为三天半，一期培训为50人左右；第三大类为农民素质培训，这一类培训是响应"美丽乡村"建设，以提高农民综合文明素质为目的，培训时间为1天，内容包括农村常规法律知识和卫生要求，一期人数在50—100人。

2013年该成校完成各类培训总人数1798人，完成计划的105.8%。其中：劳动力转移培训266人，完成计划的88.7%；农村实用技术培训425人，完成计划的141.7%；"两创"人才培训171人，完成计划的68.4%；农民综合素质培训759人，完成计划的126.5%；毛竹灾后自救培训177人，完成计划的118%。在一期培训结束之后，成校给每一位通过考试的学员颁发由县农业局盖章的"绿色证书"。

天子湖成校在多年的农民培训中，积累了丰富的经验。准确把握农民需求、提高农民参与培训的积极性是保证农民培训效果的关键。大部分农民由于自身文化素质有限，他们自身不会主动参与培训，一般是在村干部的宣传组织下参与培训的，因此，农民参与培训的积极性不高，从而影响培训效果。针对这种情况，天子湖成校采取了两种解决措施：一是依据农民切身要求，在制定培训内容之前，先到村子里进行一定的调查工作，保证培训内容能够符合农民需要，使他们学用并举。同时，在进行培训过程中，不仅让农民能够学会技术，还让农民学会经营。二是优化培训条件，改善硬件和软件条件，尤其是提高师资水平，要求授课教师不仅自身拥有扎实的知识技能，更重要的是能够会教，充分考虑到农民的素质水平，形象生动并直观地进行讲解，提高课堂效率，变

"要我学"为"我要学",增强农民培训效果。

因材施教、分层培训也有利于提高农民培训效果。很多地区进行的农民培训都是"一刀切",无论农民什么学历,什么背景,参加的都是同一个培训项目,这样"一刀切"的结果便是不能适合农民的实际。天子湖成校将农民培训分成三个层次:第一层次为种植大户,实行高标准、高技能的培训,以乡镇为单位;第二层次是普通学历农民的创业培训,这一部分的农民自身素质并不低,因此主要培训目的是让他们更好地走向社会;第三层次是最基本的实用技术以及文明素质培训,针对全体农民,时间、年龄不限。要注意的一点是,技术和素质培训必须是紧密结合的,在技术学习中培养素质,在素质学习中掌握技术。

天子湖成校还结合当地情况开展了富有本地特色的农民培训。A县的地理环境适合白茶种植,为了防止种植白茶导致的水土流失,当地农民开发出白茶和香榧的套种技术。成校抓住机会,不仅对农民进行白茶种植培训,还对农民进行种植香榧技术培训,如今,几乎有白茶种植的地方也会有香榧种植。

2. 梅溪成校的运作模式

该校自成立以来,经历了三个发展阶段:第一阶段(20世纪80—90年代初),拎包跑田头,完成了扫盲任务;第二阶段(20世纪90现代中期到21世纪初),租用教室,单纯地进行农业技术培训;第三阶段(21世纪以来),得到高校支持,开展学历教育和实用技术岗位培训相结合,有了单门独院的校园和校舍。2008年以来,梅溪成校被县农办确定为劳动力转移培训定点单位之后,结合梅溪镇美丽乡村建设,"立足三农,服务三农",紧紧抓住当地的农业特点,即种桑养蚕、喂鱼养蚕,扎扎实实开展农民培训,取得了良好的培训效果。2011年全年培训农村劳动力1064人,其中转移就业培训突破300人,达317人,大大超过2010年200人的历史纪录,农村农民技能培训597人,创业创新培训150人,圆满完成县农办年初下达的培训任务。2012年全年培训农村劳动力701人,其中,转移就业劳动力157人;农业技能培训321人;创新创业培训223人。2013年上半年完成农村劳动力培训418人,其中转移培训64人;实用技术培训93人;创业培训55人;村民素质提升206人。这些培训受到各村委的好评,A县电视台对此做了多次专题报道。

除了这些培训外，该成校还开展了老年人电脑知识培训，妇女维权知识培训，青少年心理健康教育培训等社区培训，共举办各类培训44期，其中本部举办33期，有2131名学员参加；溪龙举办11期，有1638位学员参加。

梅溪成校农民培训的主要经验可以概况为如下几点。第一，培训进村，设立培训基地。梅溪成校一直坚持这一点。例如：辖区马村是A县的蚕桑生产重点村，为了把马村打造成"一村一品，一村一业"的新农村样板，成校在马村建立了蚕桑技术培训实习基地。不仅如此，该镇小溪口村的传统产业是水产养殖，但农户零星养殖，难以形成规模。成校在该村建立了特种水产培训实习基地，同时还动员农民逐步更新投资小、见效快的品种。像学员潘万元承包了50亩池塘养殖小龙虾，每亩增收近千元，在养殖当年就尝到了增产增收的甜头。

第二，在重视技术培训的同时开展营销技术培训。白茶是A县的主要经济作物。梅溪成校一直致力于把当地溪龙乡黄社村白茶产业做大做强。针对这一特色农业，专门组织白茶种植大户学习信息技术，举办"电子商务网上营销"培训，开辟新的白茶营销渠道。据统计，从该校培训班走出来的学员，已经有10多户开设网上营销店，让白茶在网上也飘香。

第三，多方争取培训合作伙伴，丰富培训资源。2013年5月，梅溪成校与中国农业科学院茶叶研究所协议合作举办"田间学校"，计划利用三年左右的时间，以黄社村为着眼点向周边村辐射，进行分层次、分类型、分时段的全员培训。根据合作协议，中国农业科学院茶叶研究所将提供技术、师资支持，黄社村提供场地等保障，而梅溪成校主要承担组织实施的职能，在农民与专家之间架起一座桥梁。在培训方式上，打破在教室集中培训、老师讲学生听的模式，采用座谈、论坛、田间讲堂等形式，着重培训村民的自我研究、自我发展的能力；在培训内容上，整合技术探讨、人文素质等，着眼于培养村民自我学习、有序发展的能力。通过这样系统性培训农民、服务农民的方式，以期造就一批新型职业农民。

据悉，茶叶加工职业技能考证培训是该校所展开项目中属全市全县唯一的开创性培训，2013年上半年有64名学员参加培训，其中60名学员取得了国家职业资格初级证书。

此外，作为一所省级示范性成校和区域性中心成校，梅溪成校还充分利用镇文化中心资源共享的优势，开展多样化的社区教育活动。作为陕西师范大学远程教育校外学习中心，在学历教育上，仅2012年就毕业23人，新招本专科学员57人，现有在校学生222人。2013年上半年双证制学员报名130人。

（二）农广校的培训模式与成效

农广校以中专班培训为主，每年7月招生，9月开班，两年制。每年招生60—70人，分两个班级。主要生源为合作社人员、种粮大户。一般规定每年1月6—10日进行考试，最晚不超过10日。培训经费来源主要是农办培训项目和农业局培训项目资金的划拨，按学员人数每人一学年1000元下拨，包括老师的讲课费、考试相关费、技能鉴定费、教室水电和茶水费等一切培训费用；而短期培训是没有经费的，时间为半天到一天左右，老师全是义务上课。

学员有固定的教材，不仅有《植物生长的环境》《农产品的质量安全概论》等专业书本，还有《法律基础和农村政策法规》《应用文写作》等综合类或实用类书籍。这些教材都属于全国农业中等职业学校"百万中专生计划"教材。

在培训的方式方法上，中专文凭培训时间为两年，属于间歇性的持续培训。培训科目共14门课，其中5门基础课，9门专业课，一般一门课培训时间为三天半左右，考虑到农民的实际情况，培训时间是根据当地农民的需要制定的，大多安排在农忙过后或是下雨天。农民可以做到工作和学习两不误。培训方式主要以集中上课为主。受教师资源的限制，很多教师都是临时请过来讲授的，大部分教师教授方式为直接讲授法，利用简单的资源：黑板和粉笔，但也有一部分教师利用多媒体课件授课，增加知识的直观性，让农民更好地理解教学内容。

经过两年的培训之后，只要通过书面考核的学员都能够拿到与自己所学专业符合的中专证书，每年考试通过率约为90%。由于各方面的原因，农民参加培训的积极性不是很高，培训效果并不是很明显。

（三）电大（H市农民学院A县分院、职教中心）的培训模式与成效

与其他成校不同的是，电大主要从事学历教育培训，帮助学员取得

大专文凭。为了提升农村党员干部群众的学历和技能，培养新型农民，电大将"一村一名大学生"工程作为主要工作，同时顺应新农村建设和农业可持续发展的需要，承担农民教育培训任务。

电大的培训由于以学历培训为主，因此一期培训时间均为两年半。因为是非脱产培训，所以上课时间会避开农忙时段，选在周六、周日上课，每次课为半天时间，一个学期基本上有七八周的上课时间，其余时间都是以学员的自学为主。在学期结束时会有考试，对学员的学习情况进行检验。上课都是采用集体授课的方式，很多的课程都是将理论和实践相结合，在电大进行理论授课，在实践基地进行实践。

就培训的内容而言，主要分为纯农专业和涉农专业两大块。纯农专业的课程大致有茶叶栽培与加工、园艺、农业观光、畜牧等，这些内容的培训都是省财政补贴学费，所以是免费的。涉农专业主要有乡镇企业管理等，这方面的课程是放在天子湖成校学习，学费打折但是不免费，培训两年半总共交学费4788元，在最近两年颁布了新文件对农民学院毕业的涉农专业的学生有每人1000元的补贴。这些授课内容是上级部门制定，A县电大根据农民的需要，因地制宜开设专业。培训课程都有固定的教材，这些教材大多是全国统一的，也有省电大统一的教材，由省电大下属的农学院教材科选定。

在师资建设方面，纯农专业设有两名班主任，涉农专业电大设有一名班主任，天子湖成校设有一名班主任，班主任主要是富有经验和工作认真的教师。在师资配备上，每门课聘请一名教师，大致原则是专业课以向外聘请为主，通识课则以电大教师为主，聘请的兼职教师多为学历背景相关或者相近的职业技术人员或者专家。

职教中心学校下设的A县绿园职业技能培训有限公司，是具有独立法人资质的培训机构，是湖州市高技能人才培训基地、湖州市校企合作培训基地、湖州市职业技能鉴定先进单位。具备职业资格培训、行业证书培训、安全培训、特种作业培训、电力培训等独立培训资质，是A县供电、安监、交通、民政、农办、残联、旅游等多家单位的定点培训机构。依托学校雄厚的师资力量和完备的实训设备，与多家高校、行业协会、行政、企事业单位开展合作培训。

A县绿园职业技能培训有限公司主要分为五类培训。一是职业资格证书培训，例如初级工、中级工、高级工等。这一类培训的部分项目，符合规定条件的可以享受政府补助，免费培训和考证。二是行业从业许可证培训、考证，例如高压进网证、低压进网证等。三是特种行业操作证培训、考证。四是农村劳动力转移、预备劳动力培训，例如农家乐培训、服务员培训等。五是成人学历教育。除这些之外，还有其他各级各类培训，办班灵活、形式多样，可以为行业协会、机关、企事业单位开展新员工培训等。

总的来说，A县绿园职业技能培训有限公司虽然也有县农办的指标，但大多数以职业培训为主，普通农民技能培训是没有的。

（四）就业训练中心的培训模式与成效

就业训练中心隶属于人社局。就业训练中心成立至今已有10多年之久，主要工作目标在于培养高技能人才，提升岗位技能、就业技能和创业技能，同时也开展下岗失业培训。就业训练中心并没有特定的目标，首要的就是按照上级下达的指标完成任务。

就培训内容而言，主要分为专门技能和专业知识两大块，因此在考核的时候也分为资格证书考核和结业考核两种。对于专门技能的培训，主要是培养技能型人才，最终的考核由书面和技能共同组成，取得的证书是职业资格证书。

对培训对象没有特殊条件的限制，一般都是针对普通农民，一期培训大约有40—50人，在上课方式上充分考虑农民的因素，通常都是只开展短期培训，为期15天左右的非脱产培训。每一期都会根据教材、授课以及教师等具体班级进行具体的收费，但是对农民基本都是免费的，因为经费方面有政府的扶持，上级会拨款到培训机构。上课都是采用集体授课的方式，很多的课程都是将理论和实践相结合，特别是专门技能方面，因此在结束时的考核也分为书面考核和技能考核，由主管部门制定考核标准以及考核内容。

（五）A县中南百草园职业技能培训学校的培训模式与成效

该校接受县农办和县人社局下达的农民培训指标，根据农办和人社局的要求，结合当地农民的特点和需要，对农民开展教育培训，每年培训上万人。近几年来，该校先后被列为A县十万农民素质培训定点单位和A县职业技能培训点。他们的指导思想是"休闲农业和乡村旅游相结合，资源在山水，潜力在农家"之路。

该校开展的培训活动主要有以下四类：第一，对农民开展简单的技能培训，如怎么安全高效地采摘和加工白茶。第二，对毛竹的综合利用培训，包括物理和化学方面的。第三，"景区+酒店"培训模式，为景区培养内部人才。培养时注重"学中做，做中学"，理论与实际相结合。第四，增加辐射功能，面向农村，面向转移农民，面向转型企业。

针对农民的培训，该培训机构每年培训1200人，分为四大部分，"两创"（创新和创业）、农民综合素质培训、劳动力转移培训、农技培训主要是高技能人才培训，其中培养高技能人才150人。在培训内容中，"两创"培训包括5门理论课和1门实践课。而"农业技能"培训包括4门理论课和1门实践课。平均1门课需花半天的时间进行讲授。

为了组织农民参加培训并调动农民参与培训的积极性，学校派专门的车辆接送农民，并在培训期间提供午餐。在培训结束后，工作人员还会送给农民小小纪念品，带他们参观中南百草园。

对农民的培训经费主要来源于政府补贴。对高级技工的培训费用是由人社局提供，其他培训都由农办进行补贴，平均补贴为每个人300元。具体而言，"两创"培训的指标是200人，按300元每人下拨经费。"农业技能"培训的指标是400人，按200元每人下拨经费。高技能培训指标是150人，按800元每人下拨经费，但人社局鉴定要收取200元/人，实际上是每人600元。

第三节 存在问题

一 农民教育培训实施机构存在的问题

（一）培训单位杂乱

在提高农民素质的大背景下，为响应政府的号召，各个单位都积极开办培训班，培训机构兴起。但是部分单位却没有相应较好的培训条件，造成农民培训表面上看似一片火，深层上却是培训效果差的现象。换句话说，目前部分培训只注重形式，并没有将培训政策真正落实到位。

（二）培训质量不高

农民培训机构上报培训内容，事前调研工作较少。很多培训机构忽视调研工作，上报的方案并不切合农民的需求。一旦培训不能给农民带来明显效益，农民便缺乏较高积极性。造成培训工作效率低下。走访中发现，为了吸引农民参加培训，而采用提供免费午饭、发放日用品、纪念品等多种形式，使得农民培训无法显现真正的价值。

A县农办主任表示政府在农民培训相关事项时考虑政府自身因素较多，忽略了农民的实际想法和需求。认为请专家过来讲课能更好地帮助农民掌握农业知识，但是却很多时候专家讲的内容过于理论化，农民受文化程度的影响学不到多少知识。同时如今的培训大多偏重知识层面的讲授，但对于农民来说，更加需要技能方面的知识，这也是脱离农民实际情况的一种表现。尤其是一些非学历培训，特别是乡镇培训班因为与农民需求脱离导致质量不高。

（三）培训费用紧张

以A县职业教育中心为例。虽然上面会有一定的资金补助，而且通常情况下2/3的资金会用于培训，而1/3的资金则用于添置多媒体设备等，但是依然存在资金不足的现象，例如，没有足够的资金去请教师；如果在培训时涉及实训的相关内容，就会更加出现费用不够的现象。再如，有一些开课村庄地处偏僻，交通不便，教师赶往培训班的时间很早，很辛苦，由于经费问题，对教师在这方面的补贴较少，甚至没有，使得一些优秀教师望而却步。

（四）招生困难

由于农民参与培训的积极性不高，除了少数实用技能培训和农民转移再就业培训外，农民对其他许多培训都没有兴趣，也认识不到参加培训、提高自身素质重要性；加上培训机构多，有些培训机构是为了赢利而应付完成培训指标，因而开展各种各样的培训，而对于农民来说却是一年又一年的"炒冷饭"，以致农民更加不愿意来参加培训，导致招生困难。

以农广校的中专班培训为例：省里要求每一期招60个学员，毕业后颁发中专文凭，但是中专文凭对目前的农民来说没有太大的吸引力，因而报名农民少。

（五）培训考核评价不切实际

W县职业教育中心校长特别指出一个问题：培训结束后通过电话抽查方式考核，一般不是在培训结束时抽查，而是在培训班结束两三年后抽查，此时农民联系方式已有变动或者该联系方式已不存在，很难达到预期效果。而且政府部门要求参加培训的农民都要有联系方式记录，这使得一些没有手机的农民以邻居或者亲属的电话号码充数，当电话抽查时这些人往往不了解培训细节，不能达到电话抽查的目的，在出现这种情况时，政府抽查部门将责任推给培训机构，显然会打消培训机构的积极性。

（六）培训师资缺乏

许多培训机构都只是有管理人员，没有专职教师，影响教学质量。即便是 A 县的农广校，还算是涉农专业性学校，也没有正式的教学管理编制，更无专职的教师，培训的老师主要来自农业局和职教中心，一般在开班时临时聘请。很多临时聘请的老师虽然理论知识扎实，但是实践知识和培训经验缺乏，对培训对象的具体情况也不熟悉，极大降低了培训效果。

二 农民主体对农民教育培训的参与情况

（一）农民参与培训的积极性不高

无论是 W 县还是 A 县，除了劳动力转移再就业培训和部分实用技能培训外，农民参加培训的积极性不高。在访谈中得知，在乡镇村办农民培训班，若当地村干部支持这一工作，那么培训对象就会落实到位，培训工作则较为顺畅。若村干部不支持，那么开班培训就会有困难，首先是生源问题，培训人数达不到要求；其次是到课率低。亦即，村干部是看培训机构负责人的面子才出面组织的，而农民则主要是看村干部的面子才参加培训的。

在 A 县的许多地区，现在的农民培训模式已开展多年，大多数村已普及，再继续下去，相当于"炒冷饭"，农民参与的积极性自然不高。

农民参加培训的积极性不高还表现在：上午的培训课 10 点 30 分左右就开始人员稀少了，因为听课的学员许多是女性农民，她们要回家去做饭。

另外，农广校的中专学历班，由于要开设 14 门课程，有些课程学员感兴趣，会认真听；但更多的课程农民缺乏兴趣，因而参与听课的积极性不高，表现为培训学员的到课率较低、参加考试率低、作业收缴难。

调查中还发现，虽然一开课就发下了教材，如《果树栽培与病虫害防治新技术》等专业书本和《农业政策与法律法规》等书籍，但是农民自己翻阅较少，极大浪费了书本资源。

(二) 农民参与培训的动机不纯

金钱观念在老百姓的头脑里根深蒂固。许多农民把参加培训当作可以获得直接经济利益的工具，希望通过参加培训可以得到物质奖励，长远的经济利益常常会被他们忽视。对于国家免费培训政策一方面是持赞同的态度；另一方面却希望从中得到实际的补贴，比如发礼品、小红包、包餐等。据调查，为了吸引农民前来进行培训，培训机构会在每一期培训结束时给农民一些小礼物作为纪念，在培训时也基本会提供免费的中餐。因此，不排除一些农民由于利益的驱使来培训，培训效果大打折扣。部分农民甚至仅是为了礼品来的，排两次队或多次队伍，以重复获取礼品。

(三) 受训农民课堂行为不规范

来参加培训的农民，由于年龄大，大多数出生于新中国成立初期，文化素质不高，所以在培训课堂上部分学员组织纪律性差，小部分学员抽烟，忽略了这是一个培训的公共场合。除了抽烟这一行为之外，学员进出教室频繁，不能认真听讲。调查还发现，在培训过程中，总能看到抱着孩子来上课的妇女，或者三三两两聊天的农民。这些不良行为是农民日常生活中所表现的，和他们的生活经历有关，和他们个人所接受的教育和自身素质更是密不可分。这些举动严重影响听课质量，使得教师教学效果受到影响，不能将课堂知识落实到实处。

(四) 培训工种较为单一，难以满足农民需求

浙江省的X县是著名的"洗衣之乡"，很多人在全国各地开设洗衣连锁店，针对这种状况，X县开展的洗衣培训受到了很多农民的欢迎。此外，X县针对希望外出工作的女工所进行的家政培训也受到了欢迎。但是，像这种能够满足农民需求的培训不是很多。有些工种类型不适合各乡村的时间需求，很难引起农民的兴趣。

(五) 农民参与培训的效果不佳

接受农民培训过的人与没接受过培训的人差别不大，按照教学计划完成培训的一部分人会有一些收获，但是接受培训后真正发挥作用的人还不

到10%。加上很多农民不是自愿参加培训，而是在村干部的动员下出于面子被动参加，故学习不太认真，毕业率低，还存在着请人考试现象。

此外，培训对象趋于老龄化。据在W县调查，前来参加培训的农民年龄大多在50—70岁，而农村的青壮年由于外出打工很少留在家乡参加农业活动，因而不会参加培训。这样一个年龄层次的培训对象，由于年龄较大，接受能力不是很强，对他们的培训潜能不是很大。且女性农民比例很高，而有些培训项目不适合女性，这给培训造成了一些不便。令人遗憾的是，W县的种田大户很少来参加培训班，这些掌握着W县大部分耕地的青年农民更加需要培训，学习怎样科学种田，使万亩耕地出现几倍的效益。所以新型农民并没有成为一个主要的群体，甚至新型农民的意识也还没有得到推广。在A县也存在类似的问题。企业确实缺工人，但由于大多数青壮年劳动力外出打工，留在本地的劳动力年龄与企业所需工人的年龄段差异大，这属于结构性的矛盾，很难避免。

第四节　对策与建议

通过农民教育培训，农民感受到了政府的阳光雨露，感受到了党的关怀和温暖，提高了农民的整体素质，为新农村建设打下了坚实的基础。但是当前的农民培训也存在很多问题。针对这些问题，三个县都进行了积极的探索。根据三个县的探索，我们提出如下对策建议。

一　加大培训机构经费补贴，促建市场模式

培训机构实际拥有的运作经费紧张，也有培训机构校舍拆迁经费支出加大，使得培训机构"心有余而力不足"，完成日常的运作外较难开展其他的活动。因此，必须建立多元化的资金投入机制，一方面强化政府主导的公共财政资金的投入；另一方面，也应该允许机构本身展开灵活的资金筹备渠道，结合民间集资或者国外资金，推进教育培训活动更加顺利、流畅地运行。政府必须制定针对培训机构的优惠政策，积极吸纳社会流动资金，完善资金进入渠道，并争取培训机构能获得较大的政策、资金和技术的支持，或加大政策引导（参见图8—1），使企业私立培训机构更主动参与农民培训工作。对私立机构开展农民培训的资质设立必要

的门槛，对私立机构具备的培训场所、培训师资、培训设施、培训计划等进行严格的把关。

资金投入的多元化可以缓解培训机构培训资金的压力，但并不一定能建立起长效稳定的农民培训机制。其中社会投资（民间集资）和国外投资具有一定的不确定性，因此还要促使农民培训模式从政府主导型向市场主导型逐步转变。市场主导型的优势在于培训机构的培训项目和内容由农民自身决定，农民付钱想上什么课就开什么课，即经费由农民自身支付给培训机构，培训真正成为农民获得更高收入的教育投资。培训课程由市场选择，由于是农民自身投资的培训教育，真正实现需要什么就上什么课程，培训机构统计各课报名人数，报名人数达到一定数量，即可制订开课计划。但市场主导型培训模式建立的前提是农民收入达到一定程度，愿意也有能力为获得更好的收入对自身进行教育投资。我国还未建立完善的市场主导型培训模式，仍以政府主导型模式为主，而市场主导型培训模式目前只在某些经济发达地区小范围的存在。市场主导型不是不需要政府投入，而是让政府投入逐渐退出主导地位。

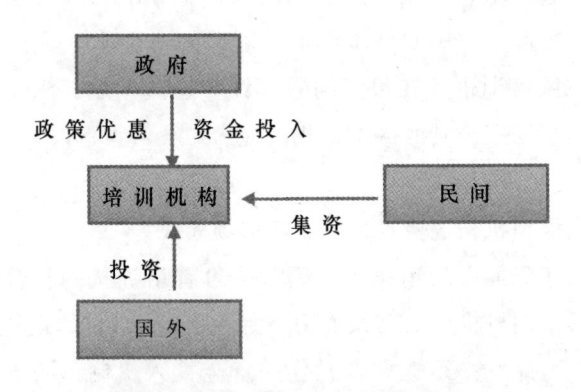

图8—1 培训机构资金来源多元化

二 加强培训机构基地建设，优化配置资源

培训机构要增加基地建设、教育设备和设施等的经费投入，建设更多具有自己特色的实践基地，同时也要避免培训机构之间基地的同质化和重复建设。由于培训机构之间教育软硬件资源直接调整和配置会牵涉

到培训机构之间的利益，政府很难直接调整。但是政府培训指标分配量和经费补贴是培训机构间竞争的重要资源，利用政府资源分配促进培训机构的竞争是政府调控的重要手段。

调整政府资源配置则需要完善农民培训机构的评估考核制度，通过职业技能鉴定评价、农民反馈评价、社会评价等多种方式来考核农民培训机构，对培训指标拨款要分梯度，对职业技能鉴定通过率高、农民反馈评价好、社会反映良好的培训机构加大指标分配量和经费补贴力度。相反，对培训工作开展差的培训机构要降低培训指标量和培训经费补贴，直至取消培训机构培训资质（参见图8—2）。制定培训机构之间竞争机制，加强培训机构的比较，促进合理竞争，在培训机构的竞争中优化机构的资源配置。

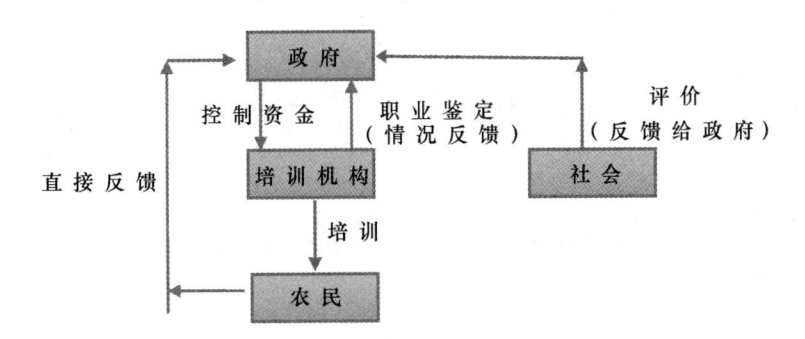

图8—2 政府考核培训机构途径

三 加强培训机构师资建设，组建优势团队

首先培训机构可以适当地培养和吸纳相关涉农专业的教师，切实解决专职教师的编制问题；其次培训机构应建立良好的教师授课质量激励机制，建立一支既具备教学能力，又具有实践指导能力的"双师型"教师队伍。建立专职和兼职教师组成的教学团队，依托农业部门的技术站或农业研究机构，吸纳农业技术人员、农业专家、具备丰富实践能力的技术能手进来。对农民培训还要注意方式方法，要尊重农民、提高农民。

培训机构应统一建立教师备案制，建立固定和聘任教师师资库，对每位教师单位、职称、技术特长、教学能力统一备案，资源共享。由设立部门管理调度，培训机构根据师资库情况，向管理部门申请聘任教师，实现教师资源的使用价值最大化。

还应建立农民培训教师定期培训制度，对农民培训教师师资库成员进行集中培训，管理部门可聘请省内外专业领域著名学者、工程师、高级技师进行讲解，也可以聘请种植大户传授管理经验，或者设立交流论坛，通过各种措施促进农民培训师资的提升、优化。参见图8—3。

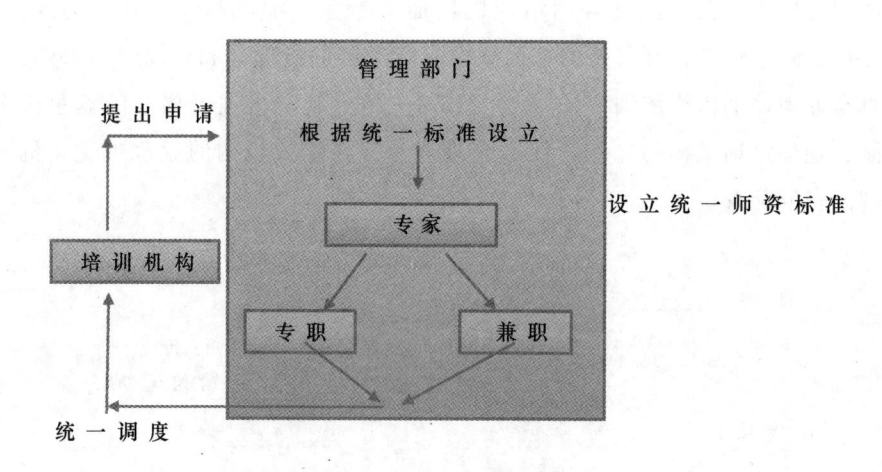

图8—3 农民培训师资建设方案

四 完善培训机构调研工作，实现供需对接

培训机构培训内容与农民的供需结合不足是目前政府主导型培训模式较大的缺陷，培训机构应努力实现农民培训与农民需求的无缝对接，培训机构在实施培训前需要有完善的前期调研，针对农民目前的迫切需求有针对性地开展培训。对已经开展过培训的项目，更需要详细调研材料。对不同类型的农民，每期培训都要有自身的目的性和计划性。农民的社会心理普遍关注眼前利益、切身利益，受认识上限制影响，喜欢浅显易懂的内容。因此在培训过程中需抓住农民培训心理，授课内容要深入浅出、理论联系实际，又能因地制宜，引导农民学用结合，要既满足农民的实际需求，又解决农民的实际问题。此外还要跟踪农民需求，不能为培训而培训。培训结束之后，要继续回访农民，及时调研获取农民新的培训需求，及时调整开设的培训内容，做到农民需要什么，我们就能提供什么。此外培训机构要加强与农业科研、科技推广单位合作，发

挥科研院所的科研优势，建立农民科技培训网络，针对当地农业开展科研院所的科技讲座，促进农民、企业、科研院所之间的交流。

比如在 A 县，根据农民的需求开展过茶叶培训、生态小龙虾培训、生态甲鱼培训等，这些培训项目都符合当地农民的需求，尤其是短期而实用的培训，如"干旱时期如何急救茶叶"，深受广大农民的欢迎和喜爱，培训的效果显著。A 县天子湖成校成立农业科技项目"香榧种植"合作社，使种植户进一步增加，推广面积进一步加大，提高了种植香榧的经济效益。A 县天荒坪成校配合"打造风情旅居小镇"，开展"休闲经济综合培训"成效明显。在 A 县，针对希望外出开设干洗连锁店的农民以及希望外出从事家政服务工作的农民开展的培训，都受到了农民的欢迎。所以，加强对农民需求的调研是保证农民培训效果的关键一步，如果提供的农民培训并不是农民所需要的，再多的努力也是浪费。针对农民的需求，每期培训都要有明确的目的和计划，培训内容要有针对性，而且要请专业性的老师给学员上课。师资的专业性保证了农民在受训过程中知识学习的可靠性。必要的时候与企业或是职业学校相互合作，确保培训内容的专业性，提高培训的有效性。在培训过程中要理论联系实际，因地制宜，引导农民学用结合，既满足农民的实际需求，又解决农民的实际问题。

五 创新培训机构培训形式，制定激励机制

培训机构培训形式不能拘泥于课堂的师讲生听，更多的可以根据学员的群体特征和培训课程的需要，开展多种形式的实训和操作授课，此外新方法、新工艺、新技术、新产品的不断涌现也对培训机构及时传授农民提出了挑战。因此必须保证培训内容中实践课程的课时量，要让下车间、下田间成为培训常态，要让农民上课能"听得清，看得到，摸得着"；鼓励老师更新课程内容、跟进生产技术的发展，把最新的知识和技术传授给农民；鼓励老师采用手把手教学、多媒体教学、网络教学等多种教学形式，确保电子媒体、印刷媒体、网络媒体并重；鼓励老师多与农民互动，让农民有问题愿意找老师、找得到老师。

对农民最好的激励机制就是实现农民的需求，要跟踪农民的需求，不能培训过后就不管了，对农民在以后出现的新的培训需求信息要及时采集、分析及进行预测,组织广泛充分的调查。从"我们要培训什么?"转变为"农民要培训什么?""市场要培训什么?",制订培训计划并不断修改完善。

第九章

中等职业学校参与农民培训的调查与思考

中等职业学校承担着培养数以亿计的高素质劳动者和数以千万计的高技能专门人才的职责。发挥中等职业学校办学优势参与农民培训，培养新型城镇化和新农村建设需要的高素质农民，这是值得关注的课题。本章以中国东部某省中等职业学校参与农民培训工作为个案，通过问卷调查、深度访谈等研究方法，探讨中等职业学校开展农民培训取得的经验、面临的问题以及发展对策。

第一节 中等职业学校参与农民培训的办学优势

当前，我国中等职业学校是以招收初中毕业生为主的全日制办学机构，其任务是培养掌握一定职业技能的劳动者。在长期办学过程中，中等职业学校办学定位明确，日常学校教学管理规范，这为中等职业学校参与农民培训创造了条件。

一 为农民培训储备师资

据国家教育部 2010 年统计数据显示，我国现有中等职业学校 13941 所，专任教师 867386 人，本科及其以上学历占专任教师数的 83%，中高级以上职称约 62%；聘请校外教师 101752 人，本科及以上学历占了 76%，中高级以上职称约 66%。他们理论知识扎实、教学水平较高、实践能力强、工作经验丰富，能够为农民培训提供强大的支持。详见表 9—1。

表 9—1　　　　　　　　中等职业学校教师数量①　　　　　　　单位：人

		总计	博士	硕士	本科	高中及以下
专任教师	总计	680954	534	26807	539839	5556
	正高级	4642	111	665	3357	25
	副高级	139673	199	8490	119236	278
	中级	275077	112	9996	221810	1888
聘请校外教师	总计	101752	586	6922	69755	1600
	正高级	3634	238	776	2329	37
	副高级	22763	215	2340	17812	98
	中级	40825	117	2225	29005	385

二　专业设置齐全

中等职业学校按照国家标准开设专业和课程，专业门类比较齐全。以某市中等职业学校为例，该市地处浙江南部，重点打造先进制造业基地，重点发展第二、第三产业。通过调查发现，全市中等职业学校开出的专业涉及国家学科专业目录中 15 大类 57 个专业；同时，该市中等职业学校以地方经济需求为导向，强化职业学校服务职能，专业设置以"现代制造业、现代服务业、现代农业"类专业为主，体现中等职业学校专业建设与区域社会经济发展的关联度。这里以该市一职业中专教育集团为例，该校开设了机电、电子、电气、数控、模具、船舶修造、汽车修造、旅游、航空、护理、文化艺术、会计、电子商务、计算机、动漫游戏、影视、工艺美术、石雕艺术等 7 大类 19 个专业，基本上满足当地人才市场的需求。与此同时，许多中等职业学校还紧密结合自身办学实力和区域经济特点，开设一些地方性重点专业或特色专业，在传统专业中增加学校开发的贴近地方的校本教材，形成了学校的重点优势专业，充分发挥中等职业学校在主动服务与引领地方经济社会发展方面的作用。

三　政策支持不断强化

2001 年 4 月教育部发出《关于中等职业学校面向农村进城务工人员

---

① 数据来自中华人民共和国教育部 2010 年统计数据（不含技工学校教师教程）。

开展职业教育与培训的通知》，这不仅是推进终身教育体系建立和完善的重要举措，也是中等职业教育招生制度改革的又一项重要举措，同时也为中等职业学校的发展指明了方向。国务院《关于解决农民工问题的若干意见》中对于农民培训有专项资金支持，学校可根据政策规定开展培训工作。2008年金融危机导致大批农民工返乡，随后教育部《关于切实做好返乡农民工职业教育和培训等工作的通知》中要求：充分利用职业学校、成人学校的资源，面向返乡农民工、进城农民工、青年农民、乡镇企业职工、退役士兵、未升学高中毕业生和下岗轮岗职工开展职业技能培训。这些政策的肯定与支持，是中等职业学校开展农民培训的政策优势。

第二节　中等职业学校开展农民培训工作的调查

本文选择我国东部沿海Z省为个案，考察中等职业学校开展农民培训工作的基本情况。Z省地处东部沿海，毗邻上海、江苏等经济发达地区，地理位置优越，且有着丰富的人力资源，据《Z省2011年第六次全国人口普查主要数据公报》显示，全省常住人口5613.7万人（流动人口占21.72%）；15—59岁人口占72.90%，青壮年劳力丰富。21世纪开始，随着被征地农民增多，经济结构战略调整的加快，加强农民培训工作和转移工作势在必行。Z省较早开始了农民培训，开展农民素质提升工程，有许多值得借鉴的地方。

Z省把人才发展放到了战略地位，大力实施人才强省战略。提升农民素质、转移农村劳动力，成为Z省壮大人才队伍的工作重点之一。尽管Z省的经济发展在全国名列前茅，农民人均收入领先全国，但是各地区经济发展不平衡，差距显著。

调查中，选取该省4个地区各1所学校作为调查样本。这4所学校分别位于Z省的东部、西部、北部和南部，4所学校开展农民培训工作多年，积累了一定的经验，在一定程度上反映了本地区的农民培训状况，能够为其他广大地区的农民培训工作提供一些借鉴。

一　调查研究设计

本文调查研究，采用问卷与访谈相结合的方法，旨在更直观、全面的了解学校农民培训工作，分析其存在问题，借鉴其成果。

（一）问卷调查

调查对象：中等职业学校参与农民培训的教师和学员。

问卷设计：在进行问卷设计之前，阅读相关的文献，并深入思考本调查所要了解的情况、问题及其他因素，对即将要调查的对象预先进行简单电话访谈，对学校情况有了大致了解，设计易于调查对象接受的问卷形式、长度。

农民作为参与培训的学员，对培训的信息反馈非常重要，从他们那里可以了解到培训开展的具体情况，效果如何，以及对于培训的期望等。学员问卷主要包括以下几个方面：①基本情况，主要是性别、年龄、文化程度及所从事行业；②培训情况，何种渠道了解培训、对学校培训满意度、培训中遇到的困难、培训的时间、参与课程、形式等；③培训效果、期待。

教师在培训中与学员直接接触，对培训情况有较高的把握度，最能直观反映农民参与培训的情况。对教师的问卷设计包括：①基本情况，性别、年龄、学历、所教科目、职称、教龄；②培训情况，课时数、考核方式、教材来源、实训情况、学员参与积极度；③培训工作的建议。

尽管问卷能够迅速了解个人的意见、态度或者看法，但是所搜集的资料更多的是表面的，尤其是本调查涉及的对象，更多地需要深层次地了解和挖掘，因此，鉴于问卷调查的单一性，决定辅以访谈进行调查和研究，使调查内容更加客观和真实。

（二）访谈调查

选用访谈法进行调查主要是因为在面对面的交谈方式中，可以直接收集调查对象所反映的事实，具有很好的灵活性和适应性。访谈前，了解被访者的基本情况，尤其是在访谈中，要引导得当，注意观察被访者的心理变化等情况，使被访者能够提供更多的有价值的材料。

为更好地了解学校开展农民培训工作，针对农民培训的管理者和教师进行了访谈。访谈对象：学校农民培训的管理者；参与农民培训的教师。

对学校农民培训管理者的访谈主要围绕以下问题：①学校农民培训的成果及经验；②培训中遇到的问题和困难；③学校对农民培训工作的规划。

对参与培训的老师的访谈主要围绕以下三个问题：①农民培训中遇到的问题及对策；②对目前农民培训的看法；③最初参与培训的原因，自身有什么地方需要改进。

本文通过问卷、访谈所得的资料，不仅可以反映学校开展农民培训工作的效果、问题及原因分析的呈现，也为本文最后提出的对策提供参考，同时一些访谈资料也为本文提供有力的证明，使文章更加翔实。

二 学员调查结果

本文针对农民学员共发放问卷 200 份，收回 200 份，剔除无效问卷 26 份，得到有效问卷 174 份，有效率 87%。调查结果如下：

（一）农民学员基本情况

性别比例：在被调查的农民学员中，参与培训的男性略多于女性。男性约占总人数的 59%，女性约占总人数的 41%（参见图 9—1）。

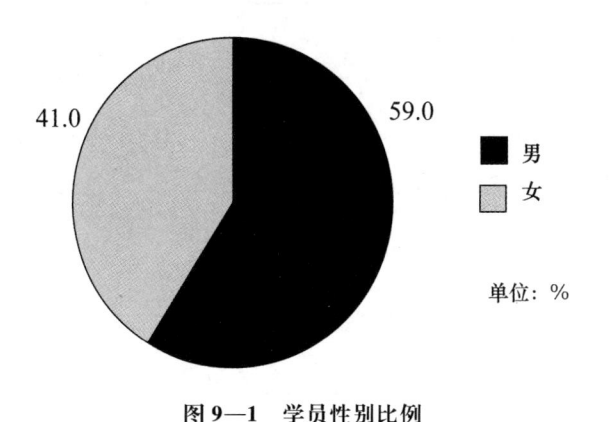

图 9—1 学员性别比例

年龄结构：30—39 岁学员占了 36%；20—29 岁学员占了 33%；40—49 岁学员占了 26%；20 岁以下学员占 5%。总体看，青壮年学员占 69%，是农民培训的主要对象。详见表 9—2。

表9—2　　　　　　　　　　　学员年龄结构

	频率（次）	百分比（%）	有效百分比（%）
20 岁以下	8	4.6	4.6
20—29 岁	58	33.3	33.3
30—39 岁	62	35.6	35.6
40—49 岁	46	26.4	26.4
总计	174	100.0	100.0

受教育程度：调查学员中，初中文化程度占了47.1%；高中或中专文化程度占了36.8%；小学以下文化程度占12.6%；大专文化程度占3.4%。可见83.9%的学员都具有初中及以上文化程度，有一定文化基础，也利于教师授课，详见表9—3。

表9—3　　　　　　　　　　　学员受教育程度

文化水平	小学及以下	初中	高中或中专	大专
人数	22	82	64	6
百分比（%）	12.6	47.1	36.8	3.4

从事行业：在对农民学员的调查中发现，从事种植、养殖的人约占了48%；加工制造类、餐饮类分别占了16%；休闲娱乐类占8%；建筑类占7%；交通运输类占3%；居民服务类占2%。详见表9—4。

表9—4　　　　　　　　　　　学员从事行业

	频率（次）	百分比（%）	有效百分比（%）
餐饮类	28	16.1	16.1
建筑类	12	6.9	6.9
加工制造类	28	16.1	16.1
休闲娱乐类	14	8.0	8.0
交通运输类	5	2.9	2.9
居民服务类	4	2.3	2.3
种植养殖类	83	47.7	47.7
总计	174	100.0	100.0

(二) 学员对农民培训政策的了解

问卷中"您所了解的农民培训工程",主要考察农民对于自己参与的培训类型、相关优惠政策的了解程度。本题为多选题,问卷结果显示,13.8%的人对于自己所参与项目以及国家对他们的优惠政策完全不了解,了解阳光工程、成人双证制培训项目的学员比例较高。总体而言,农民对于自己所参与的或者政策大力宣传的项目还是有一定了解的,详见表9—5。

表9—5　　　　　学员了解农民培训工程的基本情况

	阳光工程	雨露计划	成人双证制培训	新农村实用人才工程	科技入户工程	以上都不了解
百分比（%）	42.5	10.3	55.2	5.7	11.5	13.8

(三) 学员通过何种渠道了解学校培训信息

问卷中"您通过何种渠道了解本校的农民培训",有四个选项:"政府宣传""亲戚朋友""报纸电视等媒体""学校宣传"。学员回答情况:63.2%的农民是通过政府宣传来参与培训的;17.2%是从亲戚朋友处得知;10.3%的人通过报纸电视等媒体;20.7%的人是从"学校宣传"中获得信息。详见表9—6。

表9—6　　　　　农民通过何种渠道了解学校开展的农民培训

	政府宣传	亲戚朋友	报纸电视等媒体	学校宣传
人数	110	30	18	36
百分比（%）	63.2	17.2	10.3	20.7

从表中可以清晰地看到政府宣传比例高达63.2%,一定程度上反映出政府层面对于农民培训的支持力度;相比而言,学校宣传、报纸电视等媒体以及亲戚朋友的比例较低。这与访谈中"学校如何招生"的问题

回答基本一致，主要由乡、镇、行政村做培训的宣传工作。

（四）面向农民的培训课程设置

农民参与培训的课程主要以职业技能和普通文化知识为主。问卷中"您参与的培训课程有"，设了五个答案供选择（多选）："职业技能""公民道德与法律知识""普通文化知识""生活常识""其他（请注明）"。结果显示：86.2%的人参与职业技能的培训；10.3%的人参与公民道德与法律知识的培训；9.2%的人参加普通文化知识的学习；4.6%学习生活常识。详见表9—7。

表4—7　　　　　　　　农民参与培训的课程

	职业技能	公民道德与法律知识	普通文化知识	生活常识	其他
人数	150	18	16	8	0
百分比（%）	86.2	10.3	9.2	4.6	0

当前开展的农民培训主要是以职业技能为主，辅以文化知识的教学。另外，文化知识的学习并不如我们所期待的那样受到农民的欢迎，在访谈中有学员提到文化知识"听不懂、没意思、没用"。

开展技能培训主要以当地的需求、学校的专业设置相结合。开设的专业主要有：家庭种养殖技术、水产养殖、水电安装、造纸、服装缝纫、模具、旅游、烹饪、电焊、钳工、酒店服务等。并且大部分专业在完成之后都可以考取相应的职业技能资格证书，有利于农民学到一技之长，不论是农业生产还是从事第二、第三产业，都有职业技能和从业资格。

（五）农民培训的主要方式

通过问题"您参与的培训形式"来了解农民培训的形式，提供"教室面授""现场指导""网络""广播电视""其他（请注明）"五个选项。考虑到当前开展的培训形式不仅仅局限于某一种，因此本题为多选题。结果显示，"教室面授"的方式占34.5%；"现场指导"的方式占70.1%；"网络"的方式占3.4%。"现场指导"和"教室面授"是当前培训的主要形式。详见表9—8。

表 9—8　　　　　　　　　开展农民培训的主要方式

	教室面授	现场指导	网络	广播电视	其他
人数	60	122	6	0	0
百分比（%）	34.5	70.1	3.4	0	0

在与学员的交流中也了解到，他们最乐于接受的方式就是"面授和现场指导"，网络除了年轻人能灵活使用外，大部分人对于网络并不熟悉，更不用说网上学习。同时，专业技能较强的知识，需要教师的现场指导，能够帮助农民较快地掌握技术，对于疑惑可以现场提问、得到解答。因此，对于农民来说，直接、有效是他们喜欢的教学方式。

（六）农民培训的考核方式

培训目的是为提高农民科学文化素质、掌握就业技能，在课时结束后，采用适当的方式对他们进行考核，既是对农民学员知识掌握、能力提高的检测，也是对培训工作的评估。

在对农民培训的问卷调查中，问及"参加的是哪种考核方式"，43.7%的人参加了笔试；37.7%的人参加了上机操作；14.8%的人参加了模拟实验考核；口试只占很少的比例为3.7%。详见表9—9。

表 9—9　　　　　　　　　农民培训的考核方式

考核方式	笔试	口试	上机操作	模拟实验	其他
人数	76	6	66	26	无
百分比（%）	43.7	3.7	37.7	14.8	无

（七）农民培训满意度

问卷中针对"培训满意度"做了调查，设置四个选项："非常满意""比较满意""一般满意""不满意"。46%的学员对培训表示非常满意；47.1%的学员表示比较满意；6.9%的学员表示一般满意。详见表9—10。

表 9—10　　　　　　　　　农民培训满意度

	非常满意	比较满意	一般满意	不满意
人数	80	82	12	0
百分比（%）	46	47.1	6.9	0

（八）培训中遇到的困难

学员在培训中遇到的困难，本题为多选，设计的选项有："内容难，听不懂""工作和培训时间冲突""内容与实际工作没有太大关系""课堂教学进度快，跟不上""课堂上无法集中精力听课""没有学习兴趣""其他（请注明）"。其中 69.7% 的学员认为工作与学习时间冲突是他们遇到的困难；15.7% 的学员认为学习内容与实际工作没有太大关系；10.1% 的学员认为课堂教学进度快跟不上；4.5% 的学员觉得内容难，听不懂。详见表 9—11。

表 9—11　　　　　　农民学员在培训中遇到的困难

	频率（次）	百分比（%）	有效百分比（%）
1	8	4.5	4.9
2	124	69.7	75.6
3	28	15.7	17.1
4	18	10.1	11.0
总计	178	100.0	108.5

（九）培训形式

因为在问卷设计中已经与职业学校老师有交流，当前存在多种形式的培训，主要是面授和现场指导。所以"您喜欢的培训形式"设计为多选题，主要有"教室面授""现场指导""网络"。其中选择"教室面授"的占 31.9%；喜欢"现场指导"的占 64.9%；选择"网络"的占 3.2%。详见表 9—12。

表 9—12　　　　　　　　农民学员喜欢的培训形式

	频率（次）	百分比（%）	有效百分比（%）
教室面授	60	31.9	34.5
现场指导	122	64.9	70.1
网络	6	3.2	3.4
总计	188	100.0	108.0

（十）开放性问题总结

在问卷最后设置了三道开放性问题：

一是"您希望在培训中得到什么样的收获？通过培训，您得到了吗？"

总结如下：①希望职业技能提升，获得更多的文化知识。很多学员都提到这点，说明他们对于提高自身技能的渴望和迫切；②学到了一些实用知识，例如生活常识，素质有所提高，知识面更加开阔。说明我们的培训确实对农民学员的职业和生活产生了影响。

二是"您认为学校在开展培训方面还有哪些地方需要改进？"

学员对于学校在培训方面的改进意见总结如下：①培训内容，理论知识要更多与实际生活相结合；内容更丰富多彩些；②培训时间，希望安排能够更加合理，减少冲突；延长培训的时间；③师生互动，希望能与老师在培训中和培训后更多的交流；能增加更多的师资；④上课形式，能够更生动，更实际。

这说明农民对培训的认可，他们希望学校能够在培训内容、时间安排、师资力量、上课形式等多方面加以改进。

三是"经过培训之后，您如何规划自己的发展道路？"

在对学员的回答进行整理总结后发现，尽管他们并没有清晰地回答如何规划自己的道路，甚至说还不知道如何规划，但是学员中有令人可喜的回答，如下：①逐渐认识到学习的重要性，有学员表示"活到老，学到老，以后要多学习"，终身学习观念逐渐深入人心；②自信心提高，自我发展意识增强，学员经过培训之后，提高了自信心，对未来充满希望，有不少学员写出"要好好规划自己，今后自己创业"。

三 教师问卷调查结果

教师是农民培训工作的主要参与者,是培训中知识传授的载体,他们在培训中有着丰富的经验和深入的思考,对于农民培训的情况更有发言权,也更值得我们深入研究,为今后农民培训的工作提供改进。

本次调查对象都是参与农民培训的教师,共发放问卷60份,剔除无效问卷6份,有效问卷54份,回收率90%。

(一)参与农民培训教师基本情况

性别:被调查者中男性占51.9%,女性48.1%,男女比例大致相当。详见表9—13。

表9—13　　　　　　　　　　男女比例

	人数	百分比(%)	有效百分比(%)
男	28	51.9	51.9
女	26	48.1	48.1
总计	54	100.0	100.0

年龄:29岁以下的教师占11.1%;30—39岁的教师占51.9%,超过半数以上;40—49岁的教师占33.3%,接近1/3;50岁以上教师仅占3.7%。可见,中青年教师承担了大部分的农民培训工作。详见表9—14。

表9—14　　　　　　　　　　年龄结构

	人数	百分比(%)	有效百分比(%)
29岁及以下	6	11.1	11.1
30—39岁	28	51.9	51.9
40—49岁	18	33.3	33.3
50岁以上	2	3.7	3.7
总计	54	100.0	100.0

学历:教师的文化程度。问卷中选项共有四个:"大专""本科""硕士""博士"。但就调查情况来看,参与培训的教师尚无博士学历人

员。其中，本科学历占了 85.2%；大专和硕士学历分别占 7.4%。详见表 9—15。

表 9—15　　　　　　　　　　受教育程度

	人数	百分比（%）	有效百分比（%）
大专	4	7.4	7.4
本科	46	85.2	85.2
硕士	4	7.4	7.4
总计	54	100.0	100.0

任教专业：本问卷列出了中等职业学校所开设的 16 个常规专业。通过数据分析得出：22.2% 的教师所学专业为教计算机应用；11.1% 的是数控应用专业；汽车维修技术、园林绿化、语文、数学各占了 7.4%；旅游服务与管理占 3.7%；种植、养殖专业占 25.9%。从中也可看出，为农民培训开展的课程主要是职业技能和文化知识方面的。

职称：高级讲师占 25.9%；讲师占 29.6%；助理讲师占 11.1%；其他占 33.3%，主要是中学一级和二级职称。

参与农民培训时间：五年以上农民培训工作经验的教师占了 88.9%。他们长期从事农民培训工作，经验丰富。详见表 9—16。

表 9—16　　　　　　　　　参与农民培训时间

	人数	百分比（%）	有效百分比（%）
2—3 年	4	7.4	7.4
3—5 年	2	3.7	3.7
5 年以上	48	88.9	88.9
总计	54	100.0	100.0

（二）教师参与农民培训情况

40.7% 的教师本学期参与农民培训课时数超过 90 学时；19—36 学时、55—72 学时各占了 11.1%；37—54 学时占了 22.2%。2/3 的教师参与 37 个学时以上的农民培训。详见表 9—17。

表 9—17　　　　　　　本学期教师参与农民培训课时数

	人数	百分比（%）	有效百分比（%）
1—18 学时	4	7.4	7.4
19—36 学时	6	11.1	11.1
37—54 学时	12	22.2	22.2
55—72 学时	6	11.1	11.1
72—90 学时	4	7.4	7.4
超过 90 学时	22	40.7	40.7
总计	54	100.0	100.0

（三）教师关于农民学员的考核方式

采用笔试考核的教师占了 40.7%；上机操作占 37%；模拟实验占 14.8%；口试和其他方式则各占了 3.7%。详见表 9—18。

表 9—18　　　　　　　　　考核方式

	人数	百分比（%）	有效百分比（%）
笔试	22	40.7	40.7
口试	2	3.7	3.7
上机操作	20	37.0	37.0
模拟实验	8	14.8	14.8
其他	2	3.7	3.7
总计	54	100.0	100.0

（四）教师认为农民对培训内容的掌握情况

教师在课堂中能够直观感受到农民对内容的掌握情况，其中有 59.3% 的教师认为学员较好掌握了培训内容；33.3% 的教师认为学员可以基本掌握学习内容；认为完全掌握的占 3.7%；基本不能掌握的占 3.7%。详见表 9—19。

表 9—19　　　　　　　农民对培训内容的掌握情况

	人数	百分比（%）	有效百分比（%）
完全掌握	2	3.7	3.7
较好掌握	32	59.3	59.3
基本掌握	18	33.3	33.3
基本不能掌握	2	3.7	3.7
总计	54	100.0	100.0

（五）教师对农民培训的建议

本题为开放题，旨在以教师发现的问题为出发点，寻找问题出现的原因和解决的办法。教师对农民培训的建议总结如下：①培训时间安排，针对学员的培训课时数要增加，可以提高效果；要解决好教师校内课时与校外课时；②培训内容，学员文化基础差，教学内容要简单易懂，与实际紧密联系；选用教材要专门针对农民；③师资，教师培训任务重，压力大，学校需要扩大农民培训的师资队伍，并且也要针对教师开展培训，以提高农民培训的质量；④要新建立专门针对农民的管理机构，宣传政策，完善激励政策，建立长效机制。由此可见，对教师来说，也存在着时间冲突，校内学时与校外培训冲突；教师也需要参加培训，提高自我；目前教师培训任务重，迫切希望学校能够扩充培训师资队伍；对农民培训的管理机构提出建议。

（六）教师对农民培训质量考核如何开展、是否有效的评价

开展质量考核是必要的，通过考核能够更加清晰地量化农民培训的情况，学员对培训内容的掌握情况，也是对农民培训工作的评定，以及今后工作的督促与激励。

本题为开放题，重点关注教师对农民培训的质量考核是如何开展的，在对教师的书面作答进行梳理后，总结如下：①理论与实际操作考核相结合，这是教师普遍赞成使用的考核方式，因为学员参与培训的时间短，知识量大，在培训结束后立即进行考核，会有一定效果；②上级部门考核，主要是由劳动局等上级主管部门考核，通常采用的是笔试和上机考试的方式，部分教师认为不一定有效。

(七) 教师访谈结果

本论文与四位教师进行了非正式的个别访谈，主要围绕"最初参加农民培训的原因，自身今后如何发展""目前农民培训工作中所遇到的困难及对策"和"对当前农民培训的看法或思考"，将其中有特点和值得深思的谈话呈现如下：

> 我参加这个农民培训，是因为当时学校的安排，领导考虑的原因就是我教学时间久了，有点经验，我嘛，就服从安排……至于以后的发展，我认为自己还是要多学习，在农民培训中，我就深有体会，不要瞧不起农民，他们虽然知识少，但是他们也很有想法，来这里培训就是希望能学到致富的知识，这是农民课上直接给我讲的……（T1）

> 其实这个农民培训，老师中真正愿意去的人不多，为什么呢？因为我们开展的是送教下乡的形式，对农民来说是很方便的，他们可以直接在家门口学习。但是对老师们来说，各个教学点远近不一样，每次去大概得 2 小时，来回在路上时间就很久，老师们觉得辛苦呀……而且都是在晚上、周末、假期，课时费还是那么多，有些老师就宁愿不要这些钱，也不去……（T2）

可见，参与农民培训的老师最初多是在领导的安排下参与到工作中来，经过长期的工作之后，也获得了一定的经验，对农民也有了新的认识。

从老师的讲述中，也了解到现在学校开展的新的教学形式，"送教下乡"利于农民，却苦了教师，而且就目前来看，参与农民培训的教师工作量大，任务重，却与校内老师一样的待遇，不利于激励更多的老师参加到农民培训中来，如此恶性循环，师资缺乏的情况得不到缓解。

> 农民学习积极性不高，别看我们每次上课都提前通知，开始上课前又点名、签到，但还是有很多人不能按时到，有的人上课的时候悄悄溜走，不能溜走的会和旁边的人讲话……总之，还是要调动农民积极性……（T3）

我教的是语文课，这个主要是来辅导他们学习文化知识的，上课的时候，我不是按照课本里编排的顺序讲课，我是问他们，你们想先学哪一课？他们来选择，我一看他们有兴趣，那就开讲，顺着他们的兴致来讲，他们也很高兴听，我也很高兴讲……中间互动也好，那上课效果就比较好了……（T4）

我教的是养殖，我也注意到学员不像在校生一样，他们坐不住，一旦你讲课内容吸引不了他们，他们就会溜了，甚至光明正大走的都有……我在一开始上课的时候就说，我先讲半小时，你们喜欢听、觉得有用的话咱们再讲半小时，要是不喜欢、觉得没用那咱们就不讲了，学员就说好，那我很准时，讲了半小时就停下，有的学员他听的正认真，就说，你再讲会吧，其他学员也附和，那就再讲……（T1）

我的班上很多学员是搞养猪的，很多人都想卖个好价钱，但是不知道什么时候卖比较赚钱，我就给他们分析了一下市场猪肉价格走势，让他们耐心等待，到合适的时候再卖……后来，有学员听我的就多赚了一万块，他很开心，还给我打电话，说下次再下乡去他们家坐坐……其他人一看，挣钱了，不错，学这个课还是有用的，不用你去动员，他们自己到时间老早就来听了……（T2）

农民学员的学习积极性不高，成为参加培训老师最感困惑的问题。而在上述几位老师却用自己的方式，吸引学员学习。首先是从学员兴趣出发，给予学员选择权，让他们掌握课堂的主动性，顺理成章地导出课堂内容；其次抓住学员特点，运用学员好奇心，调动他们的学习积极性；最重要的是，关注农民需求，农民对改变自己生活的迫切愿望是促使他们学习的原动力，因此，一定要让他们看到学习改变生活的事实。

现在的农民培训，组织起来还是有意义的，比如这两年推出的"成人双证制"培训，既学习文化知识，又学习职业技能，到结束后参加考核，能拿到证书，提高学历水平，这对农民来说是很有益的……（T3）

把农民组织起来学习，减少了村里打架斗殴、赌博的情况，因

为经常要学习，所以就没有时间闲着了，村里不文明的现象减少了，这样也有利于建设和谐社会嘛，也是政府一直提倡的……（T4）

通过被访者的表述，说明农民培训在当地产生了一定的影响力，除了增加农民的文化知识、职业技能外，也逐渐改变着当地的精神文明风貌，尤其是对乡村文明建设产生了作用。正如访谈中这位老师所提到的，有利于建设一个文明和谐的社会。

四 管理者调查结果

在对学校农民培训的管理人员进行的深入访谈之后，对学校的农民培训工作有了一定的了解。现将调研情况做如下呈现：

（一）参与培训原因

管理人员表示，中等职业学校参加农民培训主要是为了响应国家政策文件，服从政府指令，同时也是自身发展的需要。

（二）管理机构

实地调研中了解到，学校都建立起了农民培训管理机构，并且配备专职人员管理农民培训工作，2—5人。

（三）培训项目

学校目前所开展的农民培训主要有：农村成人"双证制"培训、农村劳动力转移培训、预备劳动力培训等。

（四）资金来源

Z省明确规定，成人"双证制"教育培训工作所需的经费由各市、县政府承担，列入市、县年度预算。各级财政部门都要积极支持该项工作。

农村劳动力转移培训：该项培训资金由市、县（市、区）和省政府、中央财政共同承担，以市、县（市、区）财政为主。中央财政和省政府的补助资金，由省财政厅直接拨付到市、县（市）财政部门，再由市、县（市）财政部门结合本级安排的资金一并拨付，补贴给受训农民或培训机构。

预备劳动力培训：由省财政厅根据省农科教协调领导小组办公室确定的资金分配方案，将省培训补助资金于每年的4月份和10月份分别拨付到各市、县（市、区）财政。市、县（市、区）财政部门对当地农培办审核确认的有关培训材料凭证进行复核无误后，按直接补贴给农民或培训基地的不同方式，及时拨付资金。

由此可见，中央财政给予部分补助，省财政以及当地财政承担了大部分农民培训的费用，并且省财政在拨付资金时更多向贫困地区倾斜，以保证培训的开展。

（五）培训成果

在调查中得知，其中一所学校在2012年培训学员共计6801人，劳动力转移培训1021人；农村"双证制"培训718人；预备劳动力441人；退伍军人138人；监狱培训3353人；农民培训2180人。主要专业：种植、养殖、服装、园艺、汽车维修等10个专业。其他学校也在开展培训中取得了一定的成绩，年培训人数在3000以上。

（六）学校在农民培训中的优势与不足

在对四位管理人员就学校在农民培训中的优势与不足进行访谈后，梳理如下：

> 我们学校的主要优势就在于建校时间长，这个硬件设施比较齐全，有这个车工实训室、造纸实验室、制图室、电焊气割、机动车驾驶实训基地、烹饪操作室等，这些都是我们的优势，还有，师资力量也比较雄厚。不足嘛，主要还是陈旧观念的影响，有些教师对农民培训的热情不高……（L1）

> 学校的设备比较齐全，开展培训尤其是那些操作技能的比较方便，但是我们在一些专业方面培训人才欠缺，这是我们的劣势……（L2）

> 开展这个培训，其实还是因为上级的任务，我认为目前最主要的不足就是对农民的需求不了解，这不仅仅是指我们学校，还有上级部门，比如刚发的通知，要求我们开展家政服务人员的培训，招生都是一个问题……农民对这个不感兴趣，所以这个任务明显很难完成……（L3）

> 有生产设备、有机房、也有很优秀的教师队伍，但是我们其实与农民接触不多，不了解，所以招生只能求助于乡镇或者农林部

门……（L4）

中等职业学校硬件设施齐全，拥有丰富的资源，而且师资力量雄厚，但是也存在着不利于发展的问题：教师参与农民培训的积极性不高；专业人员缺乏；不了解农民需求，招生困难；培训的指令性强。

（七）农民培训中遇到的问题或困难

培训中，最主要的还是农民的积极性不高，我们采用了各种方式，甚至拿身份证刷卡签到，来保证出勤率……是比较无奈……（L1）

虽说师资力量比较丰富，但是真正愿意下乡（指农民培训）的老师就少了，因为绩效工资，按课时费来算，耽误自己的课余时间、浪费精力，也难怪他们不愿意去……（L2）

每年培训数量很多，但是每一期的培训时间不长，要想在这么短的时间内掌握职业技能是不现实的，这个培训还是需要长时间的，不能急于求成，可是按照上面的要求，必须要完成培训任务……（L3）

我认为，还是要研发一些适合农民的精品课程，得让他们能学会，能派上用场，这样才能吸引他们呀，可是目前看来，教材还是采用的一般培训教材，没有针对性……（L4）

目前，中等职业学校的困难主要集中在招生、师资、教材、培训目标等方面，以人为本，从农民需求的角度出发，才能赢得农民培训市场；教师的激励机制不改变，农民培训便难以有成果；专门的教材、适合的教材是根本；培训不是为了追求数量的庞大，而在于真正让农民学有所得。

（八）培训规划

学校开展农民培训，一方面是响应国家、地方政策；另一方面也是自身发展的需要。在与学校领导的访谈中，问及"对本校的农民培训如何规划"时，有管理人员表示：

要继续争取政府职能部门的支持，做足市场分析，同时要加强与行业协会的联系，注重以企业作为依托，重实效，按实际需要培训，并且提供多种培训方式。

从中反映出学校是将农民培训列入常规发展中的，并且认识到仅仅开展培训是不够的，还要按市场需求培训，能够在培训之后有一定的实效性，真正有利于农村劳动力的转移，有利于农民就业。

我校开展农民培训从数字上来看是可观的，这也是因为政府下达的任务，当年培训的人数一定要是在校生的1.2倍，年终都会有考核与检查。至于学校的规划，考虑过要设立职业等级认证机构。

访谈中该校领导对于农民培训今后的发展暂无具体的规划，认为学校的培训工作具有一定的任务性，而设立职业等级认证机构则是对于学校自身的发展规划。

农民培训不同于在校生学习，培训的周期相对来说较短，所以不用期望通过这几期的农民培训就能使他们掌握一技之长、立足于社会，本校也在考虑怎样的培训方式、时间设置能够更加适合农民。

结合农民学习的实际情况，提出培训中的问题，正如笔者在调查中所了解到的，短期的培训对于技能方面并无太大的长进。一方面是由于学习时间短暂，难以掌握大量的知识；另一方面也是因为农民本身时间不定，给培训带来困难。所以该校针对具体问题讨论培训的方式和时间。

第三节　中等职业学校农民培训工作的评价

一　中等职业学校开展农民培训的成效

发挥中等职业学校优势，参与农民培训，成效显著。

（一）参与培训的农民数量增多

农民培训工作开展之初，参加培训的农民数量并不多，但是随着培训工作的深入，学校培训的农民数量有了大幅的增长。仅以一所学校培训学员数为例，在2012年，26期共培训6801人，相较于2011年人数增加10.6%。培训的数量反映出学校在农民培训上取得的成绩，农民愿意参与培训，这与学校积极开展工作密不可分，更离不开政府部门的大力支持。

培训学员数量增加主要原因在于：一是政府及学校的大力宣传。调查显示，63.2%的学员参与培训来源于政府部门的宣传；20.7%的人是通过学校的宣传了解培训。由此可见，政府部门和学校的宣传是农民获知培训的主要渠道。各乡镇政府机构、村委会在宣传中的力量功不可没，得益于基层单位的力量，深入到基层，开展宣传工作。二是农民学员间的口口相传。17.2%的学员参与培训主要是亲朋好友的介绍，正是从培训中受益的农民才有说服力，鼓励了其他农民学员参与的积极性。三是良好前景的吸引力。参与培训后不仅能够提高个人的学历，也将拓宽就业前景。培训结束后对学员进行考核、职业资格认证，学历与技能证书的获得也吸引更多农民参与培训。

（二）农民培训内容逐渐丰富

学校开展培训的主要内容是职业技能和文化知识方面，内容不断丰富。培训专业最初只有一两个，现在涉及职业技能培训的专业主要有：家庭种植养殖技术、水电安装、园林园艺、造纸、水产养殖、模具、旅游、烹饪、电焊、钳工、服装缝纫、酒店服务等。这给学员提供了更多的选择，更大的自主权，学员可以根据自己的兴趣及特长选择专业接受技能培训，培训结束后参加该专业的职业资格认证，通过后就拥有了从业资格。文化知识的学习也根据学员的需要，提升他们的文化、学历层次。

培训内容逐渐丰富主要源于：一是学校为拓宽自身发展道路。中等职业学校面临着生源不断减少的局面，除了开展全日制学历教育之外，还应该注重社会培训，面向农民群体开展培训成为中等职业学校开展社会培训中的重要环节，丰富的培训内容不仅给农民提供多重选择，也为学校在丰富多样的社会培训中占有一席之地。二是农民对培训提出的要求。培训面向农民的，应当以满足农民的需求为导向。不论是进城务工人员，还是在城镇兼职第二、第三产业的农民，或是务农人员，面临着努力，这些成绩有目共睹。同时当地政府财政给予了大力支持，这也是农民培训工作良好运作的必要条件。

二 中等职业学校开展农民培训存在的主要问题

中等职业学校开展农民培训所取得成绩的同时，也存在一些问题与困难，调查中发现：学校的农民培训工作虽有政府财政支持，却产生了过度依赖的问题；培训工作开展的热火朝天但是对于今后如何发展却并无清晰的规划；绩效考核的教师工资难以激起教师参与农民培训的热情；农民学员学习的积极性有待提高；关注培训学员的数量却对质量鲜有关注；培训结束后的信息追踪制度亟待完善。主要问题梳理如下：

（一）农民培训资金来源单一

据调查显示，当前农民培训工作的经费主要由政府财政支持，按照当地政策文件拨款，省财政厅将专项资金直接拨付到市、县（市）财政部门，然后市、县财政部门根据本级安排的资金一起拨款，补贴给培训机构。政府为农民培训"买单"，培训工作就有了财力支持，也为工作的进一步开展奠定了基础。学校不会因为经费的问题而捉襟见肘、难以维系；农民不会因为要承担大量费用就望而却步。有了充足的经费，就能无后顾之忧，积极开展培训工作。可见政府对该项工作的重视和支持，对农民的关心与帮助。但是，也反映出培训资金来源的单一性。

尽管有政府买单的培训对于学校和农民来说都有利，但是并没有达到良好的效果。学校开展培训需要成本，政府拨款是按照人均标准分拨的，学校只能按照分拨下来的人均经费给予培训，否则便会入不敷出。在考虑成本的基础上进行培训，培训的效果必然会受到一些影响。农民能够免费参加培训，对于他们来说是提升自我的好机会，却正是因为得之易，有些人便不好好珍惜学习机会，培训初期热情高涨，却在参加几次之后因为种种原因在课堂上销声匿迹。因此，单一的资金来源并不适应培训的发展需求，适当地增加资金的来源，既可以使学校在培训上有更大的发挥空间，也使农民的学习有外在的驱动力。

（二）学校自主发展意识薄弱

近年来学校在政府的主导下开展农民培训。该项工作逐渐有序和规范。然而，从学校自身发展的角度来看，并未有一个清晰的规划，对未来的工作也没有明确的目标。对于农民培训，并没有更长远的规划。

学校的主要目标就是完成上级制定的培训任务，以任务为目标，以完成工作量为标准，农民培训工作中学校失去了自主意识，学校理应建立一个合理的长短期目标和发展规划，却在政府的强指令性下制订计划，缺乏弹性，也忽略了实际情况，难免舍本逐末。仅仅依靠政策指令开展工作，却不定位自身的发展方向和计划，势必会影响学校今后的发展。

（三）教师参与农民培训热情不高

培训工作离不开教师的参与，教师工作的积极性直接关系到农民培训工作的开展。学员对知识的获得、信息的获取、技能的提高都得益于教师的培训。然而，目前不利于吸引教师参与农民培训的一大障碍就是对所有教师实行绩效工资。

对于参与农民培训的教师来说，每次上课他们都要花费两小时左右的路程赶到上课点，课程结束后返回。在学校日常工作之余，还要在各个教学点间往返奔波，他们牺牲了许多自己的时间，周末参与农民培训工作。但是，现在教师的工资普遍实行绩效工资，即便他们每次培训都占用更多的时间和精力，依然是按照课时费计入工资。这也是学校在动员更多教师参与培训却收效甚微的原因。

（四）学校培训管理机构超负荷运转

学校每年开办的培训班在25期左右，培训总人数超过3000人，基本上全年都在开展培训工作。尽管学校设立了专门的农民培训管理机构，来组织日常培训工作的运转，并产生一定的作用。但是，培训管理机构却经常超负荷运作。

仅有的几名教师组成了农民培训办公室，既要忙于招生、宣传工作，又要负责平时整个培训工作的开展，同时迎接上级的定期检查和考核。而该机构超负荷运转的原因在于：一是人员不足。学校需要调派人员参与到工作中来，才能缓解该机构巨大的工作压力。二是职责不明确。培训工作分为各个阶段，但各阶段无明确分工，不利于多方协调开展工作。三是尚未形成制度化管理。农民培训工作已开展多年，已有丰富的经验，应该制定出一套具体的规章制度，有考核、奖励机制，但是学校尚未对此作出明确的规定，也无详细的操作步骤。

（五）多层管理机构下培训项目繁多

当前，管理农民培训项目的主要有农办、教育局、人社局等部门，妇联、共青团等部门在有些项目中也有所涉及。如学校正在开展的成人"双证制"培训、农业技术推广培训、预备劳动力培训、社会技能等级培训等，分属于不同的部门管理。尽管看起来农民培训属于多部门共同管理，但是各部门有自己的规定和考核指标，学校要同时迎接多部门的检查。

学校在忙于培训工作的同时，又面临着众多检查与考核，培训工作任务量增加，将更多人力、时间花费在迎接检查上。而调研中也发现其实各部门的培训也存在着重复的现象，虽说项目名称不同，但培训内容却大同小异，培训时间的安排上也会有冲突，只能由学校再做调整。显然各部门间缺少必要的协调。在各部门系统内部，也会因为其环节多，而产生一系列的问题，为了追求自身的利益，降低了培训的有效性，也给学校培训工作的开展带来困难。

（六）激发农民学习积极性的举措有限

培训班实行签到制度，为了督促农民参加培训，但效果并不明显，除了开班初期全部出席，在后期的培训中缺课、旷课的事情时有发生。

究其原因：一是时间冲突。尽管学校培训尽量避开农忙时节，将培训安排在下午或者晚上，但是作为长期脱离学校的农民学员，承担着社会和家庭角色，难免会因为其他事情而无法保证上课时间。二是接受程度不同。当前进行的主要是为了提高农民的科学文化知识和职业技能而开展的短期培训，为了按时完成培训任务，学习的内容会比较多，且多为专业用语，没有考虑到农民的接受度，导致农民逐渐落后于教学进度，最后导致失去学习兴趣。三是培训内容。成人对于学习具有很强的目的性，希望通过学习后实现个人能力的提升、更好的发展。培训内容如何更加贴近现实是学校必须要思考的问题。

（七）农民培训质量意识有待强化

管理部门要求学校每年完成的培训人数至少是在校生人数的1.2倍，学校的在校生人数在3000人左右，按照这个标准来计算，学校应培训的人数应在3600人以上，这个硬性指标使得学校不得不关注培训的数字，在对数字的追逐中淡化了培训的目标，忽略了培训对象，而把完成培训任务放在了首位。不论是学校还是政府部门都热衷于农民培训中学员的数量，当然培训人数在一定程度上能够反映出工作的力度和进展情况，也应该是衡量培训工作开展的指标之一。但是，培训数字不应是管理部门考核工作的唯一指标，更不应是培训部门发展工作的唯一目标。

培训学员更重要的是质量，而非数量。之所以出现重视数量、忽视质量的原因在于：管理部门评估指标单一，未能给出全面的评价指标，严苛的规定使下级部门在施行中唯有以考核指标为准；没有长远眼光，缺乏整体的规划。管理部门和学校都未能深刻认识到农民培训的长远意义，出现短视行为。

（八）培训后就业信息追踪有待加强

当前学校并未针对农民培训后的学员开展专门的就业信息追踪制度，仅是单纯地采用网络平台发布就业信息、推荐就业单位，但是每年进行几千人的培训，经过这么多期培训后的学员有无就业、从事什么工作、在农业生产中有什么疑问、在创业中有什么样的困难等对于这些问题，学校尚未有明确的统计，至于跟踪服务更是鲜有所闻。

之所以未能实现培训后学员就业信息服务的制度化建立：一是因为该项工作量大，农民培训人员数量大，且从事行业各不相同，而且流动性较大，建立起信息追踪服务存在一定的困难。二是制度化的建设需要时间，不可能一蹴而就。三是重视不够，政府部门和学校没有对培训后就业信息服务工作足够重视。

第四节 推进中等职业学校农民培训工作的建议

一 促进中等职业学校农民培训工作需要政府管理创新

从政府层面来说，农民培训工作关系到社会的公平正义、和谐稳定。改善民生、增加人民收入，让全体人民共享社会主义的发展成果。农村5亿劳动力资源的开发，对于我国的社会主义现代化建设非常重要。

（一）政府要坚持资金投入

政府出资开展农民培训有着深远的意义。公平是人类社会一直以来孜孜追求的目标，我国是具有中国特色的社会主义国家，公平正义是我国社会发展的内在要求。经济社会的发展，要依靠全体中国人民的共同努力和奋斗。公平正义的社会环境，也需要党和国家、人民的共同努力，国家要保证人民有平等参与、平等发展的权利。国家在发展中，农民也应该平等的参与到社会中来，有发展自己、提高自己的权利。而提高与发展，则需要教育。

教育公平是社会公平的重要基础。我国农村地区普遍落后于城市，教育机会也不均等，起点就存在着不公平。农民培训的开展，正是弥补了起点的不公平而进行的补偿教育，使农民重新获得受教育的机会，弥补自身知识的欠缺，补充职业技能，获得提升自身发展的可能。

在经济的不断增长中，人力资本的作用大于物力资本的作用。人力资源是一切资源中最重要的资源，我国人口众多，对农民进行教育投资，提高农民的生产能力。把广大的人力资源转化为人力资本，将会大大提升国际竞争力。

农民培训必须要依靠政府的资金支持。这是一个庞大的系统工程，离不开政府部门的主导，单靠社会、学校的力量不足以运转，而且农民培训具有公益性，是政府的公共产品，理应由政府出资开展培训。在今后的农民培训中，依旧需要政府财政坚持不懈的支持，国家、省、地方财政拨款，才能使培训工作得以良好开展。

（二）逐步建设终身教育体系

2012年举行的十八大报告中明确提出要深化教育改革，加快发展现代职业教育，继续发展继续教育，完善我国终身教育体系。表明我国坚持终身教育的发展理念，终身教育作为我国教育改革的指导思想，已经日渐深入人心，改变着人们原有的学习观念。

要逐步改变农民的学习观念、就业观念，需要各级政府部门大力宣传。通过咨询服务、印发宣传资料、现场讲座等方式，同时利用电视、广播、网络等形式，多渠道全方位的对农民进行宣传教育，引导他们认识到教育培训的重要性，学习对他们自身发展的有益性。重视政府基层工作组织的宣传力量，利用乡镇政府、村委会贴近群众的优势，将终身教育的思想、终身学习的理念引入基层，扩大影响力；将国家针对农村的政策文件、优惠政策解读给农民，用身边的真实范例吸引农民，在潜移默化中引导农民树立新的学习观念，从心理上真正接受农民培训，接受文化知识和职业技能知识的学习。

加强农民教育培训立法工作，将各项工作制度化、法制化。使农民培训工作有法可依，培训的各方面都有相应的规章制度，不仅利于培训工作的开展，也会逐步将培训工作引入正轨，各部门关于农民培训的工作都能够有法可依，严格按照法定程序进行，不至于出现"政出多门"以及混乱的培训局面。

(三) 因地制宜合理定位培训

政府在设立农民培训项目之前，应该对当地的具体情况进行调查分析，如：本地区的人口数量、人口特点（男女比例、年龄分布、城乡比例、文化程度、从事行业、期望未来从事行业）等基本情况，综合本地区发展概况、市场需求、经济特点、区域特色等综合考虑即将开展的培训项目，在培训目标的设定、计划的执行、培训的考核等方面都要考虑到农民的现实需求和自身特点，不能仅仅从政府层面、经济收益来考虑。

所谓的因地制宜，是根据地方特点来设定适合当地发展的计划，农民培训作为具有地方特色的项目，建立和开展都应在当地发展基础上进行。面对不同的劳动力培训，项目的侧重点也不同。例如本研究调研地曾组织开展"家政服务培训班"试图通过培训向经济较发达省市输送热门的"月嫂"、保姆等工作人员，但是却忽略了当地人民极强的乡土情感、不愿从事服务类工作的情况，所以出现"冷场"的局面。

农民培训对当地人民、社会发展都有着积极的意义，提高人民文化水平、增强技能、增加收入，促进社会经济发展，但是不能急于求成，要建立在本地区发展和农民的需求基础上，多方考虑因素，综合分析后设立培训项目。

(四) 有效管理健全考核机制

多个部门的考核工作给中职学校带来一定的困难。学校因为要应付众多上级部门的定期考核而苦不堪言。如何使多部门间有效的合作、沟通、协调发展，是政府部门需要思考的问题，所以在农民培训工作上实现有效的管理亟待解决。

这就需要地方农民培训的主管部门之间良好的沟通，明晰各自的职责划分；将分散的资源整合起来，不再坚持各自为政，重视整体利益放弃局部利益，把分块的资金集中起来，加强硬件设施、软件设施建设；把各级政府、各部门联合起来，整合优势、资源共享。只有所有的力量集中起来才能更有效地实现培训目标和效果。这需要政府的统一领导和协调,各部门制定农民培训的方针政策和规划,定好大政方针,具体的操作层面可交由学校。这样放权给培训机构,由他们制定出具体的操作程序。一方面学校有了自主性;另一方面也给学校更大的发挥空间,有利于培训工作的创新。

建立一个更加合理的农民培训运行管理机制,科学建立政府部门的管理制度,对培训科学规划、促进落实、合理评估后给予反馈、激励。协调各部门组织审查培训机构的培训工作,包括其办学资质、硬件设施、项目操作、资金运用、培训质量与反馈等进行检查,对表现优异者进行奖励、对不认真开展培训项目的进行相应的惩罚措施,以激励学校开展培训工作;奖励参与农民培训工作的教师,并给予相应的交通、劳务补贴,这也能够激励学校老师参与农民培训的热情;实现政府的既定目标,保证农民真正学到本领。因此,科学的考核、奖励机制,有效的管理,是实现政府目标的前提。

二 促进中等职业学校农民培训工作需要学校自身的创新

学校要推进农民培训工作的顺利展开,离不开政府的有力支持。除了政府所提供的外在发展条件外,学校还应该发动自身力量:坚持终身教育的理念,合理定位中等职业学校发展;拥有自主发展意识,服务于社会,走出一条特色化道路;鼓励教师积极参与农民培训,完善激励机制;深入基层,切实满足农民需求;建立起就业信息追踪制度。

(一) 树立终身教育发展理念

中等职业学校是职业教育体系中的重要组成部分,学校的发展关系着职业教育的发展进程,也关系到终身教育体系的构建。中等职业学校必须要树立起终身教育发展的理念,以此作为学校的发展理念。学历教育与非学历教育并重,为学生的未来发展考虑,发展其个性、铸造人格、发挥潜能;为培训学员的职业生涯发展做规划,发挥积极作用。不论是学历教育还是社会培训都能超越纯粹的适应就业而开展,要把这些都纳入终身教育体系中来。

开展农民培训工作,不能仅从完成任务的目标出发,而要将农民培训纳入学校的终身教育发展理念中来。要站在终身教育、全面发展的高度来设计、开展,农民个人的全面发展、知识的增长、能力的提高,都会带给农民新的发展，甚至构建一个全新的生活、职业道路。而学校对农民培训的设计、规划、实施、发展和创新也会给学校带来经验和教训，学校也能够在吸收经验和借鉴教训的基础上开拓更广的社会培训、为自身发展开拓新的市场。

（二）增强自主发展意识

目前学校开展的农民培训项目主要由政府主导，政府是指导者，学校是具体操作者，政府为培训项目制定了相关的政策、方针，学校需要依据政府的大政方针来具体实施。在遵循政府的引导外，中等职业学校也需要有自主发展意识，根据学校的地理位置、专业设置、师资、硬件设施等自身条件，合理定位学校的发展道路，运用自身优势，开展社会培训，开拓出一条适合学校发展的、有自身特色的道路。

增强自主发展意识，首先要认识到学校的主体地位，学校要发展必须依靠自身的力量才能获得真正的发展，仅以完成上级指示的任务为目标是无法赢得主动权的，必须自主发挥、创造，设立自己的发展目标；其次要培养教职员工的主人翁意识，将学校的发展与个人的发展休戚与共，激发学校成员的主体意识和创造力，为学校发展建言献策，推动学校不断改进自身取得发展；再次要加强学校文化建设，形成学校教职工共同信仰的精神，凝聚学校的精神力量。

中等职业学校依据自身特点和优势，综合评估本地区经济发展状况、市场需求、未来发展趋势，学校所处的地理位置、面向的社会群体类型、专业设置优势与不足，合理定位学校，在教育培训的过程中，设立专业、开展培训内容都明确服务本地区的经济发展需要，并且善于总结本校的经验和教训，以更加积极进取的态度，开展培训工作，创造学校特色。

（三）完善教师激励机制

在调查中发现学校教师对于农民培训的积极性不高，因此必须完善教师激励机制，调动教师的积极性，引导教师树立服务意识，传授农民文化知识和技能。让更多优秀的、专业知识扎实的教师投入到农民培训中来。

要给予参与培训教师合理的岗位、课时津贴。开展农民培训工作的教师们花费了更多的时间和精力，甚至牺牲了自己的休息时间，得到的酬劳却仅是按照学校统一的课时费标准来计算，这样单一的课时费标准对他们来说并不公平。因此，一定要发放合理的岗位、课时津贴。

开展教师在农民培训中的评优、评先活动。按照教师在农民培训工作的具体表现：备课情况、课堂表现、考核评估、学员反馈等综合评定，选出优秀、先进的模范给予奖励，荣誉称号以及适当的物质奖励。认可教师在农民培训中所取得的成绩，同时授予的精神与物质奖励也是对他们的良好表现予以肯定。

设立创新项目经费。学校开展的农民培训项目是在不断摸索前进中形成经验、教训的。社会发展迅速、市场瞬息万变，农民需求多样，要让学校更好地开展培训，产生好的效果，需要教师在培训中下功夫，学校应鼓励教师的研究和创新，设立专项经费，供培训中教师的使用。

职称评定和晋升。在教师的职称评定上，对于那些工作成果显著、成绩特别优异的教师可以适当给以优惠条件。关注那些努力、认真工作、成绩突出的教师，提拔任用优秀教师，晋升职位、职称，树立学校教师热心工作的良好风气。

通过这些措施，逐渐形成学校的激励机制，鼓励教师参与农民培训，做好培训工作。

（四）深入基层不断创新

学校开展农民培训的服务对象是农民，必须要考虑到农民的文化程度、接受水平、培训需要、个性特征等特点，设计出适合农民的、利于农民接受的、让农民受益的课程内容。因此，要深入基层，了解当地农民的需求和期望。

在开展培训之前，要做好宣传动员工作。通过现有的宣传手段，让社会了解农民培训，定期开展咨询服务，介绍农民培训的好处，使广大社会成员认识到农民培训所带来的益处。调查、了解农民的基本情况和现实需求。通过考察、访谈等方式，统计农民的基本情况、个人需求和特点等，尤其是要以当地的实际情况为依据，设计合理的课程吸引农民参加。在培训过程中，授课内容要从实际出发，更需要教师系统、耐心、仔细地向学员传授，明确内容重点，把理论和实践结合起来，将知识和技术操作融合。

上课的形式和具体时间则根据实际情况灵活安排。创新了办学形式，采用"送教上门"的方式，受到广大农民学员的欢迎、为人们所喜闻乐道。这是学校在了解实际情况后所做的创新,改变以往等待学员到学校培训的方式,而是积极主动地将学校"送"到农民的家门口。这种服务农民的理念、创新方式值得坚持和推广。

始终坚持以农民为服务对象,深入基层,把握农民的现实需求,用不断创新的方式培训农民。

(五) 建立追踪服务制度

收集反馈信息。学校要将培训后的信息反馈收集起来,并形成一种制度,对学员集中反映的问题予以解答,将农民的意见统计、分析归类,虚心接受批评,关注问题解决,把这些反馈信息作为下一步农民培训工作的参考和借鉴。

发布就业信息。对于本校毕业生的就业工作,就业办公室一般会通过网络平台、校内通知等方式帮助学生得到就业信息。然而,农民学员培训后尤其是那些参与技能培训的学员,如何及时将信息发布给他们,也是学校要关注的问题。可以通过以下途径:网络客户端发送信息至学员手机;将通知发布给各教学点联络人;电视、广播告知。

建立追踪服务制度。农民参加培训结束后,可以继续从事原来工作、也可能重新参加新的工作,从事新的创造活动,面临着新的任务、新的挑战,他们在个人的发展道路上也会存在着这样那样的问题,但是却不能像培训时那样可以随时找到老师问询。因此,学校的追踪服务很有必要。筹建一个咨询服务平台,运用网络平台、热线电话,答疑解惑;对于较复杂的问题,可以组织专家、老师定期走访农民,帮助他们解决问题,克服困难。

培训后信息追踪服务,归根到底是为了农民的发展。在花费了人力、物力、财力进行培训之后,如果不能让培训给农民带来收获和帮助,那么培训也是无意义的。所以,培训的目的是为了农民,培训结束后也要关注农民,及时收集反馈信息,发布就业信息,追踪服务,让农民真正得到培训的益处。

第十章

新型农民的特质、成长机制及对策探索

第一节 引言

农民是新农村建设和农业现代化的主体力量,未来我国农业和农村发展如何,关键在于农民的作为。当前正处于我国农村城镇化、农业现代化的关键时期,主动适应和引领经济发展新常态,着力于农村市场发展、农村制度改革、农业科技创新,积极培育知识化、专业化、市场化的新型农民,形成"大众创业、万众创新"的社会主义新农村建设格局,对农业和农村现代化发展,丰富农产品供给和提高农民收入具有重要作用。

伴随我国经济快速发展和城镇化演进,大量精壮农村劳动力离开农村进入非农领域,农村出现村庄空心化问题,农业和农村面临退化、凋敝危险。与此同时,城镇人口的快速增长和人们对农产品数量、质量要求的不断提高,农业发展面临严重的增长压力。面对未来农村,谁来当农民,又如何成长为新型农民,在为农业和农村现代化作出贡献的同时,又能通过新型农民的创新创业提高收入,保持新型农民的稳定性和专注性,成为我国农业和农村现代化研究的重要课题。

分析已有文献,研究成果主要集中在规范分析和政策研究方面。一些成果主要从农业和农村发展的要求,研究新型农民培养的目标和对策措施;一些成果主要从农业和农村发展存在的问题出发,研究对新型农民培养的要求和对策措施;更多的成果关注新型农民的教育培训方面问题。其中,新型农民有什么特质,新型农民是如何成长的,新型农民成长主要受到哪些因素影响等问题,鲜有学者深入研究。诚然,"怎么样的农民是新型农民""应该如何教育培训新型农民"等问题都非常重要。但要真正有效培养新型农民，助其成长，需要掌握新型农民成长的机制及影响因素，按照新型农民成长的规律，施之有效的鼓励政策环境和教育培训措施，才能有效助其成长。

第二节　新型农民及其成长特质分析

一　对新型农民概念的理解

新型农民，是一个相对于传统农民而言的概念，伴随着农业和农村发展而不断演进、不断成长的过程，具有鲜明的时代特征。党的十七大报告指出：要积极培育有文化、懂技术、会经营的新型农民，发挥亿万农民建设新农村的主体作用，这是中央对新时代农民的素质要求。从新型农民成长角度理解概念，新型农民成长是传统农民的转型，即农民为了适应不断演进的工业化、城镇化、信息化和农业现代化所引发的农村组织制度、农业经营体系、农业市场形态的变化，而积极演进蜕变的过程。因此，与其说新型农民是我们对农民的理想目标，还不如说新型农民是在农业和农村现代化过程中，农民自身与其成长环境相互作用、相互适应的一种动态分化状态。能够适应农业和农村现代化变化，并能很好的利用现在制度、市场、技术、政策实现创新创业的，从传统农民分化出来，成为新型农民。

二　新型农民的特征

新型农民是农业现代化的重要力量和重要内容。从适应和引领农业和农村现代化发展角度，新型农民与传统农民相比，表现出鲜明的特征：一是有很强的市场意识。传统农民生产农产品主要是满足自己消费，参与市场的行为主要表现在出售家庭消费后的剩余农产品。新型农民具有较强的市场意识，他们生产农产品主要用于交换，实现自己劳动的市场价值，并用其劳动经营所得交换所需生活消费品和用于农业生产再投资。二是有企业家精神特征。新型农民为了应对农产品市场竞争，顺利销售其所生产的农产品，获取更多利润，具有很强的生产成本意识和市场竞争意识，会运用各种管理手段和生产技术，降低生产经营成本。新型农民还重视农产品质量品牌和农产品市场营销,会为自己的农产品注册商标,并积极运用现代市场营销手段和渠道促销自己生产的农产品。三是积极参与产业分工。农业生产涉及很多部门,包括产前、产中、产后等复杂环境和众多领域。以家庭经营为主要模式的新型农民,不可能涉及全部农业生产环节和领域,他会积极参与产业分工,利用其有限的资本和资源,进入其中的某些环节,实现专业化生产,提高其劳动经营效益。四是主动学习利用新技术。为了降低农业经营成本和提高市场竞争力,或者为了进入新的农业经营领域或经营环节,新型农民会主动学习农业经营先进的管理经验和生产技术。五是对自身发展提出政策诉求。新型农民从传统的自然农业中走出来,走向现代的农业市场,面临市场竞争和技术需求,一般会积极与政府相关部门对接,寻求政府支持,包括农业贷款融资、农业专项补贴、农产品政策保护等。

三 新型农民成长的特质

新型农民内部成长机理,就是为获取更大收益而产生的内在动力和劳动资源配置行为。新型农民之所以能从海量农民中分化出来成为新型农民,有其内在成长特质。这种特质不同于一般农民的内部成长能力,表现为具有更强的追求收益的动力和更高水平的配置劳动和资源的能力。新型农民这种不同于一般农民的动力和能力主要来源于四个方面:一是学习意识。农业发展的技术和政策环境相对稳定而市场竞争相对激烈,大多数农民文化程度较低,缺乏在技术和政策上获取特别资源的能力。新型农民因有主动学习意识,能够在不易学习的农业技术和政策环境中获取核心竞争优势,从而主导农业市场发展。二是合作意识。在我国现行的农业家庭承包经营体制下,单位农户耕地规模较少,缺乏农业经营规模经济。新型农民具有较强的合作意识,能通过土地流转实现耕地规模经营,或专业从事于产前、产中、产后某一环节而实现市场规模经营,从而在生产规模、市场规模、技术规模等方面,能够保持成本优势和市场竞争力。三是先动意识。由于农业种子的可繁殖性,农业技术扩散速度较快,农业新产品可以使农民获得短暂的高利润,但随之会因为技术的扩散而趋于充分竞争,使农业收益很快趋于平均利润。新型农民追求高收益的动力,让新型农民表现出先动意识,发现一种农业新技术、新产品、新市场，会快速进入，抢占技术高地和市场商机。四是风险意识。由于农产市场属于接近完全竞争的市场，同时农产品产量不像制造企业一样具有可调节性，因此农业经营常常会出现增长不增收问题。新型农民普遍表现出风险意识，也表现出一定的风险承受能力。在我们现状调查中，成功的新型农民大多有过经营失败的经历，新型农民的这种风险意识，大多从失败经营中学会的。

四　新型农民的成长环境及影响机理

新型农民成长，与其他生命体成长一样，是其内部成长机理与外部环境影响机制相互作用的结果。市场演化、制度创新和技术进步和政策效应是培育新型农民成长的四种重要机制。因此，我们将新型农民成长的环境解构为市场、技术、制度、政策四个维度。

（一）市场环境维度

主要包括良好的市场竞争氛围，农业社会服务化程度，也即产前、产中、产后等环节的产业链发育程度，农产品仓储物流服务，农业贷款融资的可获取性等因素。由于农业市场接近无差异产品市场，没有恶性竞争对农业健康发展非常重要。农业社会化服务程度，既是衡量农业现代化水平的重要指标，又是新型农民低成本介入、高效率经营的重要环境。农产品不易保存，需要快速运往消费地，因此完善的农产品仓储和物流服务，对农业规模经营和商品化至关重要。另外，农业前期投资需要资金量较大，可获得低息贷款融资，是新型农民规模经营农业的一个重要条件。

（二）技术环境维度

农业技术环境影响农民技术的可获得性，主要包括农业技术扩散网络、农业科技服务体系、农业技术培训体系等因素。农业技术扩散网络是农民农业技术创新的重要途径，农业技术创新周期很长，农民缺乏自主创新的资金和科研实力，一般情况都是通过社会网络渠道扩散获得的。农业技术涉及面宽，涉及育种、灌溉、土壤改善、病虫害防治、农产品保鲜、农产品深加工等领域，农民不可能都相当专业且能自行完成，农民一般都是通过农业科技服务体系获取相关领域的技术支持。农民绝大多数不属于专业人士，一种农业技术需要解析为实用技术，才能较为容易为农民所掌握和应用,因此是否有完善的农业技术培训体系,对农业技术创新应用非常重要。

(三) 制度环境维度

制度是农民与之相关主体交往、交易的规则安排。农业的制度环境包括关系信任程度、合作契约确定程度、土地制度稳定程度、农业保险程度、农产品品牌保护程度等。良好的制度环境,有利于双方的信任交往和降低交易成本,提高农民的合作意愿和减少合作不确定性,能够促进农民与其相关者进行农业信息和技术的合作交流,能够促进农民与合作伙伴进行密切的市场合作。良好的农业制度环境,可以减少农业经营环境的不确定性,有利于提高农民增加农业投入和品牌建设。

(四) 政策环境维度

政府农业扶持政策,主要包括农业补贴(含粮食直补、农机补贴、大棚补贴等)、农业税减免、农业开发项目和示范基地资助、农田基础设施建设等。农业扶持政策对新型农民成长的作用,一方面能直接降低农业经营成本,提高收益农民的市场竞争力;另一方面通过资金引导和基础设施引导,促进新型农民持续从事农业经营。

第三节 模型构建及假设提出

一 模型构建

根据以上分析,新型农民所具有的特质,包括学习意识、合作意识、先动意识和风险意识,是影响新型农民从大量农民中分化出来、成为农业领头人的重要因素。新型农民的成长受到外部环境的影响,包括市场环境、技术环境、制度环境、政策环境等。良好的外部成长环境,有利于熏陶农民形成学习意识、合作意识、先动意识、风险意识等特质,成长为新型农民。另外,良好的农业经营环境,有利于包括新型农民在内的农民,取得良好的农业经营绩效和提高农业经营收入,从农业经营信心和再投资助其成长。据此,构建本文的研究模型参见图10—1。

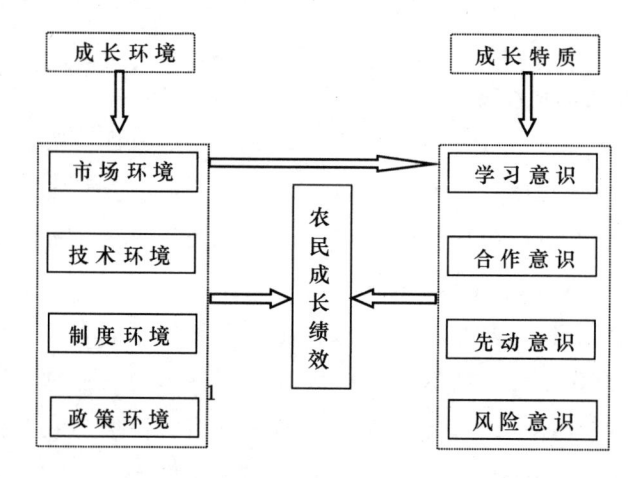

图 10—1　新型农民成长影响机制模型

（二）假设提出

如前所述，农民之所以能成为新型农民，有其特殊品质。其中学习意识、合作意识、先动意识和风险意识特征表现尤其明显。学习可以使农民能够及时地获取新技术、适应新环境、把握新政策。合作是获取农业资源、形成交易网络的最有效途径，通过合作不仅可以获得基础资源、交易机会，还可以增加创新效率，达到"1+1>2"的合作经济效益。先动意识能让农民及时把握农产品技术机遇和创造市场，获取短暂的高额利润，快速积累资本和壮大经营规模。风控意识则是有利于提高农民随时调整经营策略，避免农业常出现的增长不增收问题。据此，提出假设：

H1：农民的成长特质与新型农民成长存在显著的正相关关系。

新型农民的成长不仅受到自身特质的影响，同时还受到外部环境因素的影响。良好的市场环境，有利于农民获取各种农业经营要素和资源，有利于销售农产品。良好的技术环境，有利于农民获得新的农业技术。良好的制度环境，有利于降低农业市场不确定和降低交易成本，可以增进农民之间的生产合作和市场交易合作。良好的政策环境，有利于提高农民的农业信息和在一定程度上帮助农民降低经营成本和改善农业经营基础环境。据此，提出以下假设：

H2：良好的市场环境与新型农民成长存在显著的正相关关系；

H3：良好的技术环境与新型农民成长存在显著的正相关关系；

H4：良好的制度环境与新型农民成长存在显著的正相关关系；

H5：良好的政策环境与新型农民成长存在显著的正相关关系。

新型农民的成长特质，有其自身性格、家庭和社会环境的影响，也深深受到农业经营环境的熏陶影响。外部环境促进新型农民特质发展，在不断变化的农业市场环境、技术环境、制度环境和政策环境影响下，农民需要不断地作出判断和选择。不同的判断和选择及其结果和经验，影响农民形成不同的市场观念和行为价值，从而使新型农民从农民群体分化出来成为新型农民。良好的市场环境，较低的农业创业壁垒和完善的农业社会化服务，能够提高农民的先动意识；良好的技术环境，能够拓展农业技术获取渠道，从而提高农民的主动学习意识。良好的制度环境，能够降低市场不确定性，从而提高农民合作意愿；良好的政策环境，有利于农民控制农业经营风险。据此，提出以下假设：

H6：良好的市场环境与新型农民特质的发展存在正相关关系；

H7：良好的技术环境与新型农民特质的发展存在正相关关系；

H8：良好的制度环境与新型农民特质的发展存在正相关关系；

H9：良好的政策环境与新型农民特质的发展存在正相关关系。

第四节　研究方法和数据分析

本文采用问卷调查的方法来收集数据，考虑到数据的特殊性要求，调查对象主要选择具有代表性的种植、养殖大户。在研究中，首先对理论模型的变量进行操作化度量，然后对正式测量数据进行了描述性统计、信度分析和效度分析，为后续的假设检验奠定基础。

一　变量的测量

本文采用"Likert 五点尺度法"对调查问卷的影响指标进行计分，评价得分依次为 1、2、3、4、5。其中，1 代表完全不同意，5 代表完全同意。

由于针对新型农民培育机制缺乏相应的实验研究，在此本文所运用的测量量表，均参考前人相关研究领域的成果，并结合本文的研究特点进行修改所形成。最终确定农民特质从学习意识、合作意识、先动意识和风控意识四个角度进行衡量。市场环境主要从市场竞争氛围、农业社会服务化程度和农业金融发育程度三个角度进行测量。技术环境从技术扩散网络、农业技术服务体系和农业技术培训体系三个角度进行测量。制度环境从信任机制、契约机制、土地稳定性、农业保险和农产品品牌保护力度五个角度进行测量。政策环境从农业补贴、农业税政策、农业项目资助和农业基础设施建设四个角度进行测量。此外，新型农民是有文化、懂技术、会经营的现代农民，对于新型农民的衡量没有统一的认识，本文选取新型农民的农民经营年收入水平进行衡量。

考虑到农民的年龄、受教育程度、从事农业生产年限和生产经营规模会影响新型农民成长，本文将农民年龄、受教育程度、从事农业生产年限和经营规模作为控制变量，其中经营规模以累计投入资金总额来衡量。

三 数据来源及结构

本研究考虑到数据的特殊性，主要选取具有代表性的种植、养殖大户进行问卷调查，为了避免同源方差问题，在调查时序上分为两次进行，第一次进行自变量的调查；第二次进行因变量的调查。本次调研共发放问卷 193 份，经筛选过滤程序扣除具遗漏值与答案有明显规律者，得到有效问卷 149 份，问卷有效率为 77.2%。在回收的有效问卷中，其中年龄：30 岁以下占 12.8%；30—35 岁占 25.75%；35—40 岁占 16.15%；40—45 岁占 28.45%；45 岁以上占 16.85%。受教育程度：小学、初中水平占 41.87%；高中占 32.38%、大专占 16.56%；本科及以上占 9.19%。从事农业生产年限：5 年以下占 6.07%；5—10 年占 30.77%；10—15 年占 37.39%；15 年以上占 25.77%。经营规模：50 万以下占 19.15%；50 万—100 万占 30.33%；100 万—200 万占 35.91%；200 万—500 万占 12.45%；500 万以上占 2.16%。

四 信度和效度分析

笔者先采用 SPSS 19.0 软件对研究中所涉及的农民特质、市场环境、技术环境、制度环境和政策环境测量量表进行信度和效度分析，分析结果显示本文中的量表 Cronbach's α 值均达到 0.8 以上，具有较好的可信度，说明各项测量指标的一致性较强。为了检验关键变量"农民特质""市场环境""技术环境""制度环境""政策环境"五者之间的区分效度，本文采用 AMOS 17.0 对关键变量进行验证性因子分析，五因子、四因子、三因子、二因子以及单因子模型之间进行对比。结果显示，五因子的模型优度是最好的，指标均超过判断标准。其中，绝对拟合指标卡方与自由度的比值为 2.465，小于更加严格的标准 3，GFI = 0.913，RMSEA = 0.063，均优于评价标准；相对拟合指标 TLI = 0.925，CFI = 0.934，均大于 0.9，表明变量具有较好的区分效度，可进行进一步的分析。

第五节 假设检验及结果分析

本文选取 SPSS 19.0 软件对调查数据进行回归分析，本研究需要在控制了控制变量的影响作用后，验证自变量对因变量的影响。回归方程第一层放入控制变量年龄、受教育程度、从事农业生产年限和经营规模；第二层放入自变量农民特质、市场环境、技术环境、制度环境和政策环境。层次回归结果如表 10—1 所示。

表 10—1　　　　　新型农民成长绩效回归分析结果

变量	新型农民成长绩效	
	模型一	模型二
第一步（控制变量）		
年龄	0.021	0.017
受教育程度	0.122**	0.115**
从事农业生产年限	0.214**	0.213*
经营规模	0.011	0.081*
第二步（主效应）		
农民特质	—	0.35***
市场环境		0.16**
技术环境	—	0.21**

续表

变量	新型农民成长绩效	
	模型一	模型二
制度环境	—	0.28**
政策环境	—	0.09*
VIF	2.67	1.58
R^2	0.107	0.204
ΔR^2	0.034	0.171
F	2.49**	10.163**

注：***代表 $p<0.001$，**代表 $p<0.01$，*代表 $p<0.05$。

从以上回归分析结果中可以看出，回归方程中加入自变量的影响，控制变量对新型农民成长绩效的影响几乎没有改变，说明模型具有一定的稳定性。模型一的结果显示，农民的受教育程度和从事农业生产年限与新型农民成长显著正相关，相关系数分别为 0.122（$p<0.01$）、0.214（$p<0.01$）。模型二在加入了自变量农民特质、市场环境、技术环境、制度环境和政策环境后，控制变量经营规模对新型农民的成长存在显著正相关关系，相关系数为 0.081（$p<0.05$）。同时从模型二中可以看出自变量农民特质、市场环境、技术环境、制度环境和政策环境均与新型农民成长具有显著的正相关关系，回归系数分别为 0.35（$p<0.001$）、0.16（$p<0.01$）、0.21（$p<0.01$）、0.28（$p<0.01$）、0.09（$p<0.05$），假设 H1、H2、H3、H4、H5 得到验证。其中，农民自身特质对农民是否能够成功成长为新型农民的影响作用最大，政策环境对新型农民成长的影响作用最小。

由上文分析市场环境、技术环境、制度环境和政策环境不仅对新型农民成长具有影响作用，同时还对农民的成长特质，即学习意识、合作意识、先动意识和风控意识产生影响。针对以上分析，本文采用回归分析对其假设进行验证，回归方法采用层次回归，第一层放入控制变量，第二层放入自变量。回归结果如表 10—2 所示。

表 10—2　　　　　　　　　农民成长特质回归结果

变量	被解释变量			
	模型一（学习意识）	模型二（合作意识）	模型三（先动意识）	模型四（风控意识）
第一步（控制变量）				
年龄	-0.05**	0.01*	-0.07*	-0.11*
受教育程度	0.234*	0.203	0.271	0.37[1]*
从事农业生产年限	0.132*	0.146*	0.081*	0.101**
经营规模	0.017	0.217	-0.114	0.137
第二步（主效应）				
市场环境	0.163*	0.123***	0.231***	0.218**
技术环境	0.289**	0.233**	0.224**	0.143***
制度环境	0.328**	0.352	0.251***	0.268**
政策环境	0.136	0.126	0.104	0.215*
VIF	2.43	2.64	3.61	3.84
R^2	0.117	0.104	0.122	0.109
ΔR^2	0.134	0.074	0.107	0.201
F	3.29**	3.46**	4.71**	3.16**

注：＊＊＊代表 $p<0.001$，＊＊代表 $p<0.01$，＊代表 $p<0.05$。

从以上分析中可以看出，年龄对农民的学习意识、先动意识和风控意识显著负相关，相关系数分别为 -0.05、-0.17、-0.11，且均达到 5% 的显著水平，对合作意识显著正相关，相关系数分别为 0.01（$p<0.05$）。受教育程度对农民的学习意识和风控意识显著正相关，相关系数分别为 0.234 和 0.37，且均达到 5% 水平下的显著水平，但是对农民的合作意识和先动意识影响作用不显著。从事农业生产年限对农民的学习意识、合作意识、先动意识和风控意识均有显著的正相关关系，相关系数分别为 0.132、0.146、0.081、0.101，且均达到 5% 及以上的显著水平。从表 10—2 的回归结果中可以看出，经营规模对农民的成长特质的影响作用均不显著。

表 10—2 的结果显示，市场环境对农民的学习意识、合作意识、先动意识和风控意识均有显著影响，影响系数分别为 0.136、0.123、0.231、

0.218，且均达到5%及以上的显著水平，假设H6成立。技术环境对农民的学习意识、合作意识、先动意识和风控意识均有显著影响，影响系数分别为0.289、0.233、0.224、0.143，且均达到了1%及以上的显著性水平，假设H7得到验证。制度环境对农民的学习意识、合作意识、先动意识和风控意识均有显著影响，影响系数分别为0.328、0.352、0.251、0.268，且均达到了5%及以上的显著水平，假设H8得到验证。政策环境对农民的学习意识、合作意识没有显著影响，对农民的先动意识和风控意识有显著影响，影响系数分别为0.104、0.215，且均达到了5%的显著水平，假设H9得到部分验证。

第六节　研究结论与对策建议

一　研究结论

本研究主要探讨了新型农民的成长特质、市场环境、政策环境、制度环境和政策环境与农民成长之间的关系，以及外部环境对农民自身特质养成的影响作用问题。所得的主要研究结论如下：

（一）农民的成长特质与环境的关系

农民的成长特质和市场环境、技术环境、制度环境、政策环境与农民成长为新型农民具有正相关性，其中成长特质影响作用最显著，其后依次是制度环境、技术环境、市场环境，政策环境的影响作用最弱。

（二）农民的特质养成促进新型农民成长

研究发现，农民的特质即学习意识、合作意识、先动意识和风控意识等与农民成长为新型农民显著正相关。即农民的学习意识、合作意识、先动意识和风控意识越高，越有利于农民成长为新型农民。

（三）良好的市场环境促进新型农民成长

研究结果表明，市场环境与新型农民成长显著正相关关系。良好的市场环境具有积极的竞争氛围，产前、产中、产后环节产业链发育完善，仓储物流服务到位，农业信贷可获取性较高，这些条件保障了农业的健康、持续的发展。农民为了满足现代农业发展的需要，也必须不断提升自己，促使自己成长为新型农民。

(四) 良好的技术环境促进新型农民成长

研究结果表明,技术环境与新型农民成长显著正相关关系。良好的技术环境下,农业技术具有一定的扩散途径,农民可以获取新技术的发展。农业科技服务体系比较健全,农民在经营过程中可以及时获取科技服务,并且可以得到较好的科技培训,这些条件使农民能够及时地掌握新技术,并将其运用到实际生产中。当然在掌握这些技术时,必然对农民有一定的要求,这就促使农民提高自己,向新型农民转型。

(五) 良好的制度环境促进新型农民成长

研究结果表明,制度环境与新型农民成长显著正向关,即制度环境越好,越有利于新型农民的成长。当农业交易具有较高的信任,合作比较稳定,土地使用权比较稳定以及对农业生产有一定的保险和保护措施,这必然会增加农民生产的信心。农民为了能够享受到这些福利,就需要不断提高产品质量,这也对农民自身提出了挑战,促使农民不断地进行自我提升,向新型农民转型。

(六) 良好的政策环境促进新型农民成长

回归分析结果虽然表面政策环境对新型农民成长的影响作用较小,但也是重要的一部分。农业扶持政策不仅可以降低农业经营成本,也可以资金引导和基础设施引导,使新型农民能够开发较大规模的农业项目,这也在一定程度上对农民提出新的要求。

二 对策建议

新型农民成长是农业和农村现代化的主体力量。本书经过理论研究和实证经验发现,农民的成长特质、市场环境、技术环境、制度环境和政策环境都在不同程度上影响着新型农民的成长。据此本书提出新型农民培养对策建议。

(一) 农民教育培训要重在培养农民的成长特质

实证研究发现,农民的成长特质——学习意识、合作意识、先动意识和风控意识对新型农民的成长具有显著的正向影响。新型农民之所以能成为新型农民,是因为有学习意识、合作意识、先动意识、风控意识等特质。现行对农民的教育培训,存在很多困惑。如农民接受培训不主动,政府组织农民培训存在"抓壮丁"问题;农民教育培训很难深入,接受培训的农民反映培训效果不理想，等等。究其原因，农民成长为新型农民有其特质。农民在还没有养成成长特质前，一般的教育培训对农民成长作用不大。本研究也得出，教育程度对农民的学习意识和风控意识显著正相关，但是对农民的合作意识和先动意识影响作用不显著，而合作意识和先动意识对农民农业经营非常重要。因此，我们教育培训农民，要重在教育培养农民的学习意识、合作意识、先动意识、风控意识等特质，要变被动为主动，通过农民的成长特质养成，促动农民积极主动适应农业发展环境，将自己培养成新型农民。具体对策：一是要借鉴欧美国家经验创办农业大学，积极培训农民的农业科技知识，培养提高农民学习农业科技的能力。二是要给农民讲解一些农业经营的"合作特征"理论和实践问题，培养提高合作意识、先动意识、风控意识。三是要依托现代农业示范基地，组织农民实习实践，从中掌握农业经营特征规律，提高适应现代农业经营模式。

（二）要立足优化农业经营环境培养新型农民

农民成长为新型农民尤重特质。在创新培养模式，促进农民成长特质养成的同时，要发挥农民经营环境培育新型农民。教育培训对新型农民成长有一定促进作用，但最终新型农民是在农业经营环境的熏陶下锻炼出来的。因此，要立足优化农业经营环境培养新型农民。具体对策：一是优化农业市场环境，促进农业产业化发展，构建产前、产中、产后农业经营产业链，完善和提高农业社会化服务水平，以此降低新型农民创业门槛，提供创业市场，提高专业化经营效益。二是加强农业科技服务，整合统筹高校院所农业科技力量，以农业大学和农业试验基地等形式，建立农业科技服务体系，支持农业科技进步和培养农民科技素质。三是深化农业经营制度改革，重点在建立"众筹众创"的准市场性农业经营发展体系，让小农规模的农民，有机会在大的农业经营平台进行创新创业。四是改进农业扶持政策，要有的放矢，针对新型农民从成长过程中的瓶颈环节，施之以政策和资金扶持，提高农业政策助长效应。

（三）要改革突破农村制度引领新型农民成长

本文研究所得，在所有影响农民成长的因素中，成长特质影响作用最显著，其后依次是制度环境、市场环境、技术环境，政策环境的影响作用最弱。制度环境的影响作用居于第二位。培养农民成长的特质，是一个长期的过程，可能非常困难。优化农民成长环境，又是一个非常宏观的问题，涉及多个方面，是一个复杂而需要大量投入的工程。但是农业经营制度改革，虽然会有改革阻力，但在时间效率、人才效益上不失为一条最可行的促进新型农民成长的途径。因此，要从改革突破农业经营制度上切入，建立新型农民成长的良好环境和促动机制。制度促动，是培育新型农民成长关键中的关键。一是制度有教育的功能，可以引导农民积极养成新型农民素质；二是制度创新能优化市场环境、促进技术进步，提高政策效应，从而提高整体农民成长环境；三是建立"众筹众创"准市场农业经营发展体系，可以让小资本的农户，可以在大平台中创新创业，能够加快新型农民成长，并且能在整体上改变农业经营"小、散、弱"问题，形成我国"小农户、大平台、大农业、大产业"的发展格局。

专题调研篇

本篇内容概述

在上篇从整体上探讨农民培训的基础上，本篇主要是专题调查，从训后跟踪服务、农村手艺人群体的身份变迁、加工业农民的经营培训、劳动力转移培训、农村文盲群体的教育、农民生态文明行为及生态文明教育等不同角度和不同侧面，从而更为立体的反映当前农民教育培训在时代发展的要求之下，实现自身转型中的既有经验和存在的问题，进而提出更具现实性和指导意义的对策和建议。

第十一章

农村实用人才训后跟踪服务的问题及建议

做好培训绩效评估工作,是提高农村实用人才培训质量的基本要求。培训绩效评估是指在培训管理过程中,对培训成效进行评估或检查,以便了解培训的状况,找出存在的问题,及时纠正,它包含培训中评估和培训结束后评估[①]。而在日常培训管理工作中,训后评估主要针对本次培训效果的评估,也就是说,评估结束就意味着培训工作的完成。为此,本章强调要对农民培训绩效开展跟踪管理,要重视训后跟踪服务。

第一节 农村实用人才概念、特征与类型

《国民经济和社会发展第十一个五年规划纲要》中明确要求"实施农村实用人才培训工程,培训一大批生产能手、能工巧匠、经营能人和科技人员"。怎样有效地开展农村实用人才培训,提高培训质量,这是值得研究的课题。

一 农村实用人才的概念

对农村实用人才开展培训与培养工作,就要明确农村实用人才是指哪些人群,具有怎样的特征。

对此,廖毅(2013)认为农村实用人才是指具有一定的知识或技能,能够为农村经济发展、社会稳定、产业优化、科技创新、文化传播等贡献力量、提供服务、示范带头的农村劳动者,是我国人才队伍的重要组

[①] 李中斌、郑文智等编:《培训管理》,中国社会科学出版社2008年版。

成部分。黄敏（2013）指出农村实用人才是指具有一定经济头脑和经营创新能力、掌握一技之长、能不断适应农村经济发展需要、在农村经济实践中发挥示范带头作用的农村劳动者，主要包括这样几种类型的农村人才：种植和养殖能手，从事加工、营销、运输等行业有技术专长的人才；农村经纪人、农民企业管理人才、农民专业合作组织带头人等经营能人；技能带动型人才，能工巧匠和民间艺术家、手工艺人、从事民间体育活动的人才；农村干部，如善于管理领导全村的村书记、主任和各委员等。郭天佐（2013）指出农村实用人才是农村中有一定的技能或经验、知识，为农村经济、文化、科技、医疗等事业发展作出贡献，能起到带动示范意义的农村劳动群众，包括生产能手、科技推广人员、能工巧匠、经营能人等。农业部《农村实用人才队伍建设战略研究》课题组通过广泛的调研，在深入分析农村实用人才特点、特征、从业、分工等的基础上研究认为：农村实用人才是指具有一定的知识和技能、为农村经济社会事业发展作出积极贡献、能够起到示范带动作用的农村劳动者。

以上是国内研究者从不同的角度对农村实用人才的概念和内涵进行界定，有共同点也有差异。本文结合《中共中央、国务院关于进一步加强人才工作的决定》和中共中央办公厅、国务院办公厅《关于加强农村实用人才队伍建设和农村人力资源开发的意见》中的相关表述，结合研究者的观点，对农村实用人才作如下规定：农村实用人才是指在农村地区具有较高的知识和技能，能不断适应本地区经济发展需要，更能够进行创造性劳动，为本地区经济和社会发展作出较大贡献，并能够起到示范带动作用的农村劳动者。

二　农村实用人才的特征

作为农村宝贵人才资源的农村实用人才，来自农村，有着鲜明的特征。

（一）知识与技能性

生活在农村的实用人才，与农村其他成员相比，他们掌握了"高人一等"的知识和技能，这是其成为农村实用人才的首要条件。通常地说，农村实用人才是指某一领域或某一方面有一定的过人之处，是技能型、实践型、经验型人才。

（二）社会贡献性

农村实用人才是农民群体中的特殊分子，他们通过自身致富、自我获益为社会作出贡献，而且因为他们掌握农村经济发展的特殊职业技能，需要发挥他们对推动社会主义新农村和广大农民群众脱贫致富的积极作用。

（三）带头示范性

带头示范性是农村实用人才的显著特征。农民有从众心理，主体意识不强，需要有知识、有技术的扎根于农村的带头人的引领示范。一个成功的农村实用人才，在一定程度上应该具有普遍意义，是符合本地区的经济发展情况的，他们的主要做法和经验是可以复制、值得推广借鉴的。这就要求农村实用人才必须自觉地带动周边群众共同发展，把区域内的发展作为自己的责任和义务。

（四）多样性

农村实用人才涵盖的领域广、方面多，他们活跃在农村的种植、养殖、卫生、文化、教育、生产经营管理和科技创新等各个领域。农村实用人才包括生产技术型、经营管理型和社会服务型人才，所以说农村实用人才具有多样性。

（五）乡土性

农村实用人才出生在农村，扎根在农村，才能在农村得以施展，成果在农村得以张扬，是活跃在农村基层的农村劳动者，是深受农民群众拥护的能人能手。

三　农村实用人才的类型

人才分类是人才资源开发与管理的基础，科学分类是实现人才有效开发与管理的关键[①]。我国农村实用人才类型主要与当地农村经济、产业结构紧密结合，根据当地经济发展的需要，来划分农村实用人才的类型。

（一）生产技术型

生产技术型人才主要包括种植能手、养殖能手、加工能手和捕捞能

---

① 柳江华：《农村职业教育发展受阻的原因及对策分析》，《辽宁高职学报》2007年第9期，第27—29页。

手,也包括技能带动型人才。种养殖、加工和捕捞能手是指在农村中利用先进生产技术,从事种植、养殖、捕捞、农产品加工等活动,生产规模较大,在同等条件下单位产出明显高出当地平均水平,并帮助农民增收致富对当地农民起到一定示范带动作用的优秀农村劳动者。技能带动型人才是指具有制造业、加工业、建筑业、服务业等方面的特长或技能,常年生活和工作在农村,以特长发家致富、服务群众,并能带动其他农民掌握该技术或进入该行业的农村劳动者。

(二) 经营管理型

经营管理型人才是指企业经营人才、农村经纪人和农民专业合作组织带头人等。企业经营人才是指领办经济实体,发展乡镇企业,从事农产品加工、储存、流通和销售等领域,并取得较为显著的经济效益和社会效益的经营活动者。农村经纪人是指善于运用现代信息技术,捕捉市场信息,专业提供产品供求信息、引进实用技术、传播科技信息等对本地农业和农村经济发展有益的各种中介服务活动,并获得较高经济收入的农村劳动者。农民专业合作组织带头人是农民经济合作组织的领班人或创办人,包括农民专业技术协会的创办人或领办人。

(三) 社会服务型

社会服务型人才包括村组织管理型人才、技能服务型人才和文体艺术类人才。村组管理型人才主要是指工作在农村基层一线,在维护地方秩序和管理地方事务方面,群众威信高,管理经验丰富,能够带领村民高效的开展农业生产活动,并在农村经济和社会事业中取得优异成绩作出突出贡献的农村基层干部。技能服务型人才主要指农业技术服务人员,即通过了国家人事部和农业部的相关专业技术职称评定,在农民中专门或主要从事农业技术服务,能在实践中解决技术上的难题,能根据实际有针对性的引进、推广新品种和新技术,具有较高服务水平和较强奉献精神的农村劳动者。文体艺术类人才主要是指在农村教育、文化、卫生、体育等领域提供服务,在本行业具有较高的造诣,在当地具有较高的声望的各类人才。包括乡村教师、乡村医生、文体艺术人才、社会工作人才等。

第二节 加强农村实用人才训后跟踪服务工作的意义

在农村实用人才培训管理的工作中往往忽略培训后的跟踪服务工作，跟踪服务工作不仅对本次培训的信息、资源等进行跟进和整合，还对培训结束后学员在各种生产或实际工作中遇到的问题提供服务，在提供服务的过程中整理学员信息、服务信息以及教师信息，建立农村实用人才库、教材资源库和教师资源库，跟踪服务能够挖掘学员更深层次的需求，为下一次培训工作打下基础。这样看来，训后跟踪服务在整个培训中不仅是上一次培训的末端，同时也是下一次培训的前端，训后跟踪服务将农民培训引入一种良性循环的链式培训过程当中。

一 训后跟踪服务是培训工作的重要组成部分

培训是一个系统的过程，不仅要重视培训前、培训中的管理，而且也应该重视培训后的管理，要应重视培训后的跟踪服务，它是促进培训成果转化、增强培训效果的有效途径。比如林永范（2004）指出农民田间学校的管理按照实施过程的先后可以分为前期、中期和后期三个部分，其中前期管理主要以做好准备工作为主，主要包括宣传；进行培训背景调查，了解当地情况和农民需求；确定培训地点、培训对象和培训时间；确定培训目标，制订实施方案，进行课程设计；准备培训材料等。中期管理主要抓好对活动实施的评估工作，及时了解受训农民的动态和需求，做好相关的管理工作。后期管理工作内容主要包括评估培训效果，总结相关的经验和教训；及时整理资料和数据；进一步了解农民和社区的需求，提高农民的参与性和积极性；制定今后发展规划，做好后续活动的计划和安排等[1]。白晓明（2012）指出培训是一个系统的工程，既包括培训期间的管理，也包括培训结束后的跟踪服务。

因而，有不少研究者呼吁各地农民培训机构要重视和完善训后跟踪服务工作。刘厚军（2012）指出由于农村职业教育就业服务体系不健全、

---

[1] 林永范、陈志群编：《农民田间学校理论与实践》，中国农业出版社2004年版，第110页。

制度建设不完善等原因，农村职业学校没有对毕业生进行跟踪管理和服务，很多学生回农村即又回到了上学之前的半失业状态。李启秀（2012）认为贫困地区农民创业教育需要跟踪服务过程，完善服务体系，把创业前、创业中、创业后结合起来形成一个多方位全过程的教育网络。吴易雄（2011）提出培训机构应搭建创业服务工作平台，成立创业跟踪服务工作组，提供跟踪扶持服务。农业部关于农村实用人才创业培训实施方案中要求学员在完成集中培训、市场考察和创业设计任务的基础上，各培训机构还要安排学员到创业实践基地进行全过程实习，项目县和培训机构要切实做好后续政策扶持和技术服务，为农民创业提供良好的环境，引导和支持农民创业。张娜、张敏和马月霞（2012）指出山东省阳谷县自参加全省 2010 年农村劳动力转移培训阳光工程新型农民创业培训以来，按照"远程服务、集中培训、分散跟踪、重点扶持"的工作思路，科学开展农民创业培训后期跟踪服务工作。谢平、罗昆和孙文学对湖北省农业创业培训机构进行了全面调查，结果显示：农业创业培训机构在跟踪服务学员方面存在着师资力量不足、跟踪教师社会经历缺乏、跟踪服务机构与政府间沟通不够，服务成效较差等问题[①]。姜家献等认为为巩固和发展农民创业培训效果，向参加创业培训的学员提供优质的培训、交流、合作和发展的平台，须建立跟踪服务体系。石民友（2012）在《农村实用人才培训组织与管理》一书中以一个章节的内容来阐述农村实用人才训后跟踪服务，阐述内容包括训后跟踪服务的目的与意义、保障措施、服务内容和方法等。

纵观以上研究，不难发现，训后跟踪服务已逐渐受到培训管理工作者和培训理论研究重视，认为它是保障培训质量的一条有效途径，重视农村实用人才培训的训后跟踪服务，研究如何构建训后跟踪服务体系，保障培训质量，提高培训效率。

二 重视农村实用人才训后跟踪服务的意义

训后跟踪服务是实现农村实用人才训后继续学习和深入思考，在实

---

① 谢平、罗昆、孙文学：《农业创业培训机构跟踪服务农民存在的矛盾与建议——以湖北省为例》，《江苏农业科学》2014 年第 5 期，第 422—424 页。

践中反思和提高的有效手段。在实施培训过程中,培训机构按照培训目标为农村实用人才提供课程服务,协助其学习有关农业知识,促进其知识的提升和能力的增强。而训后跟踪服务是培训的拉长和延伸,扩大了培训服务的责任,其目的是促进农村实用人才返岗后的继续学习和深入思考,使那些在工作和生活中不断进取、主动学习的实用人才得到更多的益处,实现其专业知识的持久发展,帮助其终身学习。

训后跟踪服务是推动农村实用人才发挥带动作用,增强培训辐射效果的有效手段。训后跟踪服务要求农村实用人才把培训中的收获分享给身边人,传播到所在村、镇中去,通过自己的实践转化,带动更多的农民转化和进步,起到增强培训辐射效果的作用。

【案例】

浙江省埭溪镇山背村农民孙士明一生从事农业,从1999年开始对毛竹覆盖进行研究和探索,经过多年的不懈摸索和总结,掌握了该技术的四项核心要点,得到省市区有关林业专家的充分肯定。2004年以来,埭溪成校与埭溪镇农业服务中心合作,以山背村孙士明典型示范让农民看得见、跟着学,来引导农民改变对毛竹笋山的管理方法,建立多个示范基地,辐射带动一大批农民改变陈旧的毛竹笋山的管理模式,开展竹笋覆盖,并正确掌握覆盖技术的要点:覆盖的厚度、覆盖的温度、覆盖的湿度及覆盖的时间,覆盖成功率达到90%以上。

在埭溪成校与埭溪镇农业服务中心以及农村实用人才带头人孙士明的带动和帮助下,目前埭溪镇全镇发展毛竹笋覆盖户200户,覆盖面积为1000亩,每年产量提高80%,使每亩达到6000斤,从不覆盖的每亩收入1500元,达到覆盖后的增值一万元,使竹笋成为我镇农民的主要经济收入之一。不仅农民得到了实惠,实用人才孙士明在成校长期的跟踪服务下也实现了个人价值,2008年,孙士明在2.3亩毛竹山上创造了产值7.2万元,平均亩产达到3.2万元,创造了全区历史最高纪录。孙士明致富不忘家乡人,他积极参与毛竹覆盖技术的培训和推广工作,将自己十多年来的经验毫无保留地传授给其他林农,带动广大林农共同富裕,为农民增收作出了积极的贡献。他本人先后被授予"全国绿色小康户""省优秀林业科技示范户""市农村科技示范户""市十佳农业科技人员""湖州农民专家""区突出贡献人才"等荣誉称号。

训后跟踪服务是开展追踪问效,对培训绩效做进一步评估的有效手段。如今在教师培训项目中,特别是在"国培计划"中,对学员的训后跟踪指导越来越被重视。教育部已经把训后跟踪指导列入承担国培项目的培训机构的评估指标体系[①]。农村实用人才培训虽与教师培训有所不同,但也有很多相通之处,将追踪问效作为对培训绩效的进一步评估,培训机构对农村实用人才进行跟踪,从返岗人才的态度转变、观念提升、方法改善和工作成效提高等方面综合考量,为评估培训成效搜集依据,总结工作中取得的经验和失败的教训,为今后培训工作的改进做好基础。

第三节 农村实用人才训后跟踪服务的浙江调查

加强农村实用人才培训,是近年来农民培训工作的重要任务。为了有效提升农村实用人才培训工作绩效,不少地区积极开展农村实用人才训后跟踪服务工作,成效显著,但也面临着新的问题。这里选择浙江省部分农民培训项目为例,因为该省地处中国东南部沿海长江三角洲南翼,素有"鱼米之乡"之称,是我国高产综合性农业区,虽然该省没有明确的文件性资料指示开展农民训后跟踪服务,但根据走访调查的情况了解到,浙江省部分地区在开展农村实用人才培训的过程中有训后跟踪服务的内容。为此,本研究通过问卷调查、深度访谈等方式,分析农村实用人才训后跟踪服务的效果及主要问题。

一 问卷调查

问卷调查主要对象为学员和教师。发放学员问卷 100 份,收回 100 份,剔除无效问卷 8 份,得到有效问卷 92 份,有效率 92%。

---

① 黄宁生:《"国培计划"训后跟踪指导的对策思考》,《中小学教师培训》2013 年第 11 期,第 3—5 页。

(一) 被调查学员基本情况

1. 被调查学员的性别构成

在被调查的农村实用人才学员中,男性约占总人数的53%,女性约占总人数的47%。参与培训的男性略多于女性,详见表11—1。

表11—1　　　　　　　　被调查学员性别构成

性别	人数	百分比(%)
男	49	53
女	43	47
合计	92	100

2. 被调查学员年龄分布

被调查学员年龄分布,30—39岁学员占47.8%;40—49岁学员占37%;29岁以下学员占7.6%;50岁以上学员占7.6%。总体上说,中青年学员是农村实用人才训后跟踪服务的主要对象,占了84.8%,详见表11—2。

表11—2　　　　　　　　被调查学员年龄分布

年龄	人数	百分比(%)
29岁以下	7	7.6
30—39岁	44	47.8
40—49岁	34	37
50岁以上	7	7.6
合计	92	100

3. 被调查学员的受教育程度

在被调查学员中,初中以下文化程度占7.6%;初中文化程度占32.6%;高中或中专文化程度占20.7%;大专文化程度占23.9%;本科及以上学历占15.2%。可见,92.4%的学员都具有初中及以上文化程度,大专及以上学历学员占39.1%,详见表11—3。

表 11—3　　　　　　　　　被调查学员受教育程度

文化程度	人数	百分比（%）
初中以下	7	7.6
初中	30	32.6
高中（中专、中技、职高）	19	20.7
大专	22	23.9
本科及以上	14	15.25
合计	92	100

4. 被调查学员从事的工作类型

在对农村实用人才学员的调查中发现，从事农林牧渔业的学员占41.3%；从事加工业的学员占10.9%；农村经纪人占8.7%；农民专业合作组织带头人占7.6%；企业经营人才占16.3%；技能服务型人才占15.2%。按照本文对农村实用人才的分类标准，浙江省生产技术型人才（农林牧渔业和加工业）占比例最大，所占比例52.2%，详见表11—4。

表 11—4　　　　　　　　　被调查学员从事的工作类型

从事领域	人数	百分比（%）
农林牧渔业	38	41.3
加工业	10	10.9
农村经纪人	8	8.7
农民专业合作组织带头人	7	7.6
企业经营人才	15	16.3
技能服务型人才	14	15.2
合计	92	100

从调查情况可以看出，浙江省农村实用人才训后跟踪服务的对象存在着均衡化、年轻化、高学历化、集中化的特点。一是性别比例较为均衡，被调查学员中男性比例略高于女性，男女比1.1∶1；二是年龄结构年轻化，调查学员中50岁以下学员占92.4%；三是文化程度较高，被调查学员学历层次较高，初中以上文化程度的占92.4%，大专及以上学历

占 39.1%；四是被调查学员中从事领域较为集中，其中农林牧渔业占 41.3%。服务对象"四化"特点有利于训后跟踪服务工作的开展，为训后跟踪服务工作的进行打下了良好的基础。

（二）教师问卷调查情况

发放教师问卷 100 份，收回问卷 100 份，剔除无效问卷 7 份，得到有效问卷 93 份，有效率 93%。

1. 性别

被调查教师中，男教师占 55.9%；女教师占 44.1%，详见表 11—5。

表 11—5　　　　　　　　被调查培训教师性别构成

性别	人数	百分比（%）
男	52	55.9
女	41	44.1
合计	93	100

2. 年龄

29 岁以下教师占 9.7%；30—39 岁教师占 47.3%，接近一半；40—49 岁教师占 35.5%；50 岁以上教师占 7.5%。概括地说，30—49 岁之间教师占 82.8%，中青年教师承担了大部分的农村实用人才培训的工作，详见表 11—6。

表 11—6　　　　　　　　被调查培训教师的年龄

年龄	人数	百分比（%）
29 岁以下	9	9.7
30—39 岁	44	47.3
40—49 岁	33	35.5
50 岁以上	7	7.5
合计	93	100

3. 受教育程度

问卷共有四个选项："研究生及以上学历、大学本科、大专、高中（中专、中技、职高）。"但就调查情况来看，参与培训的教师中研究生及以上学历占 10.8%；大学本科学历占 76.3%；大专学历占 11.8%；高中学历占 1%。可见，参与农村实用人才培训的教师学历层次较高，99%的教师是大专及以上学历，详见表 11—7。

表 11—7　　　　　　　　被调查培训教师的学历

学历	人数	百分比（%）
研究生	10	10.8
大学本科	71	76.3
大专	11	11.8
高中	1	1
合计	93	100

4. 职称

参与培训的教师中高级职称占 24.7%；中级职称占 44.1%；初级职称占 22.6%；无职称教师占 8.6%。详见表 11—8。

表 11—8　　　　　　　　被调查培训教师的职称

职称	人数	百分比（%）
高级职称	23	24.7
中级职称	41	44.1
初级职称	21	22.6
无职称	8	8.6
合计	93	100

5. 专兼职

参与培训的教师中是训后跟踪服务工作专职教师的占 26.9%，兼职教师占了 73.1%。此数据与访谈了解到的情况有出入，笔者认为部分教师可能没有审清楚题目，导致问卷结果与访谈了解情况不符，详见表11—9。

表11—9　　　　　　　　被调查培训教师的专兼职情况

专兼职	人数	百分比（%）
专职	25	26.9
兼职	68	73.1
合计	93	100

二　问卷调查结果

（一）学员问卷调查结果

1. 学员需要跟踪服务内容

问卷中"您感觉自己哪方面的知识最需要教师的跟踪服务"：38.7%的学员选择涉农政策和法规服务；17.2%的学员选择加工、包装、储藏等单项生产技术咨询服务；17.2%的学员选择组织和经营管理服务；26.9%的学员选择其他内容。详见表11—10。

表11—10　　　　　　　　需要跟踪服务内容

服务内容	人数	百分比（%）
农林牧渔业技术培养和推广	11	11.8
加工、包装、储藏等单项生产技术咨询服务	16	17.2
良种信息	4	4
涉农政策和法规服务	36	38.7
组织和经营管理服务	16	17.2
信息技术的学习	6	6.5
金融知识的培训	3	3.2
合计	92	100

2. 学员需要跟踪服务方式

问卷中"您最喜欢的训后跟踪服务方式是什么"：39.1%的学员选择电话联系；35.9%的学员选择网络交流；13%的学员选择科教专家进村

入户；7.6%的学员建立学员互动平台；4.4%的学员选择其他。详见表11—11。

表 11—11　　　　　　　　　跟踪服务方式

服务方式	人数	百分比（%）
电话联系	36	39.1
建立网络交流平台	33	35.9
针对部分学员特殊需求开展"第二课堂"	3	3.3
科教专家进村入户	12	13
发放跟踪卡或问卷调查	7	7.6
建立学员互动平台，促进学员之间交流	1	1
建立培训后学员协会	0	0
合计	92	100

3. 学员需要跟踪服务次数

问卷中"您希望每年接受老师跟踪服务几次"：57.6%的学员选择有事随时联系；25%的学员选择一年两次；15.2%的学员选择一年一次；2.2%的学员选择跟踪服务是形式，没多大作用，不用跟踪服务。详见表11—12。

表 11—12　　　　　　　　　跟踪服务次数

服务次数	人数	百分比（%）
每半年到家上门访问1次	23	25
每一年到家上门访问1次	14	15.2
有事电话随时联系	53	57.6
跟踪服务是形式，没多大作用，不用跟踪服务	2	2.2
合计	92	100

4. 学员对跟踪服务作用的评价

问卷中"您认为农村实用人才训后跟踪服务对您的帮助是"：55.4%的学员选择有一些帮助；42.4%的学员选择帮助很大；2.2%的学员选择

没有帮助。详见表11—13。

表11—13　　　　　　　跟踪服务作用的自我评价

	人数	百分比（%）
帮助很大	39	42.4
有一些帮助	51	55.4
没有帮助	2	2.2
合计	92	100

5. 学员对改进跟踪服务的建议

问卷中"您认为培训机构的训后跟踪服务哪方面需要改进"：43.5%的学员选择服务次数需要改进（说明学员对训后跟踪服务需求很大）；20.7%的学员选择服务内容需要改进；15.2%的学员认为服务师资需要改进；20.6%的学员选择其他。详见表11—14。

表11—14　　　　　　　改进跟踪服务建议

	人数	百分比（%）
服务内容	19	20.7
服务方式	9	9.8
服务次数	40	43.5
服务时间	6	6.5
服务师资	14	15.2
服务机构管理	4	4.3
合计	92	100

从调查情况可以看出农村实用人才对训后跟踪服务的内容需求呈现出多样化趋势；服务方式主要集中在现代通信工具（电话、网络）；更多的实用人才对训后跟踪服务的频率选择有事随时联系，这个情况从一定层面上可以说明实用人才对训后跟踪服务有着强烈的需求；有42.4%的实用人才选择训后跟踪服务对其帮助非常大，55.4%的实用人才选择实

用人才对其有一定帮助,这个情况在一定程度上说明训后跟踪服务的现实存在性,说明有一部分实用人才已经享受到了训后跟踪服务带来的好处。有43.5%的实用人才选择训后跟踪服务最需要改进的地方是服务次数,这说明这种自发的、无体系、无制度、个别化的训后服务已经无法满足农村实用人才的要求,说明建立训后跟踪服务体系迫在眉睫。

(二) 教师问卷调查结果

农村实用人才所需要的服务内容是各种产业发展和生产实践中的实用技术,参训学员来自不同的地方,对训后跟踪服务内容的需求多种多样,通过问卷本文整理出浙江省各地对农村实用人才训后跟踪服务的内容大致包括以下几种(详见表11—15)。

表11—15　　　　　　　　训后跟踪服务内容

服务内容	教师数	百分比(%)
农业农村种植、养殖实用技术服务	33	35.5
农民专业合作社组织和经营管理服务	21	22.8
涉农政策和法规服务	15	16.1
其他	24	25.6
合计	93	100%

1. 农业种植、养殖实用技术服务

培训学员在训中、训后遇到的产业发展过程中的实用技术问题,有粮食作物和各种杂粮等品种、生产、管理、防病等方面的单项实用技术;林业育苗管护技术和各种果业生产、管理、防病实用技术;渔业养殖品种、饲料、防疫、繁育等管理技术。提供这部分服务的教师最为集中,在受调查的教师中占35.5%。

2. 农民专业合作社组织和经营管理服务

培训学员在产业发展过程中,需求生产专业化、种植规模化、经营一体化、服务社会化时,自然要通过一定形式的经济合作组织,实现农业产业化发展。当培训学员在农民专业合作社中遇到的组建、管理、经营、盈利的各种活动中，为广大农民提供共同参与市场经济的服务。提供这部分服务的教师较多，在受调查的教师中占22.8%。

3. 涉农政策和法规服务

培训学员在基层农村工作中，遇到的加强农业设施建设、土地流转、义务教育、农民工问题，加强农村干部队伍建设和待遇、人口和计划生育、退耕还林、节约用地、拆迁安置、环境保护、涉农企业发展、农村金融、城镇化建设等方面的多元化服务。提供这部分服务的教师较多，在受调查的教师中占16.1%。

4. 其他

除上述三种较为集中的服务之外还包括农产品加工、包装、储藏等单项生产技术咨询服务、良种信息的提供、学员所在地产业结构调整和资源优势开发服务等，这些服务在接受调查的教师中共占25.6%。

训后跟踪服务对保障培训质量有着非常重要的作用，农村实用人才是农民中的优秀代表，是新农村建设的生力军，通过问卷整理出主要通过以下几种方式开展训后跟踪服务（详见表11—16）。

表11—16　　　　　　　训后跟踪服务方式

方式	人数	百分比（%）
电话联系	39	41.9
建立网络交流平台	27	29
针对部分学员特殊需求开展"第二课堂"	4	4.3
科教专家进村入户	8	8.6
发放跟踪卡或问卷调查	9	9.7
建立学员互动平台，促进学员之间交流	7	7.5
建立培训后学员协会	0	0
合计	93	100

第一，利用现代通信工具做好牵线搭桥服务。学员通过培训，已经与培训基地、训后服务机构和人员、有关专家教授、农业科技推广人员之间建立了信息和服务的平台，当他们在新农村建设的实践中遇到了困

难和问题，就可以随时拨打服务热线或利用网络通信手段（QQ、MSN等）直接询问问题的解决方法。这种方法速度最快、最方便，可以使双方得到及时的沟通。调查结果显示，教师最常用的服务方式中电话联系占了41.9%，建立网络交流平台占了29%，也就是说超过70.9%的情况教师都是通过现代通信工具（电话、网络）与学员取得联系。

第二，发放跟踪卡或问卷调查。培训基地在培训结束时给学员发放跟踪卡或问卷，调查学员在培训中尚未解决的问题以及返岗后遇到的新问题，学员填写完毕后可以通过邮寄的方式交到训后跟踪机构，为训后跟踪机构有针对性的开展工作打好基础。调查结果显示，这种传统的联系方式也比较受教师喜爱，9.7%的教师最喜欢用跟踪卡或问卷的形式与学员取得联系。

第三，其他。其他联系方式包括开展"第二课堂"、科教专家进村入户服务、发挥学员间互动交流服务等。调查结果显示，这部分占了19.4%。

三 对农民培训管理人员的访谈

除了问卷调查外，还选择浙江省四所成校或职业技术中学的管理人员进行访谈调查，主要围绕"该校有无开展农村实用人才训后跟踪服务"和"如何开展农村实用人才训后跟踪服务"以及"在开展训后跟踪服务的过程中遇到哪些问题"等问题展开，将其中值得深思有借鉴意义的谈话呈现如下：

> 作为学校的管理人员，对农村实用人才训后跟踪服务没有太多的关注，学校也没有开展专门的训后跟踪服务机构，没有此类专项经费，在学校管理层面上没有明确的训后跟踪服务任务，只知道如果农民在培训结束后遇到新问题可以和老师以及农林局电话联系，很少有学员在培训结束后和管理人员联系。（T1）

> 关于农村实用人才培训，我们学校确实一直有承办，但针对其专项开展的训后跟踪服务没有，由于我的工作关系，我知道我们学校对职业技术中学的学生有毕业后的跟踪服务，而且发展比较成熟。职业技术中学针对毕业的学生会开展跟踪服务，学校与企业接洽，

了解学生的实习和就业情况；老师和学生接洽，一般接洽时间是1年，平均2个月了解一次，通常情况下是电话联系，了解学生的实习和就业情况。这位老师认为，跟踪服务存在落实难的现实问题，原因如下：(1)学员毕业后较为分散，很难联系；(2)师资力量不足，老师没有足够的精力对学员进行跟踪。(T2)

我们学校主要承办的是农民学历教育，最近也在进行新职业农民培训，针对农民的训后跟踪服务是空白，没有实施过。据我所知，在浙江省境内没有专门设立训后跟踪服务机构展开服务的学校……本学校建有教师、学员、教材资料库……但学校管理层确实有考虑将农民培训的训后跟踪服务纳入评价督导体系当中，但这只是初步想法，还不成熟。(T3)

我们学校作为承办农民培训最基层的培训机构，与农民的联系最密切，所以在培训结束后，学校与农村实用人才会有交流，主要是教师与学员面对面的互动，以及鼓励学员与学员之间互相交流。我们镇有一个成功案例，山背村村民孙士明是种毛竹能手，在我们成校和镇农业服务中心的跟踪合作下，孙士明不仅实现了个人种植毛竹成绩的突破，还积极参与毛竹覆盖技术的培训和推广工作，带动广大林农共同致富。这次跟踪服务不仅成就了孙士明，也给周围农民带来了实惠。(T4)

通过被访者的表述，了解到虽然在农村实用人才培训开展的过程中有训后跟踪服务的内容，但训后跟踪服务的理念在培训中是没有的，本地区也没有专门建立训后跟踪服务机构，更没有专项经费和实施任务，培训机构给实用人才提供的训后跟踪服务大多是自发、自愿行为，是不成体系的个别行为；虽然农村实用人才培训中没有开展训后跟踪服务，但我们发现有些承办农民培训的机构有在做其他领域的跟踪服务，而且采访学校中都建有教师资料库和教材资料库，部分学校建有农村实用人才库，说明如果在农村实用人才培训开展训后跟踪服务，有些培训机构有一定的经验可以借鉴，数据库也相当完善；有些培训机构与农村实用人才有合作性质的联系，而且开展的非常成功，在全省范围内得到推广，但训后跟踪服务的理念却无人问津，没有得到重视；有管理人员提出落实训后跟踪服务有很多现实问题，比如学员分散，教师精力不足等。

第四节 加强农村实用人才训后跟踪服务工作的建议

结合以上调查，进一步明确农村实用人才训后跟踪服务工作的基本思路和要求。

一 影响训后跟踪服务的主要因素

调查设计"政府政策规划、办学定位与办学思路、管理体制、师资力量、服务内容、服务方式、服务时间、服务次数、资金管理、培训补贴、评价机制和后勤服务"12个调查目标，采用问卷法调查，对浙江省三个地区的27名管理人员、93名教师以及92名学员进行调查。最终调查结果分析如表11—17所示。

表11—17　　　　影响训后跟踪服务的主要因素

影响因素	频数	频率（%）
政府政策规划	197	92.9
办学定位与办学思路	96	45.3
管理体制	181	85.4
师资力量	172	81.1
服务内容	175	82.5
服务方式	63	29.7
服务时间	65	30.7
服务次数	137	64.6
资金管理	189	89.2
服务补贴	81	38.2
评价机制	142	67.0
后勤服务	112	52.8

本文将重视频率高于 70% 的因素认为是重要因素。从上述调查结果可以看出，在农村实用人才训后跟踪服务体系构建的影响因素中，管理人员、教师和学员普遍认为的重要因素分别是：政府政策规划（92.9%）、管理体制（85.4%）、师资力量（81.1%）、服务内容（82.5%）、资金管理（89.2%）。针对浙江省农村实用人才训后跟踪服务的开展情况，再结合管理人员、教师和学员的意见，总结出影响农村实用人才训后跟综服务体系的关键因素有以下几点：

一是政府政策。我国是一个权力高度集中的国家，农村实用人才训后跟踪服务是一种公共产品，这就要求政府在整个培训中起到指导引领的作用，不仅要制定有助于农村实用人才训后跟踪管理的政策，还要在资金方面予以支持。这样农村实用人才训后跟踪服务才能有章可循，各地才能根据各个地方的实际情况开展训后跟踪服务。

二是管理体制。管理体制是否健全决定了管理水平的高低，训后跟踪服务是农民培训管理工作的一部分，只有健全的管理体制才能保障训后跟踪服务的良性运行。

三是师资力量。教师是农村实用人才训后跟踪服务工作的主要参与者，他们知识技能水平的高低对训后跟踪服务的效果产生重大影响。浙江省师资队伍呈现出性别比例均衡化、年轻化、高学历化、社会经验丰富化的特点，有助于浙江省开展农村实用人才训后跟踪服务。

四是服务内容。"一边是对生产技能的渴望，一边是不适用的培训内容，这就造成了农民的培训意愿和培训行为之间的沟"[①]。训后跟踪服务有双向性的特点，不仅要求教师要主动联系学员，还要求学员要养成主动联系教师的习惯，所以服务内容一定要结合学员的实际需求，不同产业、不同年龄、不同文化程度的农民对服务有不同的需求，因此要量体裁衣。

五是资金管理。资金管理属于管理体制的一部分，但训后跟踪服务的正常运行需要资金的支撑，构建农村实用人才训后跟踪服务体系要专项经费作保障。

---

① 张夕：《湖北省农村实用人才培训工程质量保障体系研究》，硕士学位论文，华中农业大学，2011 年，第 16 页。

二 加强农村实用人才训后跟踪服务工作的原则

（一）以人为本的原则

"以人为本"的原则在农村实用人才训后跟踪服务中体现的就是"以农民为本"的思想。农村实用人才训后跟踪服务的目的在于满足农民的服务需求，改善农民的生存状态。满足农民的需求是基础，只有农民的需求得到满足，训后跟踪服务的工作才算成功。这就要求管理者在开展训后跟踪服务时要坚持以人为本的原则。

（二）发展性原则

随着社会的发展，个人需求和社会需求都处于一种不断变化发展的过程中。农民对训后跟踪服务的需求也在不断地变化，因此农村实用人才训后跟踪服务体系也必须是动态的，要适应不同环境的需要。僵化不变的体系只会将训后跟踪服务陷入瘫痪。这就要求管理者在开展训后跟踪服务时坚持发展性原则。

（三）多样性原则

农村实用人才自身的成长具有阶段性特征，这就要求训后跟踪服务工作针对不同阶段的实用人才展开不同的跟踪服务；农村实用人才具有多样化的特征，这就要求开展训后跟踪服务坚持多样化原则。

三 完善农村实用人才训后跟踪服务工作体系

新型职业农民科技培训体系就是要科学规划、组织和协调政府部门、行业组织、农业院校、培训机构、涉农企业等积极参与农民科技培训，整合农业教育资源，提高培训资金的使用效益，增强培训效果[①]。我国当前正处于从传统农业向现代农业转变的阶段，开展农村实用人才训后跟踪服务势在必行，构建农村实用人才训后跟踪服务体系迫在眉睫。一个完整的机制体系一般都包着许许多多不同层级功能完善的小机制，但任何一个系统的机制体系构建都是一个循序渐进的过程，农民培训机制体系的构建也是一样，都会经历一个由简单到复杂，逐渐完善的过程。当

---

① 黎湛：《新型职业农民科技培训体系研究》，硕士学位论文，湖南农业大学，2013年，第19页。

前我国农民培训机制研究主要涵盖四个方面：动力机制、投入机制、运行机制和监管机制[①]。本文在此基础上探讨农村实用人才训后跟踪服务体系的构建。

（一）驱动部分

驱动部分具体分为理想驱动部分和利益驱动部分，即从精神和物质两个层面来调动农民参与训后跟踪的积极性，使其化被动为主动，使其从不自觉到自觉参与的一个过程。

1. 理想驱动

理想驱动是一种较高层次的需求动力，是一般需求的升华，是认识和情感的产物，是能对人产生持久作用的精神动力。训后跟踪服务面对的主体是农村实用人才，甚至是广大的农民群众，这一群体的特点决定了他们对眼前利益的获取有比较大的积极性，而对自身长远发展缺乏认识。因此，要提高农村实用人才参与训后跟踪服务的积极性，必须引导其正确认识训后跟踪服务对自身今后发展和增加收入的重要作用，使农村实用人才在自觉不自觉中将参与训后跟踪作为一种自我追求，变成一种自觉行为。

2. 利益驱动

利益驱动是指政府给予训后跟踪服务机构和参训学员的各种财政补贴和政策优惠，是对训后跟踪服务工作的一种直接的、经济利益上的驱动，通常情况下这方面的驱动作用较为直接，效果也较为明显。利益驱动也包括参训学员通过培训和后期跟踪服务提升自身人力资本，拓宽就业空间，给自己带来更多的经济收入。

（二）运行部分

运行部分是对整个训后跟踪服务过程的一种规范化安排。主要包括外部运行和内部运行。本文主要讨论训后跟踪服务的内部运行。农村实用人才训后跟踪服务内部运行应是由"计划—实施—评价与诊断—改进"四个阶段组成的循环系统。下面具体介绍四个阶段的具体任务及操作：

---

① 万唯佳：《农民培训长效机制体系构建研究》，硕士学位论文，华中农业大学，2007年，第46页。

1. 计划阶段

计划阶段明确跟踪服务的管理主体和内容。首先，因为农村实用人才相对比较分散，而且训后跟踪服务是一项系统性较强的工作，所以训后跟踪服务不是某个单独的部门就能完成的，它需要相关部门、培训单位以及被培训学员的县市区校等纵横向各部门的协调与配合才能完善。其次，通过问卷、访谈、电话、网络等方式，了解训后学员的工作生活情况，明确跟踪服务的内容。根据每位学员的具体情况，量身定做跟踪服务的内容和方式。

2. 实施阶段

实施阶段采用混合模式进行跟踪服务。相关部门和培训机构组织力量执行事先制订的计划，通过"面对面"和在线学习相结合的混合模式实现跟踪服务渠道的双向畅通。"面对面"的服务形式主要包括两种：一是培训机构教师到学员所在单位或地区，与学员直接交流，对学员进行跟踪服务；二是在培训结束后，学员定期向教师汇报情况或听教师讲课等，以进一步得到教师的帮助。在线学习主要是指利用网络平台，建立教师与学员之间的互动平台。针对大多数学员共有的问题，在此平台开辟专区，以供学员学习方便。

3. 评价与诊断阶段

评价与诊断阶段，主要是对学员培训成果和跟踪服务质量的评价。以往对农民培训的效果都是在培训结束时一锤定音，培训效果的评价应该延后至跟踪服务阶段来完成。通过对学员培训后在生活和经济收入以及对周围群众的辐射带动作用情况等方面的跟踪调查，来评定农民培训的效果如何。除了对学员的培训成果进行评价，还要对跟踪服务的质量进行评价。对跟踪服务的质量进行评价主要包括三个方面：一是跟踪服务是否为参训学员带来更多的经济收益；二是跟踪服务是否给实用人才带来更广阔的发展空间；三是调查学员对跟踪内容、跟踪方式、跟踪教师等方面的满意度。

4. 改进阶段

改进阶段及时找出差距并研究改进策略。要对跟踪服务过程中问题进行处理，对经验进行归纳，并建设教师资源库、教材资料库、农村实用人才库、教材库和问题库等，将这些数据库作为农村实用人才训后跟踪服务的重要公共资源。同时对整个跟踪服务的方案、培训课程的设置、培训者的选择以及服务方式进行科学性和合理性的认证。

（三）保障部分

农村实用人才训后跟踪服务体系的保障部分可以从经费、组织、相关法律法规几个方面着手。

1. 经费保障

按照 WTO 的相关规则，对农民培训的补贴属于"绿箱"政策中政府一般服务的重要内容，其数量不受限制。因此，WTO 主要成员国大多采取多种方式，对农民培训提供资金支持，并鼓励企业和其他民间组织参与农民培训[①]。农民培训属于"准公共产品"，在投入的原则上应该由政府和受教育者共同承担。但长期以来我国采取政府投资为主、农民自愿投资为辅的政策。建立以政府为主导的多元化的农民培训投资体制。

2. 组织保障

组织保障在本文中主要是指训后跟踪服务机构的建设保障和领导小组的建设保障。训后跟踪服务机构是具体实施跟踪服务的组织者，也是培训人员的管理者。跟踪服务目标的实现和任务的落实很大程度上取决于培训机构的具体工作。对农村实用人才训后跟踪服务的领导小组的设置相关责任人要有明晰的职责，要实行严格的责任制。

3. 相关法律法规保障

农民培训立法就是把国家关于培训的方针政策用法律法规的形式固定下来，成为国家意志，使农民培训工作服务国家指导。通过立法，制定有关农民培训的法律法规，是农民培训长效机制建设最可靠最重要的保障。但遗憾的是目前关于农民训后跟踪服务的法制化建设还是空白，这是构建农村实用人才训后跟踪服务体系最迫切需要解决的问题。

（四）监管评价部分

1. 建立监督管理机制

通过上级对下级、领导机构对训后跟踪服务机构服务情况检查和监督，达到防止训后跟踪服务放任自流、形同虚设。将训后跟踪纳入农民

[①] 沈明其、姜立辉：《WTO"绿箱"政策与中国农民教育培训》，《合作经济与科技》2005 年第 16 期，第 4—6 页。

培训评价体系当中，实现对训后跟踪的进一步监督。

2. 建立评价机制

农村实用人才训后跟踪服务最终目的是要通过跟踪服务提升劳动力的人力资本进而增加劳动力收入，满足和适应我国产业结构调整对人才的要求。因此农村实用人才训后跟踪服务的成效评价关注以下几个方面：一是跟踪服务是否为参训学员带来更多的经济收益；二是跟踪服务是否给实用人才带来更广阔的发展空间；三是调查学员对跟踪内容、跟踪方式、跟踪教师等方面的满意度。

四 建立农村实用人才训后跟踪服务的规范性标准

4S准则的理念最早应用于汽车行业，表述了一种包括整体销售（sale）、零配件（spare part）、售后服务（service）、信息反馈（survey）四位一体的汽车经营方式。本文借鉴其整体、规范的理念，创新农村实用人才训后跟踪服务的4S准则。在实施农村实用人才训后跟踪服务的过程中，应遵循以下准则：

（一）服务性准则（service）

农村实用人才训后跟踪服务首先体现服务性，这符合训后跟踪服务的概念。服务的核心理念就是以农村实用人才为中心，以满足农村实用人才的需求为出发点和归宿，以实现农村实用人才的发展为目标。服务性准则包括两个方面：一是服务全员，是种"关注个性"的服务，即对每位参训的学员都要设立"量身定做"的跟踪服务；二是服务全程，这种服务要深入学员成长的全过程，使学员在不同的成长阶段都能得到所需要的服务。

（二）分享性准则（shared）

农村实用人才训后跟踪服务的分享性准则主要体现在三个方面：(1)实现培训师资的共享，使优质师资实现社会价值最大化。培训机构要构建网上交流平台，确保学员在参训后还能与培训老师保持联系，当在工作实践中遇到问题能及时向老师咨询，与老师交流探讨。(2)实现培训资料的共享。培训机构应建立数据资料库，将每年的培训资料整理后放到网络平台供学员下载，并定期更新和补充资料，促进学员的知识更新和成长。(3)实现农村实用人才之间资源的共享。为充分利用参训学员已有的知识和实践经验，通过建立QQ群、博客等方式，实现学员之间的相互交流和学习。

（三）针对性准则（special）

农村实用人才训后跟踪服务的针对性准则主要体现在两个方面：（1）有针对性地对培训师资信息进行管理，实现培训教师的专长专教。可以根据培训教师自荐、专家推荐、学员反馈等途径，将培训师资的优势项目进行针对性地划分和归类。（2）有针对性地对参训学员建立个性化档案，实施有的放矢的后续跟踪服务。

（四）可持续性准则（sustainable）

农村实用人才训后跟踪服务的可持续性准则主要包括两个方面：（1）进行回访调查，实现跟踪管理的可持续运行。通过网络、电话、问卷、座谈等形式建立起与参训学员的交流平台，获得反馈信息。参训人员对培训方式、培训内容、培训管理等方面的及时反馈有利于培训机构对培训方案的改进和完善。（2）实施跟踪评价，推进农村实用人才的培训效果的可持续发展。建立科学、合理的考评制度，培训机构应将参训学员是否发挥其骨干引领作用，是否将培训中学到的先进知识和理念传递给其他农民等情况作为农村实用人才培训效果的一部分，以促进农村实用人才更好的发挥示范带头作用。

五 促进农村实用人才训后跟踪服务持续发展的建议

当前农村的发展形势是全面建设小康社会，加快城镇化步伐。经济社会的发展对农村实用人才培训提出了更高的要求。结合浙江省农村城市化及城镇化建设，针对建立农村实用人才训后跟踪服务体系的需要，对今后新型农民培训工作的开展提出初步建议。

（一）提高农民与农村实用人才的社会地位

当前，我国农村实用人才稀缺，造成这种状况的原因有很多。但就整体的社会氛围而言，农村实用人才的稀缺与许多社会成员的价值取向有关。这种价值取向是社会成员（包括农村实用人才）对农民群体所处的物质、精神环境认知后的理性选择。可见，"动机"是农村实用人才成长的"前提"，它直接影响着农村实用人才的数量和质量。为缓解农村实用人才稀缺的现状，我国只有不断提升农村实用人才的经济地位和社会地位，加大对农村实用人才的奖励力度，正确引导学生和青年农民的成才动机，努力营造一个尊重农民、尊重农村实用人才的社会氛围，才能使更多的人真正成为农村需要的实用人才。

（二）强化跟踪服务理念

训后跟踪服务较早见于企业培训，企业把对员工的内部培训与使用、管理、跟踪培养结合起来，对提升企业的生产力起到重要作用。培训机构对训后跟踪服务的意义缺乏清楚认识，对如何开展训后跟踪服务尚无把握。由于受传统思想的影响，培训机构非常重视训前和训中管理，往往忽视训后服务。培训机构对训后跟踪服务的意识和理念还比较淡薄，这导致学员参加培训所获的理论知识得不到进一步内化，培训效果不能被最大限度地发挥。因此培训机构应强化跟踪服务理念，提高跟踪服务质量。

（三）确定专项经费

培训经费量体裁衣，培训机构一般不情愿把有限的经费用于培训班结业之后。理想的训后跟踪服务，形式是多样的，包括培训机构组织学员在网络平台上交流互动、专家帮助学员解决工作中遇到的问题，进行现场指导、培训机构对学员进行回访等，这需要一定的财力支持。在项目经费都是专款专用的情况下，训后跟踪服务一定要确定专项经费。

（四）完善相关法律法规

农村实用人才的成长离不开社会大环境的支撑。政治环境，特别是相关的制度环境、法律法规环境是农村实用人才成长的基础。在我国，虽然党和政府一直重视"三农"问题，农民教育培训工作得到一定的发展，农村实用人才建设也得到重视，但农民训后跟踪服务工作没有明确的文本制度，这不仅影响培训机构的服务热情，参训学员参与训后跟踪服务工作也受到一定程度的影响。因此，有必要制定农民训后跟踪服务相关法律法规，为农村实用人才的健康成长，为训后跟踪服务的持续健康开展提供环境基础。

（五）明确相关者的责任和工作

目前浙江省关于农民训后跟踪服务没有明确的文本制度，相关部门的责任和工作也不明确，这不仅影响训后跟踪服务工作的开展，也影响农民培训效果的提升。明确相关者的责任和工作，可根据"分级管理、分工负责"的管理原则，明确每一层级的服务要求和职责。农业部门和市级农民培训学校应负有统筹管理的责任，包括组织的建立、文件的起草、计划的制订等；各县区农民培训学校进行协调管理，起到上下沟通、具体任务分配的作用；乡镇村则直接对参训学院进行管理服务，给予农民足够的指导和服务。

（六）建立激励机制

开展农村实用人才训后跟踪服务的又一主要目的在于通过部分农民的学习带动和引领更多农民的共同发展。因此，对参训学员的评价除了其自身的提升水平之外，还应包括培训期间表现、培训后的落实情况以及对其所在村、乡镇的服务引领作用。但要真正激发参训学员的带头引领作用，须建立激励机制，将学员训后发挥带头作用的状况作为学员评价的一部分。培训机构将视参训学员的总体表现（包括引领带头作用）予以精神和物质上的奖励。

（七）强化师资队伍建设

培训机构的人力资源有限，难以坚持长期关注学员。所以培训机构首先应打造一支专职专业的培训教师队伍，保障跟踪服务质量。一是打造一支以农业院校教师为主体的专职师资队伍。这些专职教师为农村实用人才提供全方位的跟踪服务。二是打造一支时间相对灵活的兼职专家队伍。其次逐步壮大跟踪服务教师队伍，全面调动社会各方面力量参与到农民训后跟踪服务当中，将行政领导干部、专家教授、专业合作社技术骨干等吸纳到农民训后跟踪服务的队伍中来，满足学员的要求。最后加大对跟踪服务教师的培训力度，有关部门要积极为跟踪服务教师创造培训条件和进修机会，跟踪服务教师自身也要不断充实自我，提高综合素质。任何工作都需要有人来落实，没有具体做事情的人，再好的思路也是纸上谈兵。因此强化师资队伍建设刻不容缓。

（八）强化需求意识

需求的确认是最重要的实际依据，它是其他各个流程的基础与前提条件，成人教育课程的开发实质上依从的就是一种"需求导向型"的模式[1]。农村实用人才培训是成人教育的一部分，所以在培训的过程中要重

---

[1] 黄建编：《成人教育课程开发的理论与技术》，上海教育出版社2002年版，第77页。

视农民的实际需求。本次调查很明显的地方就是农村实用人才在服务内容中对涉农政策和法规服务需求最大，占 38.7%，但相应的提供这方面服务的教师却相对较少，占 16.1%。这就要求农村实用人才训后跟踪服务需要加强需求意识，尤其是服务内容、服务方式需要结合学员的实际情况。

（九）强化现代手段建设

搭建现代化的互动交流平台。一是创建形式多样的服务网络。建立农民训后跟踪服务网站，在网站上开辟农民实用人才专栏，进行专人维护，实时为农民提供涉农政策和法规服务、农林牧渔技术培养和推广服务、良种信息等服务内容，邀请专家及时解决农民在实践工作中遇到的突发问题和难题。二是组建学员信息交流平台。不仅要加强学员与教师的交流，还要强化学员之间的互动，通过建立学员 QQ 群、开展学员联谊活动、创建农民协会等方式促进学员间沟通。三是定期召开座谈会和论坛会，邀请成功学员现身说法，介绍成功经验和方法。总之，要强化现代手段建设，逐步提升服务的快捷性。

第十二章

农村手艺人的身份变迁与危机破解的教育对策

当前,我国已进入社会主义新农村建设的新时期,农村在取得大发展的前提下面临新的困难和挑战,而农民是农村切切实实的主人,更是农业生产的主体,也是农业科学技术转化的重要载体,农民科技文化素质和职业技能水平的高低直接决定着农业生产力的发展水平。因此,培育新型农民成为破解困难和挑战的重要途径。而作为生长于农村的手艺人,无论是其在参与新农村建设,完成新型农民转型的过程中,还是出走城市,努力完成其市民化转型的过程中,为实现手艺人的彻底改变和转型,对其进行教育培训必不可少。

民间手工艺植根于农业文明时期,其产生的文化运行机制具有地方性和乡土性的特点,在现代化的背景下,它的存在和发展问题涉及传统和现代的关系。作为传统手艺载体的手工艺人的制作活动和生活境遇的变化过程,必然涉及由于新技术和新审美观及新的市场的需求所引起的一系列的社会变迁的过程,包括人文景观、自然环境、生产组织、群体经验、价值观念、艺术评判的标准等,也就关系到人与自然、人与社会、人与自身心理等方面的一系列变迁。整体来说,伴随着工业化、城市化和现代化的社会变迁进程,乡村传统手艺人被卷入历史变迁的洪流中,他们行走于城市和乡村之间,地域的转换、手艺的变迁,他们传统手艺人的身份慢慢趋于消解。其背后隐喻的,是手艺人身份的变迁和与之相随的生存博弈。

第一节　身份变迁

传统手艺人是社会万千劳动者中的特殊群体，乡村传统手艺人则是农民中的特殊群体。长期以来，他们凭借自身的"手艺"在乡村与城市中寻求一席之地，大多数处于谋生存的阶段，大多数无法也无力去思索自身技术的优劣，获得道德和知识层面的深察。而另一方面来说，"从历史变迁过程的角度考察，我们会发现，当今的农民已不再是局限于与世隔绝的'桃花源'里，而越来越深地进入或者卷入一个开放的、流动的、分工的社会化体系中来，与传统的封闭的小农经济形态渐行渐远，进入社会化小农的阶段"[①]。而作为农民群体中的特殊群体，在农民日益社会化、城市化的道路上，厘清手艺人的身份意蕴无疑是大有裨益的。

一　乡土性与现代性之辨：此消彼长

一直以来，手艺人与农村有着天然的联系，从内在的角度来说，他们对"农民"有一种天然的认同感，从外在来说，很长一段时期内，他们被束缚在"土地"上，被局限于"乡"下。改革开放以前，我国对农村人口流动实行严格的制度限制，农民被局限于"农村"这一广袤却又"狭小"的空间内，而这个时期，手艺人作为农村中相对活跃的群体，他们凭借自身的手艺，走村串巷。一方面他们靠"卖艺为生"，增加自身的收入，养家糊口；另一方面他们以"手艺"为载体，不断突破以血缘和地域为特质的传统关系网，使得他们的交往范围得以拓展开来，向本村以外的地区辐散开去。总的来说，手艺人这一农民中的特殊群体，以农村为依托，在血缘和地缘的基础上，凭借自身手艺不断拓展交往圈层，使得他们成为农村中的佼佼者。

改革开放以后，我国不断打破城乡二元结构的种种制度束缚，市场机制从无到有、从弱到强、从不完善到逐渐完善，在制度与市场的双重作用下，乡土社会正在经历快速而深刻的社会转型。而与此同时，伴随

[①] 贺青梅：《生活社会化：小农的经济压力与行为逻辑》，《华中师范大学学报》（人文社会科学版）2009年第1期，第13—17页。

着市场经济的不断渗入,交通的日益便捷、信息流动的加速,使农村交往圈层不断扩大,传统的以血缘和地缘为基础的人际关系遭受前所未有的冲击,封闭的乡土社会秩序开始走向开放。在这样一个大的背景下,作为农民群体的前驱者——手艺人,他们由于前期"走村串巷""手艺圈层"等的积累,更显得"如鱼得水"。

在手艺人走向城市和建构自身角色的过程中,不可避免地,他们需要不断反省自己与生俱来的"安土重迁""礼俗本位""人情至上"等思想观念,通过不断地学习以掌握新的技术;同时,熟悉和适应自身岗位,通过不断获取制度文化和行为规范的习得,进而获得除原本村落和手艺圈层以外的人际交往关系。总体来说,乡土性给予了手艺人这一群体最根本的生存基因,但是在手艺人迁移的过程中,其乡土性由"静止型的原生态"走向"动态型的流变"过程,与之相伴随的还有其现代性在不断地增长。

二 地域性与社会性之辨:流转变迁

手艺发端于农业社会时期,由于地理环境的差异,不同的村落会有不同的风土人情,这形成了最初的手工艺特质,即手工艺建立在乡村基础之上。在很长的一个时期内,"农民生活在分散、孤立、封闭的状态下,以土地为生产中心,以家庭为生活中心,以村庄为交往空间"[①]。但是,随着社会生产力的不断提高,村民的经济生活开始发生变化,由最初的绝对人情交往开始转变为经济交往掺杂其中的社会交往形式,显而易见的是村落里出现了专门揽活的人,村民只需要付钱,就会得到农具、房子、家具等生产、生活用品。久而久之,村落因为这些"艺人"的出现变得远近驰名,他们从最初服务于本村的村民,慢慢地奔走于村落之间,交往空间扩大,产品行销在外,使得村庄的地域性、特色性在得以凝练的同时也开始声名在外了。

伴随着市场化、工业化、全球化和城市化等现代性因子对乡村社会的冲击和影响日益增强,村落里村民的生产方式、生活习惯、思想观念

[①] 卢昌军、邓大才:《从"以业为商"到"以农为市"——社会化小农的市场维度考察》,《华中师范大学学报》(人文社会科学版) 2007 年第 4 期,第 18—22 页。

和价值取向都在潜移默化中发生转变,村民开始不断地离开农村,来到城市,而大多数手艺人也加入到这股历史的洪流中。他们开始闯荡于一个未知的新世界,传统的交往空间、礼俗秩序被打破,等待他们的是不断地社会化过程,作为城市的新成员,他们面临的是在强化自身手艺技能的同时,不断学习新知识、新技术,重构自身的角色,尽可能的成为"城里人"。整个社会化的过程从悄然发端走向积极适应,从被动接收走向积极寻求。而留守农村的这一部分村民,多数手艺人依然是他们当中的佼佼者,传统村落秩序的失落,他们开始适从村落新的管理制度、适应市场经济下全新的生产生活方式。

现阶段,手艺人行走于城市和乡村之间,他们大多数人离开了"土",也离开了"乡"。很容易发现,现在的艺人已经能够很好地把自身的手艺和商业、工业结合起来,譬如泥瓦匠拉起了施工队、剪纸手艺人开了手工工艺品作坊、陶瓷工艺艺人开了陶瓷厂等。一方面来说,他们只是把之前的所处村落的地域性做得更鲜明、更出色;另一方面来说,他们却是在对融入自身血液的传统乡村风俗、秩序、文化的一种坚守。但是,不容忽视的是地域性已经悄然转变,社会性不断生长,两者之间已然流转变迁。

三 文化性与职业性之辨:传承为新

手艺人群体无论是在传统的自然的村落秩序中,还是在市场经济背景下的变迁洪流中都是村民中的佼佼者,这与其掌握的技术有关,另外也与他们的文化特性紧密关联。透析手艺人的文化性可以从如下三个层次展开:首先,手艺人的文化特质与技艺相关联。因为手艺发端于农业社会时期,可以说,很长一段时间内,手艺的传承是在地域和血缘的基础上代代相传,口口相授,技艺的沉淀性赋予了手艺人深切的历史延续感和责任感。其次,手艺人与传统的乡土社会秩序、风俗、习惯有割舍不断的联系。作为自然却又孤立的传统乡村秩序,手艺人凭借其特殊性在延续中国传统社会秩序以安身立命的同时,却悄然生长着现代社会的因子,譬如开放、理性、经济性等。最后,手艺人的文化性体现为其在坚守和为新上的张力。传统手艺与现代工商业的彼此交融、传统手艺的坚守和机器生产的勃兴两者之间本身是一对无法调和的矛盾，而能够让两者协调共生的是手艺人的隐忍和坚守，其文化的张力显而易见。

传统的乡村秩序，恰如费孝通先生在《乡土中国》一书中所说，"不流动是从人和空间的关系上说的，从人和人在空间的排列关系上说就是孤立和隔膜"③。进入到现代社会，人与人之间的距离在不断拉近，传统社会秩序趋于消解，农村与农村之间、农村与城市之间彼此联系愈发紧密。手艺人走向城市、走向市场的同时也在不断建构自身的身份和角色，由过去自发的、散漫的、非理性的角色体系走向规范严整、角色鲜明、制度规范的职业化之路。

第二节 农村手艺人面临的危机和其教育培训中存在的具体问题

一 农村手艺人面临的危机

农村手艺人行走于城市和乡村之间，在交互交往过程中其价值观念、心理状态、行为方式都在不自觉的发生深刻变化。表面上来看，手艺人不断融入社会化、城市化、市场化的过程中，他们通过改变自身以适应新的角色，现代性不断增长。但深层次来看，手艺人在整个变迁过程中，更多的是面临各种生存、发展的危机。

（一）传统性解构与现代性建构同步而生，步履蹒跚，手艺人面临角色失衡的危机

农村手艺人，作为农民中的特殊群体，在很长一段时间内，他们生活在农村、行走于农村之间，家庭、村落在很大程度上来说就是他们的整个世界，他们和其他农民一样，身上浸染着根深蒂固的乡土性。从20世纪70年代末开始，国家改革开放战略的实施使农村也开始了市场化的发展进程，特别是随着农村家庭联产承包责任制的推广实行，广大农村发生了翻天覆地的巨大变化。农村与农村之间，城市与农村之间的联系在不断增多，彼此的边界在被不断打破。农村市场经济的不断发展极大解放了生产力，大量的农村剩余劳动力得到释放，他们开始紧随整个国家的市场化历程，大量涌向城市，开始了不比往常的"新生活"，而"手艺人"无疑成为他们当中的佼佼者。在"进城"的过程中，手艺人所熟

识的农村经济生产、生活方式、思维习惯、心理解构、文化观念不断趋于解构,与此同时他们也获得了从流动经历和城市生活体验中所体验到的全新生产生活方式、思维方式、开放观念、进步思想,现代性不断生长,建构他们自身的价值观念。

对手艺人来说,他们身处于"解构与建构同步而生且同时并进的同一过程中"。尽管如此,由于手艺人先天的特质:乡土性根深蒂固、文化水平不高、现代意识不强、法治观念薄弱等,加上制度的缺失,使他们在"解构与同构"这同一过程中显得步履蹒跚,呈现出角色失衡的危机。具体表现在:其一,专业身份的无处可寻。在过去,身处于乡土社会秩序中的手艺人,他们是彻彻底底的艺人,掌握着绝大多数农民没有的手艺,在养家糊口甚至发家致富的同时也享受着专业艺人的声望,而当他们卷入到市场化、城市化的洪流以后,在机器大工业面前,在各类各级专业工程师面前,他们显得卑微而渺小,一方面其曾经引以为傲的手艺成为机器大工业的附庸,更为重要的是其对自身"手艺人"专业身份开始产生质疑。其二,文化身份的"无所适从"。手艺人一开始就和手艺关联起来,手艺是其除开土地以外安身立命、养家糊口的最重要方式,而传统手艺的习得多是几代人的口口相授或者言传身教,其有着与生俱来的文化特性。在手艺人在市场化的过程中,手艺的传统文化特性在市场经济的浪潮里显得脆弱起来,手艺人守业者的文化身份开始趋于消解,他们逐渐成长为市场经济中的一员,经济理性成为其新的身份因子。适应大工业和机器生产,成为一名新的"技术人"与传承相对落后的传统手艺生产方式,使其文化特性得以延续,做一名"文化的坚守者"这本身颇具矛盾,使得手艺人在"手艺文化"这一命题上显得无所适从。

(二)手艺薪火相传与机器大工业不断勃兴一时并作,其手艺传承面临断层化的危机

手艺人是其自身手艺传承的载体,一般来说,手艺人主要有如下三种类型:"第一类是民间的杂耍艺人,譬如杂技类艺人、说唱类艺人;第二类是制作手工工艺品类的匠人,俗称艺匠,譬如雕塑、剪纸、刺绣等各类艺人;第三类是从事与生产生活相关的工匠类艺人,譬如泥瓦匠、

木工、铁匠等。"[①] 不难发现,手艺一方面与农业经济密切相连,与农村生产生活息息相关;另一方面,其背后隐喻着文化特性的薪火相传,代代延续,这也就决定了"文化性"是手艺的根本属性之一,"传承"是手艺人的本色和使命。

市场经济背景下,机器大工业不断兴起,社会分工日益细化,留守农村的手艺人经历市场经济的洗礼,他们中的大多数人开始跟着市场走,手艺成为其生产生活、发家致富的手段,在市场不需要或者不太需要的时候,他们选择了摒弃手艺,作出改变,迎合市场需要。另外,迁移到城市的手艺人,他们不仅仅面临着机器大工业的洗礼,更为重要的是面临如何融入其中,实现市民化,成为真正的城市人。在这一过程中,他们表现出两个显著的特点:其一,机器大工业生产面前,讨论其手艺的意蕴不仅仅是技术层面的问题,更多的是关系到其生存发展方式、情感价值取向,隐含着"传统"和"现代"的些许冲突。其二,传统手工艺的传承与保护和机器化大生产两者之间颇具矛盾,如何调和两者之间的冲突是摆在手艺人面前的一个现实命题。而这也促成了手艺人在行走于城市乡村之间,不断的丢弃传统手艺,手艺人队伍日渐零散失落,手艺传承面临断层化的危机。

(三) 乡村社会秩序的失落与市民社会的勃兴相互交织,手艺人面临被边缘化的危机

农村手艺人,他们在很长一段时间内都是熟悉和适应着乡村的传统社会秩序,而且这种传统通过血缘和地缘一直延续下去。但是,改革开放以来,在制度与市场的双重作用下,"乡"与"土"都在发生着深刻变化,农村社会正在经历深刻转型,决定了乡土性的外延在不断地流变,传统乡村社会秩序在不断地发生改变。譬如差序格局中渗入了更多的理性因素,血缘、地缘的初级关系出现淡化,业缘关系异军突起,法治理念在农村社会不断深入人心,村民自治制度不断健全,传统性权威正在衰落等。这一切都表明,手艺人成长于斯且对其影响深远的传统乡村秩序在不断地发生变化,传统秩序从稳定走向失落。

[①] 刘星:《手艺传统与近现代乡土社会变迁》,硕士学位论文,山东大学,2009 年,第 38—39 页。

与此同时，无论是留守农村的手艺人，还是向城市流动和迁移的手艺人都受到"市民化"或者市民社会的影响，使他们在传统乡村社会秩序和现代城市市民社会秩序的交织中显得困惑与迷茫，日益陷入身份认同被边缘化的危机中。

就留守农村的手艺人来说，他们生产和生活的广大农村地区正在经历一场深刻的社会变革，农村市场化不断走向深入，加上农村地区基层民主制度的不断构建，自治治理法治化的意识认同和法治制度文化的不断渗透，作为传统乡土社会时期的佼佼者们，手艺人已经无法完全延续他们的"优越性"，市场经济背景下的"人人平等"开始不断催生手艺人的迷茫与困顿。就行走于向城市迁移的手艺人来说，他们其中的大多数人处于"户籍在农村、生活在城市、工作在非农行业"，他们在国家宏观的城市化背景下，正努力的实现自身"市民化"。一般来说，手艺人并非简单的实现户籍转变、地域转移、职业转换，而更多的是要实现思想意识与生产生活方式的本质转变，实现农民社会文化属性与角色内涵的转型。但是，现实情况是手艺人一方面没有构建起其自身的"市民"价值观念、行为方式、情感价值，更为重要的是，手艺人在城市里从事的大多是与自身手艺无关的职业，手艺开始成为机器生产的附庸，手艺认同感日益缺失；同时又无法真正融入城市生活中去，他们在城市体制内无法得到应有的生存条件和发展基础，因而与城市社会产生分化，不断陷入被边缘化的危机。

二 农村手艺人教育培训中存在的具体问题

（一）农村手艺人教育培训的现状

农村手艺人作为农民中的特殊群体，在其社会化、市场化和现代化的过程中，正在发生深刻的改变。改革开放以来，农村手艺人日益向两个方向分流，一部分是留守农村，另外一部分是出走城市。就手艺人来说，其教育培训是整个新农村建设和社会主义新型农民教育培训的一部分，整体围绕"培训农民，转移农民，致富农民"的目标，由政府主导积极向前推进。

当前，各级政府积极推进社会主义新农村建设，加强社会主义新型农民教育和培养，尤其强调要以提高科技素质、职业技能、经营能力为核心，大规模开展农村实用人才培训，对留守农村的手艺人来说，其具备成长为专业技能型农民的先天优势，其接受教育培训（综合素质教育、手艺技能技巧培训、农业加工与经营管理培训等）表现出比较大的热情，参训的比例较高，积极性较强，特别在经济发达省份。另一方面来说，对出走城市的手艺人，其教育培训表现出两个显著的特点：其一，接受农村劳动力转移培训比例小，转移主观随意性较大。由于手艺人经过手艺的口口相传、代代相授，其手艺已经沉淀为其生活的一部分，手艺人往往单凭自己就能自谋生路，在城市里谋得一个收入相对较高的职业，因此，他们往往对村里组织的劳动力转移培训参与热情不高，而是自发前往城市。其二，农村手艺人出走城市准备不足，对其的价值观念，思想方式，以及心理情感引导培训不足，手艺人适应能力较弱。整体来说，手艺人的教育培训现状表现在以下几个方面：

1. 手艺人教育培训受训人群分布

本文整体上来说，是把手艺人置身于乡土社会这一大的语境下，并结合改革开放以来，其隐喻的逻辑身份变迁，分析了手艺人这一"类"群体的整体特质。其作为农民群体中的特殊分支，在我国建设社会主义新农村，努力培育社会主义新型农民的时代背景下，手艺人教育培训其受训人群整体分布表现出如下三个方面的特征：（1）年龄特质表现为35—60岁人群为主，青年人（20—35岁）所占比例很小。（2）男女比例差异较大，且不同手工行业男女比区分度显著。（3）地域分布来看，东部沿海经济发达省份，针对手艺人的群体性教育培训项目机会相对中西部地区要多，且多数具有地域特色，特别是具有地区经济特色，服务于地区特色产业。

2. 手艺人教育培训的师资与方式

手艺人教育培训多数地区是糅合在农民教育培训中，从一般性来说，其培训的师资主要是地方农办、职校或者政府组织的专家学者为主，通常采取的是理论授课为主的培训方式，而更为契合手艺人"手艺"的实地操作指导，实地参观考察等实践性课程和授课方式较少。长期以来，手艺是立足于自给自足的传统社会，手工艺在很长一段时间内都是通过口口相传，言传身教的方式延续下来，加上手艺人本身知识文化水平有限，多数对理论课程兴趣不足或者理解能力有限，因此，对手艺人教育培训的实践导向应该予以强化。

3. 手艺人受训效果与认知评价

课题组在浙江、福建、河南、甘肃、黑龙江五省农村地区实地调查中发现，农民教育培训主要问题表现为：交通不便；时间短、没效果；内容不切合实际；费用高、不想参加；培训者为产品推销商等。手艺人在受训认知评价方面表现出两个特质：其一，手艺人认为教育培训对自身手艺的提升和发展意义不明显，受训满意度明显低于其他农民；其二，手艺人通过参加教育培训没有形成对自身手艺的全面认识，对手艺的文化性认识不够。在培训效果方面，手艺人大多数认为应该单独组织有针对性的教育培训，而且应该以行业行会组织为培训的组织主体，针对手艺人每个人的不同特点和特长展开培训，使得培训后有效果，能提高手艺技艺水平的同时还能增加经济收入和其他收益。

单从产生方式来说，传统的手工艺人因为其相对落后的生产方式，正面临被机器化大工业所淘汰的危险，而大多数手艺人成为机器生产的补充。在我国建设社会主义新农村的大背景下，引导手艺人发展，保护和传承传统手艺不仅是我们的一种责任，更为重要的是一种文化的使命。根据查阅文献和课题组实地调研发现，手艺人的教育培训是糅合于社会主义新型农民的教育培训中的，这对手艺人的教育培训来说不仅仅是一种机会，更多的是一种挑战。如何在趋同的农民教育培训中引导手艺人的教育培训是我们需要考虑的现实问题。

(二) 农村手艺人教育培训中存在的具体问题

结合手艺人教育培训的现状，整体而言，就留守农村手艺人和出走城市的手艺人来说，其教育培训中存在的问题表现在以下三个方面：

1. 就培训内容而言，教育培训内容全面但针对性不强，且呈现出突击式、任务型的特征

手艺人不同于普通农民，其身上浸染着手艺的传统，农村的教育培训往往本着兼顾大多数村民为主，进而在整体上表现出以"扫盲教育、综合素质培训"为主，即使开设的技能技巧培训也只是以基本的操作和规范为主，缺乏针对性。另外，对农民的教育培训，是以地方农办、职校等为主体，以上面政府机关的行政指令和行政计划为导向，往往呈现出任务型的特征，通常上面的指令和文件下来以后，才具体组织实施，处于被动的状态。由于缺乏对培训对象的摸底和其需求的实际考察，仅

仅依靠文件和行政指令安排培训课程，这更加剧了课程的"套路化""模式化"，使得其与手艺人的需求更加渐行渐远。

2. 就培训形式而言，往往以集中授课为主，实地操作指导为辅，缺乏实效性，培训效果较差

就手工艺本身来说，它不同于其他农民素质培训，其需要在巩固手艺人已有的手艺的基础上再提高其技艺水平，同时提高其对自身手艺的情感认识和与当前经济的适用性；需要实地锻炼和提高，教师通过在实际的操作指导中提高教学的有效性。实际操作过程中，农民教育培训一般由政府主导，具体由职校、农办或者村委会组织实施，大多采取集中组织、集体授课、课堂培训的方式，实训课安排较少，手艺人的实际需求本身就区别于一般的农民，因而，虽然其参与热情较高，但是对其自身手艺的发展意义并不明显。

3. 就培训的价值导向而言，过于强调手艺人技能技巧的培训，而对手艺的文化传承重视不够

当前，在社会主义新农村建设的时代背景下各级政府进行农民再教育和培训的初衷是为了提高农民（农民工）素质，服务于地区经济，受政治因素和经济因素的影响和驱动明显。在具体的教育培训过程中，其对手艺本身的文化性重视不够，对手艺人的文化传承意识引导不够。

整体来说，农村手艺人面临着角色失衡、手艺断层以及被边缘化的危机，这三个方面的危机观照着手艺人身份层面、技术层面、心理层面现存的问题。它反映出了农村手艺人整体面临的尴尬境地。就目前来说，我国正在积极推进社会主义新农村建设和大力推进城镇化建设，"提高农民素质、培养新型农民"成为破解这一尴尬境地的重要途径。因此，各级政府都非常重视新型农民教育培训，培养新型职业农民。譬如国家相关部委先后启动和实施了以农村劳动力转移培训为主的"阳光工程"，以农民工技术培训为主的"蓝色证书工程"，以青壮年农民培训为主的"雨露计划"、依靠科学技术促进农村经济发展的"星火计划"，以及农村实用人才创业培训工程等，大大发挥了政府部门对农民教育培训的推动作用[1]。农村手艺人

---

[1] 吴小颖：《福建省农民培训研究——以茶农为例》，博士学位论文，福建农林大学，2010年，第39—40页。

作为农民中的特殊群体,无论是在社会主义新农村建设中的各类农村农民培训中,还是在城市农民工职业培训中,他们不可避免的是其中重要的组成人员。在具体教育培训的实施过程中,存在着以上三个方面的问题。这也就要求我们,必须从整体上把握手艺人教育培训的特点,在变迁中构建农村手艺人新的发展机制。

第三节 坚守与革新,在变迁中构建农村手艺人新的发展机制

随着我国现代化程度不断提高,城市化水平进一步提升,实现手艺人职业、身份的非农化,构建其全新的思想意识、行为方式和职业技能已成为必然的趋势。但是,由于历史的原因和其自身存在的一些问题,我们很难相信仅仅依赖手艺人自身的内在因素就能实现其现代性的真正构建,完成其市民化过程。因此,外在的政策扶持和制度构建对其显得必要和迫切,对此,笔者认为至少可以从四个不同层面来进行考察。

一 致力于"新村民""新市民"主体培育,使手艺人走向真正意义上的"新"村民、"新"市民

就目前来说,手艺人一般分为两个主体:一部分留守农村;一部分出走城市。手艺人因为其自身的手艺,在生产生活过程中同村民或者农民工又不自觉的会区分开来。目前,在农村已经开始出现如下四个群体的职业农民:以种养大户、家庭农场主、农民专业合作社骨干等为主的生产经营型职业农民;从事农业劳动,并以此为主要收入来源的农业工人、农业雇员等专业技能型职业农民;以农村信息员、农产品经纪人、农机手、代耕手、机防手、动物防疫员等为主的社会服务型职业农民;具有知识和专业技能的农科大中专毕业生、返乡青年农民工、复员军人等新生代职业农民。农村开始展现出全新的面貌,农民职业化显现端倪。作为留守农村且怀揣手艺的手艺人,成长为走在前列的职业农民无疑具备先天的优势,手艺人要努力把手艺和自身的职业生涯结合起来,同时也与农村新的发展命运结合起来,真正成为走在前列的"新"村民。而在城市,要通过制度设计,从公共服务、户籍制度、社会保障等各方面

予以手艺人保障，加强对手艺人的培训和教育，不断提高其技能水平，使其不仅实现身份上的市民化，更重要的实现情感、价值观的市民化。

二　积极引导手艺人坚守传统特色文化，努力实现文化自觉

农村传统文化的价值是一个不断被发现的过程，手艺人作为农村优秀传统文化的载体，其本身就蕴含着文化的张力。在实际过程中，一方面，政府要努力推动农村市场化、城镇化、现代化进程，在这一开发过程中，充分调动手艺人的积极性，使得手艺人的手艺不仅能使其发家致富，更为重要的是使其产生裙带效应，让身边人受益，充分做到保护与开发同时并举，齐头并进。而对进入城里的手艺人，政府应该做到"心中有数"，对手艺人采取登记造册的方式，根据手艺人具体的手艺类型，区别不同的行业，有意识的引导其进入，使得手艺人能够把自身的手艺和机器大生产的现代化生产方式结合起来，同时又能吸收现代工艺的精髓，使得他们在实际生产生活中实现手艺的坚守和传承，并逐渐形成一种文化自觉。另一方面，政府要不定期的组织手艺人进行培训，实现文化性和技术性相结合，不断充实手艺人的知识和认知水平，努力实现手艺人的职业性和文化性的协调统一。

三　构建契合农村手艺人的教育培训体系，引领手艺人走"职业化"道路

要实现手艺人在变迁中更好更快的发展，结合手艺人乡土性与现代性此消彼长、地域性与社会性流转变迁、文化性与职业性传承为新的特点，开展对手艺人多层次、全方位的教育培训显得很有必要。首先，结合本地经济社会发展需要和地方特色，因地制宜、因人制宜进行职业技术培训，充实和提高手艺人的工作技能水平，引领手艺人朝专业技能型农民发展或者社会服务型农民发展，使得留守农村的手艺人能够有能力在"职业化农民"培育过程中走在前列。其次，丰富培训内容，创新培训模式，加强现代农民培训体系的建设，必须坚持统筹城乡发展，形成"政府主导、社会参与、城乡互动、整体推进"的新格局，积极提高手艺人参与教育培训的积极性，同时引导手艺人提高认识，促进其手艺技能和文化知识水平的同时提高，使其变被动培训为主动学习，不断提高自

身素质。最后，畅通手艺人的流通机制，把农村农民（含手艺人）培训和城市流动人口市民化教育培训能够很好地衔接起来，做到信息共享、资源共担，使手艺人，特别是城市里正在努力实现"市民化"的手艺人能够获得一个长效的培训机制，为自身的职业化发展增添砝码。

四 强化"新型农民"教育培训质量管控，创新手艺人发展机制

在培育"新农民""新市民"过程中，教育培训是引导其完成这一过程的最重要的手段。因此，要积极结合实际，在探索教育培训经验的基础上，不断创新培训管理形式，完善培训管理体系，确保教育培训工作有序发展并取得实效。一方面，要坚持"政府"为主体，同时调动农村经济组织、行会组织以及城市公益团体等的积极性，充分予以组织保障；另一方面，创新培训内容，加强课程有效性和针对性。手艺人教育培训往往和整体上的新型农民教育培训整合在一起，结合手艺人自身的特殊性，有必要把手艺人教育培训抽离出来，单独划归一块，针对不同的手艺特点组织教师，创新授课方式，建立由省、市科研院所和大专院校及中职学校，以及农业技术推广部门、农民专业技术协会为主体的教师团队，确保授课质量。与此同时，要以"职业化"为核心，根据当地手艺人的具体特点，开发有效课程，以实用性和有效性为抓手，切实提高培训质量。目前，"职业化"是手艺人发展的应有之义，留守农村的手艺人在积极转型，向"职业化农民"转变，出走城市的"手艺人"在不断革新自身，试图实现技术、情感、价值观等的全面改变。

结 语

总体而言，近现代以来特别是改革开放以来的社会发展引起了急速的社会转型，乡土社会经历了一个比较彻底的大变迁历程，在这一过程中，充满着国家整体宏观政治、经济政策的引导和乡土社会自身内发逻辑的博弈与协商，这共同左右和引导着传统手工艺的命运走向。无可置疑，承载着手艺传承的手艺人成为手工艺变迁最关键的一环。无论从国家建设社会主义新农村，培育社会主义新型农民这一宏观背景的角度来说，还是从手工业这一传统的文化载体而言，加强手工艺人的教育培训

必要而且迫切。因此，农村手艺人要构建其全新的发展机制，实现对其自身身份意蕴的全新突破，实现对当前其面临危机的全新破解，完成对其文化属性的坚守和角色内涵的革新过程，对手艺人的引导、培育、教育必不可少。

第十三章

农村加工业农民经营管理培训的调查与思考

在当今社会经济发展步入新常态、农业农村发展面临新挑战的背景下,时代对农民提出了更高的要求——从新型农民到新型职业农民。为此,培养"有文化、懂技术、善经营、会管理、守法纪、讲文明"的新型职业农民应成为当前农民教育培训的一个新主题①。加工业农民是时代的产物,对于从事加工业的农民来说,其经营管理素质和能力的提升不仅仅是其成为新型职业农民的必要条件,更是新常态下传统加工业转型升级对其提出的新诉求。加工业农民的经营管理培训有利于优化农业的产业结构,改善农村的经济情况,提高农民的收入水平。为了把握目前加工业农民经营管理培训的现状,以便提出有价值的改革对策和建议,笔者通过实地走访、采用问卷调查,必要时追加访谈等研究方式对浙江省H市的加工业农民进行了调查并进行了初步的思考。

第一节 相关概念界定

一 加工业农民的内涵

在现有的文献中,学者们对加工业农民并没有下一个明确清晰的定义。文献中涉及的加工业农民,仅仅是根据其从事不同的生产活动而划分出来的一种农民类型。学者们大多只提到与加工业农民相关的加工业

---

① 沈建民、刘剑虹:《新农村建设背景下新型农民的内涵及培植》,《湖州师范学院学报》2014年第6期,第17—21页。

这一概念。

农村加工业，又可以称为农产品加工业。王益慧（2005）对这一概念进行了详细的描述，并指出"农产品加工业是以人工生产的农业物料和野生动植物资源为原料进行工业生产活动的总和"。而刘巍（2003）提到的农产品加工业是指"对农业部门提供的初级产品和中间产品进行加工的工业部门，是农业产业链的延长"。

因此，在笔者看来，加工业农民从字面上可理解为从事加工业的农民，但从其从事的工作特点来看，加工业农民更倾向于工人以及商人，因为他们除了对农产品进行加工外，还要将加工的产品卖出去。加工和销售是加工业农民所要掌握的两大基本技能。

二 经营管理培训的概念

经营管理包括两层含义：一是经营；二是管理。白洋（2013）就曾分别详细解释了什么是经营，什么是管理，从而引出经营管理的概念。"管理，即是指为保证经营活动顺利进行所采取的各种手段、方法，通常包括决策、计划、核算和控制等。管理是对内的，是对经济活动的安排、实施、调整和把关，追求的是效率，注重的是节流和控制成本。经营，是指为了实现致富目的所进行的一切市场活动，是对外的、市场的打拼，追求的是效益。经营管理主要是指运用现代经营管理手段为使生产、营业、劳动力、财务等各种业务，能按经营目的顺利地执行、有效调整的一系列管理和运营的能力。"从这一概念界定，我们可以明显看到经营管理包括两方面的内容。因此，笔者认为所谓的经营管理培训也必定包括两方面：一是经营培训；二是管理培训。对于加工业农民来说，经营培训也就是如何将自己加工生产出来的产品推广到市场之中，进行销售从而获得一定利润的培训。从调研情况来看，大部分的加工业农民都有自己的加工企业，并雇用了劳动力进行加工生产，因此管理对于加工业农民也是必不可少的。在笔者看来，管理培训则是如何对在生产线上的各部分成员进行管理，提高其生产积极性，从而提高生产效率的培训。

第二节　农村加工业农民经营管理培训的现状

一　调查内容与范围

（一）调查内容

对从事加工业的农民来说，其经营管理的素质与能力将直接决定其所从事的加工业的经济效益和管理效率。为了更客观、更深入地把握目前浙江省 H 市从事加工业的农民参与经营管理培训的现状及效果，我们从"受访者基本情况、受训认知与动机、受训内容与期望、培训师资与方法、培训效果与体会"等维度精心选题，并编制了《加工业农民经营管理培训现状调查问卷》。经第一次试用，该问卷的内部一致性系数（a）为 0.890，分半信度为 0.56，显示出较好的效度和信度。

（二）取样范围

我们之所以选取地处长三角中心区域，浙江省的 H 市作为调查研究的取样城市，是因为该市得天独厚的地理环境和深厚绵长的文化底蕴使竹制品加工、茶叶加工、服装加工和木业加工等众多农村加工业在改革开放后迅速崛起，并成为该市经济增长的一个重要的经营产业和农民增收的一个重要的支柱产业。笔者通过实地走访 H 市正在从事加工业的农民，随机发放调查问卷共 300 份，回收 300 份。其中，涉及竹制品加工的有 75 份、茶叶加工的有 69 份、服装加工的有 84 份、木业加工的有 72 份，参见表 13—1。从这些简单的数据中可以看出，本次调查研究的取样范围基本上能够反映 H 市主要的农村加工业。

表 13—1　　　　　　　　取样情况一览表　　　　　　　单位：份

	竹制品加工	茶叶加工	服装加工	木业加工	百分率（%）
受训农民	22	28	23	31	34.7
未受训农民	53	41	61	41	65.3
合计	75	69	84	72	100.0

二 调查结果与分析

在随机发放的 300 份问卷中，有接受过培训的农民，也有没有参加过培训的农民。值得我们注意的是，300 名受访者中参加过培训的农民数为 104 人，占总数的 34.7%，参见表 11—1。笔者利用 SPSS 17.0 软件对问卷进行了统计并对其进行了分析，在统计与分析时将受训农民和未受训农民进行了区分。

（一）受训农民

1. 受训农民的基本情况

（1）受训农民的性别情况

在参加培训的 104 名农民中，男性人数为 74，占比 71.2%；而女性人数为 30，仅占 28.8%。由此可得参加过培训的男性加工业农民人数要大于女性。这种现象在农村是很常见的，在农村大多数的家庭当中，一般男主外，女主内。女性在家庭当中主要有两个任务：一是带孩子；二是看店面。男性则负责对外沟通，打通人脉。因此，培训这类需要个人出面，并且需要沟通交流的事情一般就交到了男性身上。但在调查过程中，笔者认为对女性进行一定的经营管理培训也是非常有必要的，女性通常在家看店面，当生意上门自然要懂经营的技巧，最终生意是否成功在很大程度上还是看经营方式是否正确有效。同时，在管理自家工厂或是店铺中的工人也需要一定的管理能力。

（2）受训农民的年龄状况

在 104 份受训农民的答卷中，年龄在 30 岁以下的有 9 人，占 8.7%；31—40 岁为 45 人，占 43.3%；41—50 岁为 30 人，占 28.8%；51—60 岁为 18 人，占 17.3%；61 岁以上为 2 人，占 1.9%。从年龄结构来看，绝大多数加工业农民处在 31—50 岁，特别是 31—40 岁。这个年龄段正值事业拼搏的黄金时期，并且这个年龄段里面大多属于"80 后"。对于时代发展而新出现的新生事物相较于老一辈的人容易接受，因此这一年龄段的农民参加培训占了大多数也在预料之中。

（3）受训农民的文化程度

受训的 104 名农民中，文化程度为小学的为 3 人，占全体的 2.9%；初中水平的为 48 人，占全体的 46.2%；高中水平的为 42 人，占全体的

40.4%；大专水平 8 人，占全体的 7.7%；本科及以上为 3 人，占全体 2.9%。显然，在参加过培训的农民中主要以初、高中文化水平为主。总的来说，参加过培训的农民，其文化程度不是很高。同时，104 个人当中有 12 人担任过村干部，占全体的 11.5%。

2. 受训农民的统计分析

（1）受训认知与动机

在调查的 300 名加工业农民中，真正参加经营管理类培训的农民为 89 人，仅占比 29.7%，参见表 13—2，即有七成的加工业农民并没有接受过经营管理类的培训。并且在计量分析中，笔者发现其中有 60% 的农民甚至都没有听说过有这样一类培训。这说明目前农村加工业农民经营管理培训的宣传情况不容乐观，多数农民对这类培训的了解甚微。因此，面对这种现状，市、县（区）农办及培训单位对加工业农民经营管理培训的宣传力度亟须加强和跟进。

表 13—2　　　　　　　　　　受训认知与动机

题目＼选项	A N（%）	B N（%）	C N（%）	D N（%）
您参加过经营管理培训吗？	参加，但不是经营管理培训 15（5.0）	参加过经营管理培训 89（29.7）	没有，不知道有这类培训 180（60.0）	知道了也不参加 16（5.3）
您参加培训最主要的目的是什么？	提高经营管理技能 80（76.9）	了解最新市场信息 11（13.5）	取得学历证书 7（6.7）	获得政府补贴 3（2.9）

关于受训的动机，参加培训的 104 名农民中，选择提高经营管理技能的有 80 人，占了 76.9%；了解最新市场信息的有 11 人，占比 13.5%；取得学历证书的有 7 人，仅占 6.7%；选择获得政府补贴的有 3 人，仅占 2.9%。参见表 13—2。由此可见，有近 80% 的受训者认为，参加农民教育培训的主要目的是为了提升自己经营管理的技能。因为在文化程度相对来说还较低的农民看来，技能比理论更重要，这是可以理解的。除此之外，还有一部分农民选择了了解最新的市场信息。对这部分农民来说，

他们已认识到经营管理好自己的加工企业，除了技能外，市场信息也是很重要。

（2）受训内容与期望

关于受训的内容，如表13—3所示，感觉培训教师的授课内容主要是经营管理知识与技能，以及农产品加工技能的共有86人，占了82.7%；主要是市场信息与法律法规的为16人，占比15.4%；而选择心理健康及其他的有2人，占比1.9%。显然，授课的主要内容与该培训的名称是相吻合的，但据我们与参加培训的农民进行的深入访谈，发现培训的内容侧重于理论知识。因此，参加培训的农民对于授课内容的理解程度选择小部分能理解的高达85.6%也在情理之中。

表13—3　　　　　　　　受训内容与期望

选项 题目	A N（%）	B N（%）	C N（%）	D N（%）
培训的主要内容是什么？	经营管理知识与技能 75（72.1）	农产品加工技能 11（10.6）	市场信息和法律法规 16（15.4）	心理健康及其他 2（1.9）
你对培训内容的理解程度怎样？	完全理解 3（2.9）	大部分能理解 9（8.7）	小部分能理解 89（85.6）	基本不理解 3（2.9）
培训内容跟您所期望的程度符合吗？	很符合 12（11.5）	比较符合 14（13.5）	不符合 75（72.1）	很不符合 3（2.9）

至于"培训内容与您的期望符合程度"这个问题，104份问卷中，有近八成多的受训者选择了不符合或很不符合，仅有25.0%的受训者选择了很符合或比较符合，参见表13—3。这说明无论是相关的政府部门还是实施培训的单位在组织培训前应先了解农民的受训需求，然后再确定培训内容的侧重点，这样可以满足受训农民对培训内容的期望，以便使更多的农民能积极、自觉地参加培训。

(3) 培训师资与方法

如表 13—4 所示，选择培训教师的态度是认真负责或较认真负责的，共有 82 人，占了 104 名受训者的 78.9%。这表明大多数参加培训的农民认为授课教师的态度是尽心尽职的。同时，在询问"培训教师主要的授课方法属于哪一种"这个问题时，有 85 人选择理论讲解法或其他，占比 81.7%；而选择案例教学法或企业参加法的只有 19 人，仅占 18.3%。在对授课教师的教学水平或授课质量的满意程度上，104 个人中，有 47 人选择很满意或比较满意，占全体的 45.2%；而选择不满意或很不满意共有 57 人，占全体的 54.8%。由此可见，一半以上的受训农民对培训教师的教学水平不是很满意，通过深入的交谈主要的原因是与培训教师的授课方法主要采用理论讲解有关。

表 13—4　　　　　　　　培训师资与方法

题目 \ 选项	A N（%）	B N（%）	C N（%）	D N（%）
您认为培训教师的态度认真负责吗？	认真负责 55（52.9）	较认真负责 27（26.0）	一般 21（20.19）	不认真负责 1（0.96）
教师主要的授课方法属于哪一种？	案例教学法 10（9.6）	企业参观法 9（8.7）	理论讲解法 80（76.9）	其他 5（4.8）
您对授课教师的教学水平满意吗？	很满意 13（12.5）	比较满意 34（32.7）	不满意 55（52.9）	很不满意 2（1.9）

(4) 培训效果与体会

当问及"经过培训，您觉得自己主要有哪方面的提高"这个问题时，有近一半的受训农民选择了"了解了新颖的经营管理知识"，仅有二成的受训农民认为对提高自身的经营管理水平有所帮助。这说明农村加工业农民经营管理培训的实效性还不够强，以致仅有 20.2% 的受训农民选择了通过培训对经营管理好自己的企业很有帮助和较有帮助，而有八成的人选择了帮助一般或没有帮助。关于"您认为当前农民教育培训存在的问题主要有哪些"（此题为多选题，因此总数不是 104），排在首位的是不适应培训教师的授课方式，其次是授课的内容不符合他们的实际，感觉培训的层次不高的位例第三,也超过了九成。而选择培训的科技含量不够的有近八成。详见表13—5。通过深入的了解,我们得知培训教师主要是高校从事理论研究的教师,缺少相应的实践经验,对他们从事的加工业进行转型升级提供不了科技创新等实践方面的支持。

表13—5　　　　　　　　培训效果与体会

选项 题目	A N(%)	B N(%)	C N(%)	D N(%)
经过培训,您觉得自己主要有哪方面的提高?	掌握先进的加工技术 15(14.4)	了解新颖的经管知识 50(48.1)	知悉最新的市场信息 17(16.4)	提高自身的经营管理水平 22(21.2)
通过培训,对您经营管理好企业有帮助吗?	很有帮助 9(8.7)	较有帮助 12(11.5)	帮助一般 75(72.1)	没有帮助 8(7.7)
您认为当前农民教育培训存在的问题主要有哪些?(多选)	内容不合实际 94(90.4)	授课方式不适 101(97.1)	培训层次不高 92(88.5)	科技含量不够 81(77.9)

(二)未受训农民

1. 未受训农民的基本情况

(1)未受训农民的年龄分布

在年龄层面,196份没有参加任何培训的问卷当中,30岁以下的有36个,占全体的18.4%;31—40岁有39人,占全体的19.9%;41—50岁有76人,占全体的38.8%;51—60岁有45人,占全体的23.0%。很显然,未受训农民年龄集中在41—50岁,与受训农民集中在31—40岁正好向前推了10年,这与两个时代的人所受的教育以及自身的经历有很大的关系。从调研情况来看,尤其是51—60岁的农民,在他们看来经营和管理这两事完全没必要培训,靠经验就能做好,何必花时间去学习。

(2)未受训农民的文化程度

196份问卷中,文化程度为小学的为28人,占全体的14.3%;初中水平的为71人,占全体的36.2%;高中水平的为70人,占全体的

35.7%；大专水平 15 人，占全体的 7.7%；本科及以上为 12 人，占全体 6.1%。显然，与参加过培训的农民相比，两类在初、高中文化水平上的农民人数的比例较为相近，但是不同的地方在于，小学学历和本科及以上学历的比例有所增加。从中可以说明一些文化水平不高的农民常常会成为培训的盲区，当然也不排除这部分农民自己参与培训的意愿较低。而本科及以上学历的农民没有参加过培训，据笔者了解，很重要的原因在于他们本身不知道有这样一个培训，这也说明了培训的宣传还存在一定的缺陷。

（3）未受训农民的培训意愿

关于培训的意愿，未受训的 196 名农民中，愿意参加培训的人有 121 个，占全体的 61.7%；持无所谓态度的有 54 人，占全体的 27.6%；21 人表示不想参加，占全体的 10.7%。显然，大部分农民在听说有这样一个培训之后是愿意参加，但是有一部分人表示无所谓，甚至有些还不想参加，这一部分农民抱有这种态度的很大原因在于他们认为所谓的经营管理培训只是卖卖东西，管管人而已，这是一个正常的成年人都能做的。在他们看来，生意做到这样也就差不多了，不需要再往上提升了（无须培训），靠着自己多年的经验也能将小企业，小作坊打理得很好。选择不想参加的农民受传统观念的影响，几乎都有这种想法。

（4）未受训农民对培训的期望

在培训内容（此题为多选题，因此总数不为 196 而是 258）的需求上，选择经营知识与技能的有 75 人，占全体的 38.3%；选择管理知识与技能的有 108 人，占全体的 55.1%；选择市场信息和产品加工技能的有 48 人，占全体的 24.5%；选择法律法规的有 21 人，占全体的 10.7%；6 人选择心理健康，占全体的 3.1%。由此可见，农民对培训内容的需求是多方面的，除了市场信息、产品加工技能、法律法规和心理健康等外，主要是经营和管理的知识与技能。因此，在开展培训之前，培训单位一定要先摸清农民对培训内容的需求，这样才能对症下药，迎合农民的需求，保障农民的利益。

对授课方式（此题为多选题，因此总数不为 196 而是 264）的要求上，能接受课堂集中授课方式的有 39 人，占全体的 19.9%；54 人希望是现场实习指导，占全体的 27.6%；72 人认为授课方式应当是参观考察交流，占全体的36.7%；接受利用案例授课和辅导后自习的分别有15人和9人，占全体的7.7%和4.6%；75人表示希望能多种授课方法相结合，占全体的38.3%。农民在考虑授课方式时必定是从自身实际出发，希望的授课方式必定也是自己最容易接受的。从调查结果中很明显看到，农民较为中意的授课方式主要是参观考察交流和现场实习指导，这些授课方式都是较为直观的授课方式，对于一些文化程度不高的农民来说，越直观通俗的方式他们越能容易接受。

第三节 加工业农民经营管理培训中存在的问题

农村加工业农民经营管理培训是新型职业农民教育培训当中的一种重要的类型。尽管这类培训在全国范围内已经展开，并取得了一定的成效，但通过对H市的个案调查与分析，笔者发现其重视程度却并不理想，它的整个培训体系也不是很完整，由于多种原因致使在培训实施过程当中，仍存在一些问题。下面笔者拟从政府部门、培训机构以及农民本身三个方面去发掘问题所在。

一 政府部门的管理问题

（一）政府的重视程度不够强

从调研情况来看，农村加工业农民经营管理这一类培训并没有得到足够的重视，这一点可从受训的人数和非受训的人数的比例看出来。省政府部门为推进农民教育培训，每年都会给下属的农办下发培训指标，经营管理类培训也有其一定的指标。而下级政府部门为了完成上级布置的任务和应付上级的检查也会督促相应的县（区）农办组织相应的培训，因为培训指标数与经费额是密切相关的。但培训指标的确定主要是依据全省的农村农业实际情况，就目前而言，大部分的指标还是集中在扫盲和农业技能这两块，经营管理培训的指标远远小于生产知识与技能的培训。因此，在整个培训体系当中，经营管理培训是被忽视的。

（二）政府的管理方式不科学

从调研中，笔者了解到很多地方政府部门关于培训采用的是多头管理的方法，即多个部门来负责农民的教育培训，当然经营管理类的教育培训也不例外。这样一种管理方式不够科学,可能会导致:一是工作效率问题。几大政府部门共同管理农民的教育培训,但都不是其部门的主要工作。同时,由于培训工作同时由三个(甚至四个)政府部门来分管,可能会产生相互扯皮、互相推脱责任等现象,从而导致培训工作效率低下的问题。二是管理操作问题。由于经营管理培训并没有技能培训重要,因此很多时候只是夹杂在技能培训当中,加上县(区)财政有限,在培训资金方面较为紧张,资金的短缺造成培训工作较难开展,许多工作不能落到实处,只能点到为止,很多时候培训只是为了应付上级的检查和完成上级的指标。

(三)政府的统计数据不真实

由于农民培训是免费的,还有部分补贴,因而会有部分农民"浑水摸鱼",完全是因为有优惠的政策才来参加培训,而不是真正为了接受培训而来培训。而培训机构在其中也会部分作假,包括虚报培训人数和培训时间,以致培训缺少真实性。在参加过此类培训的农民中,很多人认为这种培训没什么效果,只是走过场而已。在市场经济中,由于受社会人情世故的影响,很难在工作中做到真正的"求实""求是",在统计培训人数、培训时间、培训效果时都有可能遇到这一问题。

二 培训机构的实施问题

(一)培训机构鱼龙混杂

在提高农民素质的大背景下,为响应政府的号召,各个单位都踊跃开办培训班,导致培训机构兴起。但是部分单位却没有相应配套的培训条件,造成农民培训表面上看似一片大火,深层上看却存在培训效果差的现象。换句话说,目前部分培训只注重形式,并没有将培训政策真正落实到位。值得注意的是,由于多个培训机构可能会针对同一个内容在同一个地区反复培训,出现"撞车""炒冷饭"的现象。这种局面的出现不仅大大削弱农民的积极性,而且造成人力、物力的浪费。

(二)培训质量无法保证

从调研情况来看,经营管理培训的培训机构主要有两种:一种是政府主管部门授权的培训机构;另一种是个体主办的培训机构。其中以第二种培训机构为主。

政府部门授权的培训机构一般是指成校。在成校，虽然有一定的监督管理措施，但培训要达到怎样的程度，如何衡量培训质量，还不够明确，这就给培训机构有空子可钻。尤其是由于培训经费按培训人数和培训时间下拨，为了获取一定利润，培训机构可能"偷工减料"，如压缩培训时间、压缩培训次数，本来应该下乡培训好几次的而只开展一次；本来应该培训3天的压缩到2天，等等。等检查人员下来检查时，他们就事先与村民打好招呼，以致检查对他们来说形同虚设。还有的培训机构虚报培训人数等，以致在最后考核的时候弄虚作假，应付主管部门的检查，同时为了吸引农民前来参加培训，为了向政府部门多要指标，机构会提供相关优惠政策，如发放补贴等，以致不少参加培训的农民是奔着政府补贴来参加培训，上课不认真，培训质量低下。

另外，各地农民教育培训干得"如日中天"，有些培训机构单纯为盈利，套取培训资金，没有针对培训对象的需求进行按需培训，以致出现"走过场"的局面，培训效果和质量也因此大打折扣。例如，某地服装加工的一位农民曾提到，他去参加培训，花费了许多钱，但也只是拿回来了几个电话号码而已。此外，"训后服务"未同步跟进。集中培训几天，由于时间短，农民当场很难完全消化，若培训后培训机构与学员没有了联系，农民在培训之后与培训机构无沟通，仅仅停留在培训那几天的授课学习中，对农民很难发挥作用。

(三) 培训师资临时聘请

由于农民参与培训的积极性不高，很多农民对经营管理培训不感兴趣，更认识不到参加培训对提高自身素质的重要性。加上培训机构多，一些商业性的培训机构是为了营利而开展培训，在培训内容上，过于注重理论，忽略了农民自身的需求，很多内容大同小异，对于农民来说是一年又一年的"炒冷饭"，以致农民更加不愿意来参加培训，导致招生困难。在培训师资上，培训机构请来的教师虽然学历高，但教学水平却不禁让人唏嘘，不利于农民对知识的吸收。一些政府部门创办的培训机构都只是有管理人员，没有专职教师，影响教学质量。无论是农广校，还是涉农专业性学校，既没有正式的教学管理编制，更无专职的教师，培训的老师主要来自农业局和职教中心，一般只在开班时临时聘请。

三 农民主体的参与问题

（一）参与培训的积极性不高

从调研情况来看，加工业农民参加经营管理培训的积极性不高。在访谈中得知，在乡镇村办农民培训班，若当地村干部支持这一工作，那么培训对象就会落实到位，培训工作则较为顺畅。若村干部不支持，那么开班培训就会有困难。首先是生源问题，培训人数达不到要求；其次便是到课率低。从调查的问卷当中，我们也可以很明显看出，部分农民对培训的热情度不高，很多从事加工业的农民认为经营管理不需要培训，这不是什么技术性的活，只要凭借自己的经验便可以很好地完成任务了，而且自己也没有时间去培训。

（二）参与培训的动机不纯

很多农民之所以参加培训，很大原因在于买人情。据笔者了解到，培训因为需要一定的人数，很多人是被村干部"拉"过去培训的，很少真正是自己萌发来培训的念头，还有一种则是因为客户和朋友的介绍才去参加培训的。很多农民在参加培训时总是抱着一种无所谓的态度。在他们看来，培训说好听点是学习，实际上就是交朋友，从而开拓自己的交际网。因此，即便有些培训机构虽然花费较贵，但仍有一小部分农民会参加，但参与培训的动机不纯。

第四节 加工业农民经营管理培训的对策与建议

一 改革对策

（一）政府管理层面

1. 统筹管理、完善机制，提高农民培训实效

就目前政府组织管理培训的模式而言，多头管理势必会导致资源的浪费。农民教育培训真正要抓起来必须整合资源，结合农办、教育局、农业局、扶贫办、人社局等的资源力量，由一个口子统管，一直管到底。在这样的管理制度下，整个培训体系才会达到系统化。除此之外，必须要有完善的培训机制作为保障，机制的存在就是为了能让整个培训在实施过程当中能够有章可循、有理可依。农民教育培训是一项大工程，它

的落实和实施不是一朝一夕就能完成的，必须要有统一的领导，完备的机制才能实现。

2. 组织引导、严格监管，担负农民培训职责

在政府部门内部的组织管理当中，为了有效地管理培训工作，加强政府部门的组织引导。第一，抓准和明确培训定位，将县（区）里的政策与国家的方针相结合。第二，确定目标，采取的培训措施要切合实际，与农民的产业发展规划相结合。第三，培训要与龙头企业加强联系。第四，要与农业局各个部门加强联系，各部门之间应当分工明确，各司其职。第五，要建立健全监督机制，确保考核的真实性。同时，为了防止培训机构出现懈怠、蒙骗的现象，政府主管部门对培训机构实行严格管理和监督，以示对农民培训负责。例如，一些政府部门可采取"先做再给"的方式对培训机构进行拨款，也就是让培训机构先去做培训，一切经费由培训机构先垫付，等上级主管部门对培训情况检查后，如果没有出现任何问题，再把培训经费发给培训机构。如果主管部门检查发现问题，则由培训机构负责，培训经费不予拨付。

（二）培训机构层面

1. 提高培训的专业性和针对性，满足农民需求

培训的专业性指的是师资的专业。由于加工业经营管理培训并没有像技能培训那样普遍，很多时候培训机构请来的教师大多是教授，太过理论化、形式化的授课方式导致培训效果较低。专业性的教师一般指的是从事和农民相关的工作，在组织培训上有一定经验的教师。这种教师因为长期给农民上课，对农民的特点已经非常熟悉，他们知道怎样的表达方式能够吸引农民的注意力，怎么样的教授方式能让农民理解、掌握这项知识与技能。因此，师资的专业性能保证农民在受训过程当中知识和技能的针对性。必要的时候与企业或是职业学校相互合作，确保培训的内容专业性，提高培训的有效性。另外，在内容上一定要注意针对性，了解农民来参加培训想要获得什么知识或是想解决什么问题，培训人可以在组织开班前到村子里进行调查，在培训过程中要理论联系实际，因地制宜，引导农民学用结合，既满足农民的实际需求，又解决农民的实际问题。此外，要防止培训机构为套取培训资金多要指标、对农民重复培训。这在一定程度上可以避免培训质量低下，还能吸引农民自觉参与

到培训中。

2. 创新培训模式，促使培训模式多样化

对于加工业农民来说，他们之所以不想来参加经营管理培训，很大的原因在于他们自认为自己多年来的经验足够维持现在的生产管理，培训对自己来说没多大作用。而另一个原因是培训的内容大多是理论化的经营和管理知识与技能，在很多农民看来，这些内容甚至还比不上自己多年累积的经验。因此，为了能更好地吸引农民，提高培训质量，培训机构可以创新培训模式，授课方式不能仅仅只是停留在课堂集中授课或是参观交流，可以给农民一个机会，让他们亲身体验将书本化的知识转化成实际操作，特别是在如今科技发达、社会进步迅速的时代，更应该跟上时代的潮流，将其他省份甚至国外的农民培训的新模式消化后引进来，从而促使培训模式多样化。

（三）农民自身层面

对于整个培训来说，培训是否成功与农民参与的积极性和主动性是密不可分的。而提高农民参与培训的意识不仅需要政府和培训机构的宣传和鼓励，更重要的是农民自身的培训意识。很多农民由于受到传统观念的影响，尤其对年龄较大、经验丰富的农民来说，认为农民教育培训是毫无作用的。农民自身必须从根本上改变这种想法。在21世纪信息化的今天，只有不断地学习，不断地更新自己的认知，才能适应这个时代。如今，各类培训都在火热地进行中，农民应当根据自己自身的实际需要选择培训，并且在培训过程中必须要端正自己的培训动机，本着提升自己的想法认真学习，而不是仅将培训作为一项任务。同时，对于一些文化程度相对较高的村干部，应当要发挥其榜样的作用，带领文化程度相对较低的普通农民，慢慢改变自身错误的思想观念，主动参加培训。

二　改革建议

针对目前农民教育培训中存在的问题，特别是我们从调查研究中发现的关键问题：一是授课的内容、方式方法还不能满足受训农民的期望或需求；二是培训的层次、科技含量还无法有效培养职业化的农民、助推企业的转型升级。为了使该类培训能有效地提升农民的经营管理素质和能力，使其所从事的传统加工业在新常态下能进行转型升级，并使其成为社会主义新农村建设的新型职业农民,笔者拟提出如下改革建议。

(一)整合资源,组建农民职业学校

2015年中央一号文件明确指出:"积极发展农业职业教育,大力培养新型职业农民。"[①] 要培养新型的职业农民,需要提供与之相匹配的高端的职业化教育,以充分开发农民的增收潜能,推进农村企业的转型升级。鉴于目前高层次的农民教育培训,包括加工业农民的经营管理培训仍由高校、成校或农校承担,并且主要注重培训的数量而忽视培训的质量等现状,建议除了保留原有的培训机构外,由市政府协调,整合教育局、农业局、扶贫办和农业办等各部门的人力资源,组建一所高水平、职业化的农民培训学校。当然学校的运作模式和办学理念等要不同于现有的农校或成校,更不同于高校。它应是一所专门面向全市农业、农村和服务于有较高需求的农民的职业化的公办学校。学校的教师不仅是专职的,而且既能"上天"又能"入地"。借助这样一所公办的职业化的农民教育培训学校,一方面通过加强与市、县(区)传媒集团和电信公司的联合,利用广播、电视、报纸和互联网、微信等多种渠道和形式强化农民教育培训的宣传力度,并发布最新的市场信息;另一方面通过引进和培养既有理论水平更有"实践经验"的资深农业专家,以及外聘农民企业家,既可满足受训农民对授课内容和授课方法的期望又可增强高层次的农民教育培训的针对性和实效性,以高质量地培养能适应社会主义新农村建设的新型职业农民。

(二)做好摸底,提供"菜单式"培训

发展现代化农业,建设城镇化农村,培养职业化农民,不仅需要广大农民积极参与职业化的培训,而且需要培训单位深入了解农民的培训需求。目前,"有相当一部分的农民是在为完成上级的培训数量而被反复动员情况下被动参加培训的,从而导致在培训过程中受训者的受训需求得不到满足、缺乏学习兴趣等问题"[②]。利用农民职业学校特有的运作模

---

① 中共中央、国务院:《关于加大改革创新力度,加快农业现代化建设的若干意见》,2015年12月25日(http://www.gov.cn/zhengce/2015-02/01/content_2813034.htm)。

② 赵丹、张显亮:《目前我国农民教育培训中存在的问题及对策》,《中国职工教育》2014年第12期,第81页。

式和为农民服务的办学理念,在组织比较高端的培训之前可以利用公办学校的优势,借助市、县(区)、镇、村各级政府的力量挨家挨户做好对农村加工企业的调查、摸底工作,把握加工业农民的培训需求。以此为基础,为加工业农民提供"菜单式"的培训,即"农民'点菜',政府'下单',学校'配菜',专家'掌勺'"[①],这样的菜单式培训不仅能满足加工业农民对培训内容、方式方法的需求,而且能让加工业农民"被培训"变为"要培训",以提升加工业农民参加培训的积极性和自觉性。

(三)提升含量,助推企业转型升级

在农业经济步入新常态、农村发展面临新挑战的背景下,需要农民从事的传统加工业进行转型升级,即从主要追求产量和依赖资源消耗的粗放型转到数量质量效益并重、注重提高竞争力、注重科技创新、注重可持续发展的集约型的现代农业发展之路。为此,政府除了继续实施对农产品进行产地初加工给予补助的政策外,重点是"发展农产品精深加工",以深入推进农业结构调整,加快转变农业发展方式。鉴于目前农民教育培训,包括加工业农民经营管理培训的内容和形式,过于理论化和课堂化,并缺乏为传统加工业进行转型升级提供必要的科技支撑等现状。借助农民职业学校能"接地气"的师资力量,通过变革传统学校的授课模式,利用"田野式"的经验交流和企业考察等方式方法可帮助受训的加工业农民解决当前面临的困难或困惑。更为重要的是,借助农民职业学校资深的农业专家团队的科研创新,提升培训内容的科技含量,注重受训农民的科技创新,以助推受训农民从事的传统加工业进行转型升级,提高农产品的精深加工度,提升农产品的市场竞争力。

---

① 王玉芳:《"菜单式"培训新型职业农民》,《山西科技报》2015年5月14日第3版。

第十四章

农村劳动力转移培训中的矛盾与对策分析

"三农"问题是关系我国经济社会发展的核心问题，国家和社会对"三农"问题的关注由来已久。随着我国社会主义新农村和城市建设步伐的加快，提高农民素质、增加农民收入逐步成为解决"三农"问题的重要着力点。国家依据农村劳动力结构变化的实际和产业发展的需求，组织开展了多领域、多层次、多类型的农民教育培训。农村劳动力转移培训作为农民教育培训体系的重要部分，其在提高农民综合素质和自我发展能力，促进农民转产转业，实现农村人口合理有序流动发挥着不可替代的作用，农村劳动力转移培训已经成为增强我国产业竞争力的一项重要的基础性工作。

第一节 农村劳动力转移培训的认识和思考

进入21世纪以后，"全面建成小康社会"成为全党、全国人民关注的主题和热词，尤其是2002年《人民日报》首次提出："全面建成小康社会"以后，如何建成小康社会成为党和政府思考的重点。高素质、高技能的劳动者是小康社会建设的主要推动者。因此，加强农民培训，提升综合素质和就业技能，促进农民增收致富成为"全面建成小康社会"的重要任务。以扫盲为主要内容的农民"基础性教育培训"已经逐步淡出培训体系，而以农民素质和技能培训为重点的"发展性培训"成为农民培训的主要方向。

一 农村劳动力转移培训的概念界定

对农村劳动力转移培训的认识，诸多先辈学者都进行了卓有意义的探索，尤其是21世纪初，国家逐步加大农村劳动力转移培训的支持力度，并动员社会各界广泛参与，进而掀起学术界研究农村劳动力转移培训的热情，实践探索也进入新的发展阶段。然而，随着研究和实践的深入，学术界对农村劳动力转移培训的概念把握也更趋于细致，但依然未形成统一的界定。易俗和赵正洲（2007）将农村劳动力转移培训界定为"以劳务市场需求为导向，以农业剩余劳动力转移就业为目标的职业教育培训"，或者说是一种"订单式"的人才培养，即"根据企业的用人订单，确定培养目标，制订教学计划，开展教学活动"。徐军（2006）则将其界定为"拟向非农产业和城镇转移的农村劳动力所开展的转移就业前的引导性培训、职业技能培训以及对已转移到非农产业就业的农民工所进行的岗位培训"。各位学者的界定基本符合当前社会对农村劳动力转移培训的认识，政府和社会在开展转移培训过程中也以此作为主要的界定标准。

然而，笔者发现，学术界对农村劳动力转移培训的概念界定太过细致，过多地将其囿于在一个较小的框架内，使认知本身缺乏必要的动态性，这样很容易导致两个误区：一是以单纯的职业技能培训替代系统综合化的转移培训。众所周知，当前的农村劳动力转移培训已经不是简单意义上的教育培训和受教育培训，涉及主体的增多必然带来相应的竞争和突破，培训转移已经成为集政策引导、宣传发动、授课学习、服务转移等综合性一体化的工作。如果简单替代，必然会淡化培训过程中的情感因素，内容上也会少了很多法律法规、人文素养、心理认知等方面的学习和锻炼。二是以农民工培训代替农村劳动力转移培训。农民工群体只是农村劳动力中的一部分，这一群体在农村劳动力中所占比例一直呈现上升趋势，但如果简单替代，会窄化农村劳动力转移培训的对象、内容、形式等。因此，在认识农村劳动力转移培训时，必须将其置于动态化的环境中或者社会发展的进程中加以研究。

农村劳动力转移培训是一项系统化的培训工程，是以促进农民从农业向非农产业、从农村向城镇转移为目的的学习培训。其对象是农民，即户籍在农村，具备生产生活自理能力的农民，具体包括三类人：一类是生长在农村，一直从事农业生产，并以此作为自己生存之本的人；二是以农业为主要职业，同时兼做其他工作，收入来源比较分散的人；三是长期生活在城镇，并以非农职业作为自己的主要职业和收入来源的人。转移主要是职业转移，同时也包括因职业需求而产生的身份转移。培训内容与根据城镇的职业发展需求和农民自身条件决定的，是处于动态变化的要素。

二 农村劳动力转移培训的分类

农村富余劳动力向非农产业和城镇转移是工业化和城镇化的必然要求。作为人口大国，我国绝大部分劳动力集中在农村。20 世纪 90 年代以后，国家进一步加大农村产业结构调整力度，推动产业结构重心由第一产业向第二、第三产业逐次转移。同时，出台相关政策引导和鼓励农民自主创业，尤其是失地农民、下山移民、转产渔民的再就业，导致农民分化日趋明显，农民转移需求日益增大。此外，城市经济的大发展使大量农村劳动力涌入城市就业，农村劳动力向非农产业和城镇转移就业逐步成为农民职业选择的新取向，这进一步催生了对农村劳动力转移培训的现实紧迫性[1]。各地区劳动力转移就业的规模和速度不尽相同，其主要原因在于各地劳动力自身素质的差异，这是决定劳动力能否转移及转移质量的关键。

农村劳动力转移培训可以以就业为界点，分为引导性培训和岗位培训。引导性培训即意向农民工培训，是指农民除从事农业之外，无其他职业，为改变现状，拓展职业内容，逐步向非农产业倾斜而开展的各类培训。参加引导性培训的农民对农业之外的职业认知比较模糊，职业发展目标变动性大。岗位培训即实际农民工培训，指已经完全或未完全摆脱农业，在非农产业就业的农民为更好地适应当前非农职业，而有目的地参加培训，参加岗位培训的农民对岗位认知程度较高，参加培训是进一步提高工作效能和个人素质，适应岗位需求。

---

[1] 樊兴丽、布海东：《城镇化进程中的农村剩余劳动力转移培训问题研究》，《经济研究导刊》2013 年第 18 期，第 66—67 页。

第二节　农村劳动力转移培训的主要特点

为更好地推进农村劳动力转移培训，国家先后实施了"蓝色证书""阳光工程""雨露计划"等系列培训工程，为数以万计的农民转移提供了渠道。尤其是2004年实施的"阳光工程"[①]，这是国家首次单独针对农村劳动力转移培训实施的系统工程，其重点是支持定单、定点、定向培训。2014年国家又开始实施农民工"职业技能提升计划——春潮行动"[②]，组织新市民培训，加快农民工市民化进程。在国家行动基础上，各地区也因地制宜地陆续开展了相应的培训工作，如浙江的"千万农民素质提升工程"，江苏的"百万农民工培训工程"等。此外，在2004—2015年的12年中，几乎每年中央一号文件都直接或间接鼓励各地开展农村劳动力转移培训，保障措施日趋完备，培训体系日益系统化、正规化，发展趋势也日益明显。

一　培训主体和项目多元化

由于劳动力转移培训的庞大社会需求，加之国家在政策和资金上的大力扶持，极大地调动了各类培训机构的参与热情。2007年，国家鼓励"动员社会力量广泛参与农民转移就业培训"[③]；2008年，"支持普通高等院校参与到转移就业培训中"[④]；2014年，国家启动农民工职业技能提升计划——"春潮行动"。在方案中指出："充分调动社会各方面的积极性，整合职业培训资源，引导行业企业、社会团体、院校和各类职业培训机构广泛开展农村转移就业劳动者培训。"[⑤] 据统计，华东地区Z省开展农民培训的机构达1341个，平均每个地级市有100多个，而且大部分分布

---

① 农业部、财政部、劳动和社会保障部、教育部、科学技术部、建设部《关于组织实施农村劳动力转移培训阳光工程的通知》（农科教发〔2004〕4号）。

② 人力资源社会保障部《关于印发〈农民工职业技能提升计划——"春潮行动"实施方案〉的通知》（人社部发〔2014〕26号）。

③ 2007年中央一号文件《中共中央国务院关于积极发展现代农业　扎实推进社会主义新农村建设的若干意见》。

④ 同上。

⑤ 同上。

于县和乡镇,这也符合农民培训的实际需求。此外,经济社会的快速发展使非农产业日益精细,涉及的行业、工种、岗位也在增多,多样化的职业需求迫切需要劳动力转移培训项目的增加。

二 就地转移培训成为重点

历年来,农村劳动力转移基本以异地转移为主,并呈现西部向东部转移的现象,而随着西部大开发、东北振兴、中部崛起等国家战略的实施,中西部劳动力输出大省相继采取措施刺激农民就地转移就业,异地转移就业农民数量出现缩减态势。调查显示,江西省2011年第二季度,农民工出省就业同比减少24.2万人,下降4.4%,而在省内就业同比增加45.1万人,占比增长到32.7%;四川省2011年前三季度,农民工省内就业人数同比增长5%,而省外就业下降1.17%;河南省农民工省内就业首次超过省外就业。[①] 同时,国家在农民就地转移就业中也给予政策支持,2015年中央要求,"优化中西部中小城市、小城镇产业发展环境,为农民就地就近转移就业创造条件"[②]。在东部省份,农民就地转移就业更为明显。据江苏省统计局统计数据显示,2012年江苏省1799万农村转移劳动力中,选择在本乡本镇就业者达926万,占51.5%。[③]如将就业范围扩大到本市本县,农民数量将更多。同时,就地转移农民的数量与所在城市经济发展水平呈正相关,因此,国家在农民转移培训政策、资金支持上明显向中西部地区倾斜。

三 单一培训转移转向综合性培训开发

随着农村劳动力转移培训工作的深入推进,其在"三农"工作中体现出较强的影响力和延伸力,逐步由单一的培训转移转向综合性培训开发,主要体现在两个方面:

[①] 胡德巧:《中西部地区农村劳动力转移的新情况》,《人民日报》2012年2月10日第8版。

[②] 2015年中央一号文件《关于加大改革创新力度加快农业现代化建设的若干意见》。

[③] 郑爱翔:《农村劳动力转移就业培训现状及提升策略——基于江苏省的调查》,《职业技术教育》2013年第25期,第69—74页。

(一) 转移培训与农村扶贫开发相结合

扶贫工作最有效的途径是"授人以渔",以提高扶贫对象的知识、技能和素质为核心,而贫困地区农村劳动力转移培训使农民在接受学习培训的同时又提供工作,增加收入,可以说,转移培训是农村扶贫开发最有效的途径之一。2006 年国家首次提出"抓好贫困地区劳动力的转移培训"[1],2009 年又强调"在贫困地区,提高劳动力转移培训质量,提升产业化扶贫水平"[2]。因此,国家对贫困地区的农村劳动力转移培训进行政策倾斜,不仅指标单列,而且全部实行免费培训。

(二) 转移培训与农民创新创业培训相结合

在很多经济较发达地区,政府针对乡镇和农村的非农兼业农民,如农家乐负责人、农村合作社管理者等进行创新创业培训,提高管理水平,增加经济收益,同时带动周边农民致富。在 2014 年国家开展的农民工职业技能提升计划——"春潮行动"中,明确指出:"每年面向有创业意愿的农村转移就业劳动者开展创业培训 100 万人次,培训合格率达到 80%以上,创业成功率达到 50% 以上。"可见,创新创业培训已经成为农村劳动力转移培训的新方向、新路子。

此外,很多地区还将农民转移就业培训与少数民族工作、下山移民工作、革命老区建设等相结合,提升农民自我发展能力。

四 培训由单一学习授课转向全方位服务

随着国家对农村劳动力转移培训支持力度的加深,转移培训已不是纯粹意义上的"培训学习",而成为市场经济形势下的商业行为,农民被以"商品化"的形式置于市场中,形成用人单位下单,培训机构接单,政府买单的运行模式,"服务"成为农民转移培训的重心。这就要求各级政府管理部门、教育培训机构和用人单位进行自身建设和管理服务的创新,又要强化相互之间的工作交流、交互与合作,努力探索农民转移培训综合管理、综合服务和协调推进的新机制与新途径。

---

[1] 2006 年中央一号文件《中共中央国务院关于推进社会主义新农村建设的若干意见》。

[2] 2009 年中央一号文件《中共中央国务院关于 2009 年促进农业稳定发展农民持续增收的若干意见》。

五　农民培训趋向"后培训转移"时代

"后培训转移"时代的主要特征是：农民的转移培训不再以单一就业为目的，而是要在转产转业的同时，真正融入城市，在生产生活方式、价值观、心理等方面适应城市的需求。体现在转移培训上主要有两方面：

（一）单一技能型培训转向综合素质型培训

经过几十年大规模的农村劳动力转移培训，大量农民涌入城市成为产业工人，为更好地适应新的工作和生活，转移培训的内容也逐步向综合素质倾斜，即技能和素质的双培训、双重视。2012年中央一号文件首次提出"有序推进农业转移人口市民化"，同时"加强农民工职业培训"。2014年国家开始实施农民工职业技能提升计划，并要求通过培训提升农民工自我维权意识、文化素养等。转移培训逐步将职业技能提高与适应能力提升相结合、业务水平提高与文化素养提升相结合、提高生产技能与提高生活品质相结合，切实增强了农民自身进步、成长和可持续发展的能力。

（二）培训效果由数量型向质量型转变

当前，我国农村劳动力大量"外流"，农村空心化、空巢化现象严重，以"纯粹"农民为主要培训对象的引导性转移培训逐步减少，而以兼业农民为主要对象的岗位培训需求不断增加；同时，在企业追求人力资源效益最大化的时代，质量型的转移培训必然成为主流。政府和企业为进一步提高转移培训的针对性和实效性，逐步改变片面追求数量、忽视质量的做法，在切实提高农民培训工作质量上下功夫，提升农民整体素质。2005年中央一号文件要求农民转岗转业培训要"适应产业结构升级和提高竞争力的需要"；2007年中央一号文件又提出，"适应制造业发展需要，从农民工中培育一批中高级技工"。这就对转移培训质量提出了更高的要求，转移的理性化程度不断提高。

第三节　农村劳动力转移培训中的矛盾和问题

经过近半个世纪的发展，我国的农村劳动力转移培训已初步形成了政府统筹推进，行业组织实施，各类职业技术学校、社会培训机构和用人单位广泛参与的工作格局。各地区也因经济发展不同，承担着不同的转移培训任务。但总体而言，目前我国的农村劳动力转移培训依然处于初级阶段，培训体系、资源、内容等都呈现出与社会发展不相协调的方面。课题组根据前期掌握的资料，在全国范围内开展了"百村万民"问卷调查[①]。同时，有针对性地选择华东、华中、西南地区的农民教育培训主管部门和培训机构进行调研，采取座谈会、问卷调查、实地调查等方式开展工作。

一 转移培训的低参与率与农民积极的培训意愿相矛盾

顾益康和袁海平（2010）调查发现，以"外出打工"为主要工作，即非农兼业农民有 1357 人，其中接受过农民教育培训的只有 9.4%，主要参加过"农村劳动力转移培训"的农民只有 17 人，占 1.3%。可见，绝大多数农民工，即以"外出打工"为主要谋生手段的农民并未享受到政府、社会和企业提供的培训，即使在接受过培训的农民中，享受到与自己主要从事职业相关的专业培训者更是寥寥无几。然而，在非农兼业农民中，"希望参加培训"的占 48.9%；"无所谓"的占 28.5%；"不想参加"的只有 22.6%；可见，绝大多数的农民工愿意放弃工作和休息时间，积极参加或可以参加培训。在受训过的农民中，"自愿参加培训"的人占 88.6%；参加培训原因中认为"对培训感兴趣"的占 14.7%；"觉得对自己有帮助"的占 64.7%。因此，绝大部分农民有较高的培训热情，而且参加动机比较明确。二者存在矛盾的主要原因：

（一）农民对培训情况知之甚少

调查发现，在未参加过培训的农民中，有 36.2% 对培训"没听说过"；有 51.4% 的"听说了，但不了解"。在问及"您知道怎么参加农民教育培训"时，有 76.2% 的农民称"不知道"，13.2% 的农民称"不确定"，这样的结果着实令人惊讶。我国农民培训已开展很长时间，至今依然有相当数量的农民不了解农民培训，甚至没听说过，这正道出了当前农民培训的一大难题：宣传发动，至少说明有关部门没有将宣传工作做

---

① 刘剑虹、陈传锋、谢杭：《农民教育培训现状的调查与思考——基于全国百村万民的实证分析》，《教育研究》2015 年第 2 期，第 123—129 页。

到位。

(二) 培训安排不合理

培训机构组织培训时，培训的时间、地点、内容等都受到农民的关注，影响农民参加培训的积极性。调查未参加培训的农民中，有25.2%的农民"没有时间参加，要干农活"；5.9%的农民"去培训地点交通不方便"。

二 国家的大力支持与各地培训资源匮乏的现状相矛盾

近十年来，国家对农村劳动力转移培训的扶持力度逐年增大，在历年中央一号文件中有明确规定，2004年"政府对接受培训的农民给予一定的补贴和资助"[①]；2006年"提高补助标准"，同时，"不断增加投入"[②]；2007年"进一步提高补贴标准"[③]；2009年继续"加大投入"[④]。此外，在国家资金扶持基础上，各个省、市、县、乡（镇）都依据自身情况拨了相应的配套资金，根据培训复杂程度和时间长短标准不一，以华东地区A县和华中地区B县为例，2013年，A县实施"阳光工程"完成农村劳动力转移培训3870人，补贴金额234.529万元，人均606元；B县1900人，完成培训补贴性投资113万元，人均594.7元。另外，华东地区某省会城市开展了农村富余劳动力"一本证书加一份工作"的"1+1"定向转移就业培训，政府每年拨出专项资金，按3800元/人的标准补助给学校，其要求较高，农民须进行6个月的理论和实际操作培训，取得的效果也是实实在在的。就政府而言，拨付资金基本能够满足本地区农村劳动力的转移培训需求，同时也能兼顾培训单位适当的利润。然而，调查发现，几乎所有的培训机构都存在资金短缺、资源不足问题，甚至有19.3%的农民在参加转移培训中需要自己交费。当然，对此意见要区别对待。存在的主要原因有三个方面：

---

① 2004年中央一号文件《中共中央国务院关于促进农民增加收入若干政策的意见》。
② 同上。
③ 2007年中央一号文件《中共中央国务院关于积极发展现代农业 扎实推进社会主义新农村建设的若干意见》。
④ 2009年中央一号文件《中共中央国务院关于2009年促进农业稳定发展 农民持续增收的若干意见》。

（一）资金使用监管模糊

根据资金使用惯例，培训机构上报培训预算，政府按照比例拨付一定培训启动资金，培训结束后依据考核结果政府拨付剩余资金。而在具体操作中，政府对培训机构的预算缺乏足够的调查评估，而且对资金使用的监管存在缺位和不力的情况，导致培训资金流向模糊，不能完全使用到农民转移培训过程中。

（二）资金使用效率不高

部分培训机构为吸引更多的农民参加培训并取得政府的补助资金，广设培训项目，使培训人员相对分散，所办班级小而不精，培训成本较高。在西南地区Z县组织的劳动力转移培训中，参与的13个培训机构举办了162期培训，培训人数1870人，平均每期不到12人，绝大部分为初级技工人员，类似现象在某些县区同样存在。

（三）资金分配不当

按照培训机构对政府补贴资金的使用"潜规则"，一般1/3用于培训支出，如教师劳务费、书本费，以及农民的餐费、交通费等；1/3用于培训机构内部的设备维护和更新；1/3为培训单位利润，有些民办培训机构利润甚至更高。这种分配比例严重压缩了农民的实际培训支出，培训资金短缺现象不可避免。

三 城市发展对农民工的大量需求与农民工的城市窘境相矛盾

农村劳动力转移培训的主要任务是将有一技之长的农村劳动力输入城市，为非农产业提供所需的产业工人。在近几年的城市发展中，"用工荒""民工荒"不绝于耳。以广州为例，其农民工短缺情况：2010年为15万；2012年为11.38万；2013年为11.29万；2014年为12.33万[1]。同时，"民工荒"正逐步由东部沿海地区向中西部地区蔓延，2012年，"四川、重庆、安徽、河南、湖北、湖南、江西等我国传统劳动力输出大省也出现了用工荒。今年春节前后湖北省用工缺口达50万—60万"[2]。

---

[1] 马振涛、钟慧澜：《新一轮"民工荒"问题的阐释与对策——基于多重视阈的分析》，《中国人力资源开发》2014年第11期，第89—95页。

[2] 长子中：《当前"民工荒"现状及对策建议》，《农民日报》2012年2月25日第3版。

"民工荒"的扩大化已日益成为广受关注的社会问题,然而,城市对农民工的大量需求并没有真正改变农民工作为城市"弱势群体"的地位,他们并没有完全享受到工作带来的附加值——社会保障,农民工普遍存在的困境是:"就业稳定性不强,劳动保障权益受侵害的现象还时有发生,享受基本公共服务的范围仍然较小,大量长期在城镇就业的农民工还未落户。"[①] 王景龙(2011)在调查中,道出了绝大多数城市农民工对城市的期待:改善生产条件和工作环境、获得更多的免费培训、加强工棚区的文明建设、有更多探亲的机会、能够有资格住进城市廉租房、子女能真正就近入学、加大农民工的养老政策落实力度。这七个期待正是绝大多数农民工对市民身份及其相应的社会保障的渴望,但同时又对城市怀着深深的无奈和纠结。这一矛盾的出现有两方面的原因:

(一)缺乏统一的组织领导协调机制

劳动力转移培训涉及的培训主体和内容、受训人员层次、开展区域等都存在差异性,这就决定了转移培训由单一部门承担的高难度,而目前多部门参与的现状,不可避免地出现管理分散、投入分散的弊端,如农业部牵头的"阳光工程"、扶贫办牵头的"雨露计划"、劳动和社会保障部牵头的"春风行动"等,难以形成农村人力资源开发的合力,这大大影响了资金的使用效率和培训的实效。

(二)农民自身原因

在知识就是生产力的当下,劳动者的技能和素质是决定其境遇的最主要因素。同时,知识和技能的更新升级,心理和个人价值观的适应性调整等都是重要的影响因素,这从另一个方面倒逼农村劳动力转移培训的转型,单一纯粹的技能培训已经远远不能满足农民需求。

第四节 农村劳动力转移培训的对策分析

新时期的农村劳动力转移培训逐步向多样化、动态化,不管是参与主体、培训形式、受训农民,还是筹资渠道、就业方向都呈现出这一趋势。在这一体系下,各个主体之间相互影响,甚至相互制约,而破解问

---

① 国务院《关于进一步做好为农民工服务工作的意见》(国发〔2014〕40号)。

题的关键在于打破责任壁垒，建立政府、培训机构、企业及农民共同参与的"四位一体"培训大格局。政府宏观协调、主导推进，以政策、资金为杠杆，以考核、监督为手段，黏合各方力量，推进培训工作；培训机构、企业和农民都是受益方，培训机构获得报酬、企业收获发展所需的产业技术工人、农民拥有合适的工作。然而，各主体之间千丝万缕的利益关系、矛盾冲突都需要相应的措施来约束和激励，需要通过制度化的方式来解决，适应市场经济发展需求，以推动农村劳动力转移培训在新时期的突破和发展。

一　夯实信息基础，把握农村劳动力转移培训的主动权

（一）开展实证分析

政府作为农村劳动力转移培训的主要推动者，各项规划及政策的制定和落实前必须进行充分的实证调查和研究，仅依靠总结、报告等"纸上谈兵"式的分析不可取，要走出办公室，切实掌握社会需求、企业状况、培训机构能力以及农民的期待，有的放矢。必要时，可委托第三方，如高校、社会机构等开展可行性调查，切实把握各方动态，提高报告的真实性和可信度。培训机构作为中间载体，要有相当的社会敏感度，充分掌握市场行情，有针对性地开展各类农民转移培训。

（二）构建信息网络

农民是转移培训的主要受益者，要充分保障其知情权，使其了解并掌握相应的培训信息。宣传发动时，应充分利用传统媒介和新兴媒介，将政策宣讲和广告宣传落到实处，真正将好事做好、做实。同时，鼓励企业积极参与农村劳动力转移培训，利用员工来源分散的特点，宣传国家政策和招工培训信息，动员农民参与转移培训。

（三）建立信息反馈机制

在企业、培训机构、农村建立信息员制度，及时掌握农民培训的动态数据，充分比较不同地域、不同时间、不同年龄群体的培训状况，为更好地制定培训政策提供参考。

二　重新界定政府、培训机构和企业的关系，建立协作机制

政府、培训机构和企业是农村劳动力转移培训的主要推动者，三者

能否实现紧密合作是决定转移培训成功与否的关键,因此,要处理好各主体内部、主体之间的关系,建立一体化的协作机制。①

(一) 政府内部关系

在政府内部,农办、农业局、林业局、人社局、民政局、扶贫办、工会、妇联、团委等机关和团体都或多或少地参与农村劳动力转移培训,这无疑会造成培训力量和资源的分散。因此,有必要对农村劳动力转移培训进行"归口管理",确定农村劳动力转移培训单项工作中的主次关系,明确责任主体,通盘考虑具体工作。责任主体需要由具有一定农村研究和实践经验的部门来承担,实现资源的统筹利用,并由专业人员管理,提高培训效率。

(二) 政府和培训机构的关系

各类从事劳动力转移培训的公办学校、社会机构、企业人力资源部门等都是转移培训重要力量,而地方将政府与培训机构的关系被广泛定位于"管理和被管理",这种体制势必造成培训机构自主性不强,市场活力难以激发,"有限的管理和合作"才是双方关系的合理定位。政府对培训机构有宏观调控和监督之责,即"有限的管理",但在业务层面是"合作",即管培分离,政府依据培训机构转移培训的质量给予报酬,即购买培训机构的劳动成果。政府必须明确自己的定位,直接参与培训只会破坏市场规则,这不仅是对培训机构的变相挤压,更是对农民培训工作的不负责任。

(三) 培训机构和企业的关系

培训机构与企业都是社会实体,双方是最为直接的"合作"关系。培训机构通过教学培训等一系列工作,在企业与农民之间搭起了一座桥梁,为企业输送适合用工要求、具有一定专业技能知识的劳动力;培训中,培训机构根据企业的用工需求,制定"个性化"教案,实施"个性化"培训,并对学员进行职业道德、团队精神、员工礼仪、行为规范等方面的素质培训,帮助学员以最快的速度融入企业文化,实现由一个普通农民向拥有一定专业技能知识的产业工人的转变;企业提供就业岗位,

---

① 饶亮:《新时期我国农村劳动力转移培训研究》,《中国成人教育》2014年第8期,第158—160页。

同时，对受训农民进行严格的"验审"，与符合要求的农民签订劳动合同。

三 强化目标管理，提升农民转移培训实效

（一）优化资源配置

政府以调控形式着手构建差异化的培训体系，每个培训机构依据自身优势确立重点服务对象和转移目标，如实践技能型、服务型、经营管理型等，而政府对培训机构进行宏观布局布点，整合公共资源和社会资源，使资源使用效益最大化；培训机构承办相关项目时，项目预算应在有限范围内公开，尤其是对项目的主办方要进行详细的预算解释，确保专款专用；以公益形式引导社会广泛关注并参与农村劳动力转移培训，拓展资金来源渠道，进一步改善培训环境。

（二）合理安排培训工作

培训项目除技术提升之外，应注重对转移农民的文化素质培训，如法律常识、文明知识、职业道德等，提升农民的城市适应能力；培训场所在满足教学需要的同时，充分兼顾农民实际，以"送培训"的形式下乡开展转移培训，在就近企业安排实践操作；培训时间以农闲为宜，可选择下雨天或晚饭之后的休息时间。

（三）健全培训体系

以地区行政级别为标准，建立不同层级的培训体系，兼顾不同类型、不同阶段的农民需求[①]；充分发挥地方特色优势，结合优势产业，开展相关转移培训，以浙江安吉为例，有竹制品加工培训、采茶及加工培训、农家乐经营和管理培训等，培训重心交叉，实现优势互补，为农民就地转移创造条件。

四 理顺市场规则，构建规范合理的培训秩序

（一）建立监督评估机制

改进政府监督方式，以实地听课、随机抽查等形式，严审培训工作

---

① 刘维俭、杨燕：《新型城镇化背景下农村劳动力转移培训》，《职教通讯》2015年第1期，第40—43页。

在课时、内容、人数、师资、收费、身份证件等方面的真实情况，训后按受训人员的一定比例进行核查，考察学员对培训的接受程度和满意度，达不到培训要求的不予享受农培补助；建立转移培训"宽进严出"机制，依据农民的转移就业率确定补助金额和奖励标准；要求用工企业严格落实"不培训、不上岗"的政策，引导企业开展农民培训或增加培训开支。

（二）落实市场竞争机制

建立培训机构星级制度，鼓励培训机构以企业招工需求为主线，以调查摸底为途径，把农村富余劳动力转移与企业招工相结合，主动联系企业，了解招工人数、招工对象和招工条件，及时通过信息平台和人才数据库发布招聘信息，精心安排培训课程，切实做好招工、培训、就业"一条龙"服务；落实好晋位升级和末位淘汰机制，政府依据培训实效对培训机构进行考核评定，奖励规范务实、受农民欢迎的培训机构，整改、裁汰浑水摸鱼、以各种手段套取政府补助资金的机构，并以此作为下一期培训任务的分配依据，同时引导农民理性选择培训机构；制定激励政策，扶持企业低职称农民培训，奖励高技术农村人才培训，对成绩突出的机构，政府给予赋税减免等政策奖励，企业用于员工培训所需经费可按税法规定在税前列支。

推进农村劳动力向非农产业和城镇转移，并实现稳定就业是我国经济社会发展的必然趋势。当前，我国正处于全面建设小康社会的关键时期，产业的转型升级、经济的提质增效以及城市的可持续发展，都急需素质高、技能好、适应能力强的劳动者，这就给农村劳动力转移培训更大的发展空间。此外，"十三五"规划把"增进人民福祉、促进人的全面发展作为发展的出发点和落脚点"，这也给农村劳动力转移培训提出了更高的要求。因此，提高劳动者综合素质，实现农民收入的稳增长是小康社会建设的应有之义，是实现人的全面发展的有效途径。在农村劳动力转移培训中要充分调动各方积极性，提高农民自身培训意愿和进取意识，推动政府、培训机构和企业的良性互动，并发挥市场主体作用协调推进培训工作，努力提升培训的质量和水平，切切实实将这项惠民政策落实到农民身上。

第 十 五 章

农村文盲人口教育培训问题及对策研究

　　中国的扫盲教育，其渊源可上溯至清末的"识字运动"，北京政府时期和国民政府时期则裹挟于社会教育、民众教育潮流之中进行，但由于政治动荡、经济困顿等不利因素，收效甚微，直至新中国成立初期，全国人口文盲率仍高达80%，农村人口文盲率为95%，成为国家建设和农村现代化的主要障碍之一。正是认识到民众智识低下这一形势的严峻性，新生的人民共和国高度重视扫盲教育，将其上升为国家政策，出台了一系列政策，根据不同时期的扫盲形势及时调整工作思路和脱盲标准，建立了相对完善的考核机制，有力地推动了扫盲教育的进行[1]。历经60多年的努力，2010年第六次人口普查数据显示，我国文盲人口（15岁以上不识字的人）为5465.7万人，文盲率[2]为4.08%，我国扫盲教育取得显著成效。正是对全国扫盲形势的判断，国家于2009年撤销教育部"扫盲教育处"建制，其职能由基础教育司政策处负责，相关的工作由12个部委分别承担。相应地，国家教育事业统计报表也不再将文盲率列入统计范围，只将年度扫盲人数纳入其中，地方各级政府的扫盲教育推进力度也开始放缓。有关统计数据显示，2010—2015年，我国年度扫除文盲人数从90多万下降到50万左右[3]。但我们也要清醒地认识到，虽然我国的

---

[1] 蒋华：《改革开放以来我国扫盲教育的政策与实践》，《四川师范大学学报》（社会科学版）2005年第6期，第12—16页。

[2] 文盲率是指大陆31个省、自治区、直辖市和现役军人的人口中15岁及以上不识字人口所占比重。

[3] 参见教育部2010—2014年全国教育事业发展统计公报。

扫盲教育取得显著成效，但也存在着许多问题，如宣传与重视力度不够、扫盲目标存在偏差、正规教育和非正规教育各自为政、专业合格师资较为缺乏、教育内容与经济社会发展脱节、脱盲后的社会融入仍然困难、缺乏文盲群体心理的实证研究等[1]，如何总结历史经验推进扫盲教育的改革发展，以充分发挥新时期扫盲教育在新农村建设中的作用，是一个重大课题。

2012年党的十八大报告明确指出"解决好农业农村农民问题是全党工作重中之重"，对建设社会主义新农村作出了"五位一体"的伟大部署，指出其根本途径是推进城乡发展一体化进程，重点把国家基础设施建设和社会事业发展向农村地区、边远地区、贫困地区和民族地区倾斜，主要抓手是积极发展继续教育、完善终身教育体系和建设学习型农村社区。上述战略部署的最终实现，固然要依赖于政治经济文化等的综合措施的影响，但关键在于农民教育与培训的有效进行，对于文盲主要分布地区的农村，扫盲教育仍然是一个继续加以重视的领域，而且还要根据新时期农村建设的实际变化和要求，进一步更新扫盲教育的理念，明确新的目标，拓展新的途径和形式，丰富其内容，实现扫盲教育与新农村建设的协同发展、融合发展。新时期扫盲教育到底面临着什么样的形势？文盲人口的分布和结构性特征的基层情况又如何？当前的扫盲教育存在的主要问题是什么？扫盲教育的转型应该包括哪些内容？我们带着上述问题，以湖州师院"百村万民"社会调查活动为平台，于2014年暑期对全国18个省市[1]170多个自然村近万名农村人口进行了实地调研，包括问卷调查和实地访谈，在数据汇总和分析的基础上，依据有关理论和农村实际情况，提出了若干建议，期望能推进扫盲教育和新农村建设的融合，进一步发挥其溢出功能。

本次问卷为《新农村建设与农民教育与培训调查问卷》，除农民基本信息类共享外，关于扫盲教育共有12道题目，重点调查和分析村级层面上扫盲教育进行的实际情况，包括文盲人群对扫盲教育的认识程度，参与扫盲教育的积极性和主动性，扫盲教育的实际效果，扫盲教育的主要

---

[1] 计有黑龙江省、吉林省、浙江省、上海市、江苏省、福建省、河南省、山西省、安徽省、陕西省、甘肃省、重庆市、四川省、贵州省、内蒙古自治区、河北省、湖北省、湖南省。

内容、师资、组织形式等，扫盲教育主要存在的问题，以及文盲人群对后续扫盲教育的期盼，力图准确地把握当前扫盲教育的实际情况和进一步推进的可能，为新时期完善扫盲政策和提高扫盲教育实效，促进扫盲教育的转型及与新农村建设的融合。共发放问卷10000份，回收有效问卷9642份，有效问卷回收为96.42%。其间还安排了学生进行实际访谈，并写有访谈记录。本报告采用SPSS 19.0对调查进行统计分析，以期从整体上系统呈现全国范围内文盲人口在村一级的分布特征以及扫盲教育在村级视野中的实施现状。为新时期在新农村建设中，在推进以小城镇为中心的农村社区建设中，如何融合扫盲教育，使扫盲教育与新农村建设协同推进。

第一节 中国农村文盲人口现状分析

深入分析和详细了解中国农村文盲人口的分布版图是一个基础性工作，它能更为清晰地显示文盲人口的省域、区域聚集程度，再加上区域经济社会发展实际，两者直接影响扫盲教育区域目标、教育内容、教育途径和方法，最终决定扫盲教育的成效。

一 农村文盲人口的省域分布情况

从当前官方统计的大规模数据来看，以2010年第六次人口普查最为权威，可以清晰地看到文盲人口的全国分布情况。根据2010年第六次人口普查文盲率排名，超过6%的省份为云南、宁夏、安徽、甘肃、贵州、青海和西藏，最高是西藏，为24.42%。有关学者对上述文盲人口分布的时空性分析发现，"文盲的空间分布逐步在向随机模式发展，文盲率聚集分布的区域已明显减少"。通过对各省文盲率的回归分析发现，在整个国土空间上，西藏自治区的文盲率对周边省份具有较大影响，即文盲率的高值区域相关性较强[1]。说明文盲集中区域有外溢性现象，这也许能为未来扫盲教育的重点指向提供有关证据，甚至有可能倒逼区域协同推进扫

---

[1] 焦晨静：《中国人口文盲率的探索性时空分析》，《科技创新与应用》2014年第34期，第17—19页。

盲教育。2011年教育部印发的《扫盲教育课程设置及教学材料编写指导纲要》中，采取重点推进的策略，强调要"推进贫困地区、妇女和人口较少民族的扫盲教育"，与这一时期全国文盲人口的分布趋势有直接的关系。

省域层面的数据，能从宏观政策上提供一些数据基础，但如果仅限于这一层面数据的搜集和分析，只能明确未来的扫盲教育方向和重点人群，但在具体的推进主体、教育内容、教育途径及方法、师资及经费等方面，依然缺乏坚实的数据支撑。本次"百村万民"调查数据给予了有效补充。9624个有效样本中，对参加扫盲问题"是"或"否"的回答和实际文化程度进行双重筛查之后，共获扫盲教育有效样本889个，占全部样本的9.22%，比较2014年万分之一抽样调查的成人文盲率4.6%，高出一整倍，说明当前成人文盲确实大多数在农村，对当前时期将农村扫盲教育作为全国扫盲的重点提供了现实依据。调查显示各省文盲率如图15—1所示。

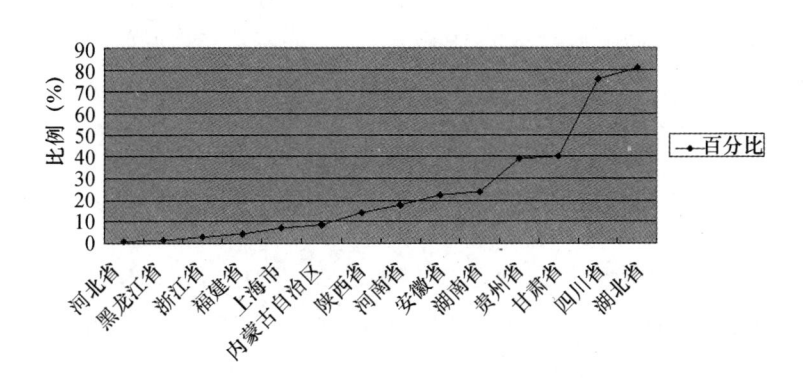

图15—1　各省市文盲百分比图

我们从图15—1可以看到，省份间文盲率由东北向西南区域逐级提升，在湖北省有一个异常高峰，达到80.07%，说明农村文盲的分布依然在老少边穷地区的农村，特别是边远山区省份呈集中态势，但在湖北省这一中部省份却是一个例外，它的人口文盲率较高。即使如此，如果放置在村级层面，文盲人口的分布依然分散。总体上，每个被调查的村，文盲人口平均5.23人，最多的村文盲人口有60人，但出现几率极少，大多在10人以下。说明，除个别村子仍可采用集中辅导为主之外，大多数村子不再适应这种形式，要与其他农村建设特别是文化建设相融合，开拓多元化教育途径。

二 农村文盲人口的结构性分析

从性别结构来看，男性占50.4%，女性占49.5%，这与以往女性占多数的调查情况明显不同。由于调查是在暑期进行，调查对象多为留守人口，可能与其他时期进行的调查存在统计口径上的不同和取样的样本群不同。具体到各省市的文盲人口男女比例，呈现出比较明显的差别，如河南省男女文盲比例为66∶82；内蒙古自治区25∶35，女性比例大；甘肃省为112∶81；湖南省27∶16，男性偏多。从相关性分析角度来说，性别与文化程度的相关性为0.59，具有一定的相关性但不强烈。

从年龄结构来看，文盲人口年龄大多在40岁以上，其中60岁以上人口占29.8%；40—60岁文盲占比为41.2%。当前农村文盲人口年龄多为中年以上，显示以往以青壮年扫盲和基础教育普及为主的扫盲教育取得较好效果；同时也说明今后的扫盲教育，不能寄希望以时间为自然消除因素，还应加大扫盲力度，同时还要顾及中老年人的身心发展水平，在组织形式、教育内容及教育方法等方面有新的措施。从相关性来说，年龄与文化程度的相关性为1.03。较之于性别，年龄与文盲人口的相关性更为明显。

如图15—2所示，从从业类型结构来看，种地占59.4%；种植养殖占7.4%；外出打工占8.8%；其他如服务业、手艺、公职人员等所占比例较小。说明文化程度在很大程度上制约了其就业层次的高低及就业人口的大小，这种限制效应放大到群体，则直接影响农副产业结构的规模扩大和产业升级，成为现代农业建设的严重阻碍。从业类型还直接影响着收入水平。根据人力资本理论，村民在知识和文化学习的投入与产出即经济收入呈正相关。统计显示，文盲家庭在5万元以上的仅占16.1%；大多在2万元以下，占55.2%。说明文盲人口的文化程度与其家庭年收入有着一定的关系。因而，扫盲教育的有效推进，与扶贫政策中的"扶智"和"扶能"思路相契合，以改善文盲人口的从业类型结构为主要目标，从而提升农村文盲人口的生活和生产现状。

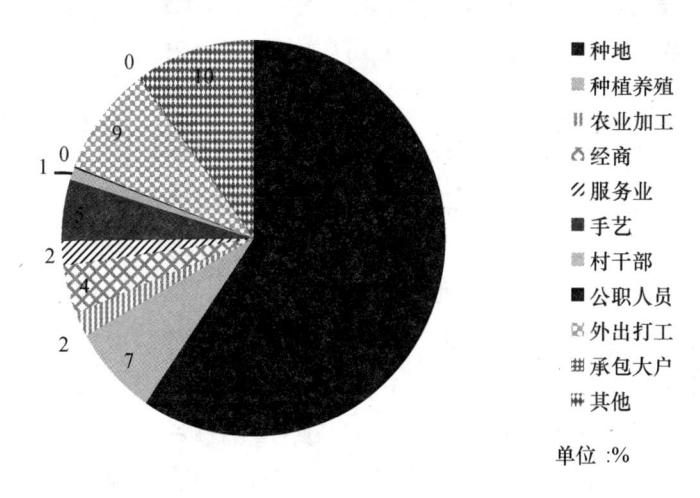

图 15—2　文盲人口从业类型图

三　文盲人口在农村组织中的地位和作用分析

列宁曾对民众智识水平的作用做出过一个著名的论断:"文盲是远离政治的。"由于文盲人口知识水平低,其在村中的威望主要缘于家族或年龄优势,调查显示,仅有 4.7% 的文盲能够在村中担任村干部职务,说明在村治组织中文盲人口居于基层组织的弱势地位。这种地位,又因文盲在家庭中的主要劳动力这一角色而传导到整个家庭成员,从而影响家庭在农村组织中的地位。同时,文盲人口对其所在家庭子女参加义务教育也有影响,一种可能是使所在家庭对子女就学权利的保障意愿有所降低,从而限制了后代子女的发展可能,进而进一步导致家庭在所在村庄组织中的地位弱化;另一种可能是因文盲身份带来的苦恼而强化让后代子女接受义务教育的意愿。

由于文盲人口文化程度低,处于农村社会组织的边缘,对于农民培训活动的参与也大大受限。统计显示,参加过农民培训的文盲人口占比约为 11.36%,其接受的各项农民培训,除扫盲教育外,大多为综合素质教育、科学种田培训和手艺技能技巧培训,对于文化程度要求较高的种植养殖等职业技能培训和农村劳动力转移培训几乎没有人参加,说明了文盲的文化程度明显限制了其在农民培训中的种类,发展严重受限。在整个农民教育培训体系中,扫盲教育的比例占 7.6%,说明扫盲教育由于人数减少，其地位大大降低，极易被忽视，因而对扫盲教育进行改革和调整，加强农民教育与培训的融合，已是必然趋势。

第二节　当前农村扫盲教育工作现状及问题分析

以上对当前文盲群体的现状进行了描述，扫盲教育的主要任务是提高文盲人口的智识水平、增强其学习、生活、生产能力，但当前的扫盲教育到底是一个什么样的现状？它能适应当前扫盲新形势和满足文盲人口的新需求吗？如果不能，其存在的问题主要有哪些？根据"百村万民"调查情况，笔者试分别从扫盲教育的参与程度、内容、师资、成效等方面进行分析。

一　参与程度分析

（一）参与扫盲

农村文盲人口参加扫盲教育的情况如图15—3所示。从参加的程度来看，仅有13.9%的文盲人口系统参加过或偶尔参加过扫盲教育；没参加过或不详的占比为86.1%。从调查现状多是以往工作的后期反馈来推断，可见大多数省份的农村的扫盲教育并没有得到真正的推行，致使各级政府推行扫盲教育风风火火，而村级扫盲则大多寂寞无声。具体各省份情况如何？如图15—4所示，系统参加过和偶尔参加过的省份是黑龙江省、浙江省、上海市、河南省、内蒙古、河北省等，即使是这些省份，其参加人数占扫盲对象总体的比例也并不高，其他省份的情况更不乐观，说明在许多省份，其扫盲教育的推进并不如我们想象的那样积极和明显。

（二）认知情况

从扫盲对象对扫盲教育的认知情况来看。仅有219人作出回答，其中不知道有农民扫盲教育的有118人；不了解扫盲教育有什么作用的38人；没有时间参加的59人；去教育地点交通不方便的4人。也就是说，大部分扫盲教育没有认识，即使对扫盲教育有所认识的扫盲对象，其了解程度也非常有限，说明扫盲教育虽然在宣传上做了大量工

第十五章 农村文盲人口教育培训问题及对策研究 / 299

作，但在村一级的宣传工作存在着明显漏洞，这就直接导致文盲人口参与扫盲教育的积极性不高，没有比较深入和明确的认知，扫盲教育的成效也可想而知。

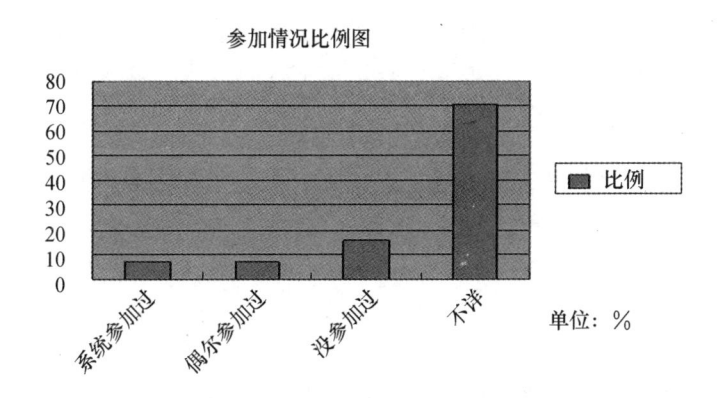

图 15—3 扫盲教育参加情况比例图

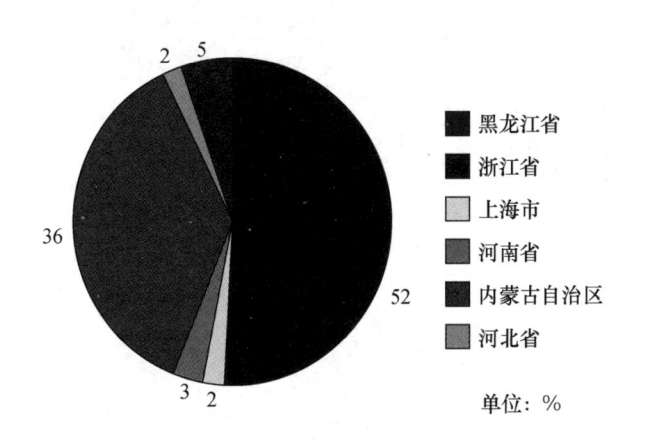

图 15—4 扫盲教育相关省份参加比例图

（三）参与态度

从对扫盲教育参与的态度来看，许多人并不想回答这道题目，见图 15—5，其消极的态度可见一斑。这种消极一方面是对扫盲教育成效不彰的失望；一方面也可能出于自卑心理，从而不愿、不肯或不屑提及。愿意回答题目的人中，认为有用的愿意参加的有 58 人；持无所谓态度的有 65 人；不想参加的 31 人；其他人没有表明态度。以上数据显示,扫盲教育在农村并不被大家所认识和接受,要么抱着无所谓的态度,要么就是不想参加,要么不做回答,参与愿意并不强烈。从参加扫盲教育的动机来看,如图15—6,学会读书认字和提高工作技能依然是重要目的,获得政府补贴或其他为多数,说明村民受实际利益驱动的因素有限,大多数还是以读书识字和提高工作技能为主,这是新时期扫盲教育必须注意的方向。即要一定程度上摒除单纯以实际物质利益相刺激来完成扫盲任务的思路,而应深入分析文盲人口的实际需求,注重其内在的文化需求和职业技能需要开展扫盲工作,而且还要让他们真正看到实效。

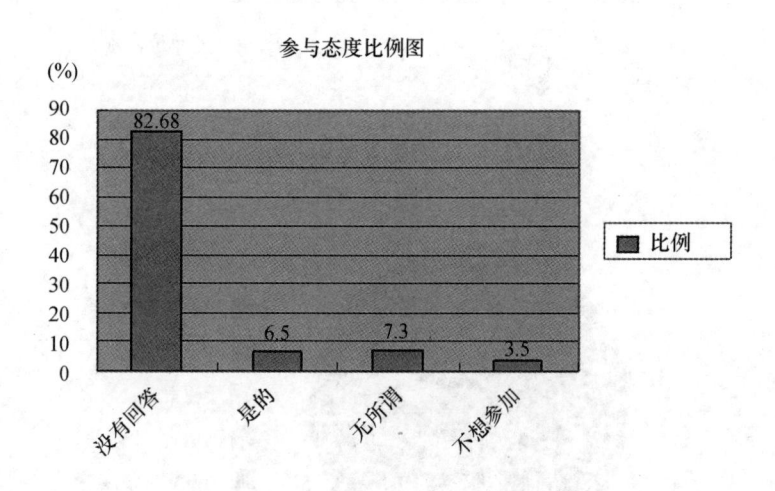

参与态度比例图

(%)
- 没有回答:82.68
- 是的:6.5
- 无所谓:7.3
- 不想参加:3.5

图15—5　扫盲对象参与态度图示

总体上看,无论是参加的程度,对扫盲教育的认知,抑或是参与的态度来看,文盲人口参与的积极性和主动性并不高,甚至可以用"淡漠"来形容。这既与宣传工作不到位有关,也与扫盲教育的内容、途径和方法不当有关,与扫盲对象的实际需求不相适应,因而激不起其参与的兴趣,需要有针对性地加以解决。

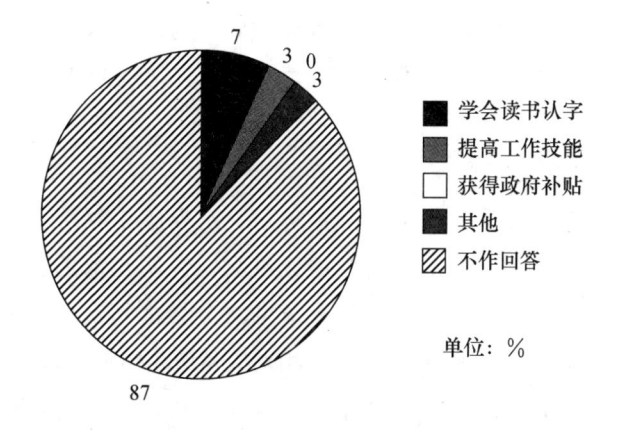

图 15—6　文盲参加动机比例图

二　师资水平及工作模式分析

（一）扫盲师资

从扫盲教育的师资来看，大致有三种主要的来源，即临时借用公职人员、有文化的村民、专门的扫盲教师，基本符合当前扫盲师资的实际情况。从其所占比例来看，以专门的扫盲教师居多，可见在实际的农村教育中，学校教师发挥着重要作用。有文化的村民，其身份往往担任着村干部的角色，可以说是一职多用。临时借用公职人员，虽然是一种补充形式，但在一些地区特别是文盲率比较高的地区依然是重要途径，因为这些地区往往学校的调整使扫盲师资难以得到。从调查的数据来看，除此三种外，还有其他来源，但没有具体说明。

上述师资来源在当前存在着很大的挑战。如充当专门的扫盲师资的中小学校教师即受到越来越快的学校合并进程的影响，村级中小学的数量急剧减少，农村中小学的文化辐射中心的作用已不复存在。在这种情况下，在村级开展扫盲教育只能更多地依赖于有文化的村民及临时借用公职人员。而有文化的村民的知识结构过于狭窄，如果着眼于完成过去那种以识字和简单写作为目的的扫盲教育相对容易，但如果将扫盲教育与生产生活技能相结合、与新农村建设所要求的综合素质提升相结合，就存在一定的差距。因而，从今后的发展来看，未来扫盲教育的师资建设，可能要更多地依赖外力，既包括包村干部，也可大力推进社会各界的力量。其中，随着大学生村干部在农村自治组织中的推行，一批视野开阔、素质全面、责任感强的村干部必将成为与应该成为新时期扫盲教育推进的重要力量，而热心推进扫盲教育的志愿者也将是一支不可或缺的力量。

(二) 学习方式

从学习的方式来看，主要有自主学习、定期集中辅导、上门小范围辅导等形式。其中上门小范围辅导占比最大，说明当前的扫盲教育实践中，采用的学习形式较能符合当前人员分布分散的情况。定期集中辅导依然是主要形式之一，尤其是在文盲相对较为集中的区域。自主学习的比例较小，也最不可控，但如果凭借当前比较快捷方便的通信技术和信息传输手段来看，自主学习应该能够得到辅助和控制。如果要达到这一目标，需要在村级文化设施建设中给予配套，要注意各种设施建设中兼顾扫盲教育的需要，开发较为丰富的线上扫盲教育资源，要在制定农民教育与培训的学习模块中给扫盲教育一席之地。具体情况如图15—7所示。

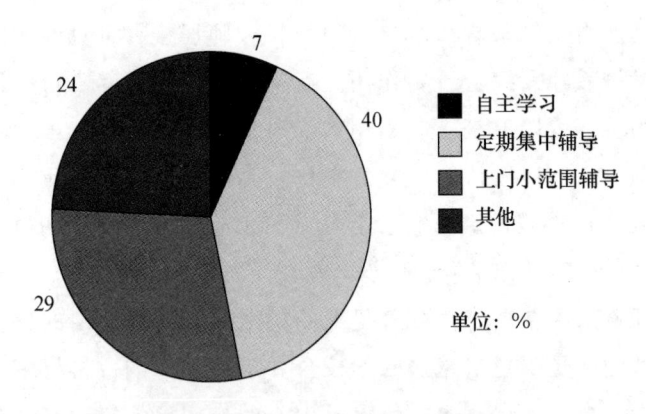

图15—7 扫盲对象学习类型比例图

学习方式的选择，其影响因素较多，不同区域、不同村庄、不同群体，均要根据其实际情况确定主要的和次要的学习方式，如在扫盲人口较小、较分散、基础设施较好的省份和村庄，自主学习应成为主要形式，结对包干、家庭扫盲就成为非常理想的选择。如果是文盲人口较多的省份和农村，则实现乡级和村级的集中辅导和上门小范围辅导就成为比较现实的选择。学习方式的选择也与时间的安排密切相关，在农闲季节以集中教育为主，农忙季节则以分散式的学习方式为主。

三 扫盲教育的效果分析

（一）效果认知

从当前扫盲教育的效果认知来看，如图15—8所示。认为能够自主读书看报占比仅11%，说明以往的扫盲教育虽然重点开展读、写、算能力培养，但实际效果并不明显。同时这种仅重视知识积累，而忽视学习者智力发展，以及情绪、需求与动机的发展，却带来消极的后果。这恰恰是导致基础不牢、教育后效果很差的直接因素，也是令学习者感到枯燥无趣之处，是难于调动学习者积极参与脱盲教育的最根本原因之一①。结合前面的分析，当前农村地区能够真正推行扫盲教育、真正取得明显成效的并不多，因而这种些微的成效就变得更可怜。认为精神生活变得丰富占比为51%，按照当前农村生活实际，这种精神生活显然尚不能上升为个人精神层面，只能理解为农村电视广播等的普及，带来日益丰富的文化教育节目，而文盲人口通过扫盲教育对此能够有一定的理解和接受，所谓的精神生活丰富恐怕也仅此而已。认为自己的生产和生活技能得到提高的比例为37%，这说明对扫盲教育中的生产和生活技能教育较为认可，也确实产生了明显的成效，这也给以后扫盲教育更加注重生活和生产技能教育提供了依据。根据成人心理学分析来看，成人的心理成长速度较快，技术技能的掌握相对较慢，强化技能培训更具针对性，也更易见成效。

（二）问题认识

从对当前扫盲教育存的问题的认识来看，如图15—9所示。认为内容不切实际的占比7%，说明总体上教育内容还是比较适合的，今后可根据新的扫盲教育理念和生产生活实际，参照现有教育内容进行适当调整和增加。认为教育途径不利于参加的占比11%，如果想到许多地区尚未真正开展扫盲教育，我们可以想象，如果要让后扫盲教育得到真正的推行，

---

① 杨红：《民族地区扫盲及扫盲后继续教育的调查与思考——以云南省西双版纳地区为个案》，《成人教育》2008年第7期，第12—14页。

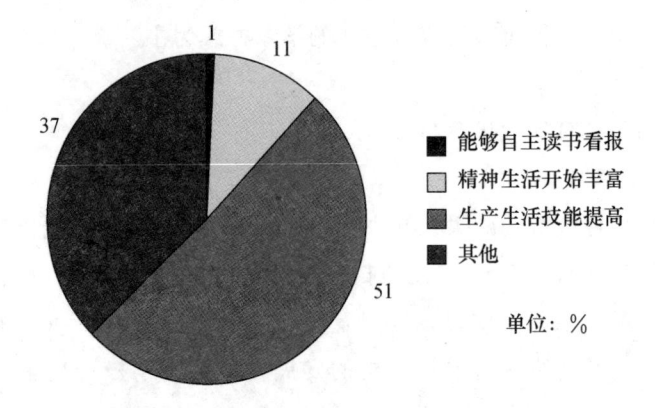

图 15—8 扫盲教育学习效果情况

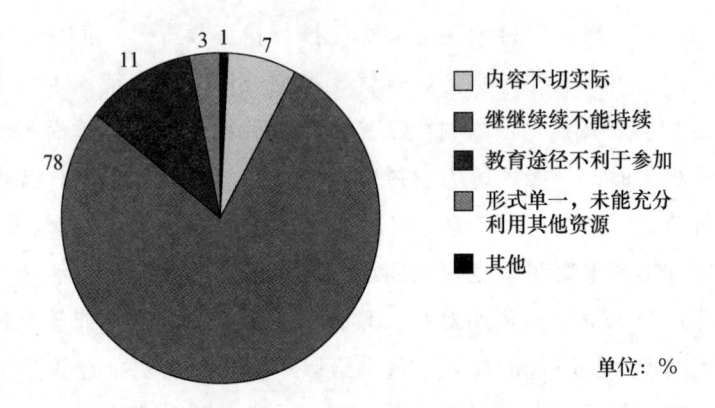

- 能够自主读书看报 51
- 精神生活开始丰富 11
- 生产生活技能提高 37
- 其他 1

单位：%

图 15—9 扫盲教育存在的主要问题

- 内容不切实际 7
- 继继续续不能持续 78
- 教育途径不利于参加 11
- 形式单一，未能充分利用其他资源 3
- 其他 1

单位：%

一定要在教育途径上下功夫，要科学选择合适的教育形式，合理安排教育时间和地点，让他们能够方便参与、有效学习。认为教育形式比较单一的只有3%，可见以往的教育形式还是比较丰富的，只是在个别地区没能很好利用其他资源，当前信息技术的飞速发展，已提供了更多的形式，我们要积极利用。存在的最为严重的问题，则是断断续续不能持续，这些数据是在能够真正推行扫盲教育地区的反映，在此可大胆猜测，许多省份的农村没有听说过扫盲教育，可能最大的原因也是扫盲教育如迅逝的疾风，刮过就完了。因而，如果要真正推进扫盲教育，必须使其制度得到贯彻落实，并进行有效监督。

第三节　新时期推进农村扫盲教育的相关对策

由于经济社会的快速要求，对个人适应社会生活和生产的素质要求越来越高，必须及时更新扫盲教育理念，调整扫盲教育的目标，创新推进策略，同时要依托现代科技发展的成果，重新优化和调整教育资源，拓展教育内容，丰富教育途径，改革教育方法，推进新时期扫盲教育的转型发展，为构筑学习型农村、助力社会主义新农村建设服务。

一　要更新扫盲教育理念，加大新时期扫盲工作的宣传力度

新时期，扫盲教育的目标和要求要重心上移，要从建设社会主义新农村的政治高度出发，以提升文盲人口生产水平和生活质量为基本出发点，这就要求更新理论，以新的理念指导新时期的扫盲教育工作。从国家层面上讲，已有正式的功能性扫盲的提法，但尚未形成系列法律章程予以进一步明确要求，学界当前讨论的热点是发展性扫盲、成人基本文化教育等概念，从全民教育的角度还有扫盲后继续教育和终身教育。这些理念都需要与扫盲实践相结合，在具体的实践中得到具体化和深化，逐步形成适应新时期发展需要的扫盲教育理念体系。

功能性扫盲的定义是"能从事为自己及自己所属的社会发展所必须的读写算能力的一切活动"，"它既包括传统的教学内容，更是指生产和生活所需要的实用知识、技能的教育"。可见，功能性扫盲理念能够有针对性地解决过去扫盲实践中与文盲人口生产和生活实际有一定脱节的问题，是传统扫盲教育的延续和发展。发展性扫盲则强调扫盲教育的目标在于养成文盲人口的学习能力，增强其适应社会的能力，内容上在识字和技术应用的功能性扫盲的基础上，注重促进文盲群体的自我意识觉醒。成人基本文化教育包括基本阅读理解教育、基本科学教育、基本社会文化教育和基本公民教育①。相较于功能性扫盲，成人基本文化教育是一个

---

①　蓝建：《成人基本文化教育是建设和谐社会的重要途径——论"扫盲"无止境》，《中国成人教育》2014 年第 13 期，第 12—15 页。

更完整的、范围更广的教育体系，它与集政治、经济、文化、社会和生态在内的社会主义新农村建设有着极高的契合度，而且在国外这一理念得到了较好地实现，具有较丰富的经验教训可以借鉴。继续教育和终身教育则是构建人人都可随时随地学习的环境和氛围。从理念的内在逻辑来看，上述理念具有承接性和针对性，就我国当前扫盲教育的发展来看，要以功能性扫盲和发展性扫盲为指导思想，运用所学知识切实解决文盲人口的生产和生活困难，让他们看到实实在在的效果，看到自己生产水平和生活质量的提高，增强他们参与的积极性和主动性。扫盲教育的进一步推进，必须将政治、经济、文化、社会和生态建设的要求转化为教育要求，并对上述内容进行整合，形成基本文化教育的框架，最终达致建设学习型社会的目标。

加大宣传工作，是有效推进扫盲教育的重要前提。当前，扫盲教育存在着不对等的信息落差。一方面从政府角度来看，认为宣传工作做得还不错，工作总结时也有很多的经验列出；另一方面实际调查显示，许多农村文盲人口对此并无印象，还有很多人即使有点印象，但知之不深，这充分说明宣传工作不够细致、难及底层的现状，这也是导致当前扫盲教育难以推进、参与程度低、积极性不高、收效不明显的重要因素。当前，观念更新和加强宣传协调共进，要求督导工作眼光朝下，以村级为单位推进，这样才能做到扫盲新理念入村、入心。其内容主要是对功能性扫盲教育、发展性教育、基本文化教育等新概念进行广泛宣传，让农村文盲甚至是农村大多数人认识到新时期扫盲教育的新内涵、新目标和新内容，提升对新时期扫盲教育和新农村文化教育建设的认识水平。

二 要形成以政府为主导、村级为主体、多方参与的协作推进体系

针对当前扫盲教育进入后扫盲阶段，各级政府逐渐不再将扫盲教育视为重要工作，扫盲教育推进主体开始"重心下移"，这从2009年教育部"扫盲教育处"的撤销初见端倪。但从扫盲教育的继续发展需要来看，它的未来发展方向是突出功能性，注重综合性，逐渐发展成为成人基本文化教育，成为未来继续教育和终身教育体系的基本内容，就此而言，扫盲教育不仅不会消失，而且还会升级融合；而且文盲的彻底消失从世界范围内的发展经验来看是几乎不可能的，因而扫盲教育始终有存在的

必要性。但在具体的推进方面，我国的扫盲教育已处于由政府单向主导向官民多方参与的转变时期，这样可以充分调动各方力量，整合有关社会资源。

在这一工作推进格局中，政府起着相对主导作用。在全国范围内，基于文盲人口分布的时空特点，要注意省域之间的协同，特别是以藏区及其周边省份的合作扫盲为主。在省域范围内，起主导作用的主要是县乡两级政府。这两级政府要负责对新农村文化建设的扫盲教育提出政策要求和目标指引，特别是乡镇政府，直接担负着统筹安排和经费保障的责任，县级政府要及时予以工作上的指导。在文盲人口普遍较为分散的情况下，村一级自治组织村委会将成为扫盲教育的推进主体，负有组织和领导本村扫盲教育的责任，要主导制定村级扫盲教育的计划及措施等。此外，要以"志愿者行动"为载体，开展"扫盲志愿者"行动。高度重视中小学生这个"小先生群"；"小先生们"在家里处于亲情的中心，使其在对父母、亲友的扫盲教育中能起到事半功倍的作用，这在近代乡村教育中得到证明。依然存在的村级中小学校可以通过定期举办特殊的"家长学校"来进行扫盲，不仅能提高文盲家长的科学文化知识，又能加强家长和学校的沟通形成教育合力。要充分发挥社区学院和乡镇成人文化学校的作用，它们是集中学习的主要场所，在文盲人口集中地区依然是主要形式。

三 要丰富教育内容，形成以基本文化教育为基本框架的内容体系

在实际调查中发现，教育内容的窄化和陈旧是当前扫盲教育的主要问题，是导致文盲人口认同度低的重要因素，也直接影响着农业现代化进程。由于经济社会发展速度快，新技术新产业层出不穷，对农民素质提出了更高更广的要求，按照功能性扫盲、发展性扫盲及成人基本文化教育的内涵，从区域发展的产业需要和文盲人口的实际需求出发，对文盲人口进行旨在提升与生产和生活密切相关的技能技术教育和提升文盲人口综合素质的基本文化教育就成为必然之举，它能提高文盲人口在现代社会中的适应和生存能力，提高生产水平和生活质量。

功能性扫盲教育包括读、写、算等基本要求，还包括在生产生活、社会交往、卫生保健等多方面综合知识能力的要求。发展性扫盲主要包

括学习能力的养成、社会适应能力的增强、自我意识的觉醒等。成人基本文化教育主要包括文字读写、数学和技术三大项，考查的是成人应对和解决日常生活和工作中面临的困难和问题的能力。综合以上内容，新时期扫盲内容大致包括基本的读、写、算能力，以及公民教育、生产知识与技能的教育、生活常识教育、卫生健康教育、生态文明教育、现代信息技术教育等内容，使文盲人员能掌握基本的农业科技知识、日常生活所需的卫生知识、健康文明的生活方式、使用互联网的技能，甚至包括一定的心理健康和急救常识。要具体的内容安排上不能搞"一刀切"，要依据各地区产业结构调整和发展的需要，要针对不同人群开展选择不同的教育培训内容，满足不同的需求，提高扫盲的实效性。如针对以务农为主的文盲开展种植和养殖技术培训，对于有兴趣外出打工的要与服务产业技术培训和劳务外包技术培训相结合。内容确定后，重点做好配套教材的编写工作，教材不仅要图文并茂、以图为主，同时"突出扫盲对象的年龄特征，要根据他们的年龄特征性别特征有的放矢的编写教材"，以实现因人而异、分类指导①。

四 要因地因人制宜，针对不同区域和人群的特殊需要实现途径多元化

扫盲教育进入后扫盲阶段，意味着以往政府单向主导、以大规模运动的推进方式要彻底改变，逐步树立以学习者为中心、从学习者实际出发、实现精确对接的扫盲工作模式。要尊重文盲人员已有的知识观念，深入考察文盲人员不同的生产和生活环境，全面了解文盲人员的实际需要，并采取适合文盲人员能够乐于接受的方式进行，这样能够激发文盲人员积极性，从而提升扫盲教育的成效，满足扫盲教育的预期，切实提高文盲人员的生产水平和生活质量。

首先要从特定区域层面来统筹扫盲教育，选择合适的教育途径和形式。如以县为单位可进行扫盲培训重点基地建设，并在全县范围内进行合理布点，定期要求全县范围内的文盲人口集中培训。其次要以村级层

---

① 郑文瑜：《浅谈我国人口较少民族的扫盲教育》，《黑龙江民族丛刊》2012年第1期，第177—180页。

面为主体,根据村内生产和生活的实际情况和实际需要出发,或者采取集中办班,或者采取送教上门、家庭扫盲等新的扫盲教育形式,积极组织人员开发扫盲教育电视教学片及网络视频等,供文盲学员在家自学和在线互动学习。再次要针对不同群体采取不同的工作形式。由于当前农村的扫盲对象主要是中老年人和妇女,他们有着丰富的生产和生活经验,具有很强的自主性,可采取陶行知先生所说的"教学做合一"的模式进行。复次可以通过有关活动进行扫盲教育,如举办农产品展览会、专家巡回讲演、现场教学与演示、播放专题电视栏目等方式。最后还可以根据个人和小群体的特殊要求,通过组班式、订餐式、包教式、活动结合式、讲座式等教学方式,因地因人制宜,探索个性多元的实用组织形式。合理安排培训时间和学习方式,建立"自学互助小组",也是重要的方面。

五 要加大投入,强化师资,完善设施,提高扫盲教育保障水平

与城市相比,农村的教育基础设施比较落后。以扫盲教育为例,其场所多为露天场所或者是中小学校,活动受到很大限制。即使当前各类教育设施有了明显改观,但与新时期的功能扫盲教育也难以匹配。我们还要认识到一个现实,就是在农村从事扫盲教育的工作者学识水平、工作经验、教学能力和整体素养普遍较低,很多是兼职教师,缺乏从事功能扫盲教育的专业工作者。上述现象,主要归因于扫盲教育的投入不够,各项工作推进艰难。当前,要进一步拓展投资渠道,争取社会资金的进入,主要用于师资建设和设施建设。

在教育设施建设方面,要充分借鉴近代设立阅报所、图书馆及巡行文库等的历史经验,通盘设计区域农村文化教育设施建设计划,在一定区域规划建立一批高标准、高质量的农村功能扫盲教育示范学校,相应的村落可依据各地经济条件建设小型图书室、休闲娱乐室、文化大院;也可利用农村集市、学校教室等村镇固定活动场所,建设拥有丰富教育资源的远程扫盲教育平台,可随时、随地组织村民开展相关的教育、培训与宣传,包括扫盲教育在内。在师资建设方面,不再过分追求专业的扫盲教育师资,而应在农民教育与培训的大框架内提升现有师资队伍的扫盲教育能力,以适应新时期扫盲教育的需要;同时要加大扫盲教育兼职师资队伍建设，积极引导社会力量广泛参与，如在西藏，可积极引导有知识、有名望的村老、宗教人士、传统手工艺工匠参与到扫盲工作当中；如经济发达地区，就可以让那些经营突出、实用技术过硬的农民企业人士、农田专家加入到扫盲工作当中。要吸引一批专业人员从事新时期的扫盲教育研究，探索新时期扫盲教育教学规律，研究制定扫盲工作相关制度、政策、机制，开展咨询培训活动，为提高扫盲教育质量和科学决策水平提供智力支持和服务。最后，要通过大力增加投入，保证扫盲教育推进的连续性，不能断断续续，未见其效，徒费气力。

总之，通过对当前经济社会发展的分析，我们认识到，扫盲教育在新时期不仅不应该是一项行将消亡的教育事业，而且还要随着时代的发展，不断丰富其内涵，扩大其对象，提高其实效，服务于社会主义新农村建设，关键在于要推进扫盲的转型发展。扫盲教育的转型，要基于最新的扫盲教育理论和存在的实际问题，与经济社会发展需要和文盲人口的实际需求相对接，主要在更新教育理念、完善工作机制、扩充教育内容、改进教育模式、强化师资建设和加大教育投入等方面入手，使扫盲教育在新理念的指导下深入推进，助力社会主义新农村建设。

第十六章

农民生态文明知识与行为的现状调查与对策思考

第一节 引言

"绿水青山就是金山银山",这是2005年8月时任浙江省委书记习近平到安吉县调研时首次提出的科学论断。2006年8月,习近平同志调研南太湖开发时,再次强调"绿水青山就是金山银山,湖州要充分认识并发挥好生态这一最大优势"。习总书记的这一科学论断和英明指示,不仅为湖州的生态文明建设指明了方向,也为浙江和长三角地区,乃至全国的生态文明建设指明了航向。

生态文明建设是中国特色社会主义事业的重要内容,关系人民福祉。党中央、国务院高度重视生态文明建设,先后出台了一系列重大决策部署,推动生态文明建设取得了重大进展和积极成效。例如,中共中央、国务院《关于加快推进生态文明建设的意见》(2015年4月25日)明确提出:生态文明建设关系各行各业、千家万户;要充分发挥人民群众的积极性、主动性、创造性,凝聚民心、集中民智、汇集民力,实现生活方式绿色化;要提高全民生态文明意识,把生态文明教育作为素质教育的重要内容,纳入国民教育体系和干部教育培训体系;要培育绿色生活方式,推动全民在衣、食、住、行、游等方面加快向勤俭节约、绿色低碳、文明健康的方式转变。因此,深入我省农村实地调研农民生态文明建设的心理意向和行为倾向,及时发现我省农民在生态文明建设方面存在的心理问题和行为问题,对于有针对地加强农民生态文明教育、提升农民的生态文明意识水平、从而使农民主动积极地践行"绿水青山就是金山银山"的发展理念、并主动积极地投身到生态文明建设中去，具有重要的现实意义。

党的十七大正式提出了建设生态文明的要求，"生态文明"首次进入到了党代会的政治报告。党的十八大报告再次论及"生态文明"，提出建设"美丽中国"，推进农村生态文明、建设美丽乡村；并将其提升到更高的战略层面。2013年的中央一号文件进一步明确指出，要加强农村生态建设、环境保护和综合治理，努力建设"美丽乡村"；同年农业部决定于2013年组织开展"美丽乡村"创建活动。建设"美丽乡村"是建设"美丽中国"对社会主义新农村建设的新要求。"美丽乡村"是对新农村建设深入推进的目标性和导向性用语。其主要内容是：大幅度推进城乡一体化建设，加快农村一、二、三产业同步发展，显著改善农村社区生态环境、文化环境、治安环境，把全市农村打造为"村村优美、家家富裕、户户文明、人人幸福"的"美丽乡村"。2015年，中共中央、国务院印发了《关于加快推进生态文明建设的意见》，这是自党的十八大报告重点提及生态文明建设内容后，中央全面专题部署生态文明建设的第一个文件。由此，中国特色社会主义事业总体布局由经济建设、政治建设、文化建设、社会建设"四位一体"拓展为包括生态文明建设的"五位一体"新部署。由于生态文明意识和行为是开展生态文明建设和"美丽乡村"建设的基础，于是，对民众的生态文明意识和行为研究，成了学界关注的研究热点。

综观以往关于生态文明意识和行为的研究，大多集中于学生群体和城镇市民；而在农村对于农民生态文明意识和行为的研究则相对不足。例如，苗淑娟（2014）通过对郑州大学经贸管理学院大学生的问卷调查，发现大学生具有一定的生态文明意识，但有待进一步提高；他们的生态文明行为落后于意识，缺乏主动实践性。孙倩茹（2015）的调查则发现：大学生的生态文明意识具有环境问题敏感性、带有明显的"狭隘性"和"表面性"；生态文明价值观虽然整体上积极的，但具有"利益相关性"，知行不一、生态文明意识对生态文明行为的指导作用差，生态参与意识和责任意识不足等。王露（2014）通过调查分析发现：当前中学生的生态文明意识状况堪忧，他们对生态文明的理解不深，主动意识缺乏，节约意识不强；因而需要大力推进中学生的生态文明教育。如何"从娃娃抓起"加强生态文明教育，对"美丽中国"这一梦想的实现具有重要意义。因此，马璐（2014）通过文献分析和实地调查，探讨了小学生生态文明教育的状况，结果发现：在小学生生态文明教育中，存在实践活动较少、师资力量薄弱、缺乏生态文明法规教育等问题。

基于2003年全国城市居民抽样调查资料，洪大用（2005）分析了我国城市居民的环境意识状况，结果发现：就环境问题的认知而言，被访者主要是关心身边的环境问题，如空气、水、噪声、工业垃圾、食品污染等，而对于远离日常生活的环境问题，则关心不够；对于一些全球性的环境问题，关心的人更少。例如，有"19.4%的被访者表示没有听说过'全球变暖'"；"有高达72.2%的公众不知道6月5日是'世界环境日'"；"有58%的公众不知道'12369'这个全国统一的环境热线，更不用说使用情况"。公众对我国的生态法规的了解则更少，对于"我本人对有关环境保护的法规很了解"仅有12.7%的人表示'是的'。高达52%的居民表示"不了解"。研究认为，我国城市居民的环境意识在整体上还是偏向物质主义和浅层次的，因而是有待推进的。秦书生和张泓（2014）研究发现，我国现阶段公众参与生态文明建设存在主动参与意识不强、参与动力和参与能力不足等问题；研究认为，公众应从经济、政治、文化、社会等四个层面参与生态文明建设。此外，樊宇（2014）从我国日益严峻的生态危机现状出发，通过分析我国公民生态文明意识培育的现状与困境，探讨了相应的突破对策。

加强生态文明建设，践行"绿水青山就是金山银山"的发展理念，农民是主力军之一。由于我国是一个农业生产大国，农村人口占据了绝大多数的比重。因此，农民的生态文明意识如何，首先在我国的农业省份引起了广大学者的密切关注。例如，邱高会（2010）通过自编问卷考察了四川农民的生态文明意识状况，结果发现：农民对生态文明知识的知晓度低，其生态文明意识普遍偏低，且生态文明意识与生态文明的践行存在脱节现象。韦银凤（2014）通过对广西农民的研究后明确指出：由于农民生态意识薄弱，生态文化素质不高，在发展生产的过程中忽视生态保护，在生活过程中对生态环境保护和建设的投入不足，对自然资源的过渡索取，粗放型的开采和乱砍滥伐等，给生态环境带来了较大危害；生态环境的恶化与农民生态意识的缺乏不无关系。何淑娟（2012）在安徽农村的调研也得到了类似的结果。

不过，以上研究主要是来自农业省份的调研报告，浙江作为发达省份，又是习总书记亲自提出科学论断"绿水青山就是金山银山"的地方，虽然"美丽乡村"建设广受关注。例如，郭静利（2011）等认为，东部沿海地区由于具有较好的经济基础、环境理念要求、环境公共服务需求和制度保障，生态文明建设各领域都走在全国前列，尤其是浙江省和江苏省的部分地区。汪彩琼（2012）在新时期浙江"美丽乡村"建设的探讨中指出，建设美丽乡村就是要按照促进人与自然和谐相处的要求和宜建则建，宜扩则扩，宜留则留，宜迁则迁的原则，科学合理地推进村庄的改造、撤并和建设，为下一步提高村庄整治、农房改造和生态环境建设层次提供正确导向。而且，2014年7月，浙江省在建设生态文明先行示范区的工作中强调以标准化为核心提出了标准"构线"的战略思路，要求发挥好标准化工作的"构线"作用，善用"标准构线"绘就"两美浙江"新画卷。坚持一突破、一基础、一体系，即以"五水共治"系列标准为突破口，以"美丽乡村"建设规范为基础，探索建立由工作标准、管理标准和技术标准共同组成的"美丽浙江"建设标准体系。但是，浙江农民的生态文明意识和行为如何，未见文献报道。因此，本课题研究通过在浙江农村对农民进行抽样调查，探讨我省农民的生态文明心理意向和行为倾向，及时发现问题，并提出对策，以推进我省的生态文明建设，显得尤为迫切和重要。

第二节　研究思路与方法

一　本课题研究的基本思路与主要内容

生态文明知识直接影响生态文明建设的行为倾向，而生态文明建设的行为倾向则直接影响农民是否主动积极地投身到生态文明建设之中，并最终影响农民是否践行"绿水青山就是金山银山"的发展理念，从而影响"美丽乡村、美丽中国"梦想的实现。因此，本研究拟侧重研究以下主要内容：（1）农民关于生态文明建设的知识：包括农民有关生态文明的知识水平，如生态消费知识、环境保护知识、动物保护知识、生态法规知识，以及对生态文明建设的了解程度等。（2）农民参与生态文明建设的行为倾向：包括农民的生态生活方式、生态道德行为、生态消费行为、环境保护行为、动物保护行为，以及生态节能行为等。此外，在充分分析农民在上述生态文明知识和行为倾向中存在问题的基础上，进而提出提升农民生态文明素质的对策。

二 本课题研究的研究方法与调研工具

（一）问卷调研法

1. 调研工具

在广泛查阅生态文明知识和行为相关资料的基础上，同时参考生态文明知识和行为相关问卷，课题组自编了"农民生态文明心理意向和行为倾向调查问卷"。问卷内容包括三个部分：第一部分是人口统计信息，如被调研者的年龄、性别、受教育程度、婚姻状况、经济状况、职业情况等。第二部分是生态文明知识，如对生态文明建设的了解程度、生态消费知识、环境保护知识、动物保护知识、生态法规知识等，共20题。第三部分是生态文明行为，如生态文明生活方式、生态道德行为、生态消费行为、环境保护行为；同时将生态文明生活方式又分为动物保护行为、生态生活行为、生态节能行为等，共30题。除个别题目需要根据被试的回答填写相关内容外，其他各题均按被试回答每个项目的频次及百分比进行统计；并运用SPSS 19.0作相关统计分析。

2. 调研对象

采用方便抽样法，研究者率领经过培训的8名大学生志愿者于2014年7月在湖州安吉县的北部，中部和东部抽样3个乡镇，每个镇选取2个村，每个村调研60—70位农民；同时在吴兴区一环、二环、三环地带抽样3个乡镇，每个镇选取2个村，每个村调研60—70位农民。共发出问卷753份，收回702份，其中有效问卷652份，问卷有效率为92.88%。调研对象基本情况如表16—1所示。

表 16—1　　　　　　　　被调查村民基本情况分布表

特征分组		人数（N）	百分比（%）	合计	
				人数（N）	百分比（%）
性别	男	297	45.6	652	100
	女	355	54.4		
婚姻状况	未婚	82	12.6	652	100
	已婚	559	85.7		
	离婚	2	0.3		
	再婚	5	0.8		
	丧偶	4	0.6		
年龄	30 岁以下	141	21.6	652	100
	31—40 岁	113	17.3		
	41—50 岁	165	25.3		
	51—60 岁	121	18.6		
	60 岁以上	112	17.2		
文化程度	小学以下	70	10.7	652	100
	小学	144	22.1		
	初中	224	34.4		
	高中	115	17.6		
	大专	72	11.0		
	大学或以上	27	4.1		
是否担任过村干部	是	41	6.3	652	100
	否	611	93.7		

（二）访谈与观察法

结合问卷调查内容，自编农民生态文明知识和行为访谈提纲和观察要点。采用半结构式访谈法，对个别村庄和部分农民进行观察调研和访谈调查，进一步了解农民掌握了哪些方面的生态文明知识，主要有哪些方面的生态文明行为。随机观察和访谈对象的确定比较简单，只要在村里的农民即可；跟踪观察访谈的对象则要考虑其配合性、代表性和稳定性。

每次观察与访谈后都会及时记录并整理资料。观察与访谈的形式使用眼看和耳听相结合，记录一般采取笔记与录音相结合的方式，录音资料一般于当天整理成文字资料。

第三节　调研结果与分析

一　农民掌握生态文明知识的状况

（一）农民生态文明知识的整体水平

农民在生态文明知识方面得分为：29.50±6.291。由于缺乏常模对比，只能从统计上进行分类：把农民在生态知识方面得分高于平均数一个标准差的归为生态知识水平高（所得分数>35.791）；低于平均数一个标准差的归为生态知识水平低（所得分数<23.209）；在平均数一个标准差之内的归为生态知识水平中等（23.209—35.791），据此，按照生态文明知识水平高低将农民分为三组：大多数农民（429，65.6%）的生态文明知识都处于中等水平组；15.7%的农民生态文明知识水平处于较低组；另有18.3%的农民生态文明知识水平处于较高组。

总的看来，农民对于绿色消费的知识较为缺乏；对于生态生活知识的了解程度不够，只知道这样做有危害，不清楚危害的程度；对于环境问题与环境保护知识现状了解不多；对环境保护的法律知识了解较少；关于生态文明的重要日期与会议等知识对农民来说较为陌生。

（二）农民生态文明知识具体分析

1. 农民生态消费知识状况

生态消费知识包括：对绿色消费的了解、绿色食品的购买、食用野生动物消费三个方面。平均得分9.06±2.077，其中12.3%的农民得分低于平均数一个标准差（得分<6.983），处于较低水平组；78.7%的农民得分在平均数一个标准差之内（6.983<得分<11.137），处于中等水平组；9%的农民得分高于一个标准差（得分>11.137），处于较高水平组。

研究显示：在绿色消费的了解上，只有17.6%的农民了解正确的绿色消费，知道"绿色消费是有节制地消费"这一概念，体现农民绿色消费的概念性知识十分不足。在绿色食品购买上，有35.5%的农民对于绿色食品认证标志不了解或从不注意，说明农民在购买时缺少对绿色食品标志的认识,对绿色食品标志的认识缺乏会直接导致农民对绿色食品的忽视,不利于农民的身体健康。在食用动物消费上,调查显示,71.2%的农民了解食用野生动物是不文明行为,亦有近15.8%少数农民对这一问题现在还没有认识。

2. 农民生态生活知识状况

生态生活知识包括:沾有农药的蔬菜需要浸泡的时间,1号电池对土壤的污染程度等。有65.3%的农民两题都没有回答正确,29.7%的农民能正确回答一道题,只有4.7%的农民都能回答正确。其中正确回答"沾有农药的蔬菜浸泡时间为11—20分钟"的占24.5%,有74.9%的农民回答错误;在"1号电池对土壤的污染程度"上,85.6%的农民错误回答,只有14.1%的农民了解1号电池对土壤的污染为$1m^2$。在访谈中也发现,农民对于电池污染土壤也有较为明确的认识,即知道电池对土壤有危害,但是不了解到底有多严重的危害。

3. 农民对环境问题了解的状况

问卷中涉及"您对环境问题(臭氧层破坏、酸雨、白色污染、我国西北部沙尘暴)的了解如何?"的回答中,"了解"与"很了解"的人只占总人数的39%,剩余超过半数的农民对环境问题"根本不了解""不了解"或者"不确定"。详见图16—1。

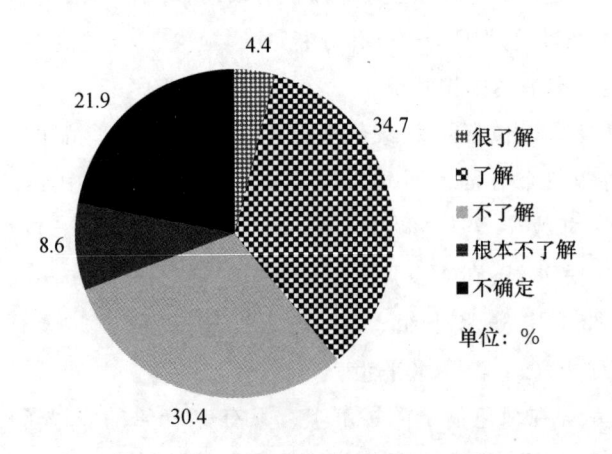

图16—1 农民对环境问题的了解程度

4. 农民对环境保护知识的了解状况

环境保护知识包括：对环境保护内容的了解程度；对 10 个环境保护名词的认识，这些名词包括：植树造林、退耕还林等。农民对环境保护知识的了解状况的平均得分为 5.87±1.87。有 27.1% 的农民得分低于平均数一个标准差（得分＜4.00），处于低分组；有 23.9% 的农民得分高于平均数一个标准差（得分＞7.74），处于较高水平组；而 49% 的农民的得分在平均数一个标准差之内（4.00＜得分＜7.74），处于中等水平组。

从环境保护内容的了解程度看，了解环境保护内容的不到 30%，将近 70% 的农民对环境保护内容没有了解或不确定，详见图 16—2。对于 10 个环境保护名词，约 59.3% 的农民了解 4 个及以上的名词，约 40.7% 的农民只认识 4 个以下的名词，详见图 16—3。

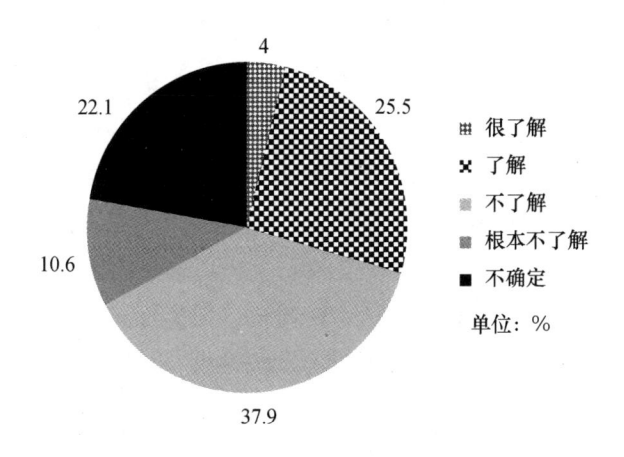

图 16—2　农民对环境保护内容的了解程度

5. 农民对环境法律知识的了解状况

环境法律知识包括对环境污染治理原则的了解，具有环境保护义务的人群的认识等。总体上看，很多农民缺乏对环境保护法律的了解。

研究发现，农民对于我国环境污染原则的认识比较薄弱，了解的人数占总人数的 27.8%，另外 72.2% 的农民属于不了解或不确定的现状，详见图 16—4。访谈调查进一步发现：部分农民对于周围环境的认知已经有了固定的思维模式，认为农村环境问题已经存在了很多年，觉得习以为常，从而对环境的整治较为忽视。

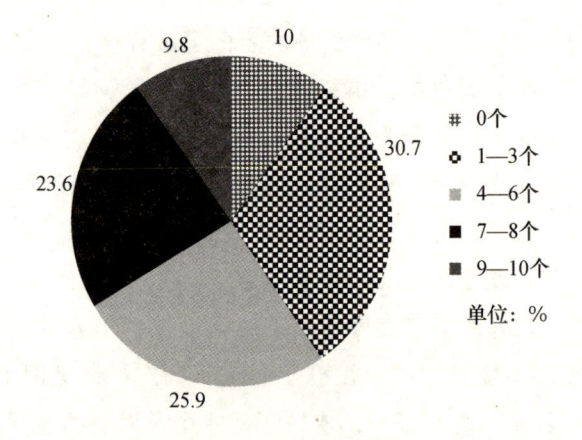

320 / 新型农民教育培训的现状调查与理论思考

图16—3 对10个环境保护名词的认识

对环境保护义务人群的认识也还存在不足,正确回答"保护环境是每个人的义务"的农民占71%,错误回答的农民占29%。

6. 农民对于生态文明重要日期、重要会议的了解状况

农民十分不清楚有关生态文明的重要日期、重要会议等内容,能正确回答世界环境日日期的农民只占22.7%,另外77.3%的农民都错误回答。对于"生态文明"是在哪次会议上正式提出的问题,只有11.3%的农民能正确回答,另外88.7%的农民都错误回答或不知道。对于世界环境日主题的了解也十分匮乏,不了解或不确定的农民有70.5%,只有29.5%的农民了解。详见图16—5。

7. 农民对生态文明建设的了解状况

调查发现。农民对本村生态文明建设的总体了解程度不高,"不了解"的农民占33.7%;只有7.5%的农民是完全了解本村生态文明建设情况的。农民对湖州是"全国生态文明建设先行示范区"的情况也不太了解,只有25.3%的农民表示听说过。相比之下,村干部对生态文明的认识较高。村干部中知道湖州是全国生态文明建设先行示范区的占97.4%。

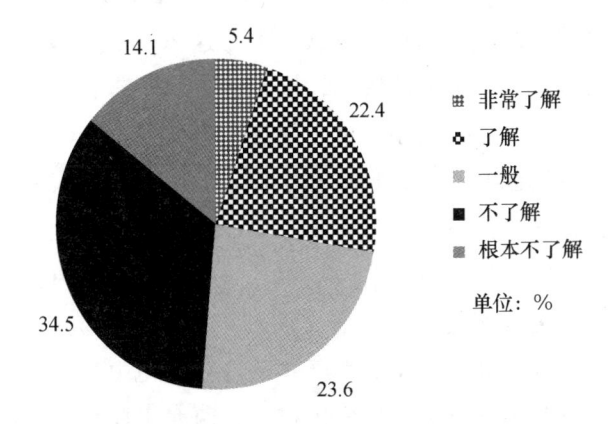

图 16—4　农民对环境污染治理原则的了解程度

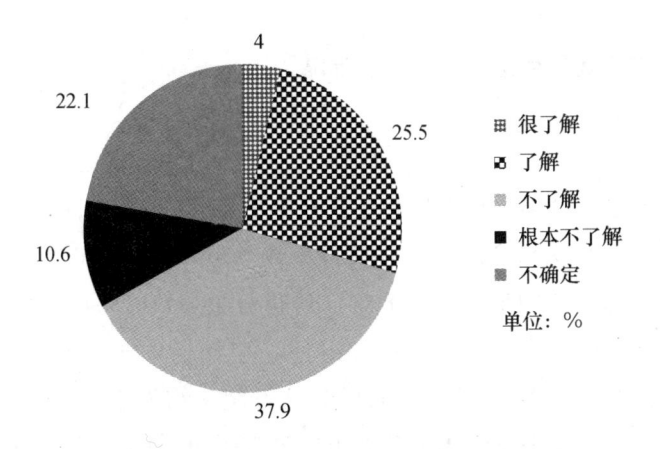

图 16—5　农民对世界环境日主题的了解程度

（三）不同年龄、性别和文化程度的农民对生态文明知识的了解存在显著性差异

调查显示，不同年龄的农民在生态文明知识的了解程度上有显著性差异，方差检验结果为：$F = 25.951^{**}$，$df_{组间} = 4$，$df_{组内} = 647$，$p < 0.01$。随着年龄的增加，生态文明知识的得分减少。根据多重检验比较得知，60 岁以上人群的得分显著低于其他年龄的农民得分；30 岁以下与 31—40 岁的农民得分显著高于其他 3 个年龄段的农民得分；30 岁以下与 31—40 岁的农民得分差异不显著。

观察和问卷调查都反映出，留在村里的农民普遍是年纪较大的农民。正是这类农民的生态文明知识得分低，因而这一点要引起我们的高度重视。生活在农村的年纪较大的农民，接触和了解生态文明知识的渠道过少，对于知识类的学习兴趣小。由于缺乏生态文明知识，长期以来的生活行为方式和习惯也大多不属于生态文明行为。

不同文化程度的农民对生态文明知识的了解有显著性差异，方差检验结果为：$F=45.613^{**}$，$df_{组间}=4$，$df_{组内}=647$，$p<0.01$。根据多重检验比较得出，文化程度越高，生态文明知识平均分越高；整体呈现出：大专及以上学历农民得分 > 高中学历农民得分 > 初中学历农民得分 > 小学学历农民得分 > 小学以下学历农民得分，两两不同学历之间农民得分差异显著。

二 农民践行生态文明行为的状况

（一）农民生态行为方式的整体水平

农民生态文明行为得分为 $131.24±14.736$，由于缺乏常模对比，只能从统计上进行分类：把农民在生态行为方面得分高于平均数一个标准差的归为生态知识水平高的组（所得分数 > 145.976）；低于平均数一个标准差的归为生态知识水平低的组（所得分数 < 116.504）；在平均数一个标准差之内的归为生态知识水平中等组（116.504—145.976）。据此，按照生态文明知识水平高低将农民分为三组。结果表明：69.2%（451名）农民的生态文明知识水平都处于中等水平组，14.0%（91名）农民的生态文明知识属于水平较低组，16.9%（110名）农民的生态文明知识属于水平较高组。

总体上看，农民生态行为表现一般，大部分农民平时的生态行为处于中等水平，生态行为水平较高和较低的农民都较少。

（二）农民生态文明行为状况的具体分析

1. 农民生态文明生活方式状况

农民在生态文明生活方式上平均分为 $66.03±7.696$。其中 16.5% 的农民得分低于平均水平一个标准差（得分 < 58.334）；16.5% 的农民得分高于平均水平一个标准差（得分 > 73.726）；大多数（66.7%）农民得分在平均数一个标准差之内（58.334 < 得分 < 73.726）。

第十六章　农民生态文明知识与行为的现状调查与对策思考　/　323

生态文明生活方式包括 3 个维度：生态生活行为、动物保护行为（不食用受保护动物）与生态节能行为。

生态生活行为平均分为 26.78±4.385。其中 16.5% 的农民得分低于平均水平一个标准差（得分＜22.395）；14.4% 的农民得分高于平均水平一个标准差（得分＞31.165）；大多数（69.1%）农民在平均数一个标准差内（22.395＜得分＜31.165）。动物保护行为（不食用受保护动物）平均分为 7.82±2.061。其中 14.7% 的农民得分低于平均水平一个标准差（得分＜5.759）；27.5% 的农民得分高于平均水平一个标准差（得分＞9.881）；大多数农民（57.8%）在平均数一个标准差内（5.759＜得分＜9.881）。生态节能行为得分为 31.43±3.790。其中 15.3% 的农民得分低于平均水平一个标准差（得分＜27.64）；14.1% 的农民得分高于平均水平一个标准差（得分＞35.22）；大多数农民（70.6）得分在平均数一个标准差之内（27.64＜得分＜35.22）。详见表 16—2。

表 16—2　　　　　　　　生态文明生活方式现状

	较低水平人数（%）	中等水平人数（%）	较高水平人数（%）
生态文明生活方式	108（16.5）	436（69.1）	108（14.4）
生态生活行为	108（16.5）	452（69.1）	92（14.4）
动物保护行为	96（14.7）	376（57.8）	180（27.5）
生态节能行为	100（15.3）	460（70.6））	92（14.1）

进一步分析发现，在日常生活行为中，农民能够做到随手关灯、关水龙头；但是在能源使用方面，有 7.8% 的人群还存在用木材生火做饭的现象；在动物保护方面，有 30.8% 的农民对于食用野生动物的行为是否文明认识不清或认识错误，有 54.1% 的农民对待野生动物不愿放生，更愿意将其圈养或卖掉；在节能方面，水资源的浪费仍然存在，农民在用水方面还存在一些陋习，认为南方水资源丰富，因此对于水资源的循环利用也还没有落实到位，存在一次性用水的情况；同时对于废纸的利用方面，有 41.7% 的农民没有废纸再利用的行为表现。从整体上看，农民要加强对资源的节约利用以及关于动物的保护行为。

2. 农民生态道德行为状况

生态道德行为平均分为 18.21±3.598。其中 15.9% 的农民得分低于平均水平一个标准差（得分<14.612）；20% 的农民得分高于平均水平一个标准差（得分>21.808）；63.6% 的农民得分在平均数一个标准差之内（14.612<得分<21.808）。

进一步分析发现，农民在生态道德行为方面存在的主要问题：有 40.8% 的农民存在随地吐痰、乱扔纸巾以及看情况决定是否随地吐痰等不文明行为；有 35.9% 的农民存在随意在公共场所大声说话的不文明行为，另有 9.7% 的农民则表示视情况而定是否会在公共场所大声说话，若周围喧闹则会大声说，若周围安静则自己小声说话；25.9% 的农民会在公共场所随意抽烟；有 24.5% 的农民出门可能会出现因抄近路而践踏草坪的情况。以上情况表明，农民生态道德还需要进一步提高，应努力减少在公共场所的不文明行为。

3. 农民生态消费行为状况

农民生态消费行为平均分为 17.70±3.481。其中 17.6% 的农民得分低于平均水平一个标准差（得分<14.219）；14.7% 的农民得分高于平均水平一个标准差（得分>21.181）；大多数农民（67.4%）的得分在平均数一个标准差之内（14.219<得分<21.181）。

进一步分析显示，农民在生态消费行为方面存在的主要问题：在出门用餐时，有 62.9% 的农民习惯使用一次性筷子，只有 9.3% 的农民表示从来不使用一次性筷子；有 25.6% 的农民表示自己在购物时不会注意洗衣粉是否无磷；有 54.8% 的农民在购买电器时偶尔或者基本不使用节能电器，同时有 37.1% 的农民在购买电器时不太注意节能标志，23% 的农民在购买电器时主要考虑价格因素而非节能。访谈结果证实：农民买电器主要看价格，而忽视节能指标。

4. 农民环境保护行为现状

环境保护行为平均分为（29.30±4.253）。其中 19.1% 的农民得分低于平均水平一个标准差（得分<25.047）；17.0% 的农民得分高于平均水平一个标准差（得分>33.553）；多数农民（63.6%）的得分在平均数一个标准差之内（25.047<得分<33.553）。

进一步分析发现，农民在环境保护行为方面存在的主要问题：当手上有空瓶时,有 17.5% 的农民会选择丢弃在路上或者看情况选择是否丢弃路边;在庆祝节日方面,有 40.3% 的农民认为春节有必要燃放烟花爆竹;在祭祖时,有 20.3% 的农民会燃放爆竹,有 54.9% 的农民会烧纸钱。通过访谈结果可知:农民受传统观念的影响很大,在节日、祭祖等时间会燃放烟花爆竹来庆祝或祈求平安,因此庆祝节日或祭祖的环保行为还没有得到一些农民的认可,让农民抛弃原来的不文明庆祝与祭祖行为,接受环保的行为还存在一定的困难。

(三)不同性别、年龄、文化程度与婚姻状况的农民在生态行为上的现状与差异

农民的生态文明生活方式($t = -2.454^{**}$,$df = 650$,$p < 0.01$)与生态道德行为为存在显著的性别差异($t = -4.283^{**}$,$df = 650$,$p < 0.01$)。亦即,女性在生态文明生活方式与生态道德行为方面的平均分高于男性。

不同年龄的农民在生态行为及其各个维度均有显著性差异,方差检验结果分别为:

在生态文明总的生活方式上,$F = 8.137^{**}$,$df_{组间} = 4$,$df_{组内} = 647$,$p < 0.01$;

在生态道德行为维度上,$F = 6.116^{**}$,$df_{组间} = 4$,$df_{组内} = 647$,$p < 0.01$;

在生态消费行为维度上,$F = 8.035^{**}$,$df_{组间} = 4$,$df_{组内} = 647$,$p < 0.01$;

在环境保护行为维度上,$F = 3.695^{**}$,$df_{组间} = 4$,$df_{组内} = 647$,$p < 0.01$;

在动物保护行为上,$F = 2.953^{*}$,$df_{组间} = 4$,$df_{组内} = 647$,$p < 0.05$;

在生态生活行为上,$F = 8.831^{**}$,$df_{组间} = 4$,$df_{组内} = 647$,$p < 0.01$;

在生态节能行为上,$F = 4.663^{**}$,$df_{组间} = 4$,$df_{组内} = 647$,$p < 0.01$。

比较分析发现：60 岁以上农民在生态生活方式、生态道德行为、生态消费行为、环境保护行为等方面的平均分都最低；在生态消费行为方面，41—50 岁农民平均分最高，其余三方面都是 31—40 岁农民平均分最高。

不同文化程度的农民在生态道德行为（$F = 7.569^{**}$，$df_{组间} = 4$，$df_{组内} = 647$，$p < 0.01$）、生态消费行为（$F = 12.718^{**}$，$df_{组间} = 4$，$df_{组内} = 647$，$p < 0.01$）、环境保护行为（$F = 9.151^{**}$，$df_{组间} = 4$，$df_{组内} = 647$，$p < 0.01$）上亦有显著差异。多重检验比较结果发现：在生态道德行为、生态消费行为方面，小学以下文化程度的农民得分显著低于其他文化水平的农民得分；而小学、初中、高中、大专及以上学历农民之间得分差异不显著。

不同婚姻状况的农民在生态文明生活方式上有显著差异（$t = -3.456^{**}$，$df = 639$，$p < 0.01$）；亦即，已婚农民得分显著高于未婚农民，主要体现在生态生活行为（$t = -2.385^{**}$，$df = 639$，$p < 0.01$）、生态节能行为（$t = -3.850^{**}$，$df = 639$，$p < 0.01$）方面。

第四节　提升农民生态文明素质的对策思考

本研究结果表明：农民生态文明知识明显不足，主要表现在：（1）农民绿色消费的知识缺乏，对于环境问题与保护知识以及相关法律知识了解较少；（2）对于生态生活知识，只知道某些行为有危害，不清楚危害程度；（3）有关生态文明的重要日期与会议等知识感到陌生。这与已有的一些研究发现是一致的[①]。

大多数农民文化水平较低，在生态文明知识方面更加欠缺。这与贾明媚（2014）等的研究一致：文化程度高的人从事农业生产的几率较小，而文化程度低的人则大多在农村从事劳力工作，对于生态知识的接触较少，从而掌握的生态知识少。孔铭鹭（2013）也指出：文化程度低下使得农民只顾眼前利益，对发生的生活事件处于漠不关心的状态。

[①] 王怡珊：《当代农民生态意识培养研究》，硕士学位论文，长春理工大学，2013 年。

知识决定行为，由于农民缺乏相应的生态文明知识，大部分农民的环境保护行为、生态生活方式有待提高，尤其是文化水平低的农民在生态道德行为、生态消费行为、环境保护行为方面有待提高。

从环境保护方面来看：农民的传统观念与环境保护存在矛盾，绝大部分农民认为在节日或是丧喜事燃放烟花爆竹是必不可少的，烧纸钱等祭祖行为也是必要的。社会与政府提倡的文明环保祭祖存在阻碍，只有少部分农民因为信仰宗教的原因坚持不烧纸钱、不燃放爆竹。农民在生态生活方式上展现出更多细节问题，农民的动物保护行为和节约水资源的行为较差，一些农民还没有树立起保护野生动物的观念，在用水方面也还存在一些陋习。

因此，要设法丰富农民的生态文明知识，努力提升农民的生态文明行为。

一 大力开展生态文明教育培训，使农民对教育培训可接受、易接受、乐接受

农民要具备一定的生态文明知识，了解生活中哪些行为是否环保，什么是生态文明行为等，通过生态文明教育这一有效途径，能够帮助农民将生态文明知识转化为生活中具体的生态文明行为。

（一）教育培训内容要易为农民所接受

由于农民受教育水平普遍较低，在进行生态教育时，应尽量将生态教育的内容与农民日常生产和生活结合起来，力求贴近生活、贴近农村、贴近农民，以通俗性和易懂性获得农民的青睐。除了充分发挥村干部的智慧，还应该"集民意，听民声"，多了解农民的所需所求，了解农民心目中的生态文明以及当下在生态文明方面存在的问题，引导农民自我感知生态文明的意义所在，自我提升接受教育培训的欲望。要接地气地选择和安排生态文明教育内容，将生态文明建设实际情况、"美丽乡村"建设实际情况，与基本的生态文明知识、生态生活方式、生态农业生产等相结合，以引起村民的亲切感，自豪感，使得村民更容易接受与学习。

（二）教育培训形式要为农民乐于接受

农民群体存在着年龄、文化水平参差不齐的情况；因此在教育培训方式的选择之上，既要考虑老年农民与青壮年农民的差异，又要兼顾知

识农民和文盲半文盲农民的需要。要采取多种形式开展生态文明教育培训，调动农民的兴趣和积极性。以传统的正规培训为主，也就是课堂、讲座培训，实践证明，可以提高一次性教育培训效率和宣传力度与范围，但是很难调动广大农民参训的积极性。而一些直观性强的，适合农民文化层次及接受能力的、能调动广大农民参训积极性的培训方式，更是一种可取之道，例如，田间地头、博览会、交流会、集贸市场、农村红白喜事现场、庙会、收音机、电视机、手机信息等创新型培训方式。各地应重视农村集市、物资交流会、民间习俗组织的艺术节等的管理，形式多样，内容丰富，提高质量，不仅增强了农业科技成果的宣传，而且吸引了农民主动参与这种培训，在游逛中接受了新知识新技术的培训，成本低且见效快。同时手机和网络的普遍使用也为利用现代信息技术培训提供了良好的基础，二者的结合是适应当前农村实际的一种比较好的培训方式。

总之，生态文明教育要做到教育对象具体化，培训材料对象化，培训师资专业化，并根据具体的生态文明活动有针对性地选择合适的教师。同时要增加教育培训的频率，合理分配教育培训的时间，扩展培训地点，设置专门培训场所。

二 加强宣传和引导，充分调动农民践行生态文明的主动性

（一）要引导农民主动积极参与生态文明建设工作，争做生态文明人

要大力宣传生态文明思想，使之深入每个农民的大脑和心灵，从生活中的点滴小事做起，自觉践行生态文明建设思想理论。要引导农民通过电视、报刊、网络、社区学校等多种渠道，了解和学习生态文明建设的有关知识，特别是对自己所在村庄的生态环境、生态文明状况要有深入的了解，以规范自身的行为。在日常生活中，要引导农民按照生态文明建设的要求，从我做起，从身边的一件件小事做起，养成爱护环境、保护环境、建设优美环境的良好的生态文明行为习惯。村委会要努力引导农民积极参与本村的生态文明建设工作，如垃圾的分类处理、公共场所的文明宣传、村委组织的宣传生态文明活动等；使农民人人努力做一个生态文明的践行者、环境保护的志愿者和环境污染的监督者，为建设生态文明的新农村贡献自己的一分力量。

（二）要提高农民保护环境的意识，调动农民参与生态环境保护的热情

我国农村在长期的历史发展过程中，由于始终没有将生态文明建设放在一个显著的位置，以致农民对生态文明建设的认识和认知水平还处于相当初级的阶段；因此，要加强宣传，让农民了解生态文明建设与他们自身的重要关系，强化农民的生态文明思想普及是当前一项十分紧迫的任务。在人与自然的关系上，要帮助农民构建人与自然的和谐观念，形成生态价值理念，使他们爱护自然，保护自然，对自然充满人文关怀。为了调动农民参与生态环境保护的热情，要通过各种方式调动他们的积极性，如使用网络宣传、电视公益广告、邀请有影响力的社会明智宣传保护生态环境的重要性等。这些做法，在很多国家都被证明是一种有效的方式，取得了较好的效果。

（三）要普及科学文化知识，使农民树立科学的消费观

消费观是指农民在消费生活方面所持的根本观点及价值判断，它是农民消费行为的心理基础，可以指导农民的消费行为。在其他条件不变的情况下，农民个体对先进的消费观念和消费方式的接受程度（如不食用珍稀保护动物、循环消费等）与其自身的文化水平成正比。若要农民改变原来的消费习惯（如小富即奢、追求高档消费等），必须要向农民普及科学文化知识，不断提高农民的文化素质。例如，可在农民中宣传和倡导绿色消费，即适度节制消费，避免或减少对环境的破坏，崇尚简朴、自然和保护生态。具体到农民生活中，就是鼓励农民多多选择绿色产品，如购买绿色果蔬和肉类，选择无污染或低污染、低公害的农药和化肥，减少塑料袋的使用，选择低耗能的家电和照明设备，选择无磷配方的绿色洗涤用品等。

三 增强政府责任感，充分发挥政府在提升农民生态素质中的支持作用

在生态文明建设当中，政府要增强责任感，依靠各种资源、各种方式来进行生态文明的宣传和引导，并提供相应的政策、资金支持，以帮助农民掌握生态文明知识。

(一) 充分利用专家资源和大众传媒，加强生态文明宣传

一是由政府相关部门牵头，组织有关生态文明教育专家，编写相对完整的生态文明知识小册子，并确定几本适合农民阅读的生态环保书籍。二是政府相关部门要定期对农村开展生态文明知识的普及活动，通过下派专家进行相关讲座和培训，分层次、分对象地进行宣传，填补农民原本空缺的生态文明基本知识，提升农民生态文明意识。三是政府还应抓好新闻宣传，把握舆论导向，健全环境新闻宣传工作机制，进一步加强新闻宣传策划，弘扬生态文明先进典型，提升环保形象，并使生态文明教育与传统文化和道德教育相结合。

(二) 发挥政府的主导作用，在政策上、经济上大力支持农民生态文明教育

市、县（区）、乡镇等各级党政部门，应努力在农村生态文明教育工作中发挥积极的支持作用。一是在政策上支持。在促进本地区生态文明建设发展的过程中，结合本地特点，出台一些有利于农村生态文明教育发展的政策和制度，包括实施的细则，并抓好落实，为农村生态文明教育发展创造积极的条件。二是在经济上扶持。不少农村经费紧张，活力不足，发展缺乏后劲。党政部门有责任扶持农村生态文明教育事业的发展。在提供优惠政策的同时，在农村生态文明教育的培训资金、人员配置、设施建设等方面给予大力支持。三是在工作上要加强指导。党政部门要认真学习和研究农村生态文明教育工作，经常派人深入农村进行调查研究，了解和掌握农村生态文明教育工作状况，及时给予指导。对于工作中遇到的困难和问题，要及时帮助解决。

(三) 树立生态文明典型，利用榜样示范效应激励农民生态文明行为

榜样的力量是无穷的。政府或者村委会可以采取在村里树立生态文明典型、评选生态行为标兵，用榜样的力量激励农民的生态文明行为。例如，可以在农村公共宣传栏展示生态行为标兵事迹，以小带大，逐渐扩大影响范围，激起农民的学习和效仿。同时对生态行为标兵进行一定的物质和精神奖励，以此来激励农民主动践行生态文明行为的积极性。

四 制定相应规章，约束和限制农民不文明的生态行为和环境破坏性行为

只有让农民了解我国在生态文明建设方面的法律法规，才能使农民在实践中约束甚至杜绝破坏性生态文明建设的行为。因此，一方面，要制定和完善有关农村生态文明建设和美丽乡村建设方面的法律法规，并组织农民学习、指导农民实践；另一方面，针对农民存在的不文明的生态行为以及环境破坏行为，政府相关部门和村委会应该用强制性的措施和力量来起到一定的规范和约束作用。这就要求各级地方政府在国家有关法律法规的指导下，要制定一些切合农村实际的地方性环保法律法规，如《农村环境保护法》《农村生活污染防治法》《农业生产污染防治法》等，确保农民的环境权益有完备的法制化保障[①]。同时要在农村向农民推进普法宣传工作，促进农民学法用法；并要加大农村生态执法力度，营造农村生态文明建设良好氛围。再则，要开通生态环境保护热线，鼓励农民对社会上各种破坏生态环境、特别是严重污染生态环境的行为进行举报和监督。此外，要依靠强制性的力量来加以引导和规范，使农民摆正自己在生态文明建设中的角色定位，由旁观者的身份转变为生态文明建设的主人翁、参与者角色。例如，可以用"破坏生态环境所带来的可预见性后果"来警示农民，使农民充分认识到生态文明知识的重要性，提高认识，加强学习，约束自己不文明的生态行为、特别是杜绝自己的环境破坏性行为。

五 建立评价和督促机制，促进农村生态文明可持续发展

为保证农民对于生态文明建设的积极参与，建立评价和督促机制是必不可少的。政府相关部门、村委会可以通过完善的生态文明评价体系，从农民的日常表现当中来检查农民对于生态文明知识的学习和了解情况以及践行生态文明的实践情况。还可以在村里举办小型的生态文明知识竞赛活动，以问答、抢答的方式来检验农民的生态文明知识储备现状。

---

① 何淑娟：《安徽农民生态意识现状及改善对策研究》，硕士学位论文，安徽农业大学，2012年，第39页。

此外，政府相关部门、村委会可以设立生态文明知识模范和行为标兵，让农民自主评选出身边具备丰富生态文明知识和模范践行生态文明的农民，并在物质上、精神上给予一定的奖励措施，以增强农民对于生态文明知识自主学习和自主实践的动力。同时，农民对于政府相关部门、村委会在生态文明建设当中所采取的各项措施也可以进行评价并提出建议，形成政府、村委会与农民互动机制，以促进农村生态文明的可持续发展。

第十七章

农民生态文明教育培训的现状调查与对策思考

第一节 引言

气候不断变暖，资源不断枯竭，环境污染日益严重，生态环境持续退化等，大自然环境不断发出的各种警告，使人类不得不正视生态环境问题。生态文明建设势在必行。从政府层面来看，出台了一系列加强生态文明建设的重要文件和重大决策部署。2000年发布了《全国生态环境保护纲要》；2005年8月15日，时任浙江省委书记的习近平同志到安吉县余村考察时，首次提出了"绿水青山就是金山银山"的重要论断。2012年，党的十八大报告首次单篇论述"生态文明"，提出要把生态文明建设融入经济建设、政治建设、文化建设、社会建设的各个方面和整个过程，努力建设"美丽中国"；2015年，中共中央、国务院出台了《关于加快推进生态文明建设的意见》；随后，各省也陆续出台了相应的文件和举措。例如，浙江省出台了《中共浙江省委关于推进生态文明建设的决定》，为全省生态文明建设提供了行动纲领和强大动力。湖州市正在大力推进生态文明先行示范区建设，有望增强湖州生态文明先行示范区建设的引领带动作用，形成可复制、可推广的生态文明建设"湖州模式"，基于此，出台了《浙江省湖州市生态文明先行示范区建设方案》，并将每年的8月15日设立为"湖州生态文明日"。

由于生态文明教育是进行生态文明建设的重要手段和先决条件，学术界在研究生态文明建设的同时，开展了一系列有关生态文明教育培训的研究和讨论。所谓生态文明，是指人类在利用客观物质世界以满足自己日益增长的物质和文化需要的同时，尊重自然规律，尽量避免或克服其活动对自然界所造成的不良影响，在保护生态环境的良好品质，保障可更新自然资源的再生条件以及维护环境正义等方面所取得的物质、精神和制度成果的总和[1]。综观已有的生态文明教育，多针对社区和学校。例如，袁洋（2014）认为，社区生态文明教育的目的是通过对生态文明知识的普及，使广大社区民众不断增强生态文明的意识，掌握和提升生态文明的技能，积极参与生态文明建设，进一步培养道德修养，使其成为生态文明正能量的传播者和实践者；其主要内容有：社区生态安全教育、社区生态文化教育、社区生态道德教育、社区生态法制教育和社区生态科学教育。郭岩（2010）认为，当前生态文明教育的主要目标还停留在树立公众的生态文明意识层面，教育内容不丰富，多以生态危机和环境破坏为主，介绍改善和保护生态环境的方法和途径少；教育方法偏于简单、粗放，理性说教多、情感体验少；因而教育效果不显著、实效性不高。此外，王青颖（2013）发现，生态文明教育基地经费不足，教育内容和设施更新缓慢；专业技术人员严重缺乏，无规范的管理和服务团队；教育内容浮于表面，流于形式，不够深入，缺乏实效。袁洋（2014）进一步指出：当前社区生态文明教育地区发展不平衡，教育普及不平衡，教育平台建设不足，缺乏法律支持，教育队伍素质不高。因此，祁琳琳（2014）建议，只有政府、家庭、学校和社会齐心协力，才能把生态文明教育落到实处，从而促进生态文明建设的健康发展。王青颖（2013）则建议，生态文明教育基地应具有示范、教育、公益和服务功能，开展生态文明教育基地创建工作，需要建立包括规划、申报和评估制度在内的工作机制。

中小学是进行生态文明教育的阵地之一，如何"从娃娃抓起"加强生态文明教育，对"美丽中国"这一梦想的实现有着重要意义。杨学军（2014）认为，打造绿色校园是中小学生态文明教育的主要活动形式；其主要活动内容有建设生态文明教育展室，打造绿色校园，组织开展防沙

---

[1] 王树义、周迪：《生态文明建设与环境法治》，《中国高校社会科学》2014年第2期，第114—124页。

治沙实践活动,开发编写生态文明教育校本课程等。但总的来看,在小学生生态文明教育中,实践活动较少,师资力量薄弱,缺乏生态文明法律法规教育等;因此,要注重家庭实践活动的引导;增设小学生生态文明教育课程;加强师资队伍建设,开展丰富的校园实践活动;完善生态文明教育体系,并开展相关社会实践活动①。

同样,生态文明教育已经成为高校教育的重要组成部分,它与高等教育的人才培养目标是一致的②。张文利(2014)认为,高校生态文明教育取得了一定成效,如高校生态文明教育已有课程设置;高校生态文明教育主题化;高校生态文明教育认知度也有所提高。但是,高校生态文明在教育内容、体系、机制等方面也普遍存在不完善、不系统、不到位等问题,直接影响大学生生态文明素养的培养③。因此,谢从戎(2013)提出了改进学校生态文明教育的对策:学校领导要高度重视,组建生态文明建设领导小组;发挥教师与课堂的主渠道功能;通过生态文明校园建设活动把学校建成学生的实践基地,不断强化生态环境法制教育。郭玉伟(2014)则从加大宣传力度、完善课程建设、强化师资队伍建设、加强绿色校园建设及完善相关制度建设五个方面提出了加强大学生生态文明教育的路径。林曾芬(2013)认为,开展生态文明教育,重在培养大学生生态文明价值观,养成生态文明的行为习惯,推动大学生生态文明价值认知、价值认同和价值实践三个要素均衡协调,持续发展。

我国是农业大国,生态文明建设的重点在农村。农民是农村生态文明建设的主体,故必须注重提升农民生态文明素质、加强农民生态文明教育、发挥农民在生态文明建设中的重要作用。总的来看,我国的农业发展已从违背生态传统耕种向遵循生态科学耕种发展,主要表现为:(1)从使用剧毒农药向使用有机农药转变。为了迅速消灭天敌害虫,提高粮食产量,农民曾一度大面积使用像敌敌畏、百草枯等剧毒农药。但由于其毒性对土壤、人与其他生物造成严重危害,国家严令禁止,并引导农

---

① 马璐:《小学生生态文明教育研究》,硕士学位论文,山西农业大学,2014年,第1页。
② 郭玉伟:《加强高校大学生生态文明教育的有效途径》,《兰州石化职业技术学院学报》2014年第2期,第45—47页。
③ 马骏:《高等农林院校加强生态文明教育的理论思考》,《教育与职业》2014年第21期,第49—51页。

民使用新型环保生物农药；我国部分农村开始逐渐选择低毒的化学农药。(2)从大量使用化肥向合理使用有机肥料转变。化肥的使用可以增加土壤肥力，使作物增产。但过度使用化肥造成土壤酸度变化、板结、肥力下降等。相较过去，农民使用化肥情况已有了很大的改善，逐步转向以使用有机肥、生物农药为主的有机化、生态化、低投入、低能耗、高效益农业；但仍然依赖化肥，对有机肥料利用率不够。(3)从破坏土壤耕种向保护土壤耕种转变。耕地资源是十分有限而珍贵的资源。但过去大量砍伐森林、毁林毁草开垦、陡坡耕种、耕作技术不合理造成水土流失、土壤沙化、肥力下降。从20世纪90年代以来，即使采取了比较严格的措施保护耕地，我国耕地仍在加速减少，每年要净减耕地417万多亩。到2020年，我国人均耕地将低于联合国规定的警戒线——0.053公顷。为此，国家及地方逐步出台了一系列政策、采取了较为严格的措施来保护耕地，严厉禁止将基本农田保护区的耕地用作非农项目建设。(4)从连续单一耕种向轮流间隔耕种转变。处于世界领先地位的瑞典轮作型生态农业模式采用4年轮作种植方式，即轮种牧草、小麦、豆类、燕麦等，这样既有利于减少病虫害，又利于保持土壤肥力。在我国农民大致知晓轮流间隔耕种对土壤、作物的好处，但耕种常常受市场需求影响大，存在哪种好卖种哪种、哪种赚钱种哪种的思想，没有根据土壤等条件考虑轮流间隔耕种。(5)从无节制开采农业资源向合理节制使用农业资源转变。发展生态农业，实现农业的可持续发展，就是不以破坏农业可再生资源、降低环境质量为代价换取农业的发展，把保护环境和提高农业资源的利用与满足人类需要相结合。在某种程度上，我国农村已一改以往过度砍伐树木等无节制开采农业资源行为，提倡循环利用各种资源和能量，并将其作为生态农业的一个标准、要求、目标①。

但是，李奇伟（2014）调查发现，农民对生态知识认知度不高，对生态问题不够关心……很多农村地区未组织农民进行生态文明教育。韦银凤（2014）也指出，当下农村"农民的环保活动比较匮乏，其主要原因是农村经济发展水平有限，农民的生态意识不强，环保观念落后，生

---

① 王东阳、程广燕、张永霞等：《中国生态农业发展前景展望》，《农业展望》2006年第1期，第4—7页。

态维权意识缺乏等"。

在中文数据库（中国知网）系统检索了有关生态文明教育现状的文献。以"篇名"为检索项，"生态文明教育或生态文明培训"为关键词；并且以"全文"为检索项，以"农民或农村"为关键词，共检索到相关文献85篇。删除"国内国际会议、报纸、商业评论"等文献后，剩余有效期刊共80篇。在这80篇有效期刊中，有关学校生态文明教育文献58篇。其中有关高校生态文明教育文献共33篇；有关中小学生态文明教育文献17篇；另有7篇是中美教育对比文献，幼儿园生态文明教育文献等。剩余22篇文献，涉及社区、图书馆、教育基地、公园等地的生态文明教育；另有1篇是有关2008—2010年生态文明教育实践综述。总体来看，除1篇"在农村中学德育教育中强化生态文明教育"文献涉及农村外，专门探讨有关农民或农村生态文明教育的文献几乎未见报道。可见，开展我国有关农民和农村的生态文明教育研究具有必要性和急迫性。

教育作为生态文明建设实践的有效形式，在农村生态文明建设实践中具有特别的建设功效和发展意义。农村生态文明建设离不开生态文明教育的支撑作用，而生态文明教育工程则是生态文明建设的基础工程。只有通过教育，才能塑就生态文明的灵魂，真正实现生态文明意识在农民思想上的内化。因此，调查农民生态文明教育的现状与问题，并提出推进农民生态文明教育的对策与建议，具有重要的现实意义和理论意义。

第二节 研究方法与抽样对象

一 问卷调研

（一）调研对象

采用分层随机和方便抽样法，研究者率经过培训的7名大学生志愿者于2015年7月在湖州两个县区12个村庄进行了问卷调查，共发出问卷753份，收回问卷702份，回收率93.2%；剔除无效问卷51份后，有效问卷652份，问卷有效率92.9%。其中，在县里的抽样按照南、中、北三个层面各取样两个乡共6个村；在区里的抽样按照一环、二环、三环三个层面各取样两个镇共6个村；每个村大约抽样60—70位农民。调查对象的具体情况详见表17—1。

表 17—1　　　　　　　　被调查村民基本情况分布表

特征分组		人数（N）	百分比（%）	合计	
				人数（N）	百分比（%）
性别	男	297	45.6	—	—
	女	355	54.4	652	100
年龄	30 岁以下	141	21.6	—	—
	31—40 岁	113	17.3	—	—
	41—50 岁	165	25.3	—	—
	51—60 岁	121	18.6	—	—
	60 岁以上	112	17.2	652	100
文化程度	小学以下	70	10.7	—	—
	小学	144	22.1	—	—
	初中	224	34.4	—	—
	高中	115	17.6	—	—
	大专	72	11.0	—	—
	大学或以上	27	4.1	652	100
是否担任过村干部	是	41	6.3	—	—
	否	611	93.7	652	100

（二）调研工具

自编《农民生态文明教育培训状况调查问卷》。根据有关农民教育培训的相关文献，先初步设计访谈提纲，对农民进行开放式与半结构化访谈；通过对访谈资料的整理和分析，结合蹲点观察结果及查阅相关文献，初步确定农民教育培训调查问卷的维度和具体项目；最后，通过再次访谈和试测，选取较典型的项目，编制成问卷的问题，完成问卷编制。

问卷的第一部分是人口统计变量；问卷正文围绕农民生态文明教育培训的基本问题共设计了 28 个问题；在了解了农民是否参与生态

文明教育培训后，所有问题可分为 10 个维度，即教育培训的背景和意义、参与培训的频率与时间、受训的需要与动机、受训的材料与内容、培训师资与评价、培训场所与条件、培训方法与方式、培训效果与作用、培训反思与评价、培训感受与体会等。此外，还设计了一些有关农民生态文明知识和行为的题目。除个别题目需要根据被试的回答填写相关内容外，其他各题均按被试回答每个项目的频次及百分比进行统计；所有数据输入电脑并建立数据库后，运用 SPSS 19.0 作相关统计和分析。

二 访谈调查

结合问卷调查内容，对部分村庄的村干部和 15 位农民进行蹲点调研和访谈调查，通过观察记录与访谈调查，进一步深入了解当前农民生态文明教育培训的组织情况，农民参与的状况与问题。每次观察与访谈后都会及时记录并整理资料。观察与访谈的形式使用眼看和耳听相结合，记录一般采取笔记与录音相结合的方式，录音资料一般于当天整理成文字资料。

第三节 调研结果与分析

一 生态文明教育培训的背景与意义

（一）农民对本村生态文明建设的总体了解程度不高

调查显示，完全不了解和不了解本村生态文明建设情况的农民占 27%；了解和完全了解本村生态文明建设情况农民只有 39%。详见图 17—1。

（二）农民对湖州是"全国生态文明建设先行示范区"的情况不太了解

调查显示，有 2/5 的农民没有听说过或没有关心过湖州市是"全国生态文明建设先行示范区"的情况，只有 25% 的农民听说过，还有 35% 的农民听说了一点。详见图 17—2。

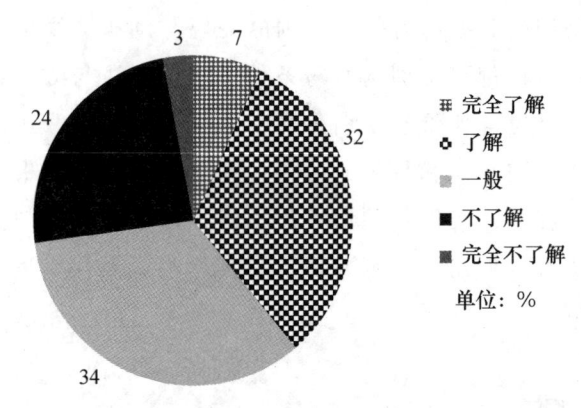

340 / 新型农民教育培训的现状调查与理论思考

图17—1 农民对本村目前生态文明建设的了解情况

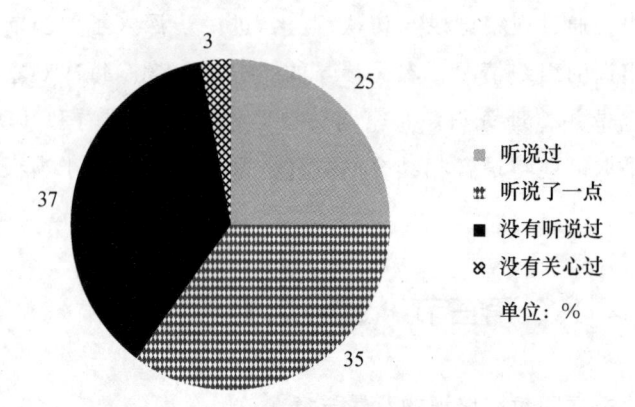

图17—2 农民对"湖州是全国生态文明建设先行示范区"的知晓情况

（三）多数农民认为开展生态文明培训有意义

调查显示，有81%的农民认为农民生态文明培训对当地生态文明建设有意义，只有19%的农民认为没有意义，或不知道，或没有关心过。详见图17—3。

第十七章　农民生态文明教育培训的现状调查与对策思考 / 341

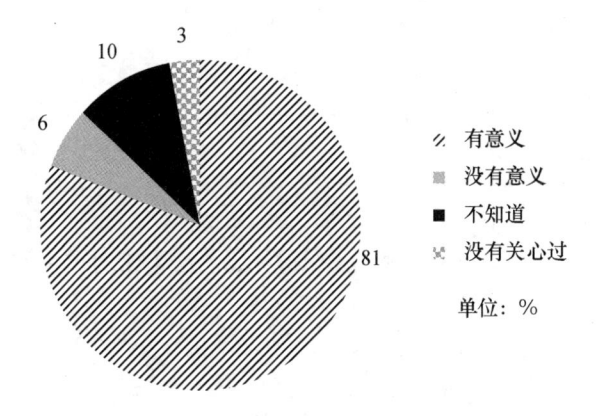

图 17—3　开展生态文明培训对推进当地生态
文明先行示范区建设是否有意义

（四）多数农民认为开展生态文明教育培训有必要

有87%的农民认为开展生态文明教育培训有必要或很有必要；只有13%的农民表示无所谓或认为没必要。详见图17—4。

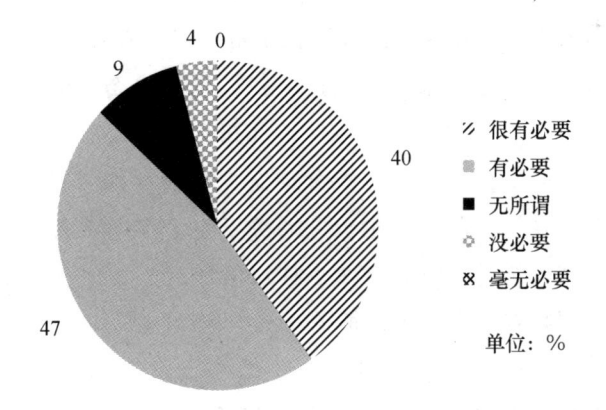

图 17—4　开展生态文明教育培训的必要性

二　生态文明教育培训的形式

数据显示：农民参加的生态文明教育培训以培训班或专题讲座形式为主，占10.43%；其次是收听广播或观看电视、电影形式的培训，占8.1%。详见图17—5。当然，没有参加任何形式教育培训的农民最多，达 69.3%。

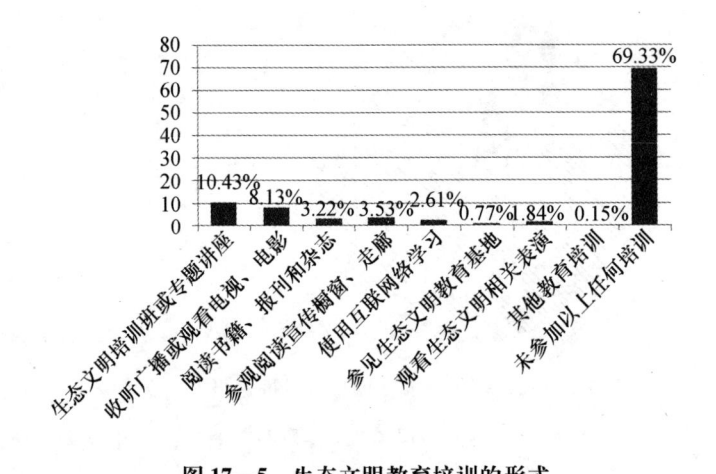

图 17—5 生态文明教育培训的形式

在生态文明教育培训中，宣传橱窗和走廊是个"亮点"，尤其是安吉县孝丰镇和梅溪镇做得尤为出色，不仅在村委会前的宣传橱窗中有相关生态文明知识展示，在村庄中也时常可见生态文明的标语。对刘家塘村妇女主任的访谈发现，作为浙江省绿化示范村、新农村建设实验示范村、安吉县生态村，村委近年来十分重视对村民进行生态文明教育，曾挨家挨户发放相关宣传册、垃圾袋和环保袋。在宣传栏中着重对垃圾分类进行了知识普及，故本村村民的垃圾分类意识都较其他村强一些。作为安吉县第一批美丽乡村精品村，也曾开展关于生态文明教育方面的培训班等，并通过村规民约、农民信箱（一种短信形式）等一些现代科技手段将农民生态文明教育落实到每家每户。

三 农民参加生态文明教育培训的频率和时间

（一）参加生态文明教育培训的频率

调查显示，有 18.7% 的农民表示总共只参加过一次培训；另有 37.9% 的农民表示一年左右参加一次；还有 22.2% 的农民表示半年左右参加一次；只有 7.6% 的农民表示三个月左右参加一次。详见图 17—6。

第十七章 农民生态文明教育培训的现状调查与对策思考 / 343

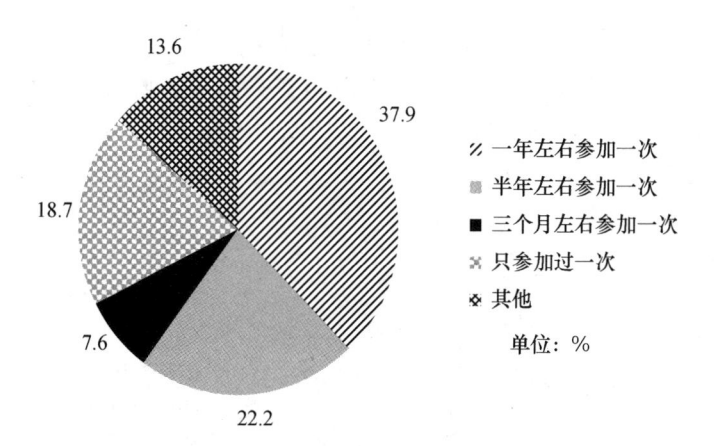

图 17—6 农民参加生态文明教育培训的频率

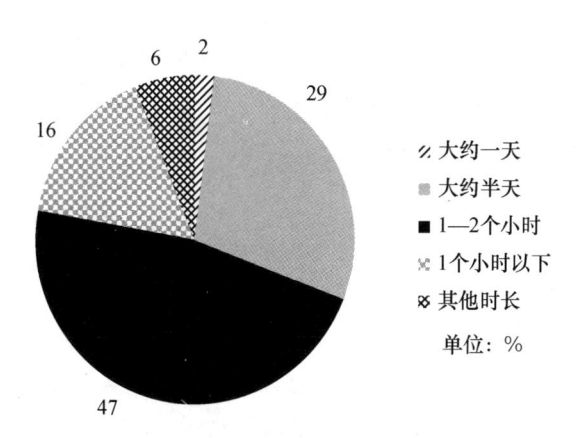

（二）参加生态文明教育培训所需花费的时间

调查显示，有47.5%的农民参加这类生态文明教育培训花费的时间是1—2个小时；有15.7%的农民参加这类生态文明教育培训花费的时间是一个小时以下；另有28.8%的农民花费的时间是大约半天；只有1.5%的农民花费的时间是大约一天。详见图17—7。

图 17—7 参加生态文明教育培训所需花费的时间

(三) 生态文明教育培训的时间安排

调查显示，31.8%的农民表示生态文明教育培训一般是安排在农闲季节的白天；也有24.7%的表示是安排在农闲季节的晚上；另有31.3%的农民表示生态文明教育培训没有固定时间段。详见图17—8。

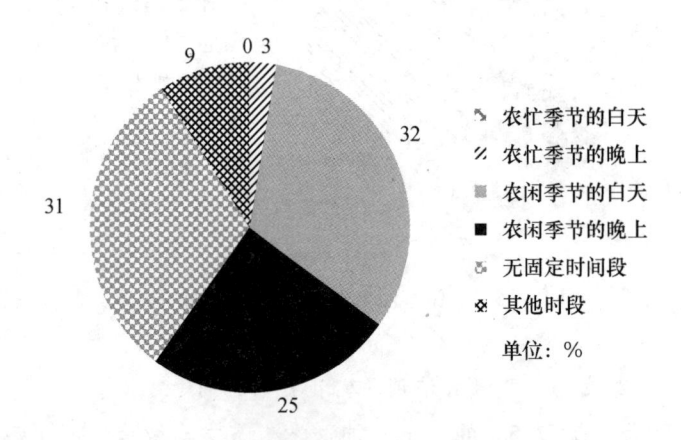

图17—8 生态文明教育培训的时间安排

四 生态文明教育培训的材料和内容

(一) 部分培训没有培训材料

调查显示，参加这类生态文明教育培训，一般有培训材料，49%的受训农民表示有书面纸质材料；12%的受训农民表示有电子稿材料；16%的受训农民反映有光碟、音像材料；也有大约1/5的农民表示没有发任何培训材料，或只有宣传纪念品材料。详见图17—9。

(二) 培训内容丰富，但未能针对农民日常生态文明行为实际

调查显示，受训农民认为参加生态文明教育培训最主要的内容是学习生态文明知识（约占50%）；另分别有约1/4的农民表示是学习生态农业生产和生态环境保护（如动物保护）；不到1/10的受训农民表示是生态文明消费或生态生活方式。详见图17—10。

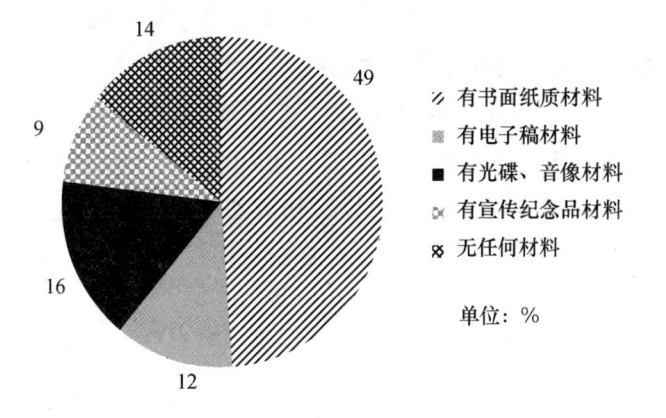

图 17—9　参加培训的材料

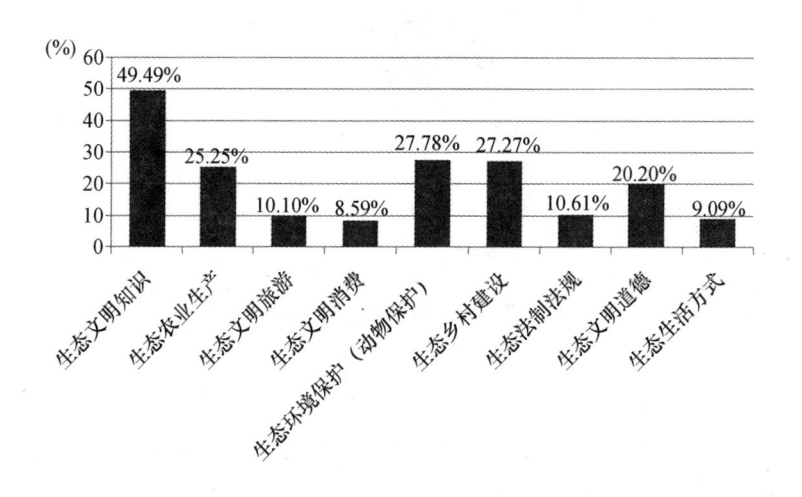

图 17—10　参加生态文明教育培训最主要的内容

（三）部分受训农民对生态文明教育培训内容不太理解

调查显示，对于这类生态文明教育培训内容，能够大部分理解或完全能理解的受训农民分别只占 46% 和 15%；其他受训农民要么表示都不理解（占 4%），要么表示只能理解一小部分（占 12%），还有 23% 的受训农民不置可否。

五 参加生态文明教育培训的地点与场所

（一）培训地点主要是在村里

关于参加这类生态文明教育培训的地点，71%的受训农民反映是在村里进行；另有9%的农民反映是在培训机构（单位）里培训；还有14%的农民回答在乡镇里培训；也有部分农民反映是在学校或在其他地方培训。详见图17—11。

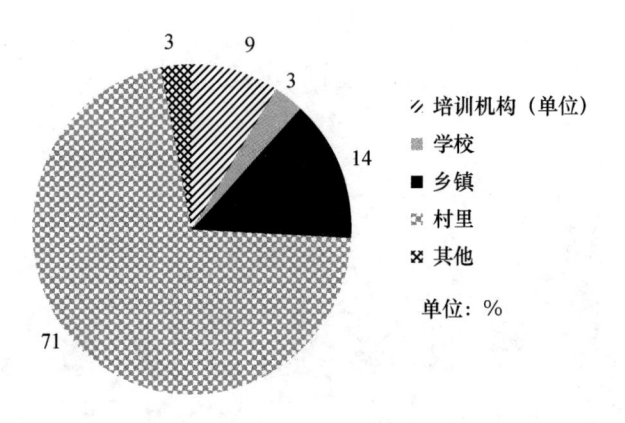

图17—11　参加培训的地点

（二）培训场所主要是村里的会议室或阅览室或活动室

调查显示：有一半以上的受训农民参加生态文明教育培训的场所是在村里的会议室或活动室或阅览室；其次是在培训机构教室（14.6%）或公告栏前或宣传栏前（12.6%）；也有少部分受训农民反映是在其他地方。详见图17—12。

在访谈过程中发现，生态文明教育培训的地点之所以多选在村里的会议室、活动室或阅览室，主要是考虑到让农民感到参加培训更方便；临时将会议室、活动室或阅览室作为教育培训的场所，也更便于在短时间内召集村民。

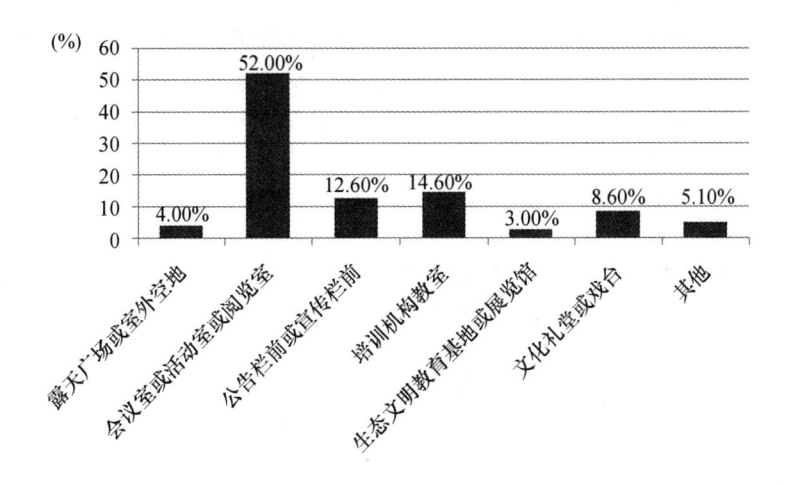

第十七章 农民生态文明教育培训的现状调查与对策思考 / 347

图 17—12 参加培训的场所

六 培训的师资与评价

（一）师资类别较多，乡镇或村干部是主力

调查显示：在为农民进行生态文明教育培训的人员中，有34%是乡镇或村干部；有26%是学校教师或专家；11%是农技人员；有20%是培训机构的教师；还有4%是大学生；剩下的5%是其他人员。可见，从培训师资看，乡镇或村干部的占比最大。在访谈中也发现，有的农民表示："一般就是村干部给我们上上课讲一讲，上一次讲的是关于垃圾分类的内容。"详见图17—13。

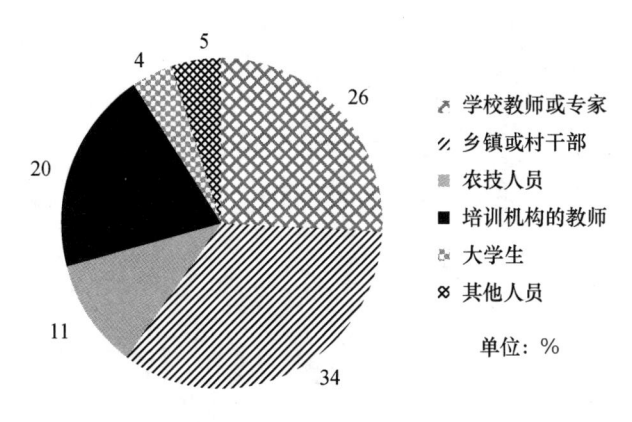

图 17—13 教育培训的师资

(二) 受训农民对教师教育方式的满意度总体较高,但仍有待提高

受训农民对生态文明教育培训教师的教育方式与方法总体上感到满意的多:18%的农民表示非常满意,64%的农民表示满意;同时也有部分受训农民表示一般或感到不满意。详见图17—14。

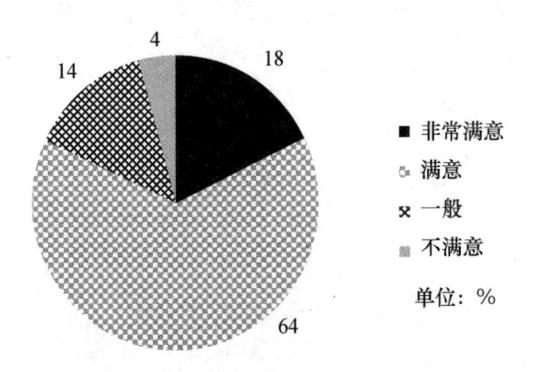

图17—14 对培训方式与方法的评价

七 生态文明教育培训的效果与作用

(一) 多数农民认为受训后的主要作用是丰富了生态文明知识

农民参加生态文明教育培训的效果与作用是多方面的,总体而言,最主要的作用是丰富了生态文明知识,占57.07%;其次是培育了生态文明意识(27.27%);再就是知道了建设美丽的生态乡村(占21.72%)。详见图17—15。

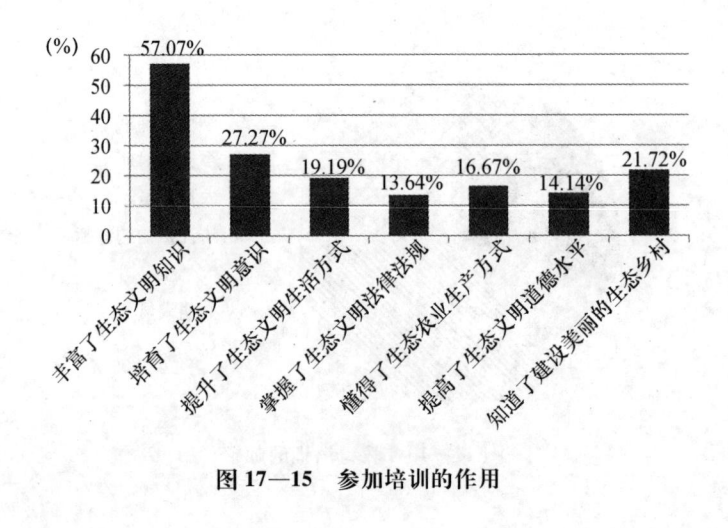

图17—15 参加培训的作用

第十七章 农民生态文明教育培训的现状调查与对策思考 / 349

(二)大多数农民对生态文明教育培训的效果感到满意

调查显示：关于生态文明教育培训的效果，只有1%的农民感到不满意；14%的农民表示不置可否；感到满意和非常满意的分别占64%和21%。

八 参加生态文明教育培训的感受与评价

(一)多数农民表示愿意再参加培训

有关今后是否仍愿意参加生态文明培训的调查显示，有77%的受训农民表示想再参加这类培训；16%的农民表示无所谓；只有少数农民(7%)明确表示不想再参加这类培训。

(二)生态文明教育培训仍存在许多问题

调查显示，关于农民参加生态文明教育培训遇到的主要问题，36%的农民认为是没时间或听不懂；有11%的农民认为是内容空洞、不切合实际；有6%的农民认为没兴趣，不想参加；有9%的农民认为培训人员不认真、走形式；有8%的农民认为培训场所有干扰或效果差；还有30%的农民认为是其他问题（其他问题占比较大，但具体是什么问题仍有待研究）。总之，开展生态文明教育培训仍存在多种问题。详见图17—16。

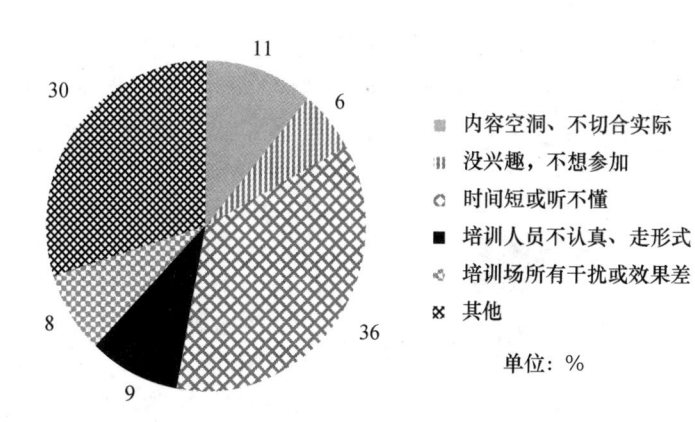

图17—16 参加生态文明教育培训遇到的主要问题

(三)生态文明教育培训最可取之处

数据显示，有36%的受训农民认为开展这类培训最可取之处是"普及生态文明知识";其次是"宣传建设美丽的生态乡村"(占 34%)和"促进环境保护和治理"(占 20%)。详见图 17—17。

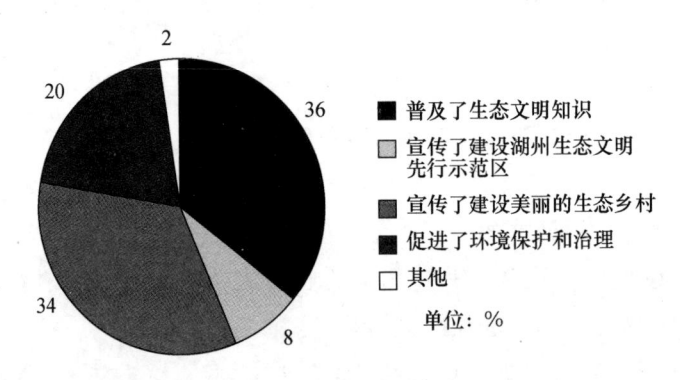

图 17—17 当前生态文明教育培训最可取的地方

九 参加生态文明教育培训的需要与动机

(一)大多数农民自愿参加培训

调查显示,有 87.4% 的农民是自愿参加培训;只有 12.6% 的农民不是自愿参加培训,说明在参加教育培训的农民中;只有小部分农民不是自愿参加的(如出于村里的要求而参加)。

农民之所以参加这类生态文明教育培训,有 59% 的农民是觉得生态文明很重要;有 27% 的农民是因为对培训内容有兴趣;此外,也有因其他原因而参加培训的。详见图 17—18。

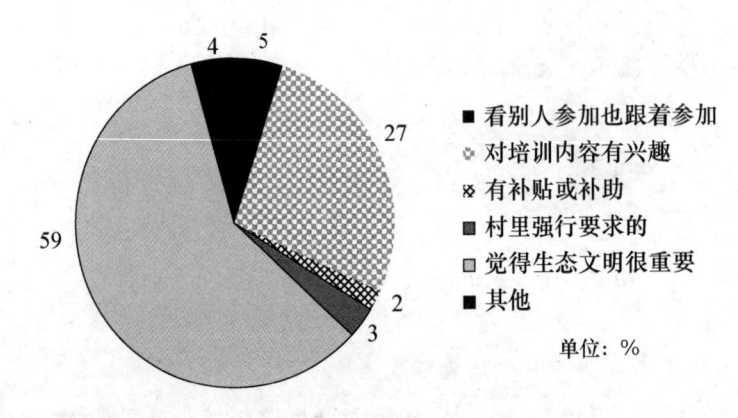

图 17—18 参加培训的动机

（二）参加生态文明教育培训的目的多样

调查显示，有37%的农民认为参加生态文明教育培训的主要目的是学习生态文明知识；15%认为是了解生态农业生产；12%认为是了解生态环境保护（动物保护）。详见图17—19。可见农民参加生态文明教育培训的目的是多种多样的。

另外，对于那些没有参加生态文明培训的农民，其主要原因是：44%的农民认为是由于"不知道有这类教育培训"；34%的农民则认为是由于"没有时间参加、要干活"；4%的农民则是由于"不了解这类教育培训有什么作用"；还有一些农民是由于其他原因没有参加。

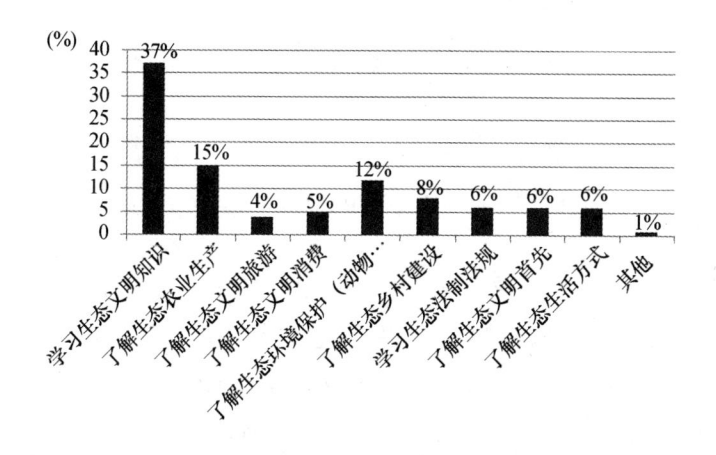

图17—19 农民参加生态文明教育培训的主要目的

（十）农民生态文明知识和行为状况

1. 农民生态文明知识状况

调查显示，农民对生态文明知识了解不多。例如，关于绿色消费方式，只有17.6%的农民正确地选择了"适度节制的消费"；其他大多数农民（82.4%）都选择了"食用没有污染食品"，或"在生态环境较好的地方饮食"，或"尽可能少吃"。对于"买回来的蔬菜最好要在清水中浸泡至少多少分钟才可以除掉大部分残留农药"的问题，只有24.5%的农民正确地回答了"11—20分钟"，其他大部分农民都回答是1—2分钟，或 3—5 分钟，或 6—10 分钟。

关于环境保护问题，当问及"您对环境问题（臭氧层破坏、酸雨、白色污染、我国西北部沙尘暴）的了解如何？"时，回答"了解"与"很了解"的农民人数只占总人数的 39%；剩余 61% 的农民对环境问题"根本不了解""不了解"或者"不确定"。详见图 17—20。

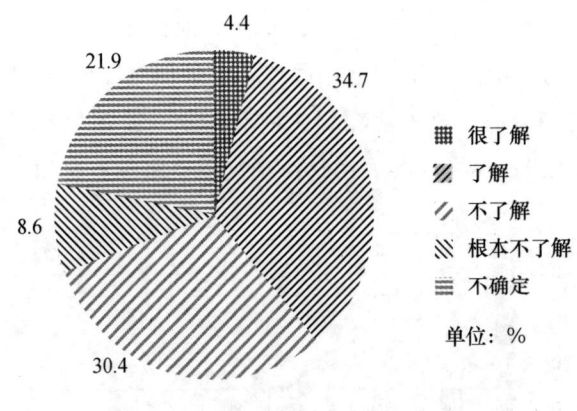

图 17—20　农民对环境问题的了解程度

当问及"对于环境保护的内容，包括植物养护、维护生物多样性、灭绝物种恢复、转基因合理慎用、栖息地扩大、人类与生物和谐相处等，您对它的了解是？"结果发现：了解的农民约为 40%；将近 60% 的农民对环境保护内容缺乏了解。详见图 17—21。通过访谈进一步了解到：有关"酸雨、白色污染、动植物保护"等这一类最为普通的生态文明知识，除少数年轻农民通过电视、网络等大众传媒有所了解外，其余中老年农民几乎都表示不了解；据他们反映，在他们的生活或工作中，从未谈论该类话题，看电视时也不会关注这类信息。

此外，对于有关生态文明的政策类知识，农民同样不太了解。例如，关于《环境保护法》规定的"谁污染谁治理、谁开发谁保护"的原则，只有 27.8% 的农民表示了解或非常了解；其他大多数农民（72.2%）都表示不了解，或根本不了解，或没关心过。对于"每年的世界环境日"了解的农民更少：只有 22.7% 的农民正确地选择了"6月5日"；其他大多数农民都误认为是其他日期。

第十七章 农民生态文明教育培训的现状调查与对策思考 / 353

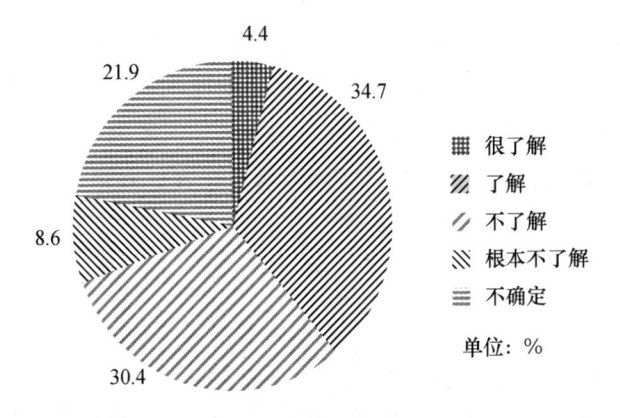

图 17—21 农民对环境保护内容的了解程度

2. 农民生态文明行为状况

调查发现，农民虽然具有一定的生态文明意识，但其生态文明行为的实践还比较缺乏。例如，在生活方式上，农民平时选购衣服一般倾向于购买棉质布类的，占64.7%；选购纤维类、真丝类或毛皮类的较少。详见图17—22。在生活热水加热方式上，农民选用太阳能热水器的占多数，达61.2%；选用电热水器或烧木柴的较少。详见图17—23。可见，农民具有一定的生态文明意识。

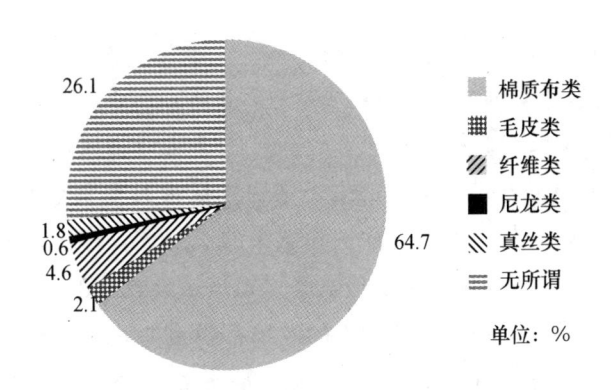

图 17—22 农民对衣服材质的购买倾向

另外，农民在生态文明行为实践上却比较欠缺。例如，去超市购物时，有69.4%的农民表示会"购买塑料袋"；只有26.1%的农民表示

"不会购买或使用塑料袋";还有一小部分农民表示不确定。在购买洗衣粉时,有将近一半的农民表示不太会注意购买"无磷洗衣粉";同样,有将近一半的农民表示不太会在意收集废纸再度使用;有3/5以上的农民在外出就餐时仍会使用一次性筷子。再如,有一半以上的农民表示在祭拜祖先时会燃烧纸钱;只有31.1%的农民表示在祭拜祖先时"没有必要"燃烧纸钱;还有一部分农民表示不确定。

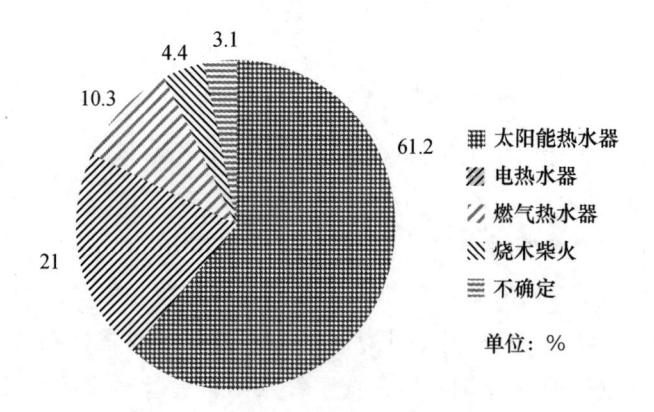

图17—23 农民对生活热水的加热方式

第四节 问题讨论与对策建议

一 问题讨论

(一)农民不了解生态文明教育培训及意义,未参加人数比例高

本次调查发现,了解和完全了解本村生态文明建设情况的农民只有39%。其他61%的农民对本村的生态文明建设情况要么不了解,要么没有关心。农民对生态文明教育背景和意义的了解仅仅停留在表面的"听说"和"知道"。在湖州,真正听说过"湖州是全国生态文明建设先行示范区"的农民只有1/4;其他40%的农民都没有听说过或没有关心过湖州市是"全国生态文明建设先行示范区"的情况;还有35%的农民只是听说了一点。可见,大多数农民并不了解生态文明教育培训及其意义,以致没有参加生态文明教育的农民达69%。已有的研究也发现了类似的结果。例如,李秀艳和白臣(2014)调查发现,大部分农民对生态文明的理解就停留在"生态文明就是保护环境"上，不能从人类文明发展史的角度来理解生态文明的背景和意义，没有认识到生态文明是人类在精神物质和制度等层次的整体性变革。

（二）参加生态文明教育培训的时间少、不少受训农民听不懂，教育培训流于形式

根据本次调查，一半以上的农民一年内只参加过一次生态教育培训，3/5以上的农民每次参加培训的时间都在2个小时以内，参加生态文明教育培训的频率低、时间少，收获不大，教育培训流于形式。

此外，根据本次调查，对于生态文明教育培训内容，有相当一部分受训农民（约占2/5）不太理解，或听不太懂，加上有些培训人员不认真、走形式，农民参加生态文明教育的积极性不高，有些农民并非出于自愿参加培训，而是由于村干部要求才参加的。亦即，生态文明教育培训在某种程度上存在"走过场"现象，实际效果不理想。

（三）生态教育培训内容空洞，对农民的针对性和适用性不强

本次调查显示，大约一半的受训农民认为生态文明教育培训的主要内容是学习生态文明知识，只有大约1/4的农民表示是学习生态农业生产和生态环境保护；不到1/10的受训农民表示是生态文明消费或生态生活方式。亦即，生态教育培训内容比较空洞，只是抽象地介绍生态文明知识，没有结合农村的生态环境保护实际，也没有结合农民的生态文明行为或生态生活方式实际，对农民的针对性和适用性不强。另外，在传授生态文明知识时，如谈到生态环境问题，往往只是介绍环境问题的现状和严重性，对于环境问题的产生原因分析不够，对于环境问题的解决策略讨论不够，以致农民对环境问题只是表面的了解。具体而言，以农村常见的"红""白"喜事为例，大都大操大办，而且一办就是好几天，不仅造成大浪费，而且垃圾遍地，给环境带来污染。培训内容仅此而已，大都没有深入分析这一现象的根源，也未进一步解析应对这一问题的对策。

（四）生态文明教育培训没有专门培训场地，师资缺乏、经费不足

本次调查发现，专门用于生态文明教育培训的场地缺乏、投入生态文明教育培训的经费不足，是影响当前有效开展农民生态文明教育培训的重要原因。李奇伟的调查发现了类似的结果：当下农民生态文明教育

培训的地点比较单一，一般都局限于村里的公告栏和文化礼堂，由组织者召集参与的农民汇集到一处进行培训。村里的会议室或活动室或阅览室虽常被选为培训场所，然而这些场所并非用于生态文明的教育培训，周围环境和条件设备并不完全符合培训要求，只是作为临时召集农民的一个场所而已，其培训效果自然一般。李奇伟（2014）进一步指出，"能够用于生态教育的场地极其缺乏。甚至有些农村，全村农民能够聚集的场地就是村广场，而所谓的村广场就是一块水泥地，根本无法形成开展生态文明教育培训的氛围"。[1]

二 推进农民生态文明教育培训的对策建议

（一）大力宣传生态文明教育培训的必要性和重要性

随着新农村建设的推进，农村的经济、文化、环境等都有了较大发展，生态文明也有了较大改善；但是，农民生态文明教育还没有大范围展开，已开展的生态文明教育还停留在比较浅显的形式和内容，农民对生态文明的概念还比较模糊，农民的生态道德意识还比较淡薄、生态文明知识还比较贫乏、生态文明行为和生态生活方式还没有养成、参与生态文明活动的主动积极性还不高[2]。

本次调查发现，当前农民的生态文明知识比较贫乏，很少有人了解"绿色消费方式"，也很少有人了解"买回来的蔬菜最好要在清水中浸泡至少多少分钟才可以除掉大部分残留农药"，对于环境问题和环境保护内容也缺乏了解，对于有关生态文明的政策类知识了解更少。同时，农民虽然具有一定的生态文明意识，但其生态文明行为的实践还有待提升，日常生活方式缺乏生态性。例如，去超市购物时多数农民仍会"购买塑料袋"；在购买洗衣粉时有将近一半的农民表示不太会注意购买"无磷洗衣粉"；同样，在外出就餐时有 3/5 以上的农民仍会使用一次性筷子；此外，在资源利用上存在用水浪费问题，循环利用水资源的行为较少。文化水平低和年龄老的农民在这些方面的问题更为突出。

---

[1] 李奇伟：《生态文明背景下农民生态道德研究》，硕士学位论文，太原理工大学，2014年，第 43、33—44 页。

[2] 同上。

因此，需要采取积极有效的措施，大力宣传农民生态文明教育培训的重要意义，不仅要普及生态文明的基本知识，而且要陶冶农民对生态文明的情感、激发他们对生态保护的热情，使他们树立生态文明观和形成生态文明意识，并培养良好的生态生产方式和养成良好的生态文明生活习惯。

（二）政府应发挥主导作用

各级党政部门应努力在农村生态文明教育工作中发挥积极的主导作用：一是在政策法规上支持，结合本地特点，出台一些有利于农村生态文明教育培训的政策和法规，包括实施细则，并抓好落实，为开展农村生态文明教育提供政策法规保障，切实保障农民生态文明教育有法可依、执法必严、违法必究。二是在经济上扶持。不少农村经费紧张，活力不足，发展缺乏后劲。各级党政部门有责任扶持农村生态文明教育事业的发展，确保农村生态文明教育经费来源的稳定性。在提供优惠政策的同时，在培训资金、人员配置、培训设施建设等方面要给予大力的支持。三是在工作上要加强指导。上级党政部门要认真学习和研究农村生态文明教育工作，经常派人深入农村进行调查研究，了解和掌握农村生态文明教育工作状况，给予及时指导。对于工作中遇到的困难和问题，要及时帮助解决[1]。

（三）村委会应发挥管理、引导和监督职能

要搞好农村生态文明教育培训，村委会应发挥管理监督职能：一是要组织、举办生态文明知识讲座，提高居民的思想认识，丰富居民的生态文明知识。二是要经常性地组织村民开展与生态文明教育有关的形式多样的活动，如美化农村环境、植树造林、野生动植物保护、生态环境宣传、参观生态文明教育基地，等等。通过各类生态文明活动，提升农民的生态文明素质。三是要建立农村生态文明监管制度，组织农村生态文明志愿者队伍对生态不文明行为进行监督、批评教育或处罚，从而促进本村生态文明整体水平的不断提高。四是村干部应该"集民意，听民声"，多了解本村农民的所需所求，了解农民心目中的生态文明以及当下本村在生态文明方面存在的问题，引导农民自我感知生态文明的意义所

---

[1] 袁洋：《社区生态文明教育研究》，硕士学位论文，广西民族大学，2014年。

在，提升农民接受生态教育培训的欲望。此外，生态文明教育对村干部来说是一个新课题，也是一个重要的课题，因而村干部要加强自身学习，充分利用各种教育资源，提升村干部自身的生态文明素质。

（四）树立生态文明典范，发挥榜样的教育作用

模仿是人的天性，榜样的力量是无穷的，在生态文明教育中亦可采用榜样教育法。亦即，在农村生态文明教育过程中，通过评选生态文明学习先进个人或生态文明教育先进村，宣传生态文明学习的典型人物及其先进事迹，并对生态文明学习先进个人和生态文明建设先进村给予适当奖励，给农民树立榜样，从而激起农民学习和效仿，起到潜移默化的作用，从而推动生态文明教育。

要更好地发挥榜样在生态文明教育中的作用，可利用社会媒体，如报刊、广播、电视、网络等，积极运作和造势，利用强大的舆论力量，发挥榜样的感染力和号召力，从而激励更多的农民主动接受生态文明教育。此外，还可以利用人们的偶像崇拜心理，邀请明星担任生态文明宣传形象大使，以增强榜样教育的效果。

（五）培训内容要充分立足农民日常生活和新农村建设实际

生态文明教育培训的内容是多层面的，就农民个人层面而言，至少应该包括普及生态文明知识、宣传生态文明法规、养成生态文明生活方式和行为习惯、培养生态文明道德、形成生态文明意识等。就乡村组织层面而言，至少应该包括美丽乡村建设、生态农业生产、生态环境保护、生态法制建设、生态文化教育等。无论安排哪一方面或哪几方面的培训内容，都要密切结合农民日常生活和新农村建设实际。李奇伟（2014）认为，在进行生态文明教育时，培训内容要充分立足农民日常生活和新农村建设实际：一是应尽量将生态教育的内容与农民日常生产和生活结合起来，力求贴近生活，贴近农民，以通俗性和易懂性获得农民的青睐；二是要结合农村特点，开展丰富多彩的生态环境科普知识宣传活动；三是社区要有固定的科普宣传栏，定期更新内容，以帮助农村居民及时了解生态环境动态；四是培训人员在传授培训内容时，应该充分展示个人幽默艺术，通过添加故事、丰富表情、展示多媒体动画等手段，增加培训内容的感染力，使培训内容形象生动，调动农民学习兴趣，以增强培训效果。

（六）培训形式多样化，吸引农民积极参与

培训方式一般分为正规培训方式和非正规培训方式。据调查，传统的农民生态文明培训方式以正规培训为主，也就是课堂培训、讲座培训等。实践证明，这种方式效果一般，对农民缺乏吸引力。除正规培训之外皆可以称为非正规培训方式，包括田间地头培训、参观博览会、集贸市场、广播电视、手机信息、参观生态文明教育基地等。实践证明：灵活多样的、直观性强的、适合农民文化层次及接受能力的非正式培训方式更受农民的欢迎，且成本低，效果好，有利于推进农民培训工作。

因此，应当在教育培训形式上多下功夫，提供多样化、个性化和优质化的服务。例如：推出通过互联网学习生态文明，这种形式简单易行且效率较高。随着网络资源和信息技术的不断发展，网络已经成为人们生活中必不可少的组成部分。由于网络具有时效性、广泛性、灵活性和互动性的传播特点，因此通过完善生态文明教育的专门网站，可以使农民在及时有效地接受生态文明教育的同时，发表自己对生态问题的观点以及提出解决生态危机的建议。农民的互联网早已覆盖，可建立生态文明教育宣传网络平台，设置有关生态文明教育的专题栏目，建立生态文明教育论坛、村民QQ群、微信、微博等，促进广大农民学习生态文明教育知识、交流经验和信息。

还可以结合乡村实际和农民特点，专门制作生动形象、蕴含深刻的生态文明教育意义的电视、电影、动画等，编制相对完整、适合农民阅读、宣传生态文明知识的图书、小册子等，通过电影、电视剧、图书、电子产品等艺术形式，组织各种各样的展映、展播、展演、展览，加大文艺作品创作与传播力度，增强生态文明的感染力，推动农民学习生态文明知识，使广大农民在参与和享受文化艺术中受到感染、接受教育。

此外，结合污染减排和生态示范区建设，还可以统筹安排"环境日""地球日""无烟日""水日"等大型系列社会化宣传活动；与宣传、教育、广电、新闻出版、科技、文化、民政等部门以及工会、共青团、妇

联等社会团体以及民间组织积极联手，建立生态文明宣传教育统一战线①。

（七）加强生态文明教育培训师资建设

乡镇或村干部与农民和农村生活关系密切，具有群众基础，又懂得当地方言，作为生态文明教育师资的主力，虽然有其开展农民生态文明培训的便利性和优越性。但是，当前村干部自身的生态文明知识还不够丰富，生态文明素养还有待提高，因而，需要加强生态文明教育培训师资建设。

一是动员当地的中小学教师参与到农民生态文明培训中来。当地中小学教师平时在教授中小学生时，已经有一定的知识积累和储备；在平时的授课中，具有一定的教学经验；加上中小学教师大多属于当地人，懂得当地方言，在本村农民中的认可度较高。

二是充分发挥培训机构教师与农技人员在生态文明教育培训中的主流作用。根据不同的生态文明教育培训内容，有针对性地选择相关领域的专业培训人员，采取灵活的培训形式，效果更好。例如，农技人员下乡讲授有关现代农业的生态知识，通过与农民面对面的互动交流，可使农民感到更真切。

三是发挥大学生在生态文明教育培训中的作用。大学生具备一定的生态科学素质，且具有较强的社会责任感，每年都有社会实践活动，高校可组织大学生下乡开展生态文明服务；农村可与当地的大学进行对接，让大学生给农民讲授生态文明教育课。一方面，农村可为大学生参与社会实践提供平台；另一方面，大学生可参与到农民生态文明教育培训中来。

此外，农村生态文明教育培训师资必须做好准入工作，建立一定的准入标准；并严格准入程序，确保生态文明教育培训师资的质量；引进之后，还要加强对培训师资的培训工作，真正打造一支高素质高能力高水平的师资队伍。

---

① 何培谊：《论生态文明教育方式的创新》，《广西教育学院学报》2010年第5期，第136—138页。

（八）农民自身要有参加生态文明教育培训的主人翁精神

加强农村生态文明教育培训，主要目的是不断提升农民的生态文明素质，提升整个村的生态文明教育水平。因此，农民自身要提高参加生态文明教育培训的主人翁精神，提高主动性与积极性。

一是要通过电视、报刊、网络、社区学校等多种渠道，主动了解和学习生态文明建设的有关知识，特别是要了解自己所在村庄的生态环境、生态文明状况等，规范自身的生态文明行为。

二是要积极参与本村的生态文明建设工作，如垃圾的分类处理、村委组织的生态文明宣传活动等，争做生态文明的践行者、环境保护的志愿者和环境污染的监督者。

三是要严于律己，争做"生态人"或生态文明人，在日常生活中，按照生态文明建设的要求，从我做起，从身边的一件件小事做起，养成爱护环境、保护环境、建设优美环境的良好的生态文明习惯；在生态环境建设中，自觉做到尊重自然规律、注重生态保护、约束自己对生态的破坏行为、注重生态效益、做一个具有生态意识的"道德人"。

参考文献

专著类

[1] 陈学恂主编：《中国近代教育史教学参考资料》（中册），人民教育出版社2000年版。

[2] 陈学恂主编：《中国近代教育文选》，人民教育出版社2001年版。

[3] 陈元晖主编：《中国近代教育史资料汇编·教育行政机构及教育团体》，上海教育出版社1993年版。

[4] 窦克武编：《王拱璧文集》，河南大学出版社2014年版。

[5] 董宝良主编：《陶行知教育论著选》，人民教育出版社2011年版。

[6] 费孝通：《乡土中国》，人民出版社2008年版。

[7] 冯桂芬：《校邠庐抗议》，台湾文海出版社1971年版。

[8] 高践四：《民众教育》，商务印书馆1933年版。

[9] 高奇主编：《中国现代教育史》，北京师范大学出版社1985年版。

[10] 龚书铎编：《中国通史参考资料近代部分》（下），中华书局1985年版。

[11] 古楳：《乡村教育》，商务印书馆1939年版。

[12] 顾益康、袁海平：《新农村新社区建设研究》，中国农业科学出版社2010年版。

[13] 顾岳中：《民众教育》，商务印书馆1948年版。

[14] 黄建编：《成人教育课程开发的理论与技术》，上海教育出版社2002年版。

[15] 江西赣南师专教育教研室编：《中央苏区教育资料选编》，内部资料，1980年。

[16] 江西省教育学会编:《江西苏区教育资料选编》,江西教育出版社 1960 年版。

[17] 蒋建白:《中国社会教育行政》,商务印书馆 1937 年版。

[18] 教育部教育年鉴编纂委员会编:《第二次中国教育年鉴·第二编教育行政》,商务印书馆 1948 年版。

[19] 教育部教育年鉴编纂委员会编:《第二次中国教育年鉴·第九编社会教育》,商务印书馆 1948 年版。

[20] 李大钊:《李大钊选集》,人民出版社 1959 年版。

[21] 李桂林主编:《中国近代教育史资料汇编·普通教育》,上海教育出版社 2007 年版。

[22] 李桂林主编:《中国现代教育史》,吉林教育出版社 1991 年版。

[23] 李桂林主编:《中国现代教育史教学参考资料》,人民教育出版社 1987 年版。

[24] 李建兴:《中国社会教育发展史》,台北三民书局 1986 年版。

[25] 李云才、刘卫平、陈许华:《中国农村现代化研究》,湖南人民出版社 2004 年版。

[26] 李中斌、郑文智等:《培训管理》,中国社会科学出版社 2008 年版。

[27] 梁漱溟:《梁漱溟教育论著选》,人民教育出版社 1994 年版。

[28] 马秋帆:《晏阳初教育论著选》,人民教育出版社 1993 年版。

[29] 朴永范、陈志群:《农民田间学校理论与实践》,中国农业出版社 2004 年版。

[30] 人民日报社评论部:《"四个全面"学习读本》,人民出版社 2015 年。

[31] 石民友、王雄等:《农村实用人才培训组织与管理》,西北农林科技大学出版社 2012 年版。

[32] 舒新城:《中国近代教育史资料》(上),人民教育出版社 1961 年版。

[33] 斯蒂芬·戈德史密斯、威廉·D. 埃格斯:《网络化治理:公共部门的新形态》,北京大学出版社 2008 年版。

[34] 宋恩荣、章咸:《中华民国教育法规选编》,江苏教育出版社 1990 年版。

［35］宋恩荣：《晏阳初全集》（第二卷），湖南教育出版社 1989 年版。

［36］田正平、李笑贤编《黄炎培教育论著选》，人民教育出版社 1993 年版。

［37］王栻：《严复集》，中华书局 1986 年版。

［38］王韬：《弢园尺牍》，中华书局 1959 年版。

［39］夏书章编《行政管理学》，高等教育出版社 2008 年版。

［40］杨才林：《民国社会教育研究》，社会科学文献出版社 2011 年版。

［41］张启承、郭志坤主编《孙中山社会化科学思想研究》，安徽人民出版社 1985 年版。

［42］中共中央文献研究室编《十四大以来重要文献选编》（下册），人民出版社 1999 年版。

［43］中国史学会主编《中国近代史资料丛刊·戊戌变法》（第二册），上海人民出版社 1957 年版。

［44］中山大学历史系编《孙中山年谱》，中华书局 1980 年版。

［45］钟灵秀：《社会教育行政》，国立编译馆 1947 年版。

［46］朱有瓛等编《中国近代教育史资料汇编·教育行政机构及教育团体》，上海教育出版社 2007 年版。

［47］朱有瓛主编《中国近代学制史料》第二辑上，华东师范大学出版社 1992 年版。

期刊论文类

［1］白晓明、陆少颖、黄全明等：《农村中小学骨干教师培训后跟踪服务的思考》，《宁波大学学报》（教育科学版）2012 年第 1 期。

［2］白洋：《新农村建设中提高农民素质对策研究》，硕士学位论文，齐齐哈尔大学，2013 年。

［3］蔡宁、刘志勇：《企业家成长：产业演化与组织创新》，《经济管理》2003 年第 14 期。

［4］曾福生、夏玉莲：《农地流转与新型农民培育研究——基于多项式分布滞后模型的实证分析》，《农业技术经济》2014 年第 6 期。

［5］程海波：《加大农民培训力度　努力推进新农村建设》，《湖南农业》2007 年第 1 期。

［6］程敏：《社会主义新农村建设与农民教育》，《湘潮》（下半月）2010年第11期。

［7］单武雄、张海芳：《新型职业农民培养：农业高职院校新的着力点》，《长沙铁道学院学报》（社会科学版）2014年第2期。

［8］党文民：《河南省阳光工程、雨露计划共培训农民近300万人》，《河南日报》2012年4月5日第1版。

［9］邓振芳：《新农村建设环境下新型农民教育论析》，《成人教育》2012年第6期。

［10］丁燕红：《论当前积极开展农民教育培训的意义》，《文教资料》2009年3月号上旬刊。

［11］樊兴丽、布海东：《城镇化进程中的农村剩余劳动力转移培训问题研究》，《经济研究导刊》2013年第18期。

［12］樊宇：《我国公民生态文明意识培育的困境与突破》，硕士学位论文，河北经贸大学，2014年。

［13］方李莉：《本土性的现代化如何实践——以景德镇传统陶瓷手工技艺传承的研究为例》，《南京艺术学院学报》（美术与设计版）2008年第6期。

［14］高建民：《中国农民概念及其分层研究》，《河北大学学报》（哲学社会科学版）2008年第4期。

［15］高践四：《三十五年来中国之民众教育》，《教育与民众》，1933b年第4卷第3期。

［16］高学贵：《我国农民教育政策发展研究》，博士学位论文，西南大学，2011年。

［17］古土：《中国共产党建设社会主义新农村的探索历程》，《中国党政干部论坛》2006年第4期。

［18］管春华：《实施"百万农民培训工程"加快农业新技术推广》，《新农村》2003年第9期。

［19］郭静利、郭燕枝：《我国生态文明建设现状、成效和未来展望》，《农业展望》2011年第11期。

［20］郭君平、任钰、何忠伟：《都市型现代农民的内涵与特征分析》，《北京农业》2010年第10期。

[21] 郭天佐:《寿光市农村实用人才队伍建设研究》,硕士学位论文,西北农林科技大学,2013年。

[22] 郭岩:《黑龙江省生态文明教育理论与实践研究》,硕士学位论文,东北林业大学,2010年。

[23] 郭玉伟:《加强高校大学生生态文明教育的有效途径》,《兰州石化职业技术学院学报》2014年第2期。

[24] 韩德亮:《关于黑龙江省农民教育问题的调查研究》,《成人教育》2014年第10期。

[25] 韩军利:《宝鸡市农民培训模式运行机制研究》,《陕西农业科学》2011年第9期。

[26] 何培谊:《论生态文明教育方式的创新》,《广西教育学院学报》2010年第5期。

[27] 何淑娟:《安徽农民生态意识现状及改善对策研究》,硕士学位论文,安徽农业大学,2012年。

[28] 贺青梅:《生活社会化:小农的经济压力与行为逻辑》,《华中师范大学学报》(人文社会科学版)2009年第1期。

[29] 洪大用:《中国城市居民的环境意识》,《江苏社会科学》2005年第1期。

[30] 侯广斌、王晓成、周琥:《新农村体育建设背景下农民、农村概念的界定及农民群体划分的探讨》,《湘南学院学报》2008年第5期。

[31] 胡德巧:《中西部地区农村劳动力转移的新情况》,《人民日报》2012年2月10日第8版。

[32] 胡艳辉、杨伟坤、徐文岑等:《河北省新型农民培训模式研究》,《安徽农业科学》2011年第10期。

[33] 黄敏:《内江市新农村建设中实用人才队伍建设问题研究》,硕士学位论文,四川农业大学,2013年。

[34] 黄宁生:《"国培计划"训后跟踪指导的对策思考》,《中小学教师培训》2013年第11期。

[35] 黄武刚:《面向"三农"的职业培训探研》,硕士学位论文,浙江工业大学,2006年。

[36] 贾明媚:《河北省太行山区农民生态行为个体差异研究》,硕士学位

论文，河北经贸大学，2014年。

[37] 贾文科：《小议农民教育中的素质教育》，《农村成人教育》1999年第3期。

[38] 姜和忠、徐卫星：《农业转型背景下农民培训的现状与政策建议》，《中国人力资源开发》2013年第3期。

[39] 姜群英、雷世平、聂劲松等：《我国乡镇农校管理体制与运行机制之"乱"与"治"》，《职教论坛》2013年第7期。

[40] 姜雅丽：《从"阳光工程"看农民培训促进农村剩余劳动力的有效转移》，《华南农业大学学报》（社会科学版）2006年第12期。

[41] 姜彦秋：《对农民实施教育是建设社会主义新农村之本》，《理论建设》2007年第5期。

[42] 蒋华：改革开放以来我国扫盲教育的政策与实践，《四川师范大学学报》（社会科学版）2005年第6期。

[43] 蒋旋新：《新农民素质内涵与结构特征研究》，《继续教育研究》2009年第12期。

[44] 焦晨静：《中国人口文盲率的探索性时空分析》，《科技创新与应用》2014年第34期。

[45] 孔铭鹭：《社会主义新农村的生态文明建设研究》，硕士学位论文，辽宁师范大学，2014年。

[46] 蓝建：《成人基本文化教育是建设和谐社会的重要途径——论"扫盲"无止境》，《中国成人教育》2014年第13期。

[47] 黎湛：《新型职业农民科技培训体系研究》，硕士学位论文，湖南农业大学，2013年。

[48] 李枞颖：《内江市新型农民培训模式创新研究》，硕士学位论文，四川农业大学，2013年。

[49] 李红辉：《晏阳初的农民教育思想及其实验》，《科学社会主义》2010年第2期。

[50] 李奇伟：《生态文明背景下农民生态道德研究》，硕士学位论文，太原理工大学，2014年。

[51] 李启秀：《贫困地区农民创业教育问题的研究》，硕士学位论文，湖南农业大学，2012年。

[52] 李松、魏董华、张志龙等：《中国新型职业农民成长计划》，《新农村商报》2014年8月20日第B6版。

[53] 李晓翠：《重庆市农民培训现状、问题与对策研究》，硕士学位论文，重庆大学，2009年。

[54] 李秀美、程显军：《农民参与教育培训的驱动因素分析》，《中国成人教育》2011年第19期。

[55] 李秀艳、白臣：《对我国农民生态文明意识现状的思考——基于河北的调研分析》，《湘潮》（下半月）2014年第6期。

[56] 李阳：《新农村建设背景下的新型农民培育探析》，《内蒙古农业大学学报》（社会科学版）2009年第4期。

[57] 李昱姝：《新农村建设背景下的新型农民教育》，《河南农业》2009年第10期上。

[58] 廖毅：《农村实用人才培养存在的问题及对策》，硕士学位论文，湘潭大学，2013年。

[59] 林曾芬：《大学生生态文明教育重在实践》，《浙江青年专修学院学报》2013年第4期。

[60] 林后春：《当代中国农民阶级阶层分化研究综述》，《社会主义研究》1991年第1期。

[61] 林章彦、寇志芳：《对农业广播电视学校发展与改革的思考》，《科技信息》（学术研究）2008年第32期。

[62] 刘洪仁：《我国农民分化问题研究》，博士学位论文，山东农业大学，2006年。

[63] 刘厚军：《面向农村的职业教育体制机制研究》，硕士学位论文，长江大学，2012年。

[64] 刘剑虹、陈传锋、谢杭：《农民教育培训现状的调查与思考——基于全国百村万民的实证分析》，《教育研究》2015年第2期。

[65] 刘双双：《基于国际经验的我国新型农民教育培训有效途径研究》，《江苏农业科学》2012年第7期。

[66] 刘顺华、陈智行、郭晓华等：《江西省农民教育培训情况调查报告》，《江西农业学报》2013年第7期。

[67] 刘天金：《培育新型职业农民：路径思考》，《农民科技培训》2013

年第 9 期。
[68] 刘巍：《发展农产品加工业 增加农民收入》，《农业经济》2003 年第 11 期。
[69] 刘维俭、杨燕：《新型城镇化背景下农村劳动力转移培训》，《职教通讯》2015 年第 1 期。
[70] 刘萧：《商丘市睢阳区农民培训的现状、问题与对策研究》，硕士学位论文，南昌大学，2011 年。
[71] 刘星：《手艺传统与近现代乡土社会变迁》，硕士学位论文，山东大学，2009 年。
[72] 柳菲、杨锦秀、杨启智：《四川省农民培训意愿及影响因素分析》，《四川农业大学学报》2010 年第 1 期。
[73] 柳江华：《农村职业教育发展受阻的原因及对策分析》，《辽宁高职学报》2007 年第 9 期。
[74] 柳永春：《潍坊市新型女农民教育培训现状与对策研究》，硕士学位论文，中国农业科学院，2011 年。
[75] 龙翠红、易承志：《中国农村劳动力流动的格局与现代新型农民培养》，《经济问题探索》2011 年第 1 期。
[76] 卢昌军、邓大才：《从"以业为商"到"以农为市"——社会化小农的市场维度考察》，《华中师范大学学报》（人文社会科学版）2007 年第 4 期。
[77] 陆尔奎：《论普及教育宜先注重宣讲》，《教育杂志》1909 年第 1 卷第 1 期。
[78] 陆老虎、汤友昌：《实施"百万农民培训工程"大力推进科教兴农战略》，《新农村》2002 年第 7 期。
[79] 陆学艺、张厚义、张其仔：《转型时期农民的阶层分化——对大寨、刘庄、华西等 13 个村庄的实证研究》，《中国社会科学》1992 年第 4 期。
[80] 陆学艺：《"三农论"——当代中国农业、农村、农民研究》，社会科学文献出版社 2002 年版。
[81] 马红亮：《社会弱势群体的远程教育援助》，《江苏广播电视大学学报》2009 年第 3 期。

［82］马锦卫、余惠邦、张余蓉：《农科教相结合是民族地区农民教育的好形式——峨边县农民教育情况调查》，《西南民族学院学报》（哲学社会科学版）1993年第4期。

［83］马骏：《高等农林院校加强生态文明教育的理论思考》，《教育与职业》2014年第21期。

［84］马力：《淮安市农民培训现状及发展对策研究》，硕士学位论文，南京农业大学，2010年。

［85］马力：《农民培训意愿及需求情况调查分析——以江苏省淮安市为例》，《职业技术教育》2010年第25期。

［86］马璐：《小学生生态文明教育研究》，硕士学位论文，山西农业大学，2014年。

［87］马瑜、夏慧芸：《新农村建设中农村女性农民培训教育实践与探索——以云南农村致富女能手培训教育为例》，《继续教育研究》2013年第12期。

［88］马振涛、钟慧澜：《新一轮"民工荒"问题的阐释与对策——基于多重视阈的分析》，《中国人力资源开发》2014年第11期。

［89］孟宪生、关凤利、唐哲一：《农民工参与就业培训的决定因素及对收入影响的实证分析》，《东北师范大学学报》（哲学社会科学版）2011年第4期。

［90］苗淑娟：《大学生生态文明意识与行为调查研究》，硕士学位论文，郑州大学，2014年。

［91］倪斌：《推陈出新——大学依托型农业推广中的农民教育调查报告》，《山东文学》2009年第1期。

［92］牛胜强：《经济欠发达地区农民教育培训现状及战略选择——兼议甘肃农民教育培训中存在的问题》，《中国人力资源开发》2011年第5期。

［93］祁琳琳、邵光学、杜昌建：《社会转型视阈下的生态文明教育》，《高等农业教育》2014年第8期。

［94］秦书生、张泓：《公众参与生态文明建设探析》，《中州学刊》2014年第4期。

［95］邱高会：《四川省农民生态文明意识现状调查与思考》，《西南民族

大学学报》（人文社会科学版）2010 年第 2 期。

[96] 邱家荣、王云峰：《新型职业农民的概念与内涵》，《云南农业》2013 年第 1 期。

[97] 饶亮：《新时期我国农村劳动力转移培训研究》，《中国成人教育》2014 年第 8 期。

[98] 任先国：《新农村背景下农民生态道德教育实施研究》，《农业考古》2011 年第 6 期。

[99] 邵岩：《论农机推广在新型农民培训中的意义与作用》，《农业与技术》2013 年第 8 期。

[100] 沈建民、刘剑虹：《新农村建设背景下新型农民的内涵及培植》，《湖州师范学院学报》2014 年第 6 期。

[101] 沈明其、姜立辉：《WTO "绿箱" 政策与中国农民教育培训》，《合作经济与科技》2005 年第 16 期。

[102] 石火培：《新型农民培训模式的实证研究》，硕士学位论文，扬州大学，2009 年。

[103] 宋孝忠：《新型农民教育培训动力机制的构建》，《中国职业技术教育》2010 年第 6 期。

[104] 孙成永、卓力格图、姚良军：《意大利农业创新体系和科技推广情况》，《全球科技经济瞭望》2006 年第 9 期。

[105] 孙倩茹：《大学生生态文明意识培育研究》，硕士学位论文，江南大学，2015 年。

[106] 覃义贵：《中国扫盲教育当前面临的问题与对策研究》，《成人教育》2004 年第 7 期。

[107] 佟相阳、陈旭峰：《市民化水平对农民教育培训意愿影响的实证研究》，《职教论坛》2014 年第 3 期。

[108] 万唯佳：《农民培训长效机制体系构建研究》，硕士学位论文，华中农业大学，2007 年。

[109] 万长军：《培养新型农民对策研究》，《河北农业科学》2007 年第 5 期。

[110] 汪彩琼：《新时期浙江美丽乡村建设的探讨》，《浙江农业科学》2012 年第 8 期。

[111] 王朝霞:《甘肃农民教育培训条例将实施》,《甘肃日报》2011年5月8日第1版。

[112] 王成福、徐晓菲:《关于浙江省新型农民教育培训工作的探析》,《成人教育》2013年第6期。

[113] 王春伟、刘啸:《新型农民教育在我国新农村建设中的意义》,《继续教育研究》2011年第1期。

[114] 王东阳、程广燕、张永霞等:《中国生态农业发展前景展望》,《农业展望》2006年第1期。

[115] 王景龙:《一个农民工的七项期待》,《中国青年报》2011年4月1日第7版。

[116] 王露:《中学生的生态文明意识教育探讨》,硕士学位论文,江西师范大学,2014年。

[117] 王青颖:《江苏省生态文明教育基地创建与工作机制探讨》,《污染防治技术》2013年第6期。

[118] 王少滨:《黑龙江农民教育十年》,《成人教育》1991年第6期。

[119] 王树义、周迪:《生态文明建设与环境法治》,《中国高校社会科学》2014年第2期。

[120] 王秀素:《周巷镇的农民教育有新路》,《宁波党政论坛》1996年第8期。

[121] 王雪、张思萍:《新农村建设中农村基层干部能力建设》,《经营管理者》2009年第22期。

[122] 王亚平:《浅析中世纪西欧社会中的三个等级》,《世界历史》2006年第4期。

[123] 王怡珊:《当代农民生态意识培养研究》,硕士学位论文,长春理工大学,2013年。

[124] 王益慧:《农产品加工业促进农民增收的机理研究》,硕士学位论文,西北农林科技大学,2005年。

[125] 王玉芳:《"菜单式"培训新型职业农民》,《山西科技报》2015年5月14日第3版。

[126] 王峥、黄永春:《加快现代农民培训 服务农村经济发展》,《农业科技管理》2006年第6期。

[127] 王柱国：《新型农民培育研究》，硕士学位论文，浙江农林大学，2011年。

[128] 韦银凤：《广西农民生态意识培养方法研究》，硕士学位论文，广西师范大学，2014年。

[129] 韦云凤、盘明英：《构建新型农民培训体系　全面提高农民素质》，《经济与社会发展》2006年第10期。

[130] 魏朋：《农民培训模式研究》，硕士学位论文，河北科技师范学院，2011年。

[131] 文锦、傅小雷：《加强对农民教育培训是转型期新农村建设的基础工作》，《企业家天地》（理论版）2008年第1期。

[132] 邬开荷、邬媛：《农民教育与社会主义新农村建设》，《山东社会科学》2008年第3期。

[133] 吴小凤：《陕西省农民培训发展研究》，硕士学位论文，西北农林科技大学，2006年。

[134] 吴小颖：《福建省农民培训研究》，博士学位论文，福建农林大学，2010年。

[135] 吴艳军、赵艳萍、张秋月：《对新型农民内涵的探讨》，《合作经济与科技》2010年第9期。

[136] 吴易雄、左平权、杨安常：《湖南农民教育培训实践调查》，《中国职业技术教育》2008年第30期。

[137] 吴易雄：《农民工返乡创业的困境与对策——基于湖南省24县返乡农民工创业的调查分析》，《湖南农业科学》2011年第7期。

[138] 肖灵芝：《做好农民培训工作浅见》，《新疆农机化》2004年第6期。

[139] 谢从戎、林东：《高职院校生态文明教育中存在的问题及改进对策——以福建信息职业技术学院为例》，《福建教育学院学报》2013年第6期。

[140] 谢平、罗昆、孙文学：《农业创业培训机构跟踪服务农民存在的矛盾与建议——以湖北省为例》，《江苏农业科学》2014年第5期。

[141] 徐保根、鲍海君：《失地农民教育培训的基本内容与政策取向》，《成人教育》2010年第6期。

[142] 徐金海、蒋乃华、胡其琛：《新型农民培训工程实施绩效评估研究——基于江苏省的实证》，《农业经济问题》2014年第10期。

[143] 徐军：《广西农村劳动力转移培训研究》，硕士研究生论文，广西师范大学，2006年。

[144] 徐勇：《"再识农户"与社会化小农的建构》，《华中师范大学学报》（人文社会科学版）2006年第5期。

[145] 杨红：《民族地区扫盲及扫盲后继续教育的调查与思考——以云南省西双版纳地区为个案》，《成人教育》2008年第7期。

[146] 杨锦绣、吴春汶、朱玉蓉：《公共资助农民培训供需及均衡机制选择——基于四川省成都市的调研》，《农业经济问题》2013年第1期。

[147] 杨学军：《实施生态文明教育 打造绿色生态校园》，《宁夏教育》2014年第4期。

[148] 杨云媛：《天津市滨海新区农民教育培训管理研究》，硕士学位论文，中国农业科学院，2010年。

[149] 易俗、赵正洲：《农村劳动力转移培训教育的特点与发展对策探讨》，《中国农村教育》2007年第1—2期。

[150] 尹淑莲、杜文明、马英：《关于办好农村职业教育的思考》，《职教论坛》2005年第6期。

[151] 袁新涛：《中央领导集体关于农民教育的思想》，《实事求是》2010年第4期。

[152] 袁洋：《社区生态文明教育研究》，硕士学位论文，广西民族大学，2014年。

[153] 运迪：《中国共产党民主革命时期农民教育思想述论》，《理论观察》2010年第4期。

[154] 张春莲：《新型农民理论的国内文献综述》，《安徽农业科学》2008年第29期。

[155] 张春莲：《专业化分工视角下的新型农民成长机制研究》，硕士学位论文，浙江师范大学，2009年。

[156] 张大鹏：《新时期农民教育培训师资队伍建设研究》，《农民科技培训》2012年第6期。

[157] 张帆：《做好"以就业为导向"的农民培训》，《中国培训》2006年第10期。

[158] 张海涛：《基于农民行为的农村实用人才开发研究》，博士学位论文，北京林业大学，2009年。

[159] 张景林：《农民培训效果及其影响因素研究》，硕士学位论文，中国农业大学，2005年。

[160] 张娟：《农民培训制度的政策选择——基于江苏的实证分析》，《安徽农业科学》2007年第33期。

[161] 张丽丽、赵邦宏：《新农村建设中农民教育培训分析——基于河北省调查的实证》，《职教论坛》2007年12月上。

[162] 张亮、赵邦宏：《中国农民教育培训研究评述与趋势》，《中国农学通报》2012年第28期。

[163] 张娜、张敏、马月霞：《如何提升农民创业培训跟踪服务水平》，《科技视界》2012年第18期。

[164] 张培奇：《河南今年将培育6万名新型职业农民》，《农民日报》2014年9月15日第1版。

[165] 张峭、徐磊：《中国新型农民培训体系研究》，《经济问题》2009年第6期。

[166] 张文利：《我国高校生态文明教育研究》，硕士学位论文，大连海事大学，2014年。

[167] 张夕：《湖北省农村实用人才培训工程质量保障体系研究》，硕士学位论文，华中农业大学，2011年。

[168] 张艳、赵晓莹、张默：《辽宁新型农民培训模式存在的问题与解决对策》，《农业经济》2010年第9期。

[169] 长子中：《当前"民工荒"现状及对策建议》，《农民日报》2012年2月25日第3版。

[170] 赵丹、张显亮：《目前我国农民教育培训中存在的问题及对策》，《中国职工教育》2014年第12期。

[171] 赵连平、赵远征、王福建：《关于教育系统农民培训情况的调研报告》，《中国成人教育》2011年第7期。

[172] 赵美凤：《山西省右玉县农民培训模式研究》，硕士学位论文，西

北农林科技大学，2005年。

[173] 赵卫华：《新农村建设中的农民终身教育问题及对策》，《理论导刊》2008年第12期。

[174] 赵正洲、王鹏、杨道兵等：《我国农民培训模式的内涵、结构及特点》，《职业教育研究》2005年第4期。

[175] 赵正洲、王鹏、余斌：《国外农民培训模式及特点》，《世界农业》2005年第6期。

[176] 郑爱翔：《农村劳动力转移就业培训现状及提升策略——基于江苏省的调查》，《职业技术教育》2013年第25期。

[177] 郑惊鸿：《农业部农村实用人才创业培训实施方案出台》，《农民日报》2008年6月11日第8版。

[178] 郑文瑜：《浅谈我国人口较少民族的扫盲教育》，《黑龙江民族丛刊》2012年第1期。

[179] 周家纯：《说夜学校》，《教育杂志》1909年第1卷第11期。

[180] 周静：《河南省新型农民培训存在的问题及建议》，《河南农业科学》2013年第8期。

[181] 周世其：《扎实开展新型农民培训 促进农业农村经济发展——我省大力实施新型农民培训民生工程》，《江淮》2010年第8期。

[182] 朱丹：《乡村传统手艺人的生存博弈——以浙江台州S村为个案》，硕士学位论文，华中科技大学，2009年。

[183] 朱光磊、张志红：《"职责同构"批判》，《北京大学学报》（哲学社会科学）2005年第1期。

[184] 朱启臻、闻静超：《论新型职业农民及其培育》，《农业工程》2012年第3期。

[185] 朱永新：《农民教育和农村教师队伍建设》，《教育研究》2006年第5期。

[186] 朱子荣：《对乾安县农民培训（农机化）需求的调研分析》，《农业开发与装备》2011年第10期。

[187] 邹俐俐、付少平：《社会性别视角的农民教育现状研究——以4省14村为例》，《广东农业科学》2010年第6期。

[188] 邹婷：《新农村视阈下新型农民教育的途径》，《当代教育理论与

实践》2010 年第 1 期。

网址类

[1] 李克强：《破解城乡二元结构难题，走新型城镇化道路》，2015 年 9 月 25 日（http：//www. chinanews. com/gn/2012/09 - 25/42 11183. shtml）。

[2] 中共中央、国务院：《关于积极发展现代农业扎实推进社会主义新农村建设的若干意见》，2015 年 1 月 29 日（http：//cpc. people. com. cn/GB/64093/67507/5341796. html）。

[3] 中共中央、国务院：《为提前实现全国农业发展纲要而奋斗》，2015 年 10 月 25 日（http：//www. npc. gov. cn/wxzl/gongbao/2000 - 12/24/content_ 5328412. htm）。

[4] 中共中央、国务院：《关于动员和组织城市知识青年参加农村社会主义建设的两个文件》，2015 年 10 月 25 日（http：//news. xinhuanet. com/ziliao/2005 - 02/01/content_ 2535346. htm）。

[5] 中共中央、国务院：《关于加大改革创新力度，加快农业现代化建设的若干意见》，2015 年 10 月 25 日（http：//www. gov. cn/zhengce/2015 - 02/01/content_ 2813034. htm）。

英文材料

[1] A. R. Gurrieri et al, "Entrepreneurship Networks in Italy", *Springer Briefs in Business*, 2014, pp. 20 - 21.

[2] A. R. Gurrieri et al, "Entrepreneurship Networks in Italy：The Role of Agriculture and Services", *Springer Briefs in Business* 2014, pp. 34 - 37.

[3] Amy Bacigalup & Parker Forsell, "Farmers Growing Farmers：Reaching Beyond the Classroom to Help Beginning Farmers", *Small Farm Digest* 2012（15）：pp. 80 - 82.

[4] David Catlow, "The Importance of Training in Animal Welfare", *The Veterinary Record*, 2006, pp. 6 - 5.

[5] Hanin Y. L. & Stambulova N. B., "Metaphoric Description of Perform-

ance States: An Application of the IZOF Model", *Sport Psychologist*, 2002 (2): pp. 396 – 415.

[6] Hines & Andy, "Ever – smarter Farmer Keep Food Abundant", *The Futurist*, 1997 (6): p. 18.

[7] James F. Evans, "Issues in Equitable Access to Agricultural Information", *Agriculture and Human Values*, 1992, pp. 81 – 85.

[8] James W. Smith, "Contributions of 1890 Schools to Rural Development", *Agricultures and Human Values*, 1992, pp. 51 – 52.

[9] John Pontius, "Education for a Sustainable Agriculture", *American Journal of Alternative Agriculture*, 1990 (5): p. 143.

[10] Kim L. Niewolny & Patrick T. Lillard, "Expanding the Boundaries of Beginning Farmer Training and Program Development: A Review of Contemporary Initiatives to Cultivate a New Generation of American Farmers", *New Leaf Association*, 2010, pp. 65 – 66.

[11] Kim Niewolny, "The Intersection of Agricultural Sustainability and New Farmer Education: A Social Historical Analysis", *Appetite*, 2006, 47 (3): p. 396.

[12] L. H. Bailey, "The Training of Farmers", *New York the Century CO*, 1909, pp. 19 – 26.

[13] Marc Gurgand, "Farmer Education and the Weather: Evidence from Taiwan (1976—1992)", Journal of Development Economics, 2003, 71 (1): pp. 51 – 70.

[14] Meter K, "How Do We Grow New Farmers? Learning from Another American Pastime", *Journal of Agriculture, Food Systems and Community Development*, 2012 (2): pp. 3 – 6.

[15] Ron Smith, "Business Education and On – Job Training Help Farmers Cope With Change Economics", *Southwest Farm Press*, 2010 (37): pp. 3 – 4.

[16] Ruth Mary Weeks, "The People's School: A Study in Vocational Training", *Houghton Mifflin Company*, *Boston*, New York and Chicago, 1912, pp. 78 – 90.

[17] Tim Fiez, "Providing Precision Farming Education Through Conferences and Workshops", *Precision Agriculture*, 2002 (3): pp. 353 – 358.

[18] Willis James F, "The Farmers' Schools of 1909: The Origins of Arkansas's Four Regional Universities", *The Arkansas Historical Quarterly*, 2006 65 (3): pp. 224 – 249.

[19] Alberto Mucci, "Young Italians Finding Prospects on the Farm", *Business & Economy*, 2014, http://www.companyincorporationitaly.com/blog/2014/10/an – overview – of – the – italian – farming – secto.

[20] Bridgewest, "An Overview of the Italian Farming Sector", Company Formation Italy, 2014, http://www.americasfarmers.com/.

[21] Monsanto Compan, "American's Farmers", 2015, http://www.act-now.eu/.

后　　记

　　建设社会主义新农村是新中国成立后我国重大社会工程之一，新时期这一系统工程又被赋予新的内涵。无论是新中国成立初期开展的社会主义农村改造，还是之后推进的社会主义新农村建设，作为建设主体的农民都是政府和学界关注的焦点，因此，"加强农民教育培训、提升农民素质是新农村建设的基本前提"已经成为政府和社会的共识。然而，在实践过程中，对农民素质的重视和农民教育的关注远远落后于意识和观念中的地位。因此，对农民教育及培训情况需要进行大量的实际调查，才能深入了解当前农民受教育现状，有针对性地提出建议。正是基于以上思考，我们团队决定以新型农民教育和培训为主题申报国家社科基金项目，并获准立项。

　　对我本人而言，除现实需求之外，还有基于其他的考虑。新时期，以习近平同志为核心的党中央提出"中国梦"的伟大构想，让每个人出彩是"中国梦"的重要内容。在国家的整体建设中，农村建设是中央各项工作的重中之重，让每名农民都有机会实现自己的梦想是推进新农村建设、建设美丽中国的核心内容和终极目标。从人的价值和能力的关系角度来看，让一个人的价值得到最佳发挥，其前提和基础是受到相当程度的教育。就此而言，欲要实现农民的价值发挥，首先要完成教育普及和素质提升，唯有此，才能让他们成为现代文明社会的合格成员，共享时代发展成果。开展新时期背景下新型农民教育与培训，最为重要的意义在于此。

　　对于一所地方高校而言，服务地方是其基本职能，参与地方新农村建设是其服务社会的重要内容，同时也是学校学科建设和科学研究的需要。湖州师范学院位于全国第一个生态文明示范市——湖州市，该市在全国新农村建设中走出了一条有鲜明特色和样板意义的路子。在深入践行习近平总书记提出的"绿水青山就是金山银山"重要思想的过程中，该市在新型农民教育与培训方面进行了颇有成效的探索，对区域新农村建设发挥了重要作用。深度参与这一重要实践，充分发挥高校在基础理论方面的引领和支撑作用，对其经验进行深入分析和理论总结，对存在的问题进行全面剖析，并与全国范围内的实践活动进行比较分析，进而提出较具针对性的建议和对策，既能加大学校教育学学科在成人教育领域的探索力度，拓宽研究领域，又能服务地方经验推广的需求，推进新时期新型农民教育与培训工作。

开展这一研究也缘起于个人的农村情怀。作为农家子弟，目睹了浙江农村近半个世纪的变迁，对全省新农村建设所取得的巨大成就感到由衷的欣慰。自己依然在农村生活的家人已经收获了这一伟大战略实施所释放的发展红利，过上了富足的小康生活。我想，在这场伟大的社会建设工程中，到底是哪些因素促成了浙江农村的巨大变革？如果说教育在其间发生了巨大作用，那这一作用到底有多大？能否在鲜活的经济发达地区的农村建设中提炼出一种相对成熟的农民教育模式，使之能在全国范围内得到一定范围内的推广，这也是作为一名从农村走出的学者的使命所在。

当然，这一研究的开展也与我的研究经历密切相关，我曾长期关注民营企业家子女的教育状况，对民营企业实现代际传承的教育因素进行了持续的研究，认识到在初期由农民而转身变为民营企业家的父母，在对下一代的教育问题上很执着，把给予子女最好的教育视为他们培养接班人的最主要途径。这是新时期一部分先富起来的但没有多少文化的农民企业家对待教育的最质朴的观念和看法，他们的做法在所在村庄和附近乡村区域有着较大的影响。由这一小众群体的研究进而扩大到整个农民群体的子女教育和农民群体自身的教育，是研究由浅入深、由点到面、由局部到系统的必然发展。

该项课题研究得到中央教育科学研究院《教育研究》主编高宝立研究员、中国社会科学院《中国社会科学》哲学社会科学编辑室副主任冯小双副主编等的大力支持和亲切指导，同时也得到浙江省农办和江西万年县、浙江安吉县、浙江仙居县三县农办、农业局、扶贫办等部门的支持。课题成果得以成书，是课题组全体成员共同参与和精诚合作的结果，是大家集体攻关和共同奉献的结晶。具体而言，本书各章撰稿分工如下：

第一章"新型农民概念的界定与新型农民教育",刘剑虹、阎登科、沈建民;第二章"我国近代以来农民教育的变迁及其当代启示",阎登科、刘剑虹;第三章"改革开放以来我国的农民教育与培训",沈建民、阎登科;第四章"国外农民教育培训的经验与启示",刘艳舞、刘剑虹;第五章"我国农民教育培训状况的整体调查与思考",刘剑虹、陈传锋等;第六章"我国农民教育培训参与度调查与思考",刘剑虹等;第七章"我国新型农民教育培训管理体制研究",秦启光、刘剑虹等;第八章"我国农民教育培训机构参与现状调查与思考",刘剑虹、朱高凤、朱竞、王一涛等;第九章"中等职业学校参与农民培训的调查与思考",关文静、舒志定;第十章"新型农民的特质、成长机制及对策探索",黄中伟、刘剑虹;第十一章"农村实用人才训后跟踪服务的问题与建议",李智慧、舒志定;第十二章"农村手艺人的身份变迁与危机破解的教育对策",胡晓波、刘剑虹;第十三章"农村加工业农民经营管理培训的调查与思考",沈建民、刘剑虹;第十四章"农村劳动力转移培训中的矛盾与对策分析",朱竞、刘剑虹;第十五章"农村文盲人口教育培训问题及对策研究",阎登科、刘剑虹;第十六章"农民生态文明知识与行为的现状调查与对策思考",刘剑虹、陈传锋等;第十七章"农民生态文明教育培训的现状调查与对策思考",刘剑虹、陈传锋等。此外,陈传锋、阎登科、朱竞协助我做了许多统稿、校对和后勤保障工作。

中国社会科学出版社对本书的出版给予了大力支持,在书稿内容和编校质量等多方面加以指导和把关,不仅使本书能顺利出版,而且使本书的编校质量和整体水平得以提高。此外,本书引用了许多前辈和同行的研究成果,使得本书内容更加丰富和充实。

在此,谨向所有关心和支持课题研究和书稿出版的领导、师长、同事、学生和亲戚朋友们致以深切的敬意和由衷的感谢!

最后,愿神州大地上的每个乡村都永葆美丽,祝每位农民朋友都更加富裕、富足!

刘剑虹

2016年3月26日